जिनका मैं कृतज्ञ

जिनका मैं कृतज्ञ

राहुल सांकृत्यायन

GYAN

Published by

Gyan Publishing House
5, Ansari Road
Daryaganj, New Delhi-110002
Phone: 011-47034999, 9811692060
E-mail: books@gyanbooks.com

Distribution Network
gyanbooks.com
India, USA, Canada, UK, Australia

ISBN: 978-93-6920-595-0 (HB)

First Published, 1957

2nd Impression 2025

Printed at: Gyan Press, Delhi.

जिनका मैं कृतज्ञ

Author: राहुल सांकृत्यायन

जिनका मैं कृतज्ञ

लेखक

राहुल सांकृत्यायन

प्राक्कथन

"जिनका मैं कृतज्ञ" लिखकर मैं उस ऋणसे उऋण होना चाहता हूँ, जो इन बुजुर्गों, बन्धुओं और मित्रोंका मेरे ऊपर है। उनमेंसे कितने ही अब इस संसारमें नहीं हैं, इसलिये इन पंक्तियोंको वह देख नहीं सकते। इनमें सिर्फ वही नहीं हैं, जिनसे मैंने मार्ग-दर्शन पाया या कुछ सीखा, बल्कि ऐसे भी पुरुष हैं, जिनका सम्पर्क मेरे मानसिक सम्बलके रूपमें जीवन-यात्रामें सहायक हुआ। कितनोंसे बिना उनकी जानकारी, उनके व्यवहार और बर्तावसे मैंने बहुत-कुछ सीखा। "कृतज्ञ और कृतवेदी" मनुष्यको सदा होना चाहिये। इसी परम्पराको मानते हुए मैं अपने इन मधुर स्मरणीय पुरुषोंके बारेमें कुछ लिख रहा हूँ। (कितनोंके बारेमें "मेरी जीवन-यात्रा"में कितनी ही बातें आ चुकी हैं।) जन्मसे १९४४ तककी बातें "मेरी जीवन-यात्रा"के दो खण्डोंमें प्रकाशित हो चुकी हैं। अवान्तर खण्ड प्रायः तीन वर्षोंका "रूसमें पच्चीस मास" है। उसके बाद ९ अप्रैल १९५६ तककी "जीवन-यात्रा" भी लिखी जा चुकी है, लेकिन कह नहीं सकता, वह मेरे सामने प्रकाशित हो सकेगी।

मसूरी ३१-८-५६ राहुल सांकृत्यायन

विषय-सूची

१. रामदीन मामा

मानव-शिशु—और दूसरे शिशु भी—बड़ोंका अनुकरण करके ही हरेक बात सीखते हैं। ज्ञानार्जन और आगेके मंजिलके बारेमें सबसे पहले मैंने जो सीखा, वह रामदीन मामासे ही। मेरे नाना रामशरण पाठकके बड़े भाईका नाम शिवनन्दन पाठक और छोटेका रामबरण पाठक था। उनके कुलमें विद्याका पीढ़ियोंसे कोई मान नहीं था। रामदीन मामा शिवनन्दन पाठकके पाँचवें और सबसे छोटे लड़के थे। १९ वीं सदीके अन्तवाले सालमें उन्होंने मदरसेसे लोअर प्राइमरी परीक्षा पास की। वह और उनके सहपाठी द्वारिकाप्रसाद कुछ दिनों निजामाबादके अपर प्राइमरी स्कूलमें पढ़ने गये, पर, किन्हीं कठिनाइयों के कारण—जिनमें आर्थिक कठिनाई भी एक थी—वह आगे नहीं बढ़ पाये। फसली सन चार (ईसवी १८९७) में आजमगढ़ और आसपासके जिलोंमें भयंकर अकाल पड़ा था। मैं चार सालका था। यद्यपि मेरे नाना और पिताके घरपर अकालका कोई प्रभाव नहीं पड़ा; लेकिन, आस पासकी घटनाएँ ऐसी असह्य थीं, कि उनका मेरे शिशु-हृदयपर प्रभाव पड़े बिना रहा। मैं वस्तुतः ननिहालका बच्चा था, पिताके गाँव (कनैला) में सालमें दस-पाँच दिनोंकेलिये मेहमानके तौरपर जाता था। मुझे शान्त लड़केकी उपाधि मिली थी, पर बालकोंसे चूक हो ही जाती थी। जिस लड़केके साथ मैं खेल रहा था, वह मेरे धक्के या अपनी असावधानीसे बरसातके भरे गढ़ेमें गिर गया। नानाने निश्चय कर लिया, अब इसे स्कूलमें भर्ती करना ही अच्छा है। उमर पाँच सालसे अधिक नहीं थी, पर नानाका कहना था—बैठना तो सीखेगा। उस वक्त शिक्षा और मदरसोंका प्रचार अभी-अभी होने लगा था। पन्दहाका सौभाग्य था, जो एक मीलपर ही रानीकीसरायका मदरसा था, जो मेरे समयमें ही लोअर प्राइमरीसे अपर-प्राइमरी बन गया।

अपने कुलमें और गाँवोंमें सबसे अधिक पढ़े हुये रामदीन मामा ही थे। नानाने मदरसा ले जाकर अक्षरारम्भ करानेका काम अपने भतीजेके ऊपर रक्खा। रामदीन मामा मुझसे आठ-नौ वर्ष बड़े थे। शायद १८९८के नवम्बरका महीना था, जबकि शुभ मुहूर्त देखकर रामदीन मामा मुझे अपने साथ रानीकीसराय ले गये। मामाने स्वयं हिन्दी पढ़ी थी, लेकिन उस समय हिन्दीको कोई पूछनेवाला नहीं था। कचहरियोंके सारे कागज उर्दू या अंग्रेजीमें होते। समन भी उर्दू हीमें आता था। आश्चर्य था, रानीकीसरायकी अपनी कक्षाओंमें मैं इतने अधिक हिन्दीके विद्यार्थी क्यों देखता था। दर्जेमें हिन्दीवाले

दस-बारह लड़के होते, पर उर्दूवाले दो-तीनसे अधिक नहीं होते थे। नातीको उर्दू पढ़ानेकी जरूरत नानाको क्यों महसूस हुई ? उनके लिये काला अक्षर करीब-करीब भैंस बराबर ही था। पल्टनमें दस-बारह साल सिपाही रहे। अँगूठेकी निशानीसे बचनेके लिये दस्तखत भर करना सीखा था।

जान पड़ता है, उर्दूकी महिमा नानाने रामदीन मामासे सुनी। हरेक आदमी अपने बच्चोंके लिये बड़े-बड़े स्वप्न देखता है। नाना भी अपने नातीके लिये इसी तरहका कोई स्वप्न देखते रहे होंगे। उनके फुफेरे भाई सदरआला (सब-जज) होकर समयसे पहलेही मर गये थे। शायद उनका ख्याल नानाके हृदयमें था।

रामदीन मामाने हिन्दी पढ़कर गलती की थी, यह उन्हें मालूम होते देर नहीं लगी और उर्दू की कमीको स्वयं उन्होंने पढ़कर पूरी की। मालूम नहीं, उर्दू अक्षरारम्भ करते समय मिठाई बाँटी गई। इसका उतना रवाज नहीं था, खासकर मदरसामें पढ़नेवालोंके लिये। रामदीन मामाने अक्षरारम्भ ही नहीं करवाया, बल्कि वह मेरे अवैतनिक ट्यूटर भी हो गये। पढ़नेके लिये इतनी चीजें नहीं थीं, जिनके लिये मुझे मदरसेसे बाहर भी मेहनत करनी पड़ती। पर उर्दू लिपिके दो रूप हैं। मदरसेमें हमें सुन्दर हरफ बना कर लिखने का अभ्यास कराया जाता था। समन और सरकारी कागज घसीट उर्दूमें होते थे। स्वरोंकी कमी के कारण उर्दू पढ़नेमें अटकलबाजी करनी पड़ती है, घसीटमें तो और भी बुरी हालत होती है। रामदीन मामा मुझे घसीट पढ़ाया करते थे। उस समय प्राइमरीके पहले दर्जेसे पहले लड़कोंके दो साल दो दर्जोंमें बीतते थे, जिन्हें जुज़-ए (क) और जुज़-बी (ख) कहा जाता था। दोनों जुजोंके खतम कर लेनेपर लड़का दर्जा एक में आता था। मेरा घसीट सीखनेका काम दर्जा एकके बाद ही शुरू हुआ होगा। एक दिन उनके घसीट लिखे सारे पृष्ठोंको जब मैं पढ़ गया, तो रामदीन मामाने बहुत खुश होकर नानासे कहा—काका, अब यह घसीटमें पास हो गया।

रामदीन मामाकी विद्या मेरे लिये अगाध थी। लोअर और अपरसे आगे भी विद्या है, इसके बारेमें मेरा कोई ज्ञान नहीं था। रामदीन मामा मेरे लिये विद्यापारंगत थे। उर्दू की योग्यता भी उन्होंने अच्छी कर ली थी। फिर किसीसे पढ़कर या अपने आप उन्होंने रोमन लिखना-पढ़ना सीख लिया। रोमन जो पढ़ लेता था, उसे मैं समझता था, अंग्रेजी विद्यामें पारंगत हो गया। मेरे प्रत्यक्ष लक्ष्य रामदीन मामा थे। मैं चाहता था, उन्हींकी तरह मैं भी हिन्दी-उर्दू पढ़ लूँ, उन्हींकी तरह अंग्रेजीमें भी पारंगत हो जाऊँ। प्राइमरीकी अन्तिम कक्षा चौथी कही जाती थी। उसे पास करनेसे पहले ही मुझे हिन्दी द्वारा अंग्रेजी पढ़नेकी एक पुस्तक हाथ लगी और रोमन लिखना-पढ़ना सीख गया। इस प्रकार जो पहला लक्ष्य मैंने अपने सामने रक्खा था, वह बारह वर्षकी उमर (१९०५ ई०) तक समाप्त हो गया। आगे नये आदर्श बनाने पड़े, जो मुझे आगेसे आगे लेते गये।

मामाके पाँच भाइयोंमें दूसरे और तीसरे (बच्चा और जवाहर) कलकत्तामें

पुलिसकी नौकरी करते थे। सबसे बड़े सीताराम पाठक खेती-बारीका काम देखते, चौथे रामदीहल भी उनके सहायक थे। रामदीहल और रामदीन जैसे नाम अब शायद ही कहीं मिलें। लोग देखादेखी अधिक तत्सम नाम रखने लगे हैं। रामदीहल और रामदीन तद्भव ही नहीं हैं, बल्कि वह दो भाषाओंके शब्द हैं, जिनका एक जगह उपयोग बतलाता है, कि भोजपुरी और अवधीकी सीमा पन्दहाके कहीं पासमें ही मिलती है। रामदीहल भोजपुरी (इल या ल प्रत्यय)का है और रामदीन अवधीका। यद्यपि पन्दहा भोजपुरी-की सीमाके भीतर है, पर अवधीकी सीमा वहाँसे पाँच-सात कोससे अधिक दूर नहीं है। ब्याह कर वहाँ आई हुई स्त्रियोंमें काफी अवधी-क्षेत्रकी थीं, इसलिये भी यह भाषा-सम्मिश्रण था। पन्दहाके पास बहुत थोड़े ही खेत थे और आबादी बहुत अधिक थी। इसलिये लोग केवल खेतीके भरोसे जीविका नहीं चला सकते थे। रामदीन मामाके दो भाई जब कलकत्तामें नौकरी करने लगे, तो घरकी हालत बेहतर हो गई। छोटे नाना (रामबरण पाठक)के दोनों लड़के पहिले घरपर ही रहे, पर पीछे वह भी नौकरी करनेकेलिये निकले। उस समय रामबरण नानाका काम था, बंगालमें साधु बनकर घूमना। अपने दोनों बड़े भाइयोंसे पढ़नेमें उनकी गति अधिक थी, यह बात नहीं थी। बंगालमें घूमते रहने के कारण वह बंगला खूब बोल लेते थे। बंगाली गौड़िया साधुओंकी तरह वह सिरमें तिलक लगाते थे। एक-दो वर्ष बाद कुछ कमाकर घर लौटते थे।

रामदीन मामा को लोअर प्राइमरी पास करनेमें बहुत समय नहीं लगा होगा। वह पढ़नेमें तेज थे, पर सालमें एक ही दर्जा पास कर सकते थे। शायद बारह-तेरह वर्षकी उमरमें उनकी पढ़ाई खतम हो गई। इसके बाद वह स्वयं पढ़ते-गुनते रहे। सोच रक्खा था : बाहर नौकरी करने नहीं जायँगे, और जिलेमें ही कोई नौकरी ढूँढ लेंगे। पोस्टमैन (चिट्ठीरसा)के बारेमें उनको पता था। उनके सहपाठी-मित्र द्वारिका प्रसादके पिता रानीकीसरायके डाकमुंशी थे। द्वारिका प्रसाद चिट्ठीरसा बनना चाहते थे, वही लक्ष्य रामदीन मामाके सामने भी आ गया। उस समय रेल आजमगढ़ आकर खतम हो जाती थी। आजमगढ़से शाहगंज को मिलानेवाली रेल पीछे बनी, जिसपर रानीकीसराय स्टेशन हो गया। रानीकीसराय हिन्दी समास है, इसलिये इसे सराय-रानी लिखा जाता था। अब भी राजा हरिसिंहकी रानीकी बनवाई सराय वहाँ अच्छी हालतमें मौजूद थी, इसीके नामपर इस बाजारका यह नाम पड़ा। डाक भी दो मरियल घोड़ों के सिक्रम (बग्घी) पर आती थी। आजमगढ़से बनारस और जौनपुरकी ओर जानेवाली पक्की सड़क यहींसे गुजरती थी।

द्वारिका प्रसादके पिता डाकमुंशी थे। उनके लिये नौकरी मिलनेमें आसानी थी। पर, रामदीन मामा तो पहलेपहल इस दुनियामें आये थे। उनका हाकिम-हुकुमसे कोई परिचय नहीं था। पर, वह तीव्रबुद्धि होनेके साथ-साथ व्यवहार-कुशल भी थे। आस-पासके सरकारी या गैरसरकारी जो भी बड़े आदमी थे, उनसे हेल-मेल पैदा करना उनका

बायें हाथका खेल था। रेल आ गई। रानीकीसरायके स्टेशन मास्टर एक बड़े अफसर माने जाने लगे। चाहे बी० एन० डब्लू० आर० कम्पनीकी रेल थी, पर हमारे लोग तो उसे कम्पनीबहादुरको रेल मानते थे। बाप-दादोंके समयसे कम्पनी बहादुर कहनेकी आदत लग गई थी, और समझते थे, कि ईस्ट इण्डिया कम्पनी बनियोंकी मण्डली नहीं है, बल्कि राजा-रानी है। जब विक्टोरिया रानी गद्दीपर बैठी, तो वह उसे कम्पनी कह कर पुकारते थे। जो भी हो, रानीकीसरायके स्टेशन-मास्टरका—जिनका नाम शायद सीताराम था—आसपासपर बहुत प्रभाव था। रेलके आते ही रानीकीसरायके बाजारका भाग्य खुल गया, और पहले-पहल मारवाड़ी कपड़ेकी दूकान आई, फिर दूसरी दूकानें खुलीं। स्टेशन-मास्टरको काफी आमदनी होती थी और लोग खुशामद करते थे। बाबू सीताराम सिर्फ पैसा ही कमाना नहीं जानते थे, बल्कि वह काफी मिलनसार थे, और दूसरोंके सुख-दुःखका भी ख्याल रखते थे। स्टेशन पर उतरनेवाले हरेक अफसरसे उनका परिचय था। रामदीन मामाने स्टेशन-मास्टरसे सम्बन्ध जोड़ा। अपने बाग और खेतमें जो फल या दूसरी चीज पैदा होती, उसे वह स्टेशन-मास्टरके पास जरूर पहुँचाते। और जब-तब उन्हें बुलाकर खूब खातिर करते थे। एक दिनकी बात मुझे याद है। उस दिन खास तौरसे बकरा कटवा कर अच्छी तरह मांस पकाया गया था। मांसका स्वाद अब भी मुझे याद है। खूब मसाला खूब घी डाला गया था, मालूम हुआ डाक-विभागके इन्सपेक्टरकी दावत है। जो इष्ट देवोंकी इतनी आराधना करता हो, उसका मनोरथ सिद्ध हुए बिना कैसे रह सकता था ?

१८-२० वर्ष के रामदीन मामा पोस्टमैन बन गये। उनकी कामना पूरी हुई, नौकरी ऐसी मिली, जिसके लिये अपने जिलेसे बाहर जानेकी जरूरत नहीं थी। नौकरीपर रहते लेकिन कैसे ही मौका निकाल लेते थे, और मेरी समझमें तो, हर हफ्ते एक रातकेलिये घर आ जाते थे। उन्होंने रेलके स्टेशनवाले डाकखानोंमेंसे ही किसीमें अपनी नौकरी लगवाई थी, और रेलसे आसानीसे घर आ सकते थे। पोस्टमैनकी तन्खा उस समय आठ-दस रुपयेसे अधिक नहीं थी। हाँ, उस समय आठ-दस रुपयेमें ढाई मन गेहूँ मिलता था, जबकि आज इसके लिये पचास रुपयोंकी आवश्यकता है। पोस्टमैनको कुछ बाहरी आमदनी भी होती थी। लोग समझते थे, यदि उन्हें कुछ नहीं दिया जाय, तो चिट्ठी गुम कर देंगे। रामदीन मामाकी आमदनी काफी थी। वह कोई न कोई जेवर अपनी पत्नी के लिये बनवा कर बराबर लाते। संयुक्त परिवार में अपने और परायेका भेद बुरा माना जाता है; पर इस शताब्दीके आरम्भमें मर्यादा कुछ-कुछ टूटने लगी थी। मामा भाइयोंमें सबसे छोटे थे, और उनकी पत्नी भी अभी नवतरुणी थी। घरके कामके लिये भी वह पैसा देते थे, इसलिये उसकी ओर कोई क्यों ख्याल करने लगा ? कहनेको घरके मालिक पिता और बड़े भाई सीताराम थे, लेकिन, अब घरके सर्वेसर्वा रामदीन मामा थे, उनकी सलाह बिना कोई काम नहीं होता था।

आगे समय ऐसे आने लगे, जबकि रामदीन मामाके साथ हमारे नानाका मधुर सम्बन्ध नहीं रह गया। लेकिन, मेरे और मामाके सम्बन्धमें कोई अन्तर नहीं आया। मुझे दुनियाकी बातें मालूम नहीं थीं। पन्दहामें घरपीछे थोड़ी ही थोड़ी जमीन थी। मेरे अपने नाना के पास दोनों भाइयोंसे अधिक जमीन थी। पल्टनसे आकर उन्होंने कुछ जमीन खरीद ली थी। नानाने मुझे अपने पास रक्खा था, कि मैं उनका उत्तराधिकारी होऊँ। जिस जमीनको पाकर दोनों भाइयोंके लड़कोंको कुछ विशेष सहायता मिलती, उसे छीननेके लिये गोया मैं वहाँ पल रहा था। इसे वह कैसे पसन्द करते? पर, जिस वक्त यह कटुता झगड़े-लड़ाई, मुकद्मेबाजीमें परिणत हो गई, उस समय मैं पन्दहामें नहीं बल्कि निजामाबादके स्कूलमें रहकर पढ़ता था। मुकद्मेबाजी और झगड़े-मारके नेता रामदीन मामा थे, पर मैं उसको कोई महत्व नहीं देता था। अब भी मेरे बचपनके आदर्शके रूपमें वह मेरेलिये प्रिय थे, और स्कूलसे आनेपर यदि कभी संयोगसे वह घरपर रहते, तो उसी तरह प्रेमसे मिलते।

रामदीन मामा पोस्टमैन भर रहनेसे कैसे सन्तुष्ट रह सकते थे। अँग्रेजीकी शिक्षा केवल रोमन भर थी, इसलिये तरक्कीका रास्ता रुका हुआ था। लेकिन डाकखाने-के अफसर उनसे खुश रहते थे। कुछ सालों बाद वह डाकखानेके खजाना ले जानेवाले जमादार बन गये। शायद इससे तन्खाह कुछ बढ़ गई।

आगे मैं घुमक्कड़ी स्वीकार कर बाहर निकल गया। रामदीन मामाके बारेमें फिर कुछ नहीं मालूम हुआ। ३२-३३ साल बाद १९४३ में जब पन्दहा गया, तो रामदीन मामा नहीं थे। उनकी पहली पत्नी मेरे सामने ही गुजर चुकी थीं, जिनका स्नेह मेरे ऊपर विशेष था। दूसरी पत्नीके दो लड़के और पहली पत्नीके पुत्र दीपचन्द मिले। दोनों दो घरोंमें बँट चुके थे। कैलाशकी माँ—रामदीन मामाकी दूसरी पत्नीके सौजन्यको देखकर मुझे हर वक्त मामा याद आते थे।

रामदीन मामामें जो स्वाभाविक प्रतिभा और योग्यता थी, उसे आगे बढ़नेका मौका नहीं मिला। इसलिये डाकखानेकी छोटी-मोटी नौकरीमें ही उन्होंने अपनी जिन्दगी बिता दी। हमारे देशमें अब भी कितनी ही ऐसी प्रतिमाएँ हैं, जिनके आगे बढ़नेका रास्ता रुका हुआ है।

२. महादेव पण्डित

जो भी सत्यनारायणकी कथा गलत-सलत पढ़ ले, उसी ब्राह्मणको हमारे गाँवों में पण्डित कहा जाता था। मेरे चचेरे दादा कुछ अधिक पढ़े हुए थे। उन्हें भी महादेव पण्डित कहा जाता था। लेकिन, मैं महादेव पण्डित अपने सगे फूफाके बारेमें कह रहा हूँ। वह वस्तुतः पण्डित थे, भाष्यान्त व्याकरण पढ़े हुए थे। पाणिनि सूत्रोंपर पतंजलिका महाभाष्य व्याकरणका अन्तिम ग्रन्थ माना जाता था। महादेव पण्डित सिर्फ महा-भाष्य तक व्याकरण पढ़े ही हुए नहीं थे, बल्कि अब भी पढ़े हुए ग्रन्थ उन्हें याद थे। उस समयकी कहावत थी "खनन्त पानी घोखन्त विद्या"। पुस्तकस्थ विद्याको विद्या नहीं माना जाता था। विद्याकी परीक्षा सरकारी परीक्षाओं द्वारा नहीं होती थी; बल्कि वह शास्त्रार्थमें होती थी। निश्चित ही है, शास्त्रार्थमें वही विजयी हो सकता था, जिसको सारे ग्रन्थ उपस्थित हों। महादेव पण्डितकी उस समयकी बात मैं कह रहा हूँ, जब कि उनकी उमर २५-२६ वर्षसे ज्यादाकी नहीं थी। उनकी विद्वत्ताका एक और भी सबूत लोगोंको मिला था। वह कुछ महीनों तक पागल रहे। लोगोंका विश्वास था, जिस तरह खानेका अजीर्ण हो जाता है, वैसेही विद्याका भी, लेकिन, यह मेरे होश सँभालनेसे पहले की बात है। कहते हैं, सनककर वह घरसे निकल पड़े। उनके मौसेरे भाई महावीर उनके साथ-साथ थे। नौजवान दामाद का ससुरालमें बेतकल्लुफीसे आना अच्छा नहीं माना जाता। वह एक दिन ससुरालमें पहुँच गये। पीनेकेलिये गिलासमें रस दिया गया, उसे उन्होंने अपनी खड़ाऊँ पर डालकर कहा-— "कैसे आदमी हो, खड़ाऊँकी पूजा करना नहीं जानते।" उन्माद क्यों, कैसे हुआ, यह मालूम नहीं। संभव है अत्यधिक "घोखन्त" होनेके कारण हुआ। विद्वान् उनसे बात करके जान सकते थे, कि संस्कृतके एक अच्छे विद्वान् हैं, पर जनसाधारणकेलिये उनका यह छ महीनेका उन्माद विद्वत्ताका प्रमाण-पत्र था। वह जाड़े में शुरू हुआ था और वर्षाकी फुहारें जब पड़ने लगीं, तो खतम हो गया।

महादेव पण्डित मेरे संस्कृतके प्रथम गुरु थे। उनकी चली होती, तो मैं केवल संस्कृत का पण्डित रह जाता, जो बुरा होता, इसे मैं नहीं कहता।

महादेव और सहदेव दोनों भाई अभी बच्चे ही थे, जबकि उनके बापका देहान्त हो गया। घरमें जमींदारीके जरूरतसे अधिक खेत थे। लेकिन, घर सँभालने वाला कोई नहीं था। सौभाग्यसे दोनोंको एक सहृदय और योग्य मौसा मिल गया। मौसा

अपना घरगाँव छोड़कर बछवलमें चले आये। उन्होंने घरका सारा काम अपने ऊपर ले लिया और यह भी ध्यान रक्खा, कि लड़के कुछ पढ़ जायँ। मौसा और उनके पुत्र महावीर अब सदाकेलिये बछवलके हो गये। बछवलके नामके अन्तमें वल बतलाता है, कि यह मुस्लिम-कालसे पहलेका गाँव है। संस्कृत रूप इसका वत्सपल्ली होता, जिसके प्राकृत उच्चरणका ही यह बिगड़ा हुआ रूप है। बछवल काफी बड़ा गाँव था। आसपासके गाँवों से मुकाबिला करनेपर वह अधिक संस्कृत भी मालूम होता था। माली, तमोली जैसी जातिवाले लोगों का बसना यही बतलाता था, कि वहाँ कभी सामन्तोंका निवास था। बछवलमें भी पुराने ध्वंसावशेष हैं, लेकिन सरहदपर कुछ ही फर्लांग बाद ही सिसवाका मीलों तक चला गया ध्वंसावशेष है, जिसमें ईसवी सन्‌की पहली-दूसरी शताब्दी (कनिष्क आदिके)के सिक्के अब भी मिल जाते हैं। सिसवा जब सामन्त-राजधानी था, उस समय बछवल उसका एक उपनगर रहा होगा। आज सिसवाको पीछे रख बछवल आगे बढ़ गया। सिसवाका ध्वंस आरम्भिक मुस्लिम-कालमें बड़ी बर्बरता पूर्वक हुआ, इसीलिये वह उजड़ गया और बहुत समय बाद उसपर एक-दो टोले बस पाये। बछवलके संस्कृत होनेका एक और प्रमाण वहाँके अनेक कायस्थ घर थे, जो कितनी ही बातोंमें आगे बढ़े हुए थे। मौसाने महादेवको संस्कृत पढ़ाया और छोटे भाई सहदेवको उर्दू-फारसी। दोनोंको नौकरी करनेकी जरूरत नहीं थी। सहदेव पांडे जब-तब शीन-क़ाफ दुरुस्त करके अपनी भोजपुरीमें उर्दू के शब्द बोल लेते थे और कभी-कभी मुँहमें तम्बाकू डाल उसे ओठके नीचे दबाये चारपाईपर पड़े रामायण पढ़ा करते थे।

दर्शन होनेसे पहिले शायद मैं महादेव पण्डितके अस्तित्वको नहीं जानता था। मेरी सबसे बड़ी फूआ बछवलमें ब्याही हैं, यह भी शायद उसी समय जाना। १६०२ की वर्षाके आरम्भमें पन्दहामें हैजाकी बीमारी आई। मैं नौ वर्ष का था। नाना-नानी ने इस आगसे निकालकर मुझे घर पहुँचा दिया। मैं कनैलामें सावनके महीनेमें पहुँचा। उससे एक साल पहले कनैलामें हैजा आया था। उस वक्त मैं भी कनैला हीमें था। घर भर बीमार पड़ा, लेकिन हमारे घरमें कोई नहीं मरा। उसी समय शतचंडीके पाठकी मनौती मानी गई। वही शतचंडी पाठ करनेकेलिये महादेव पण्डित और महावीर तिवारी कनेला आये थे। चंडी पाठ (दुर्गा-सप्तशती) बिल्कुल छोटा-सा ग्रन्थ नहीं है, और उसका भी सौ पारायण करना था, यह मालूम नहीं, लेकिन मेरे जानेपर भी वह कई दिनों तक चलता रहा। महादेव पण्डितकेलिये शतचंडी-पाठ बायें हाथ का खेल था। वह डाकगाड़ीकी रफ्तारसे पाठ करते थे, महावीर तिवारीको एक-एक अक्षर टो-टो कर पढ़ना पड़ता था। बेचारे सिर्फ अक्षर भरका ज्ञान रखते थे। इसमें सन्देह नहीं, उनका पाठ अत्यन्त अशुद्ध होता था, जिसे सुनकर चंडी कभी प्रसन्न नहीं हो सकती थीं। पर चंडी केवल चंडी नहीं कृपालु भी हैं, इसलिये उन्होंने घरका कोई अनिष्ट नहीं किया।

बहुत जल्दी ही मैं महादेव पण्डितसे हिल गया। बराबर उनके साथ रहता। घोखनेमें निद्रा सबसे बाधक होती है। तम्बाकू अकबरके समय पहले-पहल हिन्दुस्तानमें पहुँचा। उससे पहले निद्रा भगानेकी न जाने कौन सी दवाई करते थे। पर, अब तो हर पण्डितों और विद्यार्थियोंमें तम्बाकू सूँघनेका रवाज हो गया था। विद्यार्थी-जीवनमें नींद भगानेकेलिये सूँघनेकी आदत पड़ जानेपर फिर वह बराबरकेलिये हो जाती थी। धनपात्र पण्डित सुगन्धित सुँघनी इस्तेमाल करते थे। इसी कारण बनारसमें सुँघनी साहुकी प्रसिद्ध दूकान खड़ी हो गई, जिसने हमें "प्रसाद" जैसे महान् कवि प्रदान किया। महादेव पण्डित सुँघनी साहुकी सुँघनी नहीं सूँघते थे, बल्कि तम्बाकू (सुर्ती)के पत्तेको आगपर जरा-सा गरम करके उसे पिसवाते, फिर कपड़ेमें छानकर बेलकी नसदानीमें रख लेते। दिनमें न जाने कितनी बार वह उसे सूँघते। छींकनेकेलिये पासमें रूमाल थी जो शाम तक काफी भर जाती। जहाँ तक मुझे ख्याल है, पाठ सबेरे स्नान करके शुरू होता और दोपहर तक रहता। इसी बीच दूधमें भिगे च्यूरेका जलपान होता। उस समय बारीक धान भी हमारे यहाँ बोया जाता था, जिसमें एकका नाम सुगापंखी था। दूधमें भिगोया च्यूरा बड़ा ही सोंधा-सोंधा और स्वादिष्ट होता था। मैं भी फूफाजीके साथ उसमें शामिल रहता था। दोपहरके बाद एक और रीतिका पालन किया जाता था। तरुण दामादका दिल बहलानेकेलिये उसकी तरुण सरहजें और सालियाँ एकत्रित हो जातीं। क्या बातें होती हैं, इसका मुझे कुछ पता नहीं था। मेरेलिये इतना ही जाननेको था, कि पाँच-सात तरुण महिलाओंके साथ फूफाजी हँसी-मजाक कर रहे हैं। शामके वक्त वह बाहर टहलने निकलते। कनैलामें उस समय आधीसे अधिक जमीन ऊसर और परती थी। लेकिन सावनकी बरसात उसे हरा-भरा कर डालती थी। छोटे-छोटे डबरे भी पानीसे भरे हुए थे, जिन्हें देखकर मनमें एक विचित्र भाव पैदा होता था। इन्हीं डबरोंमें पण्डितजीकी रूमाल धुलती, शायद वह शामका स्नान भी करते। त्रिकाल स्नानकी विधि प्रचलित नहीं थी, पर चण्डी-पाठको बहुत शुद्धतासे करना पड़ता था, इसलिये हर दीर्घशंकाके बाद स्नान करना आवश्यक था।

चण्डी-पाठ समाप्त हो गया। फूफाजी बछवल जाने लगे। मैं अपने मदरसेके लिये लौट नहीं सकता था। महामाया न जाने कितने दिनों तक अपना ताण्डव पंदहामें करने वाली थीं। पण्डितजीने मुझे अपने साथ चलनेकेलिये माँग लिया। गर्मियोंमें मंगई नदी उन्हीं जगहोंपर पानीवाली होती है, जहाँ लोगोंने मिट्टीको बाँध बाँध रक्खे होते। लेकिन, सावन-भादोंकी मंगई बाढ़के बिना भी करार तक भरी हुई थी। चौड़ाई दस-बारह हाथसे ज्यादा नहीं रही होगी, जहाँपर कि हम उससे पार हुये। पण्डितजीकी घोड़ीपर चढ़ा कर मुझे पार कराया गया। घरमें तीन-चार तरुण स्त्रियाँ थीं। किसीने पूछा—बताओ, तुम्हारी फूआ कौन है? मैंने फूआको तो कभी देखा ही नहीं था। फूआ और देवरानीमें फूआ ही कम उमरकी मालूम होती थीं। शायद इसीलिये मैंने

उनको अपनी फूआ बतलाया। खेलनेकेलिये वहाँ लड़के भी कई थे। फूआकी देवरानीका लड़का यागेश मुझसे दो ही तीन महीनेका छोटा था। यही लड़का मेरा घनिष्ठ मित्र बना। यह मित्रता साथ उड़नेमें भी बहुत समय तक चलती रही।

महादेव पण्डितका घर बहुत सम्पन्न था। तीन-चार आंगनवाली बखरियाँ थीं, तीन-चार जोड़े बैल थे, गायें और भैंसें भी थीं। पण्डित अब अपने घर हीपर विद्यार्थियोंको पढ़ाते थे। जिस समय (१९०२ ई०)की मैं बात कर रहा हूँ, उस समय उनकी पाठशाला आरम्भिक अवस्थामें थी। वह उस समयकी प्रथाके अनुसार पहले व्याकरणमें सारस्वतका पूर्वार्ध और चन्द्रिकाका उत्तरार्ध पढ़ाते, इसके बाद सिद्धान्त-कौमुदीमें हाथ लगवाते। सिद्धान्त-कौमुदीमें तद्धित प्रकरण तक शायद ही कोई विद्यार्थी पहुँचता। उसके सामने बनारसका आकर्षण आ जाता, जहाँ दो दिनमें आसानीसे पैदल पहुँचा जा सकता था। उनके कई विद्यार्थी इसी तरह बनारस चले गये। व्याकरणके अतिरिक्त जोतिस पढ़नेवाले भी उनके पास आते थे, जो अधिकतर शीघ्रबोध और मुहूर्त-चिंतामणि तक ही पढ़ते थे। इससे पंचांग देखना, जन्मकुण्डली बनाना आ जाता था। किसीने बहुत किया, तो "ताजिकनीलकण्ठी"के कुछ पन्ने पलट लिये। महादेव पण्डितकी यह शिकायत वाजिब थी, कि मैं पढ़ी हुई विद्याका बहुत उपयोग नहीं कर सकता।

दो-तीन दिन तो ऐसे ही बीते। फिर एक दिन फूफाजीने सारस्वत पढ़ाना शुरू कर दिया। स्मरण-शक्ति तीव्र थी और अभी किसीने कानमें यह मन्तर नहीं पढ़ा था, कि रट्टू पीर होना बुरा है। सारस्वतके एक या दो पन्ने मैं पढ़ गया। पण्डितजी मेरी प्रगतिसे बहुत खुश थे। उर्दू से वंचित न हो जाऊँ; इसकेलिये उन्होंने दर्जा एकमें पढ़ाई जानेवाली उर्दूकी पुस्तकके भी कितने ही पन्ने पढ़ा दिये। संस्कृतके पण्डित होते वह उर्दू भी जानते थे, यह उस समयकेलिये आश्चर्यकी बात थी। वह और शायद मैं भी समझने लगा था, कि अब आगे बढ़नेका मेरा यही रास्ता होगा। पर, मैं तो नानाका था, इसलिये उन्हींके बतलाये रास्तेपर चलनेकेलिए मजबूर था। दो हफ्तेसे ज्यादा नहीं गुजरे होंगे, कि पन्दहासे आदमीने आकर कहा : बीमारी चली गई, वहाँ बुलाया है। उसी समय नहीं, बल्कि पीछे भी बछवल मेरे लिये आजमगढ़का सबसे प्रिय गाँव बन गया और उसे जब-जब भी छोड़ना पड़ता, मुझे दुःख होता।

मैं फिर अब रानीकीसरायके मदरसेमें उर्दू पढ़ने लगा। संस्कृतसे तो मानो सदाकेलिये बिदाई ले ली थी। तब भी इम्तिहानकी छुट्टियोंमें जब मैं कनैला जाता, तो प्रायः हर बार दो-तीन दिनकेलिये बछवल पहुँच जाता। इस आवा-जाहीमें मैंने महादेव पण्डितकी पाठशालाको बढ़ते देखा। यह वह समय था, जबकि संस्कृतकी परीक्षाओंका रवाज अभी-अभी बढ़ने लगा था। बछवलमें विद्यार्थी अपने घरसे आटा-दाल बाँध कर लाते और अपने गुरुके पास रहकर पढ़ते। महादेव पण्डित विद्यामें भी

बड़े थे और उनका पढ़ानेका ढङ्गभी बहुत सुन्दर था। उनकी कीर्ति जल्दी ही दूर-दूर तक फैल गई, और उनके पास दस-दस, पन्द्रह-पन्द्रह कोससे विद्यार्थी आकर पढ़ने लगे। सभी अपने घरसे आटा-दाल लाकर खानेकी क्षमता नहीं रखते थे। महादेव पण्डितने आस-पासके गाँवोंमें चक्कर लगाया। लोगोंको कहा, कि विद्यार्थियोंकेलिये आटा-दालकी चुटकी (मुठिया) निकालो। उस समय गेहूँ १४-१५ सेरका था। जौका आटाही लोग अधिकतर खाते थे, जो २५ सेरका मिलता था। इस प्रकार खाते-पीते घरोंको अपने भोजनमेंसे एक मुट्ठी आटा हँडियामें रोज डाल देना भार नहीं था। उससे कितनेही विद्यार्थियोंका काम चलता था। ईंधनकेलिये कोई दिक्कत नहीं थी। अरहरका सूखा डंठल (रहट्ठा) जब तक घरका मौजूद रहता, विद्यार्थियोंके लिये वह खुला था। कंडा भी मिल जाता और कभी-कभी अपने या माँग कर किसी दूसरेके सूखे पेड़को कटवा दिया जाता। विद्यार्थी इस तरह आरामसे पढ़ते थे। वह निर्द्वन्द्वताकी आयु थी। पढ़नेके अतिरिक्त मनोविनोदकी भी बातें हुआ करतीं। राम-स्वरूप नामक एक १७-१८ वर्षका विद्यार्थी—जो शायद सिद्धान्त-चन्द्रिका समाप्त कर चुका था—बड़ा स्वस्थ और सुन्दर तरुण था। गलेमें छोटे-छोटे मनकोंकी रुद्राक्षकी माला और सिरमें त्रिपुण्ड लगा कर वह भागवत या किसी दूसरे पुराणकी बड़े सुन्दर ढंगसे कथा कहता। कथा किसी यजमान या अपने पुण्यकेलिये नहीं, बल्कि मनोरंजनके लिये होती। वह संस्कृतके श्लोकोंको बड़े सुरीले स्वरमें पढ़ कर भोजपुरीमें अर्थ कहता। मुझे कहानी और कथा सुनने-पढ़नेका बचपनसे ही बहुत शौक था, इसलिये रामस्वरूपकी कथा मैं बड़ी दिलचस्पीसे सुना करता। एक या दो साल बाद बछवल जानेपर मालूम हुआ, कि रामस्वरूपका देहान्त हो गया। मुझे इसका दर्द बहुत दिनों तक न भूला।

पाठशालामें विद्यार्थियोंकी संख्या इतनी अधिक हो गई थी, कि उनके लिये अपने बाहरवाले घर भी पर्याप्त नहीं थे। गाँवके पासही बाहर, साधुकी एक कुटिया थी। विद्यार्थी उसमें भी जाकर रहते थे। जो गुरुके घरमें रहते, वह वहीं शामको अपने चूल्हे जलाते। दस-बारह चूल्होंका जलना भी आकर्षक बात थी। विद्यार्थी सारे ही ब्राह्मण थे। दूसरोंको संस्कृतसे क्या लेना-देना था? उन्हें न यजमानी करनी और न सायत-शुभमुहूर्त देखना था। सभी सर्वरिया ब्राह्मण थे। होटलोंका जमाना बहुत बादमें आनेवाला था। उस समयके लोकाचारके अनुसार ब्राह्मण भी एक दूसरेके हाथकी कच्ची रसोई तभी खा सकता था, जबकि उसका नाता-रिश्ता हो। ऐसा न होता, तो दस-बारह की जगह एक ही चूल्हा जलाना पड़ता, और नहीं तो ईंधनकी किफायत तो जरूर होती।

"सारस्वत" आरम्भ करके छोड़नेके बाद ८ वर्ष बीत गये थे। इस बीचमें मैं उर्दू मिडल पास हो गया और घुमक्कड़ीकी इन्ट्रेन्स परीक्षाको भी दे [illegible]

यात्रा करके पास कर चुका था। मिडलमें पढ़ते समय ही उमरपुरके परमहंस बाबाकी ख्याति मैंने सुनी। उनकी कुटिया बछवलसे डेढ़-दो मील और कनैलासे एक मीलसे भी कमपर थी। वह गाँवके बाहर मंगई नदीके किनारे थी। मैं भी एकाध बार गया। योग और वैराग्यका प्रभाव पड़ने लगा, जिससे घुमक्कड़ीका बहुत दूरका सम्बन्ध नहीं है। धार्मिक वृत्तियोंके जग जानेके बाद मैंने निश्चय किया, कि अँग्रेजी नहीं पढ़ूँगा, संस्कृत पढ़ना ही मेरे लिये उचित है। घरवाले इसका विरोध करते थे। हमारे घर (कनैला)में यजमानी वृत्ति नहीं थी। संस्कृतका उपयोग क्या था? संस्कृतके पंडित-को अच्छा पद या नौकरी नहीं मिल सकती थी, अर्थात् बाजारमें उसका मूल्य नहीं था। फिर घरवाले क्यों पसन्द करते? मैंने पहले सोचा, यहीं फूफाजीके यहाँ ही पढ़ूँ। घरवालोंकी इच्छाके विरुद्ध वहाँ जाकर पढ़ नहीं सका। पंडितजी पढ़ानेकेलिये बहुत उत्सुक थे। इस तरहका विरोध देखकर उन्होंने कहा—मैं अपने सहपाठीके पास बनारस ले चलूँगा, तुम वहाँ पढ़ना। खैर, वह कुछ नहीं हो पाया।

यह देखकर मैंने घरसे भागनेका निश्चय किया। १९१०के मार्च या अप्रैलमें सिर्फ गुड़की एक छोटी-सी पिंडी लेकर एक दिन बिना पैसा-कौड़ी मैं निकल पड़ा। वैराग्यका भूत सिरपर सवार था। संस्कृतके कितने ही श्लोक पढ़ते-पढ़ते कंठस्थ हो गये थे। मैं उनका कुछ अर्थ भी जानता था। घूमते-घामते हिमालयमें पहुँचा। यमुनोत्री, गंगोत्री, केदार, बदरीका विधिवत् दर्शन-पूजन करते बनारस लौट आया। फिर घरपर आनेपर पिताने महादेव पंडितके पास पढ़नेकी इजाजत दे दी। एक दिन बछवल पहुँच कर मैंने लघुकौमुदी शुरू की। पहलेसे अब पाठ्य ग्रन्थोंमें फर्क हो गया था। आठ सालोंके भीतर अब जो व्याकरण अधिक पढ़ना चाहते थे, वह "सारस्वत", "चन्द्रिका", की जगह "लघुकौमुदी" शुरू करते थे, जिसके सूत्र वही थे, जो "सिद्धान्त-कौमुदी"के और आगे भी चलते थे। गरी-छुहारे, किसमिस और मिश्रीका प्रसाद गुरुके सामने रक्खा और उन्होंने पाठ आरम्भ कराया। कई महीने तक यहीं पढ़ता रहा। लेकिन, अब बाहरकी हवा लग गई थी। बनारसमें भी परिचय हो चुका था, इसलिये मैं वहाँ चला गया।

बनारसके तीन वर्षके निवासके समय मैं जब-तब पंडितजीके पास जाता। इसी बीच अब वहाँ विद्यार्थियोंकी संख्या कम होने लगी थी। परीक्षाकी तरफ आकर्षण हो गया था। कई पाठशालाएँ खुल गई थीं, जिन्हें सरकारकी ओरसे कुछ वृत्ति भी मिलती थी। पंडितजीसे निरीक्षक-पंडितने बहुत कहा, कि आप अपनी पाठशालाको बनारस गवर्नमेंट संस्कृत कालेजसे सम्बद्ध करा लें, पर वह ऐसा करनेकेलिये तैयार नहीं थे। उन्हें वेतन लेना नहीं था, और न पाबन्दी पसन्द थी।

महादेव पण्डित बहुत उदार विचारोंके थे। घरका काम-काज छोटे भाईके ऊपर था। खेतीके अतिरिक्त कुछ लेन-देनका भी काम होता था। कर्जमें जेवर भी रखे जाते

थे और कातिकमें सवाईपर बीजका अनाज भी काफी दिया जाता था। भाई एक माता-पितासे भले ही पैदा हों, पर गृहस्थीको एक करके ले चलना बहुत दिनों तक नहीं हो सकता। कोई-कोई ही अपने जीवन भर सबको बाँध कर ले चलनेमें समर्थ होते हैं। फिर एक दूसरेके ऊपर सन्देह होने लगता है। कहा-सुनी, मनमुटाव होते कभी-कभी तो थुक्कमा-फजीहतके बाद बटवारा होता। महादेव पण्डित दोनों भाइयोंमें बात यहाँ तक नहीं पहुँची। यह जरूर कहा जाता था, कि नगद और बंधक रक्खे हुए जेवरोंका ठीकसे हिसाब नहीं दिया गया। बँटवारा होनेके बादकी एक घटना है। बछवलके लाला (कायस्थ) लोग खानदानी माने जाते थे। लाला लोगोंको अच्छा खाने-पहिननेकी ही आदत नहीं होती, बल्कि घर बेंचकर पीनेकेलिये भी वह तैयार रहते। इसलिये उनके बनते-बिगड़ते देर नहीं लगती। बहुत कुछ बिक जानेपर भी कैसे वह साफ-सुथरे रहते, यह देखकर आश्चर्य होता। बछवलके एक लाला पुलिस दरोगा होकर पेंशन पा रहे थे। उनकी नौकरी अवश्य कम्पनीके जमानेमें शुरू हुई होगी। उस शताब्दीके आरम्भमें जब कि उनकी भौंहें तक सफेद हो गई थीं, वह बड़े रोबीले मालूम होते थे। मुँहपर गलमुच्छा, सिरपर शायद पटे, जिसके ऊपर गोल टोपी, देहपर सफेद कुर्ता उनके रोबमें वृद्धि करते थे। शायद बापके रहते ही उनके लड़के जंगबहादुर लालने महादेव पण्डितके घरसे कर्ज लिया। कर्ज ज्यादा हो गया, तो चार-पाँच सौ रुपयेका कागज लिख दिया। पिता मर गये। जंगबहादुर लालने कोई नौकरी नहीं की, शायद अब दरोगईके लिये अङ्गेजीकी जरूरत थी, या घरसे बाहर जानेका मन ही नहीं हुआ। वह बापकी तरह शरीरसे भरे-पूरे नहीं, बल्कि दुबले-पतले थे। मुँहपर दाढ़ी थी और मुसलमान होनेसे बड़ी-बड़ी मूछें ही उनको अलग करती थीं।

कर्ज देने की जंगबहादुर में ताकत नहीं रह गई थी। पिताके मरते ही पेंशन बन्द हो गई और छोटी-सी जमींदारीको बंधक रखने और बेंचनेसे ही काम चलता था। तकाजा होनेपर आज-कल करते रहे। इसीमें कर्ज वसूली की कानूनी अवधि बीत गई। जंगबहादुर लालकी तारीफ करनी होगी, कि इसपर भी उन्होंने कर्ज देनेसे इन्कार नहीं किया और चाहा कि सूद छोड़ कर दस्तावेजमें जितना रुपया लिखा गया है, पंडित जी उतना ले लें। लेकिन, महादेव पंडित इसके लिये तैयार नहीं थे। मुकद्दमा किया। जंगबहादुरने कहा—अवधि बीत गई है। खारिज हो गया। सरकारी अदालतसे रुपया पानेकी कोई आशा नहीं रह गई। पण्डितजी अब बभनईपर उतर आये। हरिराम, हरसूराम दोनों ब्रह्मोंके पास गुहार लेकर गये। लेकिन दोनों ब्रह्म जिले नहीं, सूबेसे भी बाहर थे। जंगबहादुर लाल भले ही पण्डितकी कार्रवाईको सुनते हों, लेकिन उसका उनपर कोई प्रभाव नहीं पड़ा। दूरसे काम बनते न देखकर पण्डितने जंगबहादुरके घरके आस-पास तलाश की। पिछवाड़े थोड़ा हट कर एक स्थान था, जिसे ब्रह्म बने ब्राह्मणका बतलाया जाता था। पंडितने उसीको जगानेकी सोची। कर्ज में दोनों भाइयोंका आधा-

आधा होता था, लेकिन उसके वसूल करनेकी सारी जिम्मेदारी महादेव पण्डितने अपने ऊपर ली। जंगबहादुरके ऊपर उन्होंने अपने बाल बढ़ाये; अर्थात् मरनेके बाद मैं ब्रह्म होकर तुम्हारे घरके किसीको नहीं छोड़ूँगा। शाम-सवेरे ब्रह्मके नये बनवाये कच्चे चबूतरे-पर दूध चढ़ाया जाता, पूजा होती और पण्डितजीके विद्यार्थी चिल्ला-चिल्ला कर कहते : इस पापीका उच्छेद करो। पण्डितजीके पढ़े हुए पोथी-पत्रेमें ब्रह्म जगानेकी कोई बात नहीं थी, लेकिन अवश्यकता आविष्कारकी माँ होती है। वह और उनके गण जो चिल्ला-चिल्ला कर सोते ब्रह्मको जगा रहे थे, वह वस्तुतः ब्रह्मके नहीं, बल्कि जङ्गबहादुरके कानोंकेलिये था। जङ्गबहादुर कुछ आर्यसमाजकी बातें करते थे। शायद इसीलिये ब्रह्मका किया-कराया कुछ नहीं हुआ। जङ्गबहादुर अन्त तक मूलके रुपयेको देनेके लिये तैयार थे, पर शान और आनका सवाल था। कुछ वर्षों बाद महादेव पण्डितने सबको बेकार समझ लिया, और अपने बढ़े हुए केश-दाढ़ीको साफ करवा लिया।

१९१३में जब मैं घरसे सदाकेलिये सम्बन्ध छोड़कर छपरामें साधु हो गया, तो एक बार मुझे लौटा कर घर लानेमें सबसे अधिक हाथ महादेव पण्डितका था। साधुओंमें सिर्फ दंडियोंको वह मानते थे। उमरपुरके परमहंस बाबा दण्डी नहीं थे, पर वह पण्डित तथा जीवन्मुक्त समझे जाते थे, इसलिये उनके प्रति उनकी आस्था थी। तुलसीकी माला-कण्ठी और वैष्णवोंके तिलकको वह बहुत हीन दृष्टिसे देखते थे। एक श्लोक कहा करते थे—"अश्वारूढं यतिं दृष्ट्वा खट्वारूढां रजस्वलाम्। द्विजाति-कंठकाष्ठं च कम्पते रविमंडलम्।" (घोड़ेपर चढ़े यति और खाटपर बैठी रजस्वला स्त्री वैसे ही ब्राह्मणके कंठमें तुलसीका काठ पड़ा देखकर इतना महापाप होता है, जिससे सूर्य तक काँपने लगता है)। वह कभी-कभी बारीक मणियोंवाली रुद्राक्षकी माला स्वयं धारण करते थे। रुद्राक्षके फलकी गुठली होनेसे वह भी काठ ही है, पर इसे वह नहीं मानते थे। बनारसमें जाकर मुझमें भी रुद्राक्ष और भस्म-त्रिपुण्डकी बड़ी भक्ति जगी और वैष्णवोंको पंथाई समझता था। मानता था, सृष्टिके आदिसे शिव, त्रिपुण्ड, रुद्राक्ष और दण्डी संन्यासी ही चलते आये हैं। १९वीं सदीमें वैष्णवों और शंकर मतानुयायियोंमें कितनी ही बार खटपट हुई थी। यद्यपि उत्तरी भारतमें विद्यामें वैष्णव कोई अस्तित्व नहीं रखते थे, पर तो भी संस्कृतमें कितने ही प्रमाण-सहित पुस्तिकायें लिखी गईं थीं, जिनमें सिर्फ माँ-बहिनकी गाली-गलौजको छोड़ा गया था, नहीं तो सभी तरहके गोत्रोच्चार हुये थे। संयोग देखिये, जिस धर्मके प्रति मैं इतना दुर्भाव रखता था, अन्तमें उसी धर्मका मैं साधु हो गया। खैर, पण्डितजी एक बार धर-पकड़कर घर लानेमें समर्थ जरूर हुए, किन्तु अब मैं बीस वर्षका हो गया था, मेरे पूरे पंख जम आये थे। फिर निकल भागा। लेकिन सारे हिन्दुस्तानका चक्कर मारनेपर फिर नीड़ने आकर्षित किया। घर आनेपर मैं बछवल भी पहुँचा। फूफाजीने देखते ही कहा—"को विशेषः? अर्थात् कौन अच्छा है, सधुवई या गृहवास। इसका जवाब मुझे उस वक्त देनेकी जरूरत नहीं थी। अब महादेव पण्डितकी पाठशाला बिल्कुल

टूट गई थी। एक ही दो विद्यार्थी थे, जिनमें स्थायी राजाराम थे। मैं समझता हूँ, १६०२में भी वह रहे, अब १६१४-१५में भी वहाँ मौजूद थे, और चन्द्रिकासे आगे वह नहीं बढ़ पाये। शायद वह सदाकेलिये गुरुकुलवासका निश्चय कर चुके थे। नौ-दस बजे स्नान-पूजासे फारिग होकर मक्कीके लावेको खाते उनके मुँहकी बातें अब भी मेरे कानोंमें आती हैं।

१६१५के आरम्भमें मैं फिर निकल भागा। साल भर बाद पिताकी भारी बीमारी सुन अन्तिम बार कनैला गया। उस समय महादेव पण्डितकी पाठशाला बिल्कुल खतम हो चुकी थी। दोनों भाइयोंको अलग हुए सालों बीत चुके थे। अपने तीनों बेटोंकेलिये अब वह बिल्कुल संसारी पुरुष हो गये थे। मैं उनकी तरुणाई के जमानेका ख्याल करता था। तब वह कितने स्वच्छन्द और उदार थे। पहलेपहल बछवल पहुँचनेपर एक दिन ढोलकको ठीक करते उन्होंने घी और मिर्चे लानेकेलिये कहा। मैं ले गया। उन्होंने उसे खाकर गला साफ किया और ढोलकपर कुछ गाने लगे। अहोरात्र विद्यादान देते अपने विद्यार्थियोंके सुख-दुःखका ही उनको एकमात्र ख्याल रहता, दुनियामें क्या हो रहा है, इसकी उन्हें कोई पर्वाह नहीं थी। उनके तीन लड़कोंमें कोई उनके रास्तेपर नहीं चला। बुढ़ापेमें लड़के उनके सुखके कारण नहीं बन सके।

२८ वर्ष बाद १६४३में जब मैं कनैला होते बछवल पहुँचा, तो महादेव पंडितको मरे बहुत साल हो गये थे। मेरी घुमक्कड़ी उनके समझमें नहीं आ सकती थी, पर मेरे प्रति उनका स्नेह सदा रहा। वह समझते थे, यह इसी तरह भटकता रह जायेगा। १६३१में संस्कृतमें विस्तृत भूमिका और टीकाके साथ "अभिधर्मकोश" मैंने प्रकाशित करवाया, जिसकी एक प्रति महादेव पंडितके पास भी किसी तरह पहुँच गई। उसे देखकर उनको अत्यन्त संतोष हुआ।

३. यागेश

यागेश महादेव पंडितके अनुज सहदेव पांडेके बड़े लड़के थे। उनका एक छोटा भाई—जिसका प्यारका नाम समाचारी था—जवानीमें ही मर गया। यागेशसे मेरा परिचय बछवलकी पहली यात्रा (१६०२ ई०)में ही हुआ। कुछ ऐसे समान गुण थे, जिनके कारण यागेश मेरेलिये सगे भाईसे भी बढ़कर प्रिय हो गये और उनका भैया मैं उसी तरह उनके सम्मानका भाजन हुआ। मेरी फूआके लड़के रमेशसे मेरा वैसा सम्बन्ध नहीं था। यहाँ एक बात याद आ गई। नामोंके परिवर्त्तनकी प्रथा शिक्षा और संस्कृतिके प्रवेशके साथ बदलती रहती है। महादेव पंडितके पिताका नाम मोलई पांडे था, जो बतलाता है, कि इस घरमें कमसे कम दो-तीन पीढ़ी पहले हीसे अक्षरसे कोई सरोकार नहीं था। होता तो, इस तरहका नाम क्यों रक्खा जाता? शायद माँ-बापके लड़के मर-मर जाते थे, इसलिये अपने नवजात लड़केको किसीके हाथमें बेंच कर फिर उसे मोल खरीदा गया था, इसीलिये यह नाम पड़ा। मोलई पांडे गाँवके अच्छे खाते-पीते धनी व्यक्ति थे, पर वही बात विद्याके बारेमें नहीं कही जा सकती। तो भी उन्होंने अपने लड़कोंका नाम महदेव-सहदेव रखकर सुरुचिका परिचय दिया।। जब कुलमें महादेव जैसा दिग्गज पंडित पैदा हो गया, तो संस्कृत और संस्कृतिका प्रवेश होना अनिवार्य था। इसी कारण अनुजके लड़केका नाम यागेशदत्त पड़ा और कुछ समय बाद पैदा हुये पुत्रका नाम रमेशदत्त। उनपर बङ्गला उपन्यासोंका कोई प्रभाव नहीं था। पंडित लोग मानते थे, ब्राह्मणके नामके अन्तमें दत्त, क्षत्रियके नामके अन्तमें वर्मा, वैश्यके नामके अन्तमें गुप्त और शूद्रके नामके अन्तमें दास होना चाहिये। महादेव पंडितने इसी "श्रुतिवाक्य" का पालन किया था। लेकिन नाम रखनेसे कोई फल नहीं हुआ। दोनों दत्तान्त बन्धु संस्कृतकी तरफ जरा भी नहीं बढ़े।

दोनों लड़के बचपनमें (१६०२में) दुबले-पतले थे। सर्वरियोंमें मांस खाना जातिसे वर्जित नहीं है। यही नहीं उनके शिरोमणि—पंक्ति ब्राह्मण—तो तब तक पंक्ति माने नहीं जा सकते, जब तक कि उनके घरके अगवाड़े-पिछवाड़े हड्डियाँ न मिलें। तो भी यह अलिखित नियम-सा बन गया था, कि जो संस्कृतमें जरा भी गूँ-गाँ कर सके, उसे मांस नहीं खाना चाहिये। घृणास्पद वैष्णवों और उनके शिरोमणि तुलसीदासने घर-घरमें घूमकर लोगोंके मनमें बैठा दिया था, कि मांस खानेवाला धर्मात्मा नहीं हो सकता। महादेव पंडित भी मांस नहीं खाते थे, प्रायः घर भर नहीं खाता था। लेकिन लड़के दुर्बल

थे, इसके लिये उन्हें मांस पकाकर जरूर दिया जाता था। पहली बार जानेपर बछवलमें महादेव पंडितके घरकी भाषा कुछ विचित्र मालूम हुई। भोजपुरी वहाँके स्त्री-पुरुष भी बोलते थे, लेकिन उनकी बोलीमें कुछ संस्कृतके शब्द घुस आये थे। महादेव पंडितको जब गुस्सा आता या रोब दिखलाना चाहते, तो उनकी भाषामें बहुत संस्कृतके शब्द चले आते। मूर्ख शब्दके अन्तमें ख है, इसलिये मूर्ख कहनेकी जगह वहाँ खान्त कहनेका रवाज था। उस समय ऐसे कितने ही शुद्ध संस्कृतके शब्द उनके घरमें बोले जाते थे।

बछवल काफी बड़ा गाँव था, लेकिन वहाँ मदरसेके नामपर महादेव पंडितके प्रयत्न और सहायतासे एक इमदादी (सहायता प्राप्त) प्राइमरी स्कूल खुला हुआ था। उसीमें यागेश और रमेश पढ़ा करते थे—यागेश भी मेरी तरह उर्दूके विद्यार्थी थे। बहुत दिनों तक वहाँका स्कूल इमदादी ही रहा। पहली बार बछवल जानेके बाद ही मेरा रास्ता खुल गया। एक-दो साल बाद मैं बराबर वहाँ जाया करता था। इस तरह हमारी मित्रता और घनिष्ठ होती गई। एक साल बर्बाद कर मैं मिडिल पास हो गया। यागेश मिडिलकी सीमाको कभी पार नहीं कर सके। एक बार मैंने उन्हें निजामाबादमें भर्ती करनेका भी प्रयत्न किया। यागेशके छोटे बहनोई इलाहाबादमें ह्वीलर कम्पनीमें नौकर थे। इस अँग्रेज कम्पनीके किताबोंके स्टाल हिन्दुस्तानके अधिकांश बड़े स्टेशनोंमें मौजूद थे। किताबोंके साथ घड़ी और दूसरी चीजें भी वहाँ बिका करती थीं। बहनोईके सम्बन्धसे यागेश इलाहाबाद आने-जाने लगे और रेलवेके फ्री पाससे भारतके बहुत भागोंमें घूम आये। लेकिन, रेलकी यात्रा घुमक्कड़ी नहीं है। उससे उतना तजर्बा नहीं हो सकता, यदि आप बीच-बीचके महत्त्वपूर्ण स्थानोंमें उतर कर वहाँ दो-दो, चार-चार दिन न लगायें।

मैं कह चुका हूँ, कि पहलेपहल संस्कृत पढ़नेकेलिये जब महादेव पंडितके पास जानेका मैंने निश्चय किया; तो उसमें घरवालोंने पूरी ताकत लगाकर बाधा डाली। फलतः मैंने अब दूर चले जानेका निश्चय कर लिया। बनारस घरके पास था। वहाँ रहनेपर घरवालोंसे खतरा था। १९१०के मार्च-अप्रैल महीनेमें मैं निकल भागा। साधु बनकर बाहर घूमनेमें क्या-क्या सुभीते हैं, और यात्रामें कैसे रहना चाहिये, इसकी शिक्षा मुझे बाबा हरिकर्णसे मिली थी। उमरपुरके परमहंस बाबाने कोई गुरु-गँडरिया नहीं किया था। शास्त्रोंको पढ़ते-पढ़ते वैराग्य आया और वह साधनामें लग गये थे। लोग उन्हें परमहंस बाबा कहकर ही पुकारते थे। कोई नहीं जानता था, कि वह नैपालके पोखराके निवासी शालिग्राम पंडित हैं, जिन्होंने खुद ही अपने कपड़े रंगे। उनकी शांत और प्रभावशालिनी मूर्तिसे पठित-अपठित सभी प्रभावित होते थे। इसी प्रभावमें आकर उमरपुरके एक गाँवके एक हट्टे-कट्टे क्षत्रिय तरुणने अपने जीवनको उनकी सेवामें अर्पित कर दिया। परमहंस बाबा किसीको अपना चेला बनानेवाले नहीं थे, हरिकर्णसिंहने भी अपने ही गेरुआ रंग लिया। बाकायदा साधु होते, तो नाम बदला जाता, इसलिये लोगोंने उनके नामसे सिंह

हटाकर बाबा या दास लगा दिया। बाबा हरिकर्ण भी बद्री-केदार हो आये थे। और घूमनेकी उन्हें इच्छा नहीं थी। हिन्दीमें कुछ वेदान्तकी पुस्तकें थीं, जिन्हें पढ़ा करते, और वृद्ध परमहंस बाबाकी सेवा करते। उन्होंने जो चीजें साथ रखनेके लिये बतलाई थीं, उनमें एक तुमड़ी (कमण्डल) भी थी। मैंने सोचा, बछवलकी कुटीमें मेरे मित्र कालिका-दाससे वह मिल जायगी। शामको कुटीपर पहुँचा। कालिकादासने चुपकेसे यागेशको बुलवा दिया। कमण्डल तो मिल गया। यागेशने भी साथ चलनेकेलिये कहा। इसपर मैंने सलाह दी: बादमें मैं तुम्हें लिखूँगा, उस वक्त चले आना। सबेरे अँधेरा रहते ही मैं कमण्डल लेकर बछवलसे चल पड़ा। महादेव पंडितको यदि यह बात मालूम होती, तो विघ्न आवश्यक था।

मेरे ऊपर उस वक्त पूरा वैराग्य सवार था। जिस तरह आजकल ईश्वरके न होनेपर पक्का विश्वास है, उसी तरह उस समय ईश्वरके होनेपर दृढ़ आस्था थी। सोचता था, चाहे पासमें कुछ भी न हो, लेकिन भगवान् तो साथ है। बेसरोसामानीसे पैदल चलता बछवलसे आजमगढ़, अयोध्या, फैजाबाद, बाराबंकी, सीतापुर, नीमसारमिसरिख, शाहजहाँपुर, बरेली होता मुरादाबाद पहुँच गया। कहींपर एक दिन भी भूखे रहनेकी जरूरत नहीं पड़ी। भगवान्पर विश्वास और भी दृढ़ हो गया। मुरादाबादसे हरद्वार बहुत दूर नहीं है, चाहता था पैदल ही चला चलूँ, लेकिन किसीके आग्रहपर रेलपर सवार होना पड़ा। मेरा इरादा वस्तुतः बद्री-केदार जानेका नहीं था। मैं चाहता था, किसी पाठशाला या पण्डितके पास रह कर संस्कृत पढ़ूँ। १६-१७ वर्षका था, मिडिल पास और कलकत्ता दो बार घूम आया था, लेकिन अभी अखबारोंकी दुनियाँका पता नहीं था और भूगोलमें पढ़ी बातोंसे अधिक किसी जिले और शहरके बारेमें भी मालूम नहीं था।

हरद्वारमें उतरनेपर विष्णुदत्त. पण्डितका साइनबोर्ड देखा। देखते ही विश्वास हो गया: मेरा भाग्य खुल गया, पण्डितजीके चरणोंमें बैठ कर संस्कृत शास्त्रोंको पढ़ूँगा। पास जानेपर पंडितजीने दिल खोल कर स्वागत किया और कहा—"कहीं भटकनेकी जरूरत नहीं, यहीं रह कर पढ़ो।" वह हिन्दी भाषाके अपने क्षेत्रके रहनेवाले थे, हिन्दी अच्छी जानते थे, इसलिये उनकी बोलचाल का प्रभाव पड़ा। लेकिन, झूठा प्रभाव कितने दिनों तक रहता? कुछ ही दिनों बाद मालूम हुआ, कि पंडितजीका संस्कृत-ज्ञान मुझसे ज्यादा नहीं है। "भर्तृहरिशतक" और "चाणक्यनीति"के सैकड़ों श्लोक पढ़ते-पढ़ते मुझे कंठस्थ हो गये थे और हिन्दी टीकाओंको दोहरानेसे सोलह आना नहीं तो बारह आना उनका अर्थ भी मुझे मालूम था। पंडितजीने मुझे किसी लम्बे पोथेकी नकल करनेमें लगा दिया। पाठ शुरू करनेकेलिए कहनेपर आज-कल करते हफ्ते बिता दिये। मुझे असली रहस्य मालूम हो गया। वहाँसे चलनेका निश्चय नहीं कर पाया था, इसी समय बाबा कालिकादासकी मार्फत एक चिट्ठी मैंने यागेशदत्तको लिखी। था पोस्टकार्ड

ही, लेकिन उसमें जरा भी जगह खाली नहीं रक्खी। यदि यह पोस्टकार्ड नष्ट न हुआ होता, तो उसकी भाषा पढ़ कर भविष्यवाणीकी जा सकती थी, कि मुझमें कवि होनेके अंकुर हैं। पत्रमें रास्तेके वनों-बगीचों, गाँवों-नगरोंकी यात्राका खूब आकर्षक वर्णन और गर्मीके दिनोंमें हरद्वारकी गंगाके हिम-शीतल जलकी महिमा मैंने खुल कर गाई थी। इसका उद्देश्य यही था, कि यागेश भी उसी तरह दौड़ पड़ें। यागेशके दौड़नेकेलिए इतना काफी था, कि मुझे भी भैयाके साथ रहना चाहिये।

सावधानीकेलिये मैंने सारी चिट्ठी कागजपर लिखकर फिर कार्डपर उलटी ओरसे कापी कर दी थी, अर्थात् अन्तका है आरम्भका है बन गया था। न जाने मैंने इस रहस्यको चलते वक्त यागेशसे बतला दिया था, या अर्थ न लगनेपर उनके दिमागने खुद दौड़ कर रहस्यका पता लगा लिया। किसी तरह चिट्ठीका पता महादेव पंडितको भी लग गया। पोस्टकार्ड हाथमें आनेपर उनके सामने भी वही दिक्कत हुई, लेकिन उन्होंने अर्थ निकाल लिया। यागेशपर निगरानी रक्खी जाने लगी, वह भाग निकलनेकेलिये तैयार थे। अब तककी उनकी यात्राएँ रेलसे हुई थीं और खाली हाथ नहीं। मालूम नहीं, वह कुछ पैसा हाथमें लेकर घरसे निकले या मेरी ही तरह। हरद्वार तककी सारी यात्रा उन्होंने पैदल नहीं की। कभी रेलपर भी चलते और कभी पैदल। मैंने जल्दी आनेकेलिये कहा था, इसलिये भी वह जल्दी-जल्दी यात्रा पूरी कर रहे थे। लेकिन, जब तक यागेश हरद्वार पहुँचे, उससे पहले ही मैं विष्णुदत्त पंडितसे विदाई लेकर उत्तराखण्डकी ओर बढ़ चुका था। विष्णुदत्त पंडितने फिर वही जाल यागेशके ऊपर डालना चाहा—'तुम्हारे भाई कुछ दिनोंकेलिये घूमने चले गये हैं, यहीं आ जायँगे।" शायद किसी आदमीको मैं कह आया था; मैं उत्तराखण्डकी ओर जा रहा हूँ। जिससे सुनकर यागेश भी कुछ दिनों बाद चल पड़े। मैं जमुनोत्री, गंगोत्री, केदार, बदरी सब जगह जाऊँगा, इसका उन्हें पता नहीं था। मैंने भी निराश हो उत्तराखण्ड देख बनारसमें चल कर पढ़नेका निश्चय किया था। यागेशने भी उत्तराखण्डके चारों तीर्थोंको देखनेका निश्चय कर लिया। दो तीर्थोंके बाद केदारनाथमें बाबा धर्मदासके सत्संगने पहले मुझपर बहुत प्रभाव डाला। समझने लगा, वह उपनिषद् और वेदान्तके अगाध पंडित हैं। संस्कृतका ज्ञान होता, तो उनके "अणुवो रणियान्" (अणोरणीयान्) से ही भेद खुल जाता। बाबा धर्मदासने धोखा देना नहीं चाहा। उन्होंने कहा—"पढ़नेकी उमर है। काली कमलीवालेका क्षेत्र जाड़ोंकेलिए बन्द हो जायगा, उस समय हमारे साथ ऋषिकेश चलना। वहाँ किसी अच्छे पण्डितके पास पढ़नेका बन्दोबस्त कर दूँगा।" उन्होंने इस बातको भी मान लिया, कि विद्या पढ़ लेनेके बाद ही मैं साधु बनूँगा। केदारनाथमें बाबा धर्मदासके पास डेढ़ या दो महीनेकेलिये मैं ठहरा हुआ था।

उस वक्तकी काली कमलीवाली धर्मशाला आजके सामने मड़ैया-सी थी।

दुमंजिला कोठरियोंके बैरककी पाँती थी, जिसके ऊपर और नीचेकी दो-दो कोठरियाँ धर्मशालाके व्यवस्थापक बाबा धर्मदास और उनके सहायकोंकेलिये सुरक्षित थीं। साढ़े ग्यारह हजार फुटपर होनेके कारण केदारनाथ उत्तराखण्डके तीर्थोंमें सबसे अधिक ठंडा है, पर उसकेलिये डरनेकी जरूरत नहीं थी। बाबा धर्मदासकी कृपासे कम्बलों और गर्म कपड़ोंकी कमी नहीं थी। ऊपरकी एक कोठरीमें कपड़े-लत्ते और दूसरीमें सदावर्तमें दी जानेवाली चीजें रक्खी रहती थीं। बाहरका बरामडा लम्बी खिड़कियोंवाला था। वहीं सदावर्त बाँटी जाती थी। सामनेकी खिड़की रोशनीकेलिये खुली हुई थी। मैं बन्द खिड़कीके पीछे कुछ अँधेरेमें बैठा हुआ था। एक दिन यागेशको एक आदमीके साथ सदावर्त लेने आये देखा। मैंने यागेश कह करके पुकारा। हमारे हर्षका क्या ठिकाना ! उनको आशा नहीं थी, कि मुलाकात हो सकेगी और मुझे भी क्या आशा थी, कि केदारनाथमें इतने दिनों ठहरना पड़ेगा। मैं उनके साथ उस जगह गया, जहाँ पूर्वी उत्तर प्रदेशके कुछ साधुओंके साथ वह ठहरे हुए थे। पुराने साधु दुनियाँ चेतानेका तजर्बा रखते हैं और बालूमेंसे भी तेल निकाल सकते हैं। नौसिखियाको बहुत सीखनेके बाद यह विद्या हाथमें आती है। ऐसे ही दो-तीन साधु ऋषिकेशसे आगे यागेशको मिल गये और वह उनके साथ हो लिये। यही नहीं, मुखिया साधुने इन्हें मूँड़नेका भी निश्चयकर उनके कंठमें तुलसीकी माला डाल दी थी। मैं केदारनाथमें गरम पायजामा, गरम कोट, मोजा-जूता और गरम कंटोप पहन कर अच्छा अमीर-सा मालूम होता था। साधुओंको जब मालूम हुआ, कि यागेशका यही भाई है, वह लिवानेके लिये आया है, तो उनको सबसे पहले फिकर पड़ी कंटीको लौटानेकी। किसीने कह दिया, नाबालिग लड़केको चेला बनानेमें जेलकी हवा खानी पड़ती है। डरके मारे जल्दी-जल्दी उन्होंने कंटी उतारनी चाही, लेकिन कंठी ऐसी फँसी थी, कि निकल ही नहीं रही थी। अन्तमें तोड़ कर उसे निकाल लिया। इस सारी लीलाके समय मैं बाहर यागेशके बिदा होकर आनेका इन्तिजार कर रह था। पीछे यागेशने जब यह बात सुनाई, तो हमें बड़ी हँसी आई।

केदारनाथमें दो-तीन हफ्तेसे और ज्यादा हमें रहना नहीं पड़ा। क्वार शायद बीतने लगा था। दो-तीन हफ्तेमें बाबा धर्मदास ऋषिकेश लौटनेवाले थे। उन्होंने चाहा, कि हम बद्रीनाथ होकर ऋषिकेश चलें, ताकि उत्तराखण्डका एक बड़ा तीर्थ बचा रह न जाय। केदारनाथ छोड़ते वक्त मेरा पक्का निश्चय ऋषिकेश लौटनेका था। यागेशने अपना मतभेद उस समय प्रकट नहीं किया, लेकिन वह घर चलनेके फेरमें थे। बद्रीनाथ पहुँचनेमें कई दिन लगे। तब तक यागेश कई बार कह चुके थे हरद्वार और ऋषिकेशमें संस्कृतकी पढ़ाई क्या होगी। मुझे भी कड़वा तजर्बा था। किसीसे पढ़नेकी बात करते समय जब मैं अपना जन्मस्थान बनारसके पास बतलाता, तो लोग हँस पड़ते—"यह पढ़नेवाले देवता नहीं हैं, नहीं तो बनारस छोड़कर यहाँ क्यों

भटकते ?" पर, बाबा धर्मदासकी बातपर मुझे पूरा विश्वास था। समझता था, ऋषिकेश में पढ़नेका अच्छा बन्दोबस्त जरूर हो जायगा। योगेश का मन्तर बीच-बीचमें मेरे कानोंमें पड़ता रहता, जिसने बद्रीनाथमें जाकर पूरा असर किया।

बद्रीनाथकेलिये चलते समय वर्षा समाप्त-सी हो चुकी थी। हम दोनों ही १६-१७ वर्षके स्वस्थ नौजवान थे। शरीरका भार भी हलका था, इसलिये पहाड़की चढ़ाई-उतराई हमारेलिये कोई चीज नहीं थी, और अन्तिम दिन तो रेलवे के स्टेशनपर पहुँचनेके समय एक दिनमें ३४-३५ मीलकी पहाड़ी यात्रा हमने समाप्त की। तेज चलते विश्राम करनेवाली चट्टीपर जाकर थक जाते। योगेश का तुरन्त प्रस्ताव होता—"भैया खिचड़ी बना लें।" खिचड़ी और चावलसे उस समय मुझे सख्त नफरत थी; लेकिन, रोटी, दाल, साग बनानेमें मेहनत ज्यादा होती। कितनी ही बार योगेशकी बात माननी पड़ती।

बद्रीनाथ जानेपर वहाँकी कालीकमलीवाली धर्मशालामें ठहरे। उसके अध्यक्ष कोई गरीबदासी साधु थे। शायद उनका बाबा धर्मदाससे कोई द्वेष नहीं था, और उनकी कम योग्यताके ख्यालसे ही वह वैसा कह रहे थे। बात-बातमें उन्होंने बतलाया—"बाबा धर्मदासके चक्कर में मत पड़ो, वहाँ पढ़ना-वढ़ना नहीं होगा।" वह बाबा धर्मदाससे अधिक पढ़े हुये थे। उनकी बातका कुछ ही असर हुआ, यात्रा मोड़ने का काम ज्यादातर-योगेशके विचारों ने किया। बद्रीनाथसे लौटते हमने ऋषिकेशका रास्ता छोड़ रामनगर स्टेशनका रुख लिया। बाबा धर्मदासने जो पैसे दिये थे, वह करीब-करीब खतम हो चुके थे। रामनगरसे शायद पैदल ही हम दोनों काशीपुर पहुँचे, फिर वहाँसे भी पैदल ही ठाकुरद्वारा होकर मुरादाबाद। मुरादाबादसे बरेली भी पादचारिका ही रही। बरेलीमें छोटी लाइनके स्टेशनके बाहर एक धर्मशालामें हम लोग ठहरे। धर्मशालाके पीछेके कुछ कमरोंमें पुलिस सबइन्सपेक्टरका परिवार रहता था। सबइन्सपेक्टरके भाईसे हम दोनोंका परिचय हो गया। वहाँ हिंगलाजसे लौटे स्वामी पूर्णानन्द और कितने ही और साधु-साधुनियोंसे भेंट हुई। कराचीसे भी दूर बलोचिस्तानके रेगिस्तानमें अवस्थित इस महान् तीर्थकी बात सुनकर मेरा मन फड़क उठा। वह लम्बी कुदानें भरना चाहता था। उधर योगेशदत्तको अपनी माँ याद आती थीं। माँ मुझे कोसती रही होंगी, इसमें संदेह नहीं। उन दिनों उनके घरमें आनेवाले भिखमंगों की बन आई थी। वह सोचती थीं—"मेरा फूलसा बच्चा भी इसी तरह किसीके घर खाना माँगनेकेलिये जाता होगा।" वह खूब भिक्षा देतीं। योगेशसे दारोगा साहबके सहृदय भाईने सब बात मालूम कर ली। मुझसे तो नहीं कहते थे, पर योगेशको विश्वास नहीं था, कि भैया घर जानेकेलिये तैयार होंगे। नये मिले मित्र-ने घरका पता पूछ कर चिट्ठी लिख दी : "मैं इन्हें रोके हुए हूँ, आकर ले जावें।" मुझे इसका कोई पता नहीं था, योगेशकी बात योगेश जाने। बरेलीके मठोंमें हो आया,

शहर भी देख लिया। वहाँ और रहने की जरूरत नहीं थी। वहाँसे पीलीभीत का टिकट कटाया। ठाकुर (दारोगाके भाई)ने रोकनेकी बहुत कोशिश की, पर यह तो कह नहीं सकते थे, कि मैंने आपके घर चिट्ठी लिख दी है। यह रहस्य छिपा ही रह गया और हम दोनों पीलीभीतकेलिये रवाना हो गये। बद्रीनाथकी तरफ पकड़कर लानेकेलिये मेरे नाना गये थे। उनका धाम जरूर पूरा हो गया, पर हम हाथ नहीं आये। बरेलीसे रवाना होनेके दिन या उसके एक-दो-दिन बाद सहदेव पाँडे पहुँचे, लेकिन तब तक चिड़िया उड़ गई थी। पहले शायद उन्होंने समझा : यहीं किसी दूसरे मठमें चले गये हैं। बरेलीसे लखनऊ की ओर बड़ी लाइन और पीलीभीतकी ओर छोटी लाइन जाती है। हमने कौन लाइन पकड़ी, इसका पता सहदेव पाँडेको कैसे मिल सकता था? हम किस स्टेशन पर उतरेंगे, इसे वह कैसे जानते? अछता-पछताकर बेचारे घर लौट गये।

पीलीभीतमें जानेका हमारा एक उद्देश्य यह भी था, कि पैदल चलनेमें देरी न हो, और हम किसी से रेलका किराया पाकर सीधे बनारस पहुँच जायँ। राजा ललिता प्रसादका नाम हम सुन चुके थे। सरस्वती मेरी जीभ पर बैठ गई। मैंने राजा साहबकी प्रशंसामें अपने जान बहुत सुन्दर कविता करके उनके पास भिजवाया। विदाई क्या मिलेगी, राजा साहबके दर्शन भी नहीं हुए। रास्तेमें जाते समय एक प्रौढ़ पुरुषने हमें देखकर कहा—"आप हमारे यहाँ भोजन करेंगे?" हमें इन्कार क्यों होता? उन्होंने खूब पूड़ी-मिठाई खिलाई। हमने यह भी बतलाया, कि हम सीधे बनारस जाना चाहते हैं, लेकिन हमारे पास रेलके किरायेका पैसा नहीं है। उन्होंने उस समय देने के बारे में कुछ नहीं कहा। हमने स्टेशन पहुँच कर गोलागोकर्णनाथका टिकट कटवाया। इसी समय उस भद्रपुरुषका आदमी भी आ गया। उसे गोलागोकर्णनाथका टिकट देखकर मालूम हो गया, कि यह बहाना करके भीख माँगनेवाले आदमी नहीं हैं। हमारे रूप और बोली-वाणीसे भी मालूम होनेमें देर नहीं लगती थी, कि हम भिखमंगे नहीं हैं। आदमीने टिकट बदलवा कर फैजाबादका बनवा दिया, और कुछ पैसे भी हमारे हाथमें दे दिये।

फैजाबाद उतर कर हम पैदल ही अयोध्या गये। शायद रेल का पैसा हमारे पास था। मैं जानता था, रेलसे देश नहीं देखा जा सकता, इसलिये पैदल ही बनारस जानेका निश्चय किया। मैं इंजन था और यागेश डब्बा। चाहे इच्छा न भी हो, पर पीछे-पीछे चलनेकेलिये मजबूर थे। अयोध्या से खेतासराय, जौनपुर होती बनारस जानेवाली सड़क हमने पकड़ी। मलेरियाका समय था। बनारस दो दिन रह गया था, जब हम दोनोंको जड़ैया आने लगी। एक दिन बनारस पहुँच गये, और सबसे पहले एडवर्ड अस्पतालमें जड़ैया की दवाई लेने गये। बनारस में हमारा एक ही परिचित स्थान था, ईसरगंगी का वैरागी स्थान, जिसके महन्त मेरी दादीके सगे भाई थे। वहाँ

जानेका मैं नाम भी नहीं ले सकता था। निरुद्देश्य भटकते हम बाबा तुलसीदासके घाट पर पहुँचे। स्नान किया या नहीं, इसका पता नहीं। जड़ैयाके कारण उसकी अवश्यकता नहीं थी। घाटके ऊपर हम दोनों ऐसे ही बैठे हुए थे, इसी समय कटिया (मोटे रेशम-का वस्त्र) ओढ़े-पहने छोटे घड़ेके बराबरके लोटेमें गंगाजल भरे फंदासे पकड़े एक अधेड़ पुरुष हमारे पास आये। उन्होंने पूछा—"कहाँ जाते हो महात्मा?" हमने अपनी कथा कह डाली। उन्होंने कहा—"पढ़ना है ना? यहाँ पंडितोंकी कमी नहीं है, और रहने के लिये चलो हम स्थान देते हैं।" पुरुषका नाम था ब्रह्मचारी चक्रपाणि।

तुलसीघाटसे वह मोतीरामके बगीचेमें ले गये। चक्रपाणिकी कुटियाको छोड़ वहाँ कोई पुरानी इमारत नहीं थी। मोतीरामका बगीचा था, बीचमें नीमूके बहुत से दरख्त थे। उन्हींमें दो-चार बड़े वृक्ष भी थे। किनारे दीवारके सहारे अनेक कुटिया और छोटे-छोटे मकान थे। बगीचेका जिस तरफ कभी एक दरवाजा था, उसे ब्रह्मचारी चक्रपाणिने दखल कर रक्खा था। यह फाटक भी बगीचेका एक निकास था। ऊपर पक्की छत थी, जिसके नीचे दो खिलौने जैसी छोटी-छोटी कोठरियाँ और बीचमें बाहर निकलनेका दरवाजा था, जिसे बन्द करके ब्रह्मचारीने एक छोटी-सी कोठरीका रूप दे दिया था। बाहर दीवार उठा कर टिनकी छत डाल दी गई थी, जो ओसारा, रसोई, शयनकक्ष सबका काम देती थी। ब्रह्मचारीके अनुग्रहके पात्र केवल हम ही दोनों नहीं थे, वहां और भी विद्यार्थी रहते थे। सामने और बगीचेके बीचमें टिनसे ढँका एक चौकोर पक्का चबूतरा था, जिसपर आठ-दस विद्यार्थी सो जाते। हम दोनों ब्रह्मचारीजी की कुटियामें गये। पाँच-सात दिनसे अधिक नहीं रहें होंगे, कि यागेशके बार-बार कहनेका प्रभाव पड़ा। मैंने भी सोचा, पढ़ना तो बनारसमें निश्चित ही हो गया, चलो घर हो आयें।

दोनों घर गये। मैं कनैला और यागेश बछवल। मैं पहले बछवलमें और फिर बनारसमें संस्कृत पढ़ने लगा। कुछ साल पढ़नेके बाद मुझे अँग्रेजी पढ़नेकी भी इच्छा हुई, और हालमें ही नये खुले डी० ए० वी० स्कूलमें भर्ती हो गया। मोतीरामका बगीचा दूर पड़ता था, इसलिये गोदौलियाके पास एक साधुके मठमें रहनेका प्रबन्ध किया। यागेश भी मेरा अनुकरण करनेकेलिये तैयार थे। वह भी चले आये। हम लोग दो-चार ही दिन रहे होंगे, कि यागेशकी घड़ी चोरी चली गई। बहाना मिल गया, वह लौट गये, लेकिन मैं मोतीरामके बगीचेमें रहते तीन-चार महीने स्कूलमें पढ़ता रहा। अक्तूबर या नवम्बर (१९१२)में मैं परसा (छपरा जिला)में जाकर साधु हो गया। धर-पकड़ कर लानेपर यागेशसे भागनेमें मुझे मदद मिली। इसके बाद प्रायः दो साल तक हम लोग अलग ही अलग रहे। आर्यसमाजके प्रभावमें आकर १९१५के आरम्भमें मैं मुसाफिर विद्यालय आगरामें अरबी पढ़ने लगा। एक बार पिताकी बीमारीके कारण घर जानेपर यागेशसे मुलाकात हुई। उनसे कहा: तुमभी आ जाओ। वह तैयार

हो गये। मुसाफिर विद्यालयकी पढ़ाई समाप्त कर जब मैं लाहौर चला गया, तभी वह वहाँ पहुँचे। साल भर या अधिक वह वहाँ पढ़ते रहे। पर, विद्याका वह अधिक लाभ नहीं उठा सके। घरपर छोटा भाई काम देखनेवाला था, वह भी मर गया, इसलिये सारा बोझ उनके ऊपर पड़ गया। १९१७-१८ के बाद फिर हमारा मिलन वर्षों बाद कभी-कभी हो जाया करता था। जब होता, तो फिर पुराना स्नेह उमड़ आता और मै उसको बाहरसे प्रकट करनेका हरेक अवसर खो देता। कभी उनको किसी सहायताकी जरूरत पड़ती, जिसे मैं आसानीसे कर सकता था, पर मैं नहीं कर पाता। जल्दीमें निश्चय नहीं कर सकता था और निश्चय कर लेनेपर उसे कार्यरूपमें परिणत करनेका अवसर नहीं रह जाता।

यागेश पीछे राष्ट्रीय आन्दोलनमें पड़े। कांग्रेसका काम करते रहे। १९४२के तूफानमें भी शामिल हुए। यही उनकी शिक्षाका सार्वजनिक उपयोग था। परिवारकी नैया चलती ही रही। १९४३ में मुलाकात हुई, देखा अब उनपर बुढ़ापेका असर हो आया है। पचास वर्षमें ऐसा होनेकी शिकायत नहीं की जा सकती। मैं तो उनसे बड़ा था। मैं अपने स्वास्थ्य और शरीरसे तुलना करता था। अब भी जब-तब इच्छा होती है, दोनों पहलेकी तरह फिर मिलकर बैठते, कुछ आपबीती सुनाते, पर वैसे समयकी सम्भावना दिन पर दिन कम होती जा रही है।

४. मौलवी गुलामगौस

आजमगढ़ जिलेके मेरे विद्यागुरुओंमें महादेव पंडितके बाद सबसे अधिक प्रभाव मुझपर मौलवी गुलामगौस खाँका पड़ा। उन्होंने विद्यामें कोई विशेष शिक्षा दी थी, इसके कारण यह नहीं था। उनके अभाव और चिन्तासे ग्रस्त जीवनको देखते जैसा प्रसन्न मैं उन्हें पाता, वह बड़ी स्पृहणीय बात थी।

उस समय प्राइमरी स्कूलोंका साल दिसम्बरके साथ खतम होता था, जब कि मिडल स्कूलोंमें वह मार्च में होता था। १९०५के दिसम्बरमें अपर-प्राइमरीकी परीक्षा मैं पास कर चुका था। १९०६के मार्च से ही मिडलकी बाकायदा पढ़ाई होनेवाली थी। मैं अच्छे नम्बरोंसे पास हुआ था, और जिलेकी छात्रवृत्ति प्रतियोगितामें शामिल होनेवाला था, इसलिये १९०६के फरवरीमें ही नाना मुझे निजामाबाद पहुँचा आये। वह प्लेगका समय था। प्रायः हर साल जाड़ोंमें प्लेग (ताउन) आ जाती थी। लोग घर छोड़ कर बाहर मँड़ई डाल लेते। निजामाबादमें भी प्लेग था, लेकिन स्कूलको बन्द न करके उसे टौंस पार एक खाली नील गोदाममें ले गये थे। नीलका व्यापार बिगड़ चुका था, पर इस गोदाममें नीलकी बट्टियोंको सुखानेकेलिये बने बाँसके मचान अब भी अच्छी स्थितिमें थे, जो छात्रोंके सोनेका काम देते थे। वहीं मिडल स्कूलके हेड मुदर्रिस (प्रधान-अध्यापक) मौलवी गुलामगौस खाँको देखनेका मुझे पहले-पहल अवसर मिला। उमर ५२-५४के करीब रही होगी। कद ठिंगना था और शरीरसे भी वह कुछ दुबले-पतले ही थे। रंग गेहुँआ। वह रहनेवाले मेंहनगरके थे। मेंहनगर अच्छा-खासा बड़ा गाँव या कस्बा था। किसी समय आजमगढ़ जिलेके एक बहुत बड़े भागके राजाकी वह राजधानी भी रहा था, पर उसका वह पुराना सौभाग्य लुट चुका था। एक गौतम राजपूत हिजड़ा बन कर दिल्लीके बादशाह (शायद जहाँगीर)का कृपापात्र बना। उसका प्रभाव इतना बढ़ा, कि उसे बादशाहने एक बहुत बड़ी जागीर दे दी। हिजड़े के भतीजे हरिसिंहको चचाकी पूरी सम्पत्ति मिलनेकी तभी सम्भावना थी, जब कि वह मुसलमान हो जाये। इसलिये हरिसिंह मुसलमान हो गये। इन्हींकी रानीने वह सराय बनवाई थी, जिसके ऊपर वहाँके बाजारका नाम रानीकी सराय पड़ा—आज भी हरिसिंहके मुसलमान वंशज मौजूद हैं। हरेक खान लगानेवाला मुसलमान अपनेको पठान या अफगान समझता है। पर, हमें मालूम है, कि लाखों राजपूत और भूमिहार मुसलमान बन कर खान कहे जाने लगे। मौलवी गुलामगौसके

बारेमें नहीं कहा जा सकता, कि वह अफगानी पठानोंके वंशज थे, या राजपूत-भूमिहारकी सन्तान। देशके हिंदूसे मुसलमान हुए वंशोंकी उतनी कदर नहीं थी, जितनी कि शेख-सैयद, मुगलकी। इसीलिये देशी मुसलमान भी पठान होकर अफगानिस्तानसे अपना सम्बन्ध जोड़ना चाहते थे। पर देखा जाय तो यह द्रविड़ प्राणायाम ही है—सीधे नाक पकड़नेकी जगह हाथको पीठकी ओरसे घुमाकर उसे पकड़ना। आखिर अफगानिस्तानके पठान भी दसवीं शताब्दी तक कट्टर हिन्दू थे।

मेहनगरमें पठान कैसी पोशाक पहनते थे, इसके बारेमें मैं नहीं कह सकता। मौलवी गुलामगौसके भतीजे मौलवी अब्दुलकादिर रानीकीसरायमें मेरे अध्यापक रह चुके थे। वह भी पायजामा और अचकन पहनते थे। वही भेस उनके चचाका भी था। नैनसुख (लट्ठे) की बगुलेकी परकी तरह धुली हुई सफेद पोशाक उनके बदनपर रहती, सिरपर दोपलिया टोपी रखते थे। पाँच बार नमाज पढ़ते थे, यह मुझे याद नहीं, लेकिन शुक्रवारको वह निजामाबाद तहसीली स्कूलके पासमें ही औरंगजेबकी बनवाई मस्जिदमें जरूर जाकर नमाज पढ़ते थे। निजामाबादका मिडल स्कूल वहाँसे पीछे दूर हटा दिया गया। उस समयकी उसकी स्थिति बहुत अच्छी थी। टौंसका घाट नजदीक पड़ता था। कायस्थोंका मुहल्ला सटा हुआ था। लेकिन, स्कूलके बढ़ानेके लिये वहाँ काफी जमीन नहीं थी।

मौलवी गुलामगौसकी अपने धर्मपर पूरी आस्था थी। अगर समझते, कि बुतपरस्त हिन्दुओंका धर्म बहुत नीचा है, वह मजहब कहे जानेका अधिकारी भी नहीं है, तो कोई आश्चर्य नहीं। पर कभी उन्होंने इस तरहका संकेत भी अपने मुँहसे नहीं किया। अपने नार्मल पासकी कथा वह बड़े मनोरंजक ढंगसे सुनाते थे: नार्मलमें लिये जाने वाले उर्दू और हिन्दीके उम्मीदवारोंकी निश्चित संख्या होती थी। उस समय उर्दू का बोल-बाला था, इसलिये उर्दू लेकर पढ़नेवाले उम्मीदवारोंकी संख्या ही अधिक होती थी। मौलवी गुलामगौसके लिये वहाँ जगह नहीं रह गई। हिन्दीकी कुछ जगहें बची हुई थीं, गुलामगौस ने कहा, उर्दू नहीं हिन्दी ही सही। सम्पर्कके कारण हिन्दीसे तो परिचित थे ही। इस प्रकार हिन्दीमें ही वह नार्मल पास हुये। अध्यापक बननेपर उन्हें हिन्दी नहीं उर्दू ही ज्यादा पढ़ाना पड़ता था। हम लोग यह न समझ लें, कि मौलवी साहब योंही कह रहे हैं, इसलिये रामायणकी बहुत-सी चौपाइयाँ वह रागके साथ पढ़कर सुनाते थे।

मौलवी गुलामगौसखाँ उस समयके निम्न-मध्यम-वर्गके सफेदपोशोंके सर्वाङ्गपूर्ण नमूने थे। इस वर्गकी स्थिति आज पचास वर्ष बाद भी तबसे अधिक सुधरी नहीं है। मौलवी साहबको अपनी स्थितिको ठीक रखनेकेलिये कपड़ोंको साफ-सुथरा रखना पड़ता। चाहे सस्ते दामका ही हो, लेकिन दोपलिया टोपी, अचकन, खुला पायजामा और नीचे जूता भी रखना पड़ता। तनखाह १४ या १५ रुपये थी। अन्नके हिसाबसे देखनेपर आज वह ७० रुपयेसे कम नहीं थी। उनके तीन लड़के थे। लड़कियाँ थीं या नहीं, यह मुझे

नहीं मालूम। पत्नी मेहनगरमें रहती थीं। तीन लड़कोंमें बड़ा यासीन मैट्रिक पास नहीं हो सका। किसीने सलाह दी, ड्राफ्टमैनीकी शिक्षाकेलिये इसे गोरखपुर भेज दीजिये। वहाँका खर्च १४-१५ रुपया था। मौलवी साहबकी सारी तनखाह यासीनकेलिये चली जाती थी। दो बेटे इब्राहीम और इस्माईलको साथ रखते थे। फिर घरपर भी कुछ भेजना जरूरी था। वह खर्च कैसे चलाते थे, यह समझना बहुत मुश्किल था। ट्यूशन भी उस वक्त मिलता नहीं था। यदि दूसरी कोई आमदनी थी, तो वह थी, जितने लड़के दर्जेसे पास होकर आगे बढ़ते, उनसे एक-एक, दो-दो रुपये मिल जाते। मिडल पास करके निकलनेवाले कुछ और भी सारवर्चीं दिखलाते थे। जो भी हो, मेरे लिये तो यह समझना सदा मुश्किल रहा, कि वह कैसे अपना खर्च चला लेते थे। इब्राहीम मेरा सहपाठी था, इस्माईल प्राइमरीमें पढ़ रहा था। बड़े साहबजादेकी शकल-सूरत और वेष-भूषा देखनेसे मालूम होता था, कि जरूर कोई नवाबजादे हैं। अच्छा कपड़ा पहनते थे, अच्छे ढंगसे रहते थे। उनको इसकी कोई पर्वाह न थी, कि बाप कैसे चक्कीमें पिस रहा है। मेरे सामने वह अभी किसी नौकरीपर नहीं लगे थे। उन्होंने बापकी बुढ़ापेमें सहायता की होगी, इसकी कम ही सम्भावना थी।

जिस वक्त कोई उर्दू पढ़ानेवाला अधिक तेज मुदर्रिस नहीं रहता, उस समय मौलवी गुलामगौस स्वयं हमें उर्दू पढ़ाते थे। उर्दू शायरीमें जहाँ-तहाँ दाऊद, मूसा और दूसरे पैगम्बरोंका जिक्र आ जाता है। उस समय मौलवी साहब हमें उनकी सारी कथा बतलाते। कभी-कभी तो "कसस्सुल्-अम्बिया" लेकर पढ़ने लगते। उनको गुस्सा कम आता था, लेकिन जो लड़के पढ़नेमें बार-बार बेपर्वाही करते थे, उनपर बरसे बिना नहीं रह सकते थे। यद्यपि शिक्षा-विभागने छड़ीके इस्तेमालकी सख्त मुमानियत कर दी थी और डिप्टी साहबके आनेपर सबसे पहले उन्हें छिपानेकी कोशिश की जाती थी; पर व्यवहारमें छड़ी शिक्षाका अभिन्न अंग मानी जाती थी। मौलवी साहब गुस्सा होनेपर दाँत कटकटाने लगते, उनके गंगा-जमुनी पटेवाले बाल कुछ अस्त-व्यस्त हो जाते और ताबड़तोड़ दो-चार छड़ियाँ लगा देते। पर, तबभी दया उनके हाथसे छूटती नहीं थी। चाहे कितने ही जोरसे छड़ी उठाई गई हो, लेकिन शरीरपर पहुँचते-पहुँचते वह हल्की हो जाती थी।

बुढ़ापेका असर कुछ होना जरूरी था। विद्यार्थी गुरुको किसी बातमें फँसाकर पढ़नेसे छुट्टी ले लेते थे, पर मौलवी गुलामगौस इतने बात्यायी नहीं थे। आर्थिक स्थिति और उसकी चिन्ताके बारेमें बतला चुका हूँ। नौकरी रहनेपर भी खर्च चलाना उनके लिये बहुत मुश्किल था। जिला-बोर्डकी नौकरीमें उस समय न प्राविडेंट फण्ड था, न पेंशन ही। नौकरीसे हटनेका मतलब बारहो महीनेका रोजा था। मौलवी साहबको बड़ी चिन्ता रहती थी, कहीं उनकी नौकरी न चली जाय। उनके सहायक अध्यापकोंको मजाक करनेकी सूझती। वह कह देते—"मौलवी साहब आपकी सफेद दाढ़ी देखतेही

डिप्टी साहब छप्पनसाला समझ जायँगे और फिर नौकरीसे हटना पड़ेगा।" जबभी पता लगता, शिक्षा-विभागका कोई अफसर निजामाबाद आनेवाला है, तो मौलवी साहबको सफेद दाढ़ी काली करनेकी पड़ जाती। खजाब तब भी बाजारमें बिकते होंगे, लेकिन पैसे-का सवाल था। आँवला और क्या-क्या चीजें मिलाकर वह स्वयं खजाब तैयार करके दाढ़ीमें लगा लेते। कभी-कभी लोग योंही अफसरके आनेकी खबर उड़ा देते और मौलवी साहबकी मेहनत बेकार जाती। हफ्ता बीतते-बीतते दाढ़ीके बालोंकी जड़ें सफेद निकल आतीं।

मौलवी ग़ुलामगौस निजामाबाद स्कूलमें उसी पदपर थे, जिसपर पहिले अयोध्या-सिंह उपाध्याय "हरिऔध" रह चुके थे। ("हरिऔध" को पैदा करनेका सौभाग्य निजामाबाद हीको है, पर उनका स्मारक पीछे आजमगढ़में बना)। एक समय वह था, जबकि निजामाबादमें सम्राट् अकबरने कई महीने बिताये, अपने जन्मदिनके उपलक्षमें सोने-जवाहिरके तुलादान किये। कहा जाता है, कवियोंने नई कविताओंसे बादशाहको बधाई दी। पर, निजामाबादके भाग्यको आजमगढ़ने छीन लिया। आजमगढ़ जिलेका नाम पड़ा, वही उसका सदर-मुकाम हुआ। हाँ, आजभी आजमगढ़ जिस पर्गनेमें है, उसे निजामाबाद कहते हैं। निजामाबादकी लक्ष्मीको आजमगढ़ने पहले ही छीन लिया था। रेल बनी, वहभी वहाँसे दो-दो, तीन-तीन मील दूर रही। अबभी वहाँ अच्छा-खासा बाजार और सौसे ऊपर दुकानें थीं, लेकिन सारा सामान रानीकीसराय स्टेशनसे होकर लाना पड़ता। रानीकीसराय नजदीक होनेसे वही निजामाबादका मुख्य स्टेशन बन गई।

निजामाबादके भव्य अतीतके अवशेष वहाँ बहुतसे मौजूद थे। छ अँगुलकी लखौरी ईंटोंकी अब भी बहुत सी इमारतें मौजूद थीं। कितनोंको उनके मालिकोंने छोड़ दिया था। एक साहुने इन्हीं दीवारोंसे ईंटोंको निकालकर बाजारमें एक अच्छी पक्की ठाकुरबाड़ी बनवाई। पुजारी एक अक्खड साधु थे, जो किसीके सामने झुकनेवाले नहीं थे। वह साहुके मुँहपर कह देते थे—"तुमने कब्रोंकी ईंटोंको इकट्ठा करके बड़ा ठाकुरबाड़ा तैयार कर दिया है।" लेकिन, यदि ईंटोंका दूसरा उपयोग हो सकता था, तो उसे क्यों न लिया जाय? एक बड़ी भारी इमारत थी, जिसकी छत गिर चुकी थी और दीवारें खड़ी थीं। उसके बारेमें कहते थे: नीचे बहुत बड़ा तहखाना है। वहाँ कितने ही महल, घाट बने हुए तालाब भी हैं। इसकी सच्चाईकी परीक्षा करनेकेलिये कौन तैयार था? काजी साहब किसी समय जौनपुर रियासतके काजी या हाईकोर्ट के जज रहे थे। कितना दबदबा रहा होगा? भारी जागीर और नौकर-चाकर, दास-दासियोंकी कमी नहीं थी। उस समय जो महल बने थे, उन्हींमेंसे उक्त चहारदीवारीवाली इमारत भी थी। अब भी काजी साहबके कितने ही पक्के मकान मौजूद थे, लेकिन जायदाद बहुत-कुछ बिक चुकी थी, सिर्फ लिफाफा रह गया था। महलके साथ एक बड़ा अच्छा बाग था, जो किसी समय मध्य-एसियाके सेब-अनार-अँगूरके बागोंके नमूनेपर बने मुगल बागोंकी प्रतिस्पर्धा करता होगा। अब भी

वहाँ इस तरहके कुछ फल मौजूद थे। दूर तक फैले इस श्रीहीन महलमें एक बार कुछ दिनोंके लिये रौनक आ गई थी, जब कि काजी साहबकी लड़कीका ब्याह हुआ था। वर २०-२२ वर्षका खूबसूरत नौजवान जौनपुरका, शायद इनके अपने ही खानदान का था। इसमें शक नहीं, पुरानी शरकी-सल्तनत और मुगल बादशाहतके कितने ही चिह्न इन महलोंमें अब भी मौजूद रहे होंगे, पर उनके बारेमें न मेरी उतनी जिज्ञासा थी और न देखनेकी सम्भावना। मेरा एक सहपाठी काजी साहबके यहाँ ही रहता था। वह कभी-कभी वहाँकी बातें बतलाता था।

एक साल घुमक्कड़ीमें लगा कर १९०८ ई०में फिर मैं पढ़नेकेलिये निजामाबाद गया। अबभी हेडमास्टर मौलवी गुलामसगौसखाँ थे। अगले साल मार्चमें मैंने मिडल पास किया। इसके बाद मेरा वैराग्य और घुमक्कड़ीका जीवन आरम्भ हो गया। पहिले घरसे निकलते ही मैं कलकत्ता भागा और वहाँ छ-सात महीने बिता फिर घर लौटा। कलकत्ताकी यात्रासे सन्तोष नहीं था। मेरे आदर्श थे या तो उमरपुरके परमहंस बाबाका जीवन, या उनके शिष्य बाबा हरिकरण दासकी बातें। १९०९-१० के जाड़ोंमें बड़ी छलांग मारनेकेलिये मैं अपनी तैयारी कर रहा था। तीन वक्त स्नान-संध्यासे भी सन्तोष नहीं था, बल्कि जो एक-दो संस्कृतके स्तोत्र हाथ आये थे, उनका भी पाठ करता था। शायद ही कोई दिन जाता, जब मैं परमहंस बाबाके दर्शनकेलिये न जाता। कनैलामें प्लेग आया था। गाँव भरकी तरह हमारे घरके लोग भी बाहर खेतमें झोपड़ीमें रह रहे थे। मिडलका प्रमाणपत्र मौलवी साहबके पास आया था। प्रमाणपत्र लेते वक्त हरेक विद्यार्थी गुरुको गुरुदक्षिणा देता था। मौलवी साहब अब नौकरीसे अवकाश प्राप्त कर मेहनगरमें रहते थे। शायद गाँव दूर रहता, तो न आ सकते, पर मेहनगर कनैलासे दो-तीन कोससे अधिक नहीं था। एक छोटी-सी घोड़ी लेकर मौलवी साहब एक दिन हमारे घरपर पहुँच गये। संयोगसे मैं उस दिन परमहंस बाबाकी कुटीपर नहीं गया था। मैंने शिष्टाचार दिखाते हुए सलाम किया। शायद और भी दिल खोल कर कृतज्ञता प्रकट करता, पर घरवालोंने वैराग्यके भूतका जिक्र कर दिया था, और उन्होंने उपदेश देना चाहा। मैं साल भरसे हिन्दीमें प्राप्त वेदान्त और वैराग्यकी बहुत-सी पुस्तकें पढ़ चुका था, बड़े नियम-व्रतसे रहता था। अपने ही रोटी बना कर एक वक्त खाता था और आगेकेलिये बहुत ऊँचे-ऊँचे सपने देख रहा था। मौलवी गुलामगौस उपदेश देनेके अधिकारी नहीं थे, यह मेरी निरी अहंमन्यता थी। पर, उस समय अभी तजर्बा ही क्या था? किस तरह हरेकके साथ विनम्र रहना चाहिये, इसका पाठ मैंने नहीं पढ़ा था। मौलवी साहबकी बातें मानो मेरे कानोंके भीतर जाती ही नहीं थीं। मौलवी साहबको गुरुदक्षिणामें कुछ मिला जरूर, पर मैं सदाकेलिये चूक गया। अपने सहृदय गुरुके प्रति जैसा बर्ताव मुझे करना चाहिये था, मैंने वह नहीं किया, इसका जिन्दगी भरके लिये अफसोस रह गया।

५. परमहंस बाबा

परमहंस बाबाकी कुटिया कनेलाके सीमान्ती गाँव उमरपुरमें मँगईके पार उसके किनारेसे कुछ ही गज हटकर थी। दूर-दूर तकके लोगोंका उनके प्रति आकर्षण था। क्यों, यह समझना मुश्किल था। परमहंस बाबा उपदेश बिल्कुल नहीं देते थे, न किसीसे खुलकर बात करते थे। महादेव पंडित जैसे विद्वान् जब कभी उनके पास पहुँचते, तब भी वह न कुछ कहते, न किसी प्रश्नका जवाब देने ही केलिये तैयार रहते। अर्धस्फुट हासके साथ हरेक आदमीका स्वागत वह जरूर करते थे। पर, उनको यह पसन्द नहीं था, कि कोई एक मिनटसे अधिक उनके पास रहे। इसी बीच यदि कोई प्रसंग आ जाता, तो उनके मुँहसे शुद्ध संस्कृतमें उपनिषद् या व्याकरणकी कोई बात निकल आती। यह जरूरी नहीं था, कि किसी पंडितके मिलनेके साथ यह बातें जरूर उनके मुँहसे निकलें। महादेव पंडित उनके भक्त और प्रशंसक थे। पचासों बार वह उनके दर्शनके लिये गये होंगे, पर उनको भी बहुत कम ही उनके मुँहसे कुछ सुननेका अवसर मिला था। पर, यह तो वह जानते थे, कि गेरुआकी छोटी लंगोटी और कमरमें ढाई हाथका गमछा बाँधे यह वृद्ध पुरुष—जिसकी आयु लोग १२० वर्षसे कमकी माननेकेलिये तैयार नहीं थे—जरूर अच्छा विद्वान् है। हर तरफ गाँवोंसे मील-मील भर दूर, मंगईके किनारे चौबीसों घंटेके इस एकान्तको क्यों पसन्द करते थे, इसके लिये कोई ठीकसे नहीं कह सकता था। बाबा हरिकरणदास उनके शिष्यके नामसे प्रसिद्ध थे। पर, उन्होंने उनको कभी शिष्य नहीं किया था। पहले बालदत्त सिंहकी तरह वह भी परमहंस बाबाकी ओर आकृष्ट होकर उनकी सेवा करनेकेलिये रोज आने लगे। इसके बाद स्वयं चुटिया काट दी और गेरुआ पहन कर यहीं रहने लगे। यहीं रहनेका यह मतलब नहीं, कि उनको परमहंस बाबाकी कुटियामें स्थान मिला। उन्हें कुटियासे दो सौ गज दूर अपनी झोपड़ी बनानी पड़ी। झोपड़ी फिर दो कोठरीके खपड़ैलके घरके रूपमें परिणत हो गई और पासमें एक और झोपड़ी खड़ी हो गई।

परमहंस बाबाके पीनेकेलिये दूध प्रस्तुत करनेका पुण्य खजुरीके एक मध्यवित्त जमींदारने अपने ऊपर लिया था। वह हरिकरण बाबाके पास दूध देनेवाली भैंस भेज देते थे। जब भैंस दूध देना कम कर देती, तो दूसरी भैंस आ जाती। भैंसकी सेवा करना हरिकरण बाबाका काम नहीं था, यह काम बालदत्त सिंहने स्वीकार कर लिया था।

बालदत्त सिंह और मेरे पिता समवयस्क थे। दोनोंकी रुचिमें भी कितनी ही समानता थी। शायद हिन्दी टो-टाकर पढ़ लेते थे, नहीं तो विद्यासे बालदत्तका सम्पर्क नहीं था। हमारा घर नामकेलिये ही ब्राह्मण था। पीढ़ियोंसे संस्कृत और विद्यासे उसका कोई वास्ता नहीं था। यजमानीमें सिर्फ बालदत्तका घर था, जो अब एकसे दो-तीन घर बन गये था। बालदत्तकी धार्मिक भावना उन्हें खींच कर परमहंस बाबाकी ओर ले गई। पहले दर्शनकेलिये जाते, इसके बाद वह भी हरिकरण बाबाकी तरह वहींके हो गये। घरमें माँ और स्त्री रहती थीं। शायद भाई या बाल-बच्चा कोई नहीं था। अक्सर उनकी माँ हमारे घर आकर पिताके सामने अपना रोना रोती। पर, पिता तो समझते थे, बालदत्त अपना परलोक बना रहे हैं। बालदत्त अगर किसी वैरागी या दूसरे साधुके मठमें रहते, तो वहाँ उन्हें पूजा-आरतीमें शामिल होनेका मौका मिलता, कभी रामायण या दूसरी कथा भी सुनते। पर, यहाँ जिस देवताकी वह आराधना करते थे, वह पत्थरके देवतासे इतना ही अन्तर रखता था, कि वह हिलता-डोलता था, कभी मुस्कुरा देता था, कभी एक सेकेण्ड किसीसे पूछ लेता और उससे भी अधिक अपनेसे, चिड़ियों या वृक्षोंसे मगन होकर बातें करता। शब्द उन्हें पसन्द नहीं था। परमहंस बाबाका ख्याल करके आस-पासके गाँववाले फगुवा गानेको आधी रातसे पहले ही बन्द कर देते थे। मध्य-रात्रिमें जब दुनियाँ निःशब्द हो जाती, तो कोसों दूरकी आवाज भी पहुँच जाती। होलीके एक महीनेसे पहले ही गाँवके लोग ढोलकपर जोर-जोरसे चौताल गाना शुरू कर देते। दुनियाँके गमको भूलनेका उनके लिये यह एक बहुत बड़ा साधन था, जिसे वह युगोंसे करते आये थे। परमहंस बाबा किसी दिन सबेरे हरिकरण बाबासे कह देते—रात कहाँसे ढोलकी की आवाज आ रही थी। हरिकरण बाबा दर्शनार्थियोंसे इसका जिक्र भर कर देते। गाँव-गाँव अपने ही सन्देश पहुँच जाता था और लोग सजग हो जाते थे।

बालदत्तको किसी उपदेशकी अवश्यकता नहीं थी। वह भैंसको सानी-पानी देते, दूध दूहते, गरम करके अपने देवताके भोगकेलिये तैयार रखते। परमहंस बाबाको कभी हलवा, पूड़ी, मिठाई, जैसी चीजें ग्रहण करते, मैंने नहीं देखा। जब-जब भी मैं वहाँ गया, दूधमें भीगा च्यूरा और गोभी-आलू या और सामयिक भाजी उनके लिये तैयार देखी। वह दिनमें एक बार और बहुत थोड़ा-सा भोजन करते थे। अलग निकाले भोजन प्रसादके तौरपर बाँटे जाते थे। इतनी सेवा करनेका अधिकार बालदत्तको मिला था, जिसके लिये उन्होंने घर-बार छोड़ दिया था।

हरिकरण बाबा कुछ अधिक पढ़े-लिखे थे, पर उनकी भी गति हिन्दी ही तक थी। सबेरे उठ कर वह अपनी कुटियासे परमहंस बाबाकी कुटियामें जाते। परमहंस बाबाकी कुटिया भी विचित्र थी। १८९०के पहले या कुछ पीछे दो कोठरियोंका एक खपड़ैलका मकान बनाकर उसके किनारे काफी जगह छोड़ खपड़ैलवाली चौकोर

चहारदीवारी घेर दी गई थी। उत्तर तरफ इसमें शायद चाँचरका एक दरवाजा था। कुटिया ऐसी जगह बनी थी, जहाँ मगईके दाहिने किनारे सैकड़ों एकड़ ऊसर जमीन पड़ी हुई थी। उस समय लोग समझते थे, उसमें कभी हल नहीं चल सकेगा। यहीं ढोर चरनेके लिये आते, कभी कुटियाकी चहारदीवारीके पास भी आ जाते थे। बाबाको किसी प्राणीका अत्यन्त सम्पर्क पसन्द नहीं था। उनको असन्तुष्ट देखकर लोगोंने और बहुत-सी जमीनको घेरते चारों ओर ऊँचा खाँवा बना दिया, जिसके भी उत्तर ओर एक चाचरका फाटक लगा दिया गया था। अब जानवर बहुत दूर चरते थे। खांवा और चहारदीवारीके बीचकी घेरी हुई जमीनमें बरसातमें काफी घास उग आती। परमहंस बाबाकी भैंसके लिये चारेकी कोई समस्या नहीं थी। उसको हरा तृण देना या कुछ खिलाना लोग पुण्यार्जनका साधन मानते थे। खावें और चहारदीवारीके बीचमें भीतरी दरवाजेके पास एक बावली खोदी गई थी, जो लम्बाई-चौड़ाईमें बहुत छोटी थी, लेकिन उसका पानी काफी गहरा था। एक तरफ दो हाथ चौड़ी बहुत सीधी-सादी पक्की सीढ़ियोंका घाट बना था। इस बावलीमें सिर्फ परमहंस बाबा ही स्नान करते थे। रोज स्नान करते थे या नहीं, इसके बारेमें मैं नहीं कह सकता। हरिकरण बाबा उनकी तेलसे मालिश करते थे। चेहरा देखने हीसे मालूम होता था, उनकी आयु काफी होगी—१२०की थी इसके बारेमें मैं कसम खानेकेलिये तैयार नहीं। लेकिन, इस आयुमें भी उनका चमड़ा कहींसे झूला नहीं था। कद मझोलेसे भी कम था, रङ्ग गोरा। सिर और दाढ़ीके बाल मुड़े रहते थे, चौर करनेका सौभाग्य शायद हरिकरण बाबाको ही था।

हरिकरण बाबा सबेरे ऐसे समय कुटियामें जाते, जब जानते थे, भीतरी दरवाजा खुल गया है। परमहंस बाबाके हरेक कामका समय निश्चित-सा मालूम होता था। फाटक खुला होनेपर हरिकरण बाबा भीतर चले जाते, नहीं तो कुछ देर उसके बाहर बनी हुई झोपड़ीमें बैठकर इन्तिजार करते। भीतर प्रवेश करनेके बाद वह चारों तरफ झाड़ू-बहारू करते, परमहंस बाबाकी चीजोंको सँभाल कर रखते। तेलकी मालिशकी जरूरत होती, तो मालिश करते। परमहंस बाबाकी कमर झुकी नहीं थी। वह खाँवेंमें लगे फाटकसे बाहर कभी नहीं जाते थे। अपनी भीतरी चहारदीवारीके अन्दर टहल लेते हों, वह दूसरी बात है, उन्हें टहलते मैंने नहीं देखा। उनका भीतरी फाटक बहुत कम खुला रहता। कभी-कभी वह उसे खोल दिया करते। दर्शनार्थी भगत बाहरी झोपड़ेमें बैठे इन्तिजार करते थे। दर्शनार्थी भक्तोंकी संख्या बहुत नहीं होती थी। वैसे तो आस-पासके पचासों गाँवोंका शायद ही कोई बालिग पुरुष हो, जो परमहंस बाबाका नाम सुनते ही सिरको झुका न देता हो। परमहंस बाबाके बैठनेके लिये भीतरी दरवाजेके पास ही एक छोटा-सा चबूतरा था। कभी उसपर बैठ कर या खड़े-खड़े पूछते—"कैसे आया?" भगत कहता—"महाराजके दर्शनके लिये।" बोलते—"दर्शन तो हो गया।" बस यहीं किस्सा समाप्त। भगत अपने ही चलनेकी तैयारी करता, परमहंस बाबा दरवाजा भेड़ कर वहाँसे खिसक

जाते। उनका व्यवहार निर्लेप जरूर था, पर उसमें अमाधुर्य नहीं था। अधिक आध्यात्मिक सुरुचि रखनेवाले लोग ही उनके पास पहुँचते थे।

जिसको कुछ उपदेश सुनना होता, वह हरिकरण बाबाकी कुटियापर जाता। हरिकरण बाबा प्रायः दोपहर तक परमहंस बाबाकी सेवामें व्यस्त रहते। इसका यह अर्थ नहीं, कि वह उनके साथ या पास रहते। कुटिया एक ही देवताकेलिये बनी थी, लेकिन अवश्यकताओंने उसे विशाल कर दिया था। बाहरी घेरेमें दो बावलियाँ थीं। छोटी बावलीकी बात मैं कह चुका हूँ। उससे कुछ बड़ी बावली पूर्व दिशामें थी, जो सबकेलिये खुली थी। बाबाकी प्रसादीको वहीं ले जाकर हरिकरण बाबा बाँटते थे। उसीमेंसे अँजली भरकर लोग पानी पी लेते। परमहंस बाबाकेलिये भीतरी हातेमें दो कुएँ थे। एक चौड़े मुँहका खुला था, जिसके बारेमें कहा जाता था : परमहंस बाबा पहले इसीका पानी पीते थे, लेकिन बिना जाने एक बार किसी मिस्त्रीने उसमेंसे पानी निकाल कर पी लिया। इसके बाद वह परमहंस बाबाके पीनेके कामका नहीं रहा और उसके जलका इस्तेमाल कपड़ा धोने या किसी दूसरे कामकेलिये ही हो सकता था। उसकी जगह एक दूसरी छोटे मुँहकी पक्की कुइयाँ बनाई गई थी, जिसका ऊपरी भाग पलास्तर किया हुआ था और मुँहपर हर वक्त टिनकी टोपी पड़ी रहती थी। मैं परमहंस बाबाके अधिक नजदीक पहुँच गया था। हरिकरण बाबाके साथ मुझे भी इस भीतरी हातेमें प्रवेश करनेका सौभाग्य प्राप्त हुआ था। छोटी कुइयाँका मुँह इसलिए ढँका नहीं रहता था, कि कोई दूसरा उसमेंसे पानी निकाल कर पी न ले। उसका मुख्य काम था, पत्ता या किसी और चीजको कुएँके भीतर गिरने न देना। भीतरी हातेमें अपनेआप (शायद इमलीके) कई पेड़ उग कर बड़े हो गये थे। ऐसी एकान्त भूमिके हरे-भरे पेड़ोंको देखकर चिड़ियोंका मन भी ललचाया और उन्होंने घोंसला बनाकर अपना गाँव आबाद करना शुरू किया। परमहंस बाबाने उनके लिये इस जगहको नहीं पसन्द किया था। चिड़िया क्या सारी प्रकृति क्षण भरकेलिए परमहंस बाबाके मनोरंजनका साधन बन जाती थी, लेकिन वह चलाचलीके मेलेके माननेवाले थे, किसीको गाँठ बाँधनेकेलिए तैयार नहीं थे। दिनमें चिड़ियाँ "चेऊँ-चेऊँ" करतीं। वह भी मुस्कराते हुए बोलते—"चेऊँ-चेऊँ, चेऊँ-चेऊँ, क्या चेऊँ-चेऊँ करती है।" चिड़ियोंने जब शाम-सबेरे रामधुन करनी शुरू की, तो परमहंस बाबाको बहुत बुरा लगा और हरिकरण बाबाने पेड़ोंकी सारी डालियाँ कटवा दीं। हाँ, ऐसे समय, जब कि घोंसलोंमें कोई अण्डा नहीं था। चिड़ियोंको दूसरी जगह जानेकेलिये मजबूर होना पड़ा। लेकिन, दिनमें दूसरे भक्तोंकी तरह वह भी परमहंस बाबाके पास पहुँच जाती थीं। परमहंस बाबाकी कुटियामें एकाध कम्बल, सितलपाटी या दूसरी तरहका एकाध मामूली किन्तु साफ बिस्तरा भर था। शायद घड़ा और कमण्डलके अतिरिक्त थोड़ी-सी पुस्तकें थीं, जो एक जगह चौकीपर रक्खी थीं। इसने सामानकेलिए चोर भी ख्याल नहीं कर सकता था। परमहंस बाबाके सारे हाते भर सतयुगका

राज्य था। वहाँ पहुँचते ही किसीके मनमें बुरा भाव नहीं रह जाता था, ऐसी ख्याति थी। परमहंस बाबाका भोजन हरिकरण बाबाकी कुटियासे बन कर आता था।

बाबाके प्रतापका प्रचार चाहे सुव्यवस्थित रूपसे न हुआ हो, पर कानोंकान वह अधिकारी व्यक्तियोंमें दूर तक पहुँच गया था। लोग यह भी जानते थे, कि बाबाको लोगोंका सम्पर्क पसन्द नहीं है। इसीलिये वहाँ कभी भीड़ लगते मैंने नहीं देखी। कुछ चुने हुए सुसंस्कृत व्यक्ति ही कभी-कभी उनके पास पहुँचते थे। उन्हें किसीसे कोई चीज लेनेकी अवश्यकता नहीं थी। फसलके समय लोग ऊख दे जाते। इस समय "बड़ी ऊखके" नामसे एक नये प्रकारकी ऊखका प्रचार होने लगा था। लोग इसको अहोभाग्य समझते थे और जेठके महीने तक उसको चढ़ानेकेलिये ले आते। ऊख बाहरकी झोपड़ीमें रख दी जाती, जिसके सामने लकड़ीके बेलनोंवाला एक कोल्हू लगा हुआ था। उसीमें रस निकाल लिया जाता, जिसे परमहंस बाबा बड़े प्रेमसे पीते। पर, एक बारसे अधिक नहीं।

उस पुरुषकी रुचि सचमुच विचित्र मालूम होती थी। कैसे वह अपने चौबीस घंटेको बिताते थे। हरिकरण बाबाके साथ जितना समय लगता था, वह सब मिलाकर दो घंटे भी नहीं होता था, जिसमें भी कुछ क्षणकेलिये दो-चार बात वह कह देते। बाहरी लोगोंको दर्शन देनेमें और भी कम समय लगता था। चिड़ियोंसे बातचीत करना भी कुछ मिनटोंका था। जो थोड़ी-सी पुस्तकें भीतर मौजूद थीं, वह दो-चार दिनके पारायणके लिये ही पर्याप्त थीं। उनको वह बराबर पढ़ते रहे होंगे, इसमें भी सन्देह है। फिर वह अपने समयको कैसे काटते थे? वहाँ रहते समय मैं इस रहस्यको कभी नहीं समझ सका। दूसरे तो कभी भी समझनेमें समर्थ नहीं हुए। पचास वर्ष बाद मेरे मित्र स्वामी हरिशरणा-नन्दने अपने अनुभवको बतलाया। वह भी तरुणाईमें योग और समाधिके पीछे पागल हो बहुतसे इस विषयके दूकानदारोंके पास भटकते रहे। अन्तमें एक आडंबर-शून्य पुरुषने बतलाया—"बतलानेको अधिक नहीं है। वह वही है, जिसे तुम योगसूत्रमें पढ़ चुके हो। मनकी वृत्तियोंको एकाग्र करो, मनकी तरङ्गोंके उत्थान-पतनका निरीक्षण और नियंत्रण करते उसको अपनी मर्जीके अनुसार चलाओ। सबसे बड़ा काम है, इस बातको कार्य-रूपमें परिणत करना, जिसकेलिये एकान्त और निःशब्द स्थानकी अत्यन्त अवश्यकता है।" मेरे मित्र उस समय परम आस्तिक थे और अब परम नास्तिक। उस समयकी अवस्था अब भी उन्हें याद है। उस समयके परमआस्तिकपनके कारण ही इस कड़े मानसिक व्यायाममें लगनेमें वह समर्थ हुए। आगेका वर्णन जो उन्होंने बतलाया, वह मेरे शब्दोंमें निम्न प्रकार है—

"उन्होंने देखा, जब मनकी वृत्तियोंके स्थिर होनेका समय आता है, तो स्थिर-ताके साथ श्वासकी गति भी घट जाती है, जिसके साथ ही नाड़ी भी धीमी पड़ जाती

है, शरीरकी और क्रियाओंमें भी उसीके अनुसार कमी हो जाती है। मनके अंकुशसे शरीरके व्यापारमें क्यों शिथिलता आती है, यह रहस्य तो उस समय नहीं मालूम हुआ; क्योंकि हमारे विद्वान् मनको अभौतिक मान, शरीरसे उसके सम्पर्कको बहुत दूरका बतलाना चाहते हैं। लेकिन, आधुनिक शरीर-क्रियाके विद्वानोंने पता लगाया है कि शरीरकी क्रियाओं, ज्ञान संवेदना आदि सारे मानसिक व्यापारका मुख्य स्थान मस्तिष्क है, जिसके भिन्न-भिन्न क्षेत्रों द्वारा यह क्रियाएँ सम्पादित होती हैं। मस्तिष्कके दो भाग हैं—धूसरांग और शुभ्रांग। धूसरांग अर्थात् धूमिल रङ्गवाली मज्जावाला मस्तिष्क ऊपर होता है और शुभ्रांग नीचे। शुभ्रांगके ऊपर धूसरांगकी परत उसी तरह चढ़ी हुई है, जैसे वृक्ष के ऊपर छाल। धूसरांग-रूपी छालके पाँच स्तर एक दूसरे के ऊपर फैले हुए हैं, जिनके नाम हैं—(१) बाह्य तंतुजाल, (२) बाह्य कोश, (३) मध्य कोश, (४) अन्तर्जाल और (५) अन्तकोश। प्रत्येक स्तरका एक दूसरेके साथ सम्बन्ध है। स्तरोंमें कोशों (सेल) की संख्या दो करोड़के लगभग है। इस अङ्गके नीचे शुभ्रांग है, जिसके द्वारा शरीरकी क्रियाओं, चेष्टाओं, संवेदनाओंका आदान-प्रदान होता है। धूसरांग इन सब क्रियाओंपर नियन्त्रण रखता है, और वही सारे मानसिक व्यापारका अधिष्ठान है। इसीमें सभी स्मृतिपटलोंका वास है। इनके क्रिया-व्यापार निम्न प्रकार बँटे हुए हैं—(१) सबपर व्याप्त तंतुजाल स्तरमें संकल्प-विकल्पकी तरंगें—वैद्युतिक तरंगें—दौड़ा करती हैं। इन्हींको हमारे योगमें मानसिक वृत्तियाँ कहा गया है। संकल्प-विकल्प या मानसिक वृत्तियाँ एक ही चीज हैं। (२) तंतुजाल स्तरके नीचे बाह्य कोश स्तर है, इसमें स्मृतियाँ निवास करती हैं। महाप्रतिभाशालियोंका बाह्य कोश मोटा होता है, और साधारण बुद्धि-वालोंका पतला। निर्बुद्धियोंमें वह अत्यन्त क्षीण होता है। (३) इसके नीचे मध्यकोश स्तर शरीरकी संज्ञाओंका अधिष्ठान है। (४) उसके नीचे तंतुजाल और उसके नीचे (५) कोश-स्तरका सम्बन्ध शरीरके भीतरकी क्रियाओं और चेष्टाओं के साथ है।

"बाह्यकोश स्तरके भी अनेक क्षेत्र हैं। उन क्षेत्रोंमें धृतिक क्षेत्रके भीतर हमारी सारी स्मृतियाँ भिन्न-भिन्न कोठरियोंके अनुसार बट कर अवस्थित रहती हैं। कोशोंके स्पन्दनके कारण उठ कर बाह्य स्तर तंतुजालमें फैलती हैं। यही मनकी वृत्तियाँ या संकल्प-विकल्प हैं। वैज्ञानिक परिभाषामें इन्हें वैद्युतिक तरंग या स्पन्दन कहते हैं। वह उस तंतुजालमें वैसे ही व्याप्त हो जाती है, जैसे ताँबेके तारोंमें बिजलीकी धारा। वैज्ञानिकोंकी भाषामें संकल्प-विकल्प वैद्युतिक तरंगें हैं। वृत्तियोंमें तदाकार रहनेवाली सत्ता ही मन है। बाह्य स्तर कोशमें सारे स्मृतियोंके मण्डल मौजूद हैं। जब तक मनुष्य जाग्रत या अर्धसुप्त रहता है, तब तक इन कोशोंमें स्पन्दन या वैद्युतिक तरंगें रहती हैं, अर्थात् स्मृतियाँ वहाँसे उठ कर सारे तंतुजालमें फैला करती हैं। इन्हीं स्मृतियोंको योगी लोग वृत्तियाँ कहते हैं और उन्हें एकाग्र करना चाहते हैं। मनके एकाग्र होनेका अर्थ है, इन कोशों की क्रियाओंको स्थिर करनेका प्रयत्न। मनको रोकना, उसकी वृत्तियोंको रोकना, स्मृति-

मंदिरसे उठी स्मृति-वृत्तियोंके स्पन्दनको रोकना और उससे सम्बद्ध कोशोंकी क्रियाको रोकना है।

"ये स्मृतियाँ—चित्त-वृत्तियाँ—शरीरकी ऐच्छिक और अनैच्छिक गतियोंसे भी सम्बन्ध रखती हैं। नियंत्रित रूपसे उनकी जो क्रिया चलती रहती है, वह स्मृति-मन्दिर सम्बन्धी व्यवस्थासे बँधकर ही चलती है। इसीलिये मनके निग्रहसे कोशोंकी ऐच्छिक गति और स्मृतिपर भी प्रभाव पड़ता है। इसी कारण आगे शरीरकी क्रियापर भी उस निग्रहका प्रभाव पड़ना अवश्यक है। इस निग्रहसे श्वास-क्रिया, पाचन-क्रिया, रक्त-संचार, हृदय-गति यहाँ तक कि शरीरके अंगोंकी क्षय-पूर्तिकी गति भी मन्द हो जाती है।"

परमहंस बाबा अपनी साधनामें सफल थे। अब भी अपनी पुरानी आध्यात्मिक भावनाओंपर उनका अटूट विश्वास था और इस प्रकार आत्माराम और आत्मरति होकर वह विहार करते किसी प्रकारके अभावका अनुभव नहीं करते थे।

उनके जीवनके बारेमें बहुत बातें लोगोंको मालूम नहीं थीं। वस्तुतः वह किसीसे उसके बारेमें कहते भी नहीं थे। हरिकरण बाबाने जो कुछ संग्रह कर पाया, उसमेंसे कितनी ही बातें मुझे उन्होंने बतलाई थीं, पर आधी शताब्दी बाद उनमेंसे बहुत कम ही स्मृति-पटलपर बच रही हैं।

नेपाल राजधानी काठमाण्डूसे पश्चिम (पश्चिमी नेपाल)में पोखरा नामका एक जिला है। खास पोखरा-उपत्यका पहाड़ोंसे घिरी और प्राकृतिक सरोवरके कारण बड़ी ही रमणीक है। देखनेवाले उसे श्रीनगर-कश्मीरका प्रतिद्वन्द्वी मानते हैं। आजकल तो नियमित रूपसे काठमाण्डूसे पोखरा हवाई जहाज जाया करता है। अपने फलों, विशेषकर नारंगियोंके लिये पोखरा बहुत मशहूर है। सवारी न मिलनेपर हवाई जहाज इन नारंगियोंको ढोकर राजधानीमें पहुँचाता है। पुराने समयमें जब नेपाल अनेक छोटे-छोटे राज्योंमें बँटा था, तो पोखरा भी एक राजधानी थी। पोखरा नगर या आसपासके किसी गाँवमें बालक शालिग्रामका जन्म १९वीं शताब्दीके प्रथम दशकमें हुआ था, अर्थात् अभी राणाओंका राज्य नैपालमें शुरू नहीं हुआ था। शालिग्रामने अपने यहाँ कुछ वर्षों संस्कृत पढ़ी, पर उतनेसे उनकी तृप्ति नहीं हुई और वह संस्कृतके केन्द्र वाराणसीमें चले आये। यहीं पर वह शास्त्रोंका अभ्यास करते रहे। व्याकरण और वेदान्त तो अच्छी तरह पढ़े और शास्त्रोंमें उनकी कैसी गति थी, इसके बारेमें लोगोंको कभी मालूम नहीं हो सका। विद्या पढ़ते-पढ़ते शालिग्रामका आकर्षण योग-समाधिकी ओर हो गया। शायद अभ्यासके लिये उनको कोई गुरु मिला, पर वह किसी पंथके साधु नहीं बने। वैराग्य हुआ और स्वयं शिखासूत्रहीन बन गेरुआ पहन एकान्तमें अभ्यास करने लगे। भोजनके लिये दिनमें एक बार मधूकरी माँग लाते। परम एकान्त समझकर वह राजघाटके पुलके पास झोपड़ी या किसी गुफामें रहने लगे। उस समय यह भूभाग—जो

किसी समय काशीका गर्भ समझा जाता था—दूर तक बिल्कुल निर्जन पड़ा था। उनका अभ्यास ठीकसे चलने लगा। उसमें काफी सफलता हुई, पर योगाभ्यासकी सफलता तो तभी मानी जाती है, जब कि उसके आनन्दको निराबाध लिया जा सके। इसी समय एक बड़ी बाधा उपस्थित हुई। राजघाटका पुल बन गया, रेल उसपर दौड़ने लगी। योगाभ्यास का सबसे बड़ा विघ्न शब्द है, वह प्रचण्ड रूपसे शालिग्रामके कानमें पड़ने लगा। वह सोचने लगे, काशी छोड़ कर भाग जायँ। कहाँ जायँ, इसका उन्हें कोई पता नहीं था। नेपालसे काशी आते पैदल कई गाँवों और शहरोंसे गुजरे होंगे, पर उनका उन्हें कोई परिचय नहीं था। इसी समय उनमें श्रद्धा रखनेवाला एक आदमी मिला, जिसने कहा—बाबा, हम आपको ऐसे स्थानमें ले चलते हैं, जहाँ आपके भजनमें बिल्कुल बाधा नहीं होगी।

अज्ञात पुरुष शालिग्राम बाबाको लेकर बेलहा पर्गनेमें अपने गाँव ले गया। यह सारा पर्गना बैसोंका होनेसे अवधीके बैसवाड़ेकी तरह एक छोटा बैसवाड़ा बन गया है। गाँवके बाहर फूसकी झोपड़ीमें शालिग्राम बाबा रहते, मधूकरी माँग कर अपना गुजारा करते। उन्होंने कई गाँव बदले, लेकिन मधूकरीकी वृत्ति पहले ही जैसी चलती रही। एक दिन किसी तरुण विधवाने उन्हें भोजन कराया। विधवाकी यौवन-सुलभ अपकीर्ति फैली हुई थी। शालिग्राम बाबा अब परमहंस बाबाके नामसे पुकारे जाते थे। भोजन करते समय, कहते हैं, तरुण विधवा बोली—"चाहे दुनिया मेरे लिये कुछ भी कहे, पर बाबाने मेरे हाथका भोजन ग्रहण कर लिया, तो मैं अपनेको धन्य-धन्य समझती हूँ।" सम्भव है, वार्तालाप इतना सरल न हो और तरुण विधवाने कोई दूसरे भाव प्रकट किये हों। जो भी हो, उस दिनसे बाबाने मधूकरी माँगना या किसीके घर भोजन करना छोड़ दिया। लोगोंको मालूम हुआ, तो वह स्वयं भोजन लेकर उनके पास पहुँचने लगे।

बाबाको अभी तक कोई अनुकूल स्थान नहीं मिला था। सुन या देखकर उन्हें मँगईके किनारेका पता लगा। और जैसा कि पहले कहा, उनकेलिये एक छोटीसी कुटिया और उसके चारों तरफ चहारदीवारी तैयार कर दी गई। वह स्थान उनकेलिये बिल्कुल अनुकूल था। इतना पसन्द आया, कि उसकी दोनों चहारदीवारियोंके बाहर उन्होंने फिर कभी पैर नहीं रक्खा। उनके अभ्यास और ज्ञान से लाभ उठानेका जब हरिकरण बाबाको भी अवसर नहीं मिला, तो दूसरोंको क्या मिलता? पर, हिन्दू अध्यात्म-शास्त्रमें जिसे जीवन-मुक्त, मलहीन, अलिप्त सिद्ध पुरुष कहा गया है, उसके वह साकार रूप थे। इस प्रकार अपने अस्तित्वसे भी वह कितनोंको शान्ति पहुँचाते रहे। १९१०में सबसे अन्तिम बार मैंने उनका दर्शन किया। शायद १९१४-१५से कुछ पहले या बाद उनका देहान्त हो गया। उनके प्रति लोगोंकी श्रद्धा-भक्ति सार्वजनिक प्रदर्शनका रूप कभी नहीं ले सकी थी। उनके भक्तोंने उस कुटियाको पवित्र मान कर सुव्यवस्थित जरूर रखना चाहा होगा। मालूम नहीं, अब उसकी क्या अवस्था है। इसमें तो सन्देह नहीं,

उनकी स्मृति चिरस्थायी नहीं हो सकती थी। न उनके लिये पक्के स्मारक खड़े किये गये, न उन्होंने स्वयं ग्रन्थ लिखे या अपने अनुभवोंको ही लेखबद्ध किया, न उनकी शिष्य-परम्परा या पंथ चला। उनके अन्तिम समयकी पीढ़ीके कुछ लोग कितने ही समय तक स्मृतिको जीवित रख सकते थे? आखिर परमहंस बाबा एक गुमनाम स्थानमें रहते सदाके लिये बालूके रेतपर चरण-चिह्नकी तरह विलुप्त हुये। हरिकरण बाबा कह रहे थे—एक बार नेपालके राजाका आदमी आया। उसने बाबाको ले जानेके लिये आग्रह किया था।

आध्यात्मिक रूढ़ियोंकी पवित्रता भी परहंस बाबाको बाँध नहीं सकी। काशीमें जो भी मर जाये, उसे अप्रयास मुक्ति मिल जाती है, इसकी पर्वाह उन्होंने नहीं की और अभ्यासमें विघ्न होनेपर वह काशी छोड़कर चले गये।

६. मुखराम पण्डित

मुखराम पण्डित मेरे सहृदय विद्या-गुरु—इन पंक्तियोंके लिखनेके समय शायद अब भी जीवित हैं। वह मेरे फूफा महादेव पण्डितके योग्य शिष्योंमें थे। "सिद्धान्त-कौमुदी"के कुछ भीतर घुसनेपर अन्य विद्यार्थियोंकी तरह उन्होंने भी काशीका रास्ता पकड़ा। काशी आनेपर बहुत सन्निकट समझ मैं उनका विद्यार्थी बन गया। उनकी अनुपस्थितिमें फूफाजीके दूसरे विद्यार्थी श्री शिवमङ्गल दूबेके पास भी मैंने कुछ दिनों तक पढ़ा। मुखराम पंडितमें मैंने गुरु-शिष्यका ही अच्छा सम्बन्ध नहीं, बल्कि एक तरहकी आत्मीयता पाई। उनका जन्मस्थान वीरपुर कनैलासे तीन-चार मीलसे अधिक दूर नहीं है। पीछे मैं वहाँ एकाध बार गया भी। मुखराम पण्डित परीक्षाओंकी ओर आकृष्ट नहीं थे। वह पुराने पण्डितोंकी तरह पढ़ना चाहते थे। उस समयके काशीके महावैयाकरणोंमें एक पं० चन्द्रभूषण उनके गुरु थे। चन्द्रभूषण पण्डित कुछ दिनों तक अयोध्यामें भी अध्यापक रहे। लेकिन, अब एनी बेसेन्ट द्वारा स्थापित हिन्दू कालेजके संस्कृत महा-विद्यालयके प्रधानाचार्य थे। उनकी विद्वत्ताको सभी स्वीकार करते थे। उनकी विचित्रता-केलिये मशहूर था कि वह व्याकरणके शास्त्रार्थमें भी भाखा बोलते हैं। काशीकी परिपाटीके अनुसार कोई भी शास्त्रार्थ संस्कृतमें ही हो सकता था। यह होना आवश्यक भी था, क्योंकि काशीके महान् पण्डितोंमें केवल हिन्दी-क्षेत्रके ही लोग नहीं, बल्कि बंगाल, उड़िसा, दक्खिन सभी प्रदेशोंके विद्वान् थे। सभी अपनी-अपनी भाषामें बोलने लग जाते, तो वह शास्त्रार्थ कैसा होता ? फिर बनारसी चन्द्रभूषण पण्डित हिन्दी भी नहीं बोल सकते थे, उनकी मातृभाषा भोजपुरी थी। हिन्दी उनकी विचित्र खिचड़ी हुआ करती थी। मुखराम पण्डितका स्नेहपात्र विद्यार्थी होनेके कारण कभी-कभी उनके साथ मैं भी गुरुजीके पास चला जाता। मैंने उनके सामने कभी पोथी नहीं खोली। वह प्रक्रिया ग्रन्थ नहीं, बल्कि परिष्कार ग्रन्थोंके पढ़ानेवाले थे। मनोरमा, शेखर, महाभाष्य पढ़नेवाले विद्यार्थी उनके पास उपस्थित होते थे, जहाँ पहुँचनेमें मुझे वर्षोंकी देर थी। पर, गुरुजी अपने प्रशिष्यके प्रति कुछ विशेष भाव प्रकट करने लगे थे। वह जोतिसी नहीं थे, पर न जाने क्यों एक दिन कहने लगे—मुखराम, यह विद्यार्थी बड़ा मेधावी मालूम होता है। मैंने संस्कृतमें कोई मेधाविता अभी तक प्रकट नहीं की थी। दूसरे संस्कृतके विद्यार्थी स्कूलकी पढ़ाईसे कोरे थे, जबकि मैं उर्दू मिडल पास था। दूसरे संस्कृत विद्यार्थी अधिकांश कूपमंडूक होते थे, जबकि मैं कलकत्तासे केदारनाथ तक घूम आया था। कुछ बातचीतका

ढङ्ग ऐसा जरूर था, जिससे मुखराम पण्डित प्रभावित थे। पढ़े हुये पाठको भी मैं समझ लेता था। मुखराम पंडित अपने बछ्वलके सहपाठी तथा उस समय बनारसमें पढ़ते अपने मित्रके साथ मिलकर बड़े चावसे "दशकुमारचरित" पढ़ते थे। वह मेरे पाठ्यकी पुस्तक नहीं थी, पर मैं भी पासमें बैठा बड़ा रस लेता था और अधिकांशको समझ भी जाता था। एक बार मुखराम पण्डितने सोचा, कि उसको हिन्दीमें कर दिया जाय; लेकिन, उनकी हिन्दी ऐसी होती, जिसे कोई हिन्दी माननेके लिये तैयार न होता। बिना मदरसामें गये, बिना हिन्दीकी एक भी पुस्तक पढ़े वह संस्कृत पढ़ने लगे थे। जरूरत पड़ती, तो भोजपुरीमें व्याख्या करते। हिन्दी पढ़ने-सुननेका उनको अवसर ही नहीं मिला था। देखा-सुनी करते "आवता, जावता" भर कह सकते थे। मैं हिंन्दीका विद्यार्थी नहीं था, किन्तु हिन्दी और उर्दूमें तो इतना ही फर्क है, कि एकमें संस्कृतके तत्सम-तद्भव शब्द अधिक आते और दूसरेमें अरबी-फारसीके। अब संस्कृतका मुझे इतना परिचय हो गया था, कि अरबी-फारसी शब्दोंको हटाकर उनकी जगह तत्सम-तद्भव शब्दोंको रख सकता था। बनारस आनेपर अब मैं हिंन्दी पत्रिकाओंको भी पढ़ने लगा था। पत्रिकाओं क्या पत्रिका, क्योंकि उस समय (१९१०-११ ई०) "सरस्वती" ही एकमात्र पत्रिका थी, जो मुझे देखनेको मिलती थी। किसीके यहाँसे लेकर मैं उसे बहुत रुचिसे पढ़ता था। समाचारपत्रोंके अस्तित्व भरको जानता था, पर किसीसे परिचय नहीं था। जब श्रीप्रकाश बाबू विलायतसे पढ़ कर लौटे और उनकी जाति-बिरादरी (अग्रवालों)ने उन्हें जातिच्युत किया, तो काशीमें मानहानिका मुकद्मा दायर हो गया। इसकी कार्रवाई काशीसे निकलनेवाले एक साप्ताहिक पत्रिकामें निकला करती थी, अन्नपूर्णाके पासवाली गलीमें एक जगह उसके पन्ने चिपका दिये जाते थे, उसे जरूर पहलेपहल मैं पढ़ता था।

खैर, हिंन्दीमें अपने गुरु और परमगुरुसे मैं बहुत आगे बढ़ा हुआ था। इसीको लेकर मुखराम पंडितजीने अपने गुरुके प्रश्नका उत्तर देते हुए कहा—हाँ, बड़ा मेधावी है। चन्द्रभूषण पंडितने कहा—कहीं वृत्ति-बंधान भी हुआ है?

—अभी तो नहीं।

—तो लाओ हमारे पास, छात्रालयमें इसे भर्ती कर दें।

हिन्दू कालेजके संस्कृत महाविद्यालयके साथ दो छात्रालय थे, जिनमें हरेक विद्यार्थीको छात्रवृत्तिके साथ रहनेके लिये कोठरी मिलती थी। छात्रालयमें प्रवेश पानेके लिये लोगोंको बड़ी-बड़ी कोशिशें करनी पड़ती थीं, और मुझे उसके सर्वेसर्वा चन्द्रभूषण पंडित स्वयं आनेके लिये निमन्त्रण दे रहे थे। पर, मैं उसमें कभी दाखिल नहीं हुआ। चन्द्रभूषण पण्डितकी सरलता और सहृदयता अब भी एक मधुर स्मरणकी बात है। वैसे उस समयके प्रायः सभी बड़े-बड़े संस्कृतके विद्वान् अपने शिष्योंके साथ बड़ा स्नेह रखते थे, उनकी हरेक सफलतापर अभिमान करते थे। चन्द्रभूषण पंडित उसमें और आगे बढ़े

हुए थे। एक दिनकी बात याद है। वाराणसीके हरेक सुसम्पन्न गृहस्थके लिये दूध अत्यंत आवश्यक वस्तु था। ग्वाले दूधमें पानी मिलानेके लिये हमेशासे बदनाम हैं। शुद्ध दूध तभी मिल सकता है, जबकि अपने घरकी गाय हो। चन्द्रभूषण पंडितके घरमें एक-दो गायें थीं। नीचेकी एक कोठरीमें भुस भरा हुआ था। तकल्लुफकी जरूरत नहीं थी। शायद उन्होंने अपने शिष्यको कहा, और प्रशिष्य दौड़ पड़ा, या प्रशिष्य हीको कहा, कि गैयाको भुस डाल दो। भुसकी कोठरीमें शामका कुछ अँधेरा भी चला आया था, इसलिये अपनी छोटी लड़कीको पुकार कर कहा—"तुखारे लालटेन दिखा दे।" पुरानी पीढ़ी मूर्धन्य षका उच्चारण ख करती थी। पीछेकी पीढ़ीने इसे अशुद्ध समझ कर श कहना शुरू किया। सारे भारतमें एक-सा उच्चारण हो, यह अच्छी बात है, लेकिन मूर्धन्य षका उच्चारण ख अशुद्ध है, यह समझना बिल्कुल गलत है। वस्तुतः जब उच्चारणके अनुरूप लिपि बनाई जाने लगी, तो यह समस्या उठ खड़ी हुई; कि पुरुषको कितनी ही जगहपर लोग पुरुख कहते हैं, और कितनी ही जगहपर पुरुश। यजुर्वेदमें मूर्धन्य षका उच्चारण ख है और ऋग्वेदमें श। शायद पुराने समयमें शाखाओंके अनुसार उच्चारणमें इस तरहका श-ख का भेद पाया जाता था। हमारे पूर्व-पुरुष सह-अस्तित्वके माननेवाले थे। वह एकको गलत और दूसरेको सही कह कर कलह पैदा करना नहीं पसन्द करते थे। इसलिये उन्होंने श और सके अतिरिक्त एक और ष अक्षर बना कर कहा : तुम्हारी मर्जी है, इसे चाहे श बोलो या ख। पंडितजीने अपनी लड़कीका नाम तुषारा रक्खा था या शायद यह पुकारनेका नाम था। पर क्या कल्पना करके इस नामको उन्होंने पसन्द किया? हिम या हेम नाम तो बहुत प्रचलित है, पुराने कालमें भी ऐसे नाम थे, पर तुषारा नाम तो किसी भी संस्कृत ग्रन्थमें नहीं मिलता।

पंडित मुखराम पांडे असी मुहल्लेमें छोटे गूदरके वैरागी अखाड़ेमें रहते थे। बड़ा गूदर उसके पास ही दूसरा अखाड़ा था, जिसमें उनके एक गुरु रहते थे, जो वैयाकरण होते हुये भी कविताका शौक रखते थे, इसलिये लोग उन्हें कविजी कहा करते थे। कविजीका लड़का मेरा ही नामराशि—केदारनाथ—अच्छा विद्यार्थी था। वह सिद्धान्त-कौमुदी समाप्त कर आगे बढ़ चुका था, जबकि मैं अभी सिद्धान्त-कौमुदीके पास पहुँचनेकी स्थितिमें हुआ था। सिद्धान्त-कौमुदी और शेखरके भी विद्यार्थी मुझसे समानताका बर्ताव करते थे, उसका कारण यही था, कि जो उनके पास नहीं था, वह मेरे पास था। मुखराम पंडित छोटे गूदरके एकमहला पक्की गृहपंक्तियोंके छोरपर बनी एक मात्र दुमंजिलावाली कोठरीमें रहते थे। रसोई नीचे बनाया करते थे। मैं इस कोठरीमें अक्सर उनके पास पढ़ने जाता और दूसरे विद्यार्थियों या उनके मित्रोंके पाठ या बातचीतको सुनता रहता। जब छुट्टियोंमें मुखराम पंडित घर जाते, तो मुझे इस कोठरीका मालिक बनना पड़ता। छुट्टियोंकी वहाँ कोई बात नहीं थी, संस्कृतके विद्यार्थी चाहे जब छुट्टी ले सकते थे, खासकर जिनको किसी विद्यालयमें रह कर परीक्षाका बन्धन नहीं था। प्रायः

होली या उससे कुछ पहलेसे आषाढ़की पूर्णिमा तक चार महीने तो संस्कृतके विद्यार्थियोंके पूरे छुट्टीके थे। आषाढ़की पूर्णिमा गुरुपूर्णिमा कही जाती है। इस समय हरेक विद्यार्थी या पंडित अपने गुरुकी पूजा करनेके लिये अवश्य उपस्थित होता। चन्दन, फल-फूल, कुछ मिठाई यही पूजाकी सामग्री थी।

प्रथम विश्व-युद्धके पहलेके जिन चार-पाँच वर्षोंकी बात में यहाँ कह रहा हूँ, उस समय वाराणसीमें विद्यार्थियोंके बहुतसे "क्षेत्र" थे। जब सेठोंकी धन और संख्याकी बृद्धि हुई, तो ऐसे क्षेत्रोंकी संख्या और बढ़ गई। आजकल तो जमींदारी और रियासतोंके उठ जानेके कारण उनकी ओरसे स्थापित बहुतसे क्षेत्र बन्द हो चुके हैं। हर चीजकी मँहगीसे जो पुराने क्षेत्र मौजूद हैं, उनमें भी छात्रोंकी संख्या कम हो गई है। उस समय तीन प्रकारके क्षेत्र थे—(१) जिनमें सूखा अन्न (गेहूँ, दाल) और ईंधन आदिकेलिये एकाध पैसे मिलते। अन्न किसीमें महीनेमें एक बार और किसीमें दो बार मिलता था। वाराणसीमें पढ़नेवाले संस्कृतके विद्यार्थी सभी ब्राह्मण थे, इसे कहनेकी जरूरत नहीं, और उनमें भी सबसे अधिक सर्वरिया थे, क्योंकि नगरी उन्हींके भोजपुरी क्षेत्रमें है। सर्वरिया अपनी जातिके भी किसी दूसरे ब्राह्मणकी छुई कच्ची रसोई तब तक नहीं खा सकते, जब तक कि उनका कोई नाता-गोता न हो। इसीलिये वाराणसीके सबसे अधिक छात्र सूखा अन्न देनेवाले क्षेत्रोंमें से सम्बद्ध होना चाहते थे। घुमक्कड़ीने सर्वरियोंके इस नियमको मुझसे बहुत पहले ही तोड़वा दिया था, पर मुझे किसी क्षेत्रमें जानेकी जरूरत नहीं थी। ब्रह्मचारी चक्रपाणि बना-बनाया स्वादिष्ट भोजन दे देते थे, मुझे रसोईमें शामिल होने नहीं देते थे, यह मेरे लिये अच्छी ही बात थी, चूल्हा फूँकनेसे छुट्टी थी।

मोतीरामके बागमें तीन क्षेत्र थे, जिनमें एक गाजीपुरके किसी मारवाड़ी सेठका सूखे अन्नका क्षेत्र था। उसमें जिसका नाम लिख जाता, वह अपना सौभाग्य मानता था। मुखराम पण्डितको यहाँसे अन्न मिला करता था। मुझे भी सेठके प्रतिनिधिने बिना किसी दिक्कतके शामिल कर लिया था, लेकिन उस समय जब कि वाराणसी छोड़नेमें कुछ ही महीने मेरे लिये रह गये थे।

(२) भोजनके क्षेत्र भी वाराणसीके भिन्न-भिन्न भागोंमें बहुतसे थे, जिनमेंसे थोड़े ऐसे थे, जो मधुकरीवाले साधुओंकेलिये नियत थे। बाकीमें निश्चित संख्यामें विद्यार्थियोंको पका-पकाया भोजन मिलता था। मोतीरामके बगीचेके बाकी दो भोजन-क्षेत्रोंमें एकमें विद्यार्थी भी शामिल थे। आज मोतीरामके बगीचेमें ईंट-चूनेके उन मकानोंका कोई पता नहीं, और न उनकी गाथा सुनानेवाला ही कोई रह गया है। भोजन-क्षेत्रोंमें सिर्फ एक ही बार मध्याह्नमें भोजन मिलता था। यह समझा जाता था, साधुओं और विद्यार्थियोंकेलिये एक समय ही भोजन करना चाहिये। किसी-किसी क्षेत्रमें रोज एक पैसा दक्षिणा मिल जाती थी, जिससे विद्यार्थी रातके दीयेका प्रबन्ध करते थे।

मिट्टीके तेलको वही इस्तेमाल करते थे, जो लालटेनके सामने पढ़ते थे, दूसरे कड़वे या रेंड़ीका तेल जलाते थे।

(३) तीसरे क्षेत्र वह थे, जो छात्रावासोंके साथ सम्बद्ध थे, जैसा कि जम्बूवाला क्षेत्र दशाश्वमेध घाटके पासमें था। यहाँ विद्यार्थी तो अपने हाथ भोजन पकाते, या ब्राह्मणोंकी बनाई हुई रसोईमें शामिल हो जाते। छात्रवृत्ति महीनेमें शायद पाँच रुपयेकी थी, यह उस समय बहुत अधिक समझी जाती थी। कितने ही अच्छे-अच्छे पंडित सात रुपये महीनेमें अध्यापकी करते थे। क्षेत्रोंमें एक विद्यार्थी पर प्रायः चार रुपया महीना खर्च पड़ता था। विद्यार्थियों और अध्यापकोंको क्षेत्रोंके अतिरिक्त एक लाभ कभी-कभी था, ब्रह्मभोज, जो वाराणसीमें बारहों मास चला करते थे। यद्यपि उसका अर्थ यह नहीं था, कि मोतीरामके बगीचेके छात्रोंकी तरह हरेकको महीनेमें आधे दिन भोजमें जाना पड़ता।

पं० मुखरामने परिभाषेन्दु-शब्देन्दुशेखरको परिष्कारके साथ पढ़ा था। अब नौकरियोंमें परीक्षाओंके प्रमाण-पत्रोंकी माँग थी। इस विद्याका पुरोहितीमें कोई उपयोग नहीं था और अध्यापकी करनेकेलिये उपाधि पूछी जाती। मुखराम पंडितने अछता-पछता कर कलकत्ताके व्याकरण मध्यमाकी परीक्षा दी। वह तो निर्विघ्न पास हो गये, लेकिन तीर्थ में फेल हो गये। उनके सहपाठी शिवमंगल दुबे मजाक उड़ाने लगे। मुखराम पंडित शिवमंगल दुबेको बुद्धू समझते थे, यद्यपि यह बात सच्ची नहीं थी। हाँ, यह जरूर था कि शिवमंगलने कुछ दिनों तक मदरसेमें पढ़ा था, और उत्तर लिखनेका उन्हें ढंग मालूम था, इसलिये व्याकरणतीर्थ और काव्यतीर्थको वह बातकी बातमें पास कर गये। पीछे वाराणसीमें गवर्नमेंट संस्कृत कालेजके न्यायाचार्य भी हो गये। लेकिन, इसमें शक नहीं, कि मुखराम पंडितको जितने ग्रन्थ उपस्थित थे, उतने शिवमंगल दुबेको नहीं थे और शास्त्रार्थ में वह मुखराम पंडितके सामने मुँह भी नहीं खोल सकते थे। मुखराम पंडितने पीछे व्याकरणतीर्थ कर लिया। २५-२६ वर्षकी उमरमें पहुँचनेके बाद भी विद्या का अन्त नहीं मालूम हो रहा था, और वृत्ति इतनी ही थी, जिससे वह मुश्किलसे अपना खाना-कपड़ा चला सकते थे। किसी अच्छी पाठशालामें नौकरी मिलनेकी भी संभावना नहीं थी। देखा, अमीर और राजा लोग किसी-किसी पंडितका संरक्षण करते हैं। उनका ध्यान राजा मोतीचन्दकी ओर गया। राजा मोतीचन्द और देशभक्त बाबू शिवप्रसाद गुप्त मूलतः आजमगढ़के कस्बे अजमतगढ़के रहनेवाले थे। अब बनारस ही उनका दूसरा घर हो गया था, लेकिन अब भी अजमतगढ़से सम्बन्ध टूटा नहीं था। मुखराम पंडितने सोचा, अपने जिलेके राजाको अपने जिलेके पंडितका कुछ ख्याल जरूर होगा। उन्होंने एक दिन राजा मोतीचन्दकी प्रशंसामें पाँच-चार श्लोक बनाये। श्लोक व्याकरणमें अवश्य शुद्ध रहे होंगे, किन्तु उनमें किसी प्रकारकी कविता होगी, इसका मुझे विश्वास नहीं। शायद छन्द भी अनुष्टुप् जैसा ही था। बना कर

लिखनेपर मेरा नागरीका अक्षर काफी सुन्दर होता था। एक अच्छे कागजपर मैंने उन श्लोकोंको उतार दिया। पंडितजी स्वयं जानेकी हिम्मत नहीं कर सकते थे, बड़े संकोची स्वभावके थे। उन्होंने यह काम अपने "योग्य" शिष्यके ऊपर रक्खा। मंडुआडीहमें अजमतगढ़ पैलेस बने अभी देर नहीं हुई थी। बनारसवाले उसे दुनियाके सात आश्चर्योंमें मनवानेकेलिये उतारू थे। १६५६में मैं अजमतगढ़ पैलेससे लगे हुये दूसरे प्रासादमें गया, जहाँ अजमतगढ़ पैलेसके उत्तराधिकारी भी आये थे। पर, उस समयका पैलेस वही नहीं मालूम होता था, जिसे कि मैंने १६११ या १६१२में देखा था। पैलेस एक बड़े बगीचेके भीतर था। उसमें एक अच्छा सरोवर था, जिसका नाम निर्माताके अनुसार मोतीझील रक्खा गया था। लोहेके फाटकके भीतर घुसनेके बाद बाईं तरफ एकमंजिली कुछ कोठरियाँ थीं। मैं वहाँ किसीके पास पहुँचा और अपने गुरुजी द्वारा रचित प्रशस्तिको राजा साहबके पास पहुँचानेका आग्रह करने लगा। विनीत और कुछ नागरिक-सी वेष-भूषा तथा अच्छी हिन्दी बोलनेका प्रभाव तो जरूर पड़ा और उक्त पुरुषने मुझे दुत्कारकर भगा नहीं दिया। शायद राजा साहबके दर्शन भी हुये, और मैंने कुछ कह कर अपने हाथसे उस प्रशस्तिको उनके हाथमें दिया। स्मरण नहीं है, हो सकता है, उस पुरुषने ही ले जाकर उसे दिया हो। मुझे उत्तर मिला, इसके बारेमें राजा साहब पीछे कुछ बतलायेंगे। लेकिन, बतलानेकी नौबत कभी नहीं आई। यदि मुखराम परिडतको पाँच रुपये मासिककी भी वृत्ति मिल जाती, तो वह पाँच वर्ष और काशीवासकेलिये तैयार हो जाते। खैर मैंने तो अपना कर्तव्य पालन कर दिया।

शायद तीन गुरुपूर्णिमाएँ मैंने बनारसमें मुखराम पंडितके साथ बिताईं। १६१३ की अन्तिम गुरुपूर्णिमाके कुछ समय बाद परसाके महन्त तथा मेरे भावी गुरू महंत लछुमनदास मन्दिरके पत्थरका प्रबन्ध करनेके वास्ते बनारस आये थे। उस समय मुखराम पंडित भी वहीं थे। स्थानके वैष्णव पंडित रामकुमारदास ने किसी कागज-पत्र पढ़नेके सम्बन्धमें मेरा परिचय महन्तजीको करवा दिया। उसके बाद ही मेरे सामने शिष्य होनेका प्रस्ताव आया। मुखराम पंडित सब जानते थे। मैंने प्रस्ताव को स्वीकार कर लिया, यह भी उन्हें मालूम हो गया। उन्होंने मेरी एक नई जन्मकुण्डली बनाकर महन्तजीको दी। उसमें क्या-क्या भविष्यवाणी लिखी थी, यह मुझे याद नहीं है, लेकिन वह वही नहीं थी, जो मुझपर पीछे बीती। वह व्याकरण के पंडित थे, व्याकरण बाँझ वृक्ष है, फलित ज्योतिष को फलदार पेड़ समझा जाता है, इसलिये वैयाकरण पंडित भी मुहूर्तचिन्तामणि तो जरूर ही पढ़ डालते थे। गाँव में अगर साइत पूछनेपर कोई पंडित कह दे, कि मुझे नहीं मालूम, तो महामहोपाध्याय होने पर भी लोग उसे कभी पंडित माननेके लिये तैयार नहीं होते। मुखराम पंडित ने इसीलिये थोड़ा सा जोतिस पढ़ा था। मेरी जन्मकुण्डली बना कर महन्तजीको अर्पित करना, यह सीधा मेरे

अगले कदमका अनुमोदन करना था, जिसकी आशा उनसे नहीं की जा सकती थी। उन्हें मेरे फूफा और मेरे घरका भी ख्याल रखना चाहिये था। पर, क्या उनके बाधा डालने से मैं अपने अगले कदमको रोक लेता? पीछे झूठ ही लोग मुखराम पंडित को दोष देते थे, कि इन्होंने चेला बनवा दिया। मुखराम पंडितने बहुत सफाई दी। उन्हींसे मेरे पिता और फूफाजीको पता लगा कि मैं कहाँ चला गया हूँ। बहुत दिनों तक उन्हें बातें सुननी पड़ीं।

मुखराम पंडित नवरात्रमें घर गये थे। उस समय मैं उनकी अनुपस्थितिमें वाराणसी छोड़ कर छपरा चला गया। १९१३के बाद दूसरी बार मैं उनसे १९१५ या १९१६में उनके गाँवपर मिला। अब वह घरपर रहने लगे थे। उनके गाँव (बीरपुर) के पास बड़हल बाजार था। किसी महाजनने एक पक्की ठाकुरबाड़ी बनवा दी थी, उसको किसीने संस्कृत पाठशाला खोलने के लिये कहा। वह राजी हो गया। मुखराम पंडित अध्यापक बने और जिस शामको मैं बीरपुर पहुँचा था, उसी या अगले दिन पाठशाला आरम्भ होनेवाली थी। विद्यार्थी पीछे आते रहते, लेकिन पाठशाला तो शुरू हो जानी चाहिये थी। मैं उनका भूतपूर्व विद्यार्थी मौजूद ही था। पाठशाला आरम्भ करने के लिये हम दोनों चल पड़े। पाठ्य पुस्तक व्याकरण की ही हो सकती थी। मेरे पास उपनिषद् की गुटका थी, उसी से आरम्भ हुआ।

उसके बाद मुखराम पंडितका दर्शन फिर कभी नहीं हो सका। उनकी विद्वत्ताके साथ सरलता और स्वाभाविक स्नेहका स्मरण मुझे अब भी याद आता है। जब कोई आस-पासका आदमी मिलता है, तो उनके बारे में पूछ लेता हूँ। मेरे समवयस्क, वाराणसीके जगन्नाथ मन्दिरके पुजारी दशरथ पांडे १९५६के आरम्भमें मिले। उनके सारे केश सनकी तरह सफेद हो गये हैं। मैं उनके सामने बीस वर्ष छोटा मालूम होता था। उन्होंने बतलाया, मुखराम पंडित अब घरपर ही रहते हैं, बृद्ध हो गये हैं। मनमें आया, एक बार चलकर दर्शन कर लूँ, लेकिन समय कहाँसे निकालूँ?

७. बरदराज

वनमालीसे मैंने न कुछ पढ़ा और न उन्होंने मुझसे कुछ सीखा; पर, उनसे मेरा सम्बन्ध उसी तरहका रहा, जैसा यागेशसे, जैसा पीछे भदन्त आनन्द कौसल्यायन से। वह आजमगढ़के ही रहनेवाले थे। पर, मेरा उनका परिचय आजमगढ़में नहीं हुआ। १९१०में जब मैं वाराणसीमें संस्कृत पढ़ते मोतीरामके बगीचेमें रहने लगा, तो वह वहीं रहते मिले। उनके चचा दण्डी संन्यासी थे, जो बागकी एक कुटियामें रहते थे। वृद्ध संन्यासी चाहते थे, भतीजे कुछ पढ़ लें। स्वामीजीकी सेवा-टहल करते वहीं रहकर वह पढ़ा करते थे। चक्रपाणि ब्रह्मचारी और दण्डी स्वामीकी कुटियामें दो ही चार हाथका अन्तर था। वनमालीका परिचय घनिष्टतामें परिवर्तित हो गया। संस्कृत की पढ़ाई में मैं उनसे बहुत आगे नहीं था, पर प्रभावमें जरूर था। हम दोनोंकी उमर भी एक ही थी।

१९१३के अन्तमें मैं परसा जाकर वैरागी साधु बन गया। लेकिन, घुमक्कड़ी का चस्का लग चुका था, इसलिये एक जगह ठहर कैसे सकता था? खास कर जब कि परसामें विद्यामें आगे बढ़नेका रास्ता नहीं था। जमींदारी देखो और कंकड़-पत्थरोंको धोकर चन्दन चढ़ाओ। इसे मन मानता नहीं था। बीचमें एक-डेढ़ महीनेके लिये धर-पकड़ कर कनैला लाया गया। फिर भागकर परसा पहुँचा। मुश्किलसे तीन-साढ़े तीन महीने बिताये। १९१४की वर्षाके आरम्भमें ही यात्रापर निकल पड़ा। इस यात्रामें जगन्नाथ, रामेश्वर होते गुजरात-अहमदाबादको देखकर लौटना था। जिस समय मैं यात्रा पर गया था, उसी समय बनमाली मुझे ढूँढ़ते परसा पहुँच गये और मेरी प्रतीक्षा किये बिना मेरेही गुरुके शिष्य भी बन गये, नाम पड़ा बरदराज रामानुजदास। वैरागियोंके लिये यह नाम अनुचित था। आचारी और वैरागी दोनों रामानुजाचार्यको अपना गुरु मानते हैं, लेकिन रामानन्दने रामानुजकी सभी बातों को स्वीकार नहीं किया था। उन्होंने दक्षिणसे आये वैष्णव धर्ममें अनेक परिष्कार किये, जिन्हींके कारण वह उत्तरी भारतमें जनप्रिय हुआ और जिसके कारण हमें गोस्वामी तुलसीदास जैसे कवि मिले। रामानन्दसे पीछे बढ़कर रामानुजको पकड़ना भारी प्रतिगामिता थी। लेकिन, इसका दोष हमारे गुरु महन्त लछुमनदासको नहीं दिया जा सकता था। वह मुश्किलसे अपनी दस्तखत "लछुमनदास" कर लेते थे। "आनन्द रामायण" और दूसरी भी कितनी पुस्तकोंका पाठ और कई हजारका जाप करनेमें वह ८ बजेसे ११ बजे तकका समय बिता

देते थे, यही उनकी योग्यताका सबसे बड़ा परिचायक था। विद्यामें शून्य-से होते बुद्धिमें आगे बढ़े हों, यह भी बात नहीं थी। लेकिन, अपनी तरुणाईमें सारे भारत, विशेषकर मद्रासकी तरफ, वह बहुत सालों घूमते रहे। वहींसे उन्होंने आचारियों की नकल करनी सीखी। महन्त होनेपर वह अपने चेलोंके दोनों बाहोंपर शंख-चक्र दागने लगे। रामानन्दके अनुयायियोंको इसकी बिल्कुल अवश्यकता न थी। पर, रामानुजी "अ-तप्ततनु" (बिना शरीर दगे) को अछूत-सा मानते हैं। अब तक महन्त लछुमनदासने सिर्फ शरीर दागने तक ही अपनेको सीमित रक्खा था, लेकिन बनमालीके नाम बदलनेमें अब उन्होंने आचारियोंके नामके प्रति भी अपना पक्षपात दिखाया। यह बात नहीं थी, कि वह रामानन्दी वैरागियोंसे आचारियोंको बेहतर समझते थे या आचारियोंकी परम्पराका विशेष ज्ञान रखते थे। अपने वैरागी होनेका उन्हें अभिमान था। रामानन्दके पद मुश्किलसे सुनने में आते हैं। उन्होंने स्वयं कोई पुस्तक लिखी, इसमें भारी सन्देह है। अपने शिष्यों-प्रशिष्योंकी तरह उन्होंने भजन जरूर बनाये, पर वह भी लोगोंके कंठों हीमें रहकर विलीन हो गये। ऐसे ही विलुप्त भजनोंमें एक भजनको महन्त लछुमनदास रोज पाठ किया करते थे, जिसकी भाषा कुछ विचित्र-सी थी। उस समय मुझे उसका कोई ख्याल नहीं था, लेकिन अब समझता हूँ, उस पर प्राचीन भाषाकी छाप थी।

खैर, जब मैं महन्तजीका तार पा चौथे धाम द्वारिकाको बिना पूरा किये ही लौट कर परसा पहुँचा, तो बनमाली वरदराजके रूपमें मिले। मित्रसे मिलकर बहुत हर्ष हुआ। अब हम दोनों एक साथ रहेंगे, इससे भी प्रसन्नता और बढ़ी। पर, मैं यह नहीं पसन्द करता था, कि वरदराज पढ़ना-लिखना छोड़ पत्थर धोते और गला फाड़ कर शामको ढोलकपर गौरी-आरती गाते रहें। हम दोनों वाद्य और संगीतके मर्जसे बिल्कुल मुक्त थे, यह खैरियत थी। इस प्रकार बनमालीका यह कदम एक ओरसे मुझे पसन्द भी नहीं आ रहा था, पर स्वार्थ तो इसीमें था, कि हम दोनो साथ रहें। शायद १९१४के अप्रेलमें मैं परसा लौटा था। महन्तजी मुझसे यही आशा रखते थे, कि मैं जमींदारीके कामको देखूँ। मुझे विद्या और घुमक्कड़ी दो ही बातें पसन्द थीं, जिन्हें छोड़कर मैं महन्तजीकी इच्छा पूर्ण करनेमें असमर्थ था। जमींदारी के प्रबन्धमें भी अराजकता फैली हुई थी। यदि मैं कोई व्यवस्था करना चाहता, तो उसमें वह रोड़ा अटकाते। मैं रुष्ट हो जमींदारीके एक गाँवमें उनका साथ छोड़कर इस ख्यालसे परसा लौट आया, कि वरदराजके साथ किसी तरफकी यात्रा करूँ। इतनी लम्बी यात्रासे मुझे यह अच्छी तरह मालूम हो गया, कि हमारे जैसे साधुको कहीं हाथ पसार कर न भीख माँगनेकी जरूरत है, न भूखे रहनेकी। अकेले नहीं दो आदमी भी साथ रहें, तब भी कोई दिक्कत नहीं। वरदराजसे सलाह हुई। वह चलनेकेलिये तैयार ही थे, लेकिन मेरे लिये महन्तजीका हुकुम आया था, बाहर जाने न दो। एक तरहका पहरा पड़ गया था। पर, मैं ऐसे पहरोंको कई बार तोड़ चुका था। एक रातको निकल भागा और परसासे सीधे महा-

राजगंजकी वैष्णव कुटीमें पहुँचा। वरदराजको कह चुका था, वहीं आकर मिलें। दोनोंका साथ भागना सम्भव नहीं था, इसीलिये यह कदम उठाया। दो-तीन दिन बाद वरदराज भी महाराजगंज चले आये। फिर हम दोनों वहाँसे कुछ ही मील दूर बगौराके मठमें गये, जो परसा मठकी शाखा था, और जहाँके महन्त हमारे सुपरिचित थे। आषाढ़-सावनका महीना था, आमोंकी बहार थी। बगौरा मठके अपने भी कलमी आमोंके बाग थे। कलमी और बीजू दोनों तरहके आम रोज टोकरियों आते। पूड़ीके साथ आमोंके खानेका महातम माना जाता है। सप्ताह या अधिक समय तक हम लोग बगौरामें आमका आनन्द लेते रहे। फिर आगे चलनेका विचार करने लगे। अयोध्यामें वैरागियोंका गढ़ है और वहाँ पाठशालाएँ भी हैं, यही सोचकर हम दोनों धुरौंधा स्टेशनसे रेलपर चढ़ कर रवाना हुए। मालूम नहीं टिकट कटानेकेलिये हमारे पास पैसा था या नहीं। गोरखपुरसे आगे किसी स्टेशनपर मैं उतर गया और वरदराज आगे-पीछे रह गये। अयोध्यामें स्वर्गद्वार घाटपर विदेही जीके स्थानमें उतरनेका हमने निश्चय किया था। मैं वहाँ पहिले पहुँचा। वरदराज भी कुछ दिनों बाद पहुँच गये। अपनी दक्षिण यात्रामें पढ़ी हुई मेंसे कुछ पुस्तकें वरदराजके पास थीं। वह मनकापुरमें किसी मन्दिरमें उन्हें छोड़ आये।

अयोध्यामें विदेहीजीके स्थानमें हम दोनों रहने लगे। मेरी पढ़नेकी उत्कट इच्छा थी और वहाँ नई स्थापित वेदान्त पाठशालामें रामानुज वेदान्त तथा दूसरे विद्वानोंके पास दूसरे ग्रन्थ पढ़ने लगा। वरदराजको उसमें उतना रस नहीं था। वह साधुओंकी मण्डलीमें अपना समय बिताते थे। यहाँ भी एक बूढ़ा साधु उनका सम्बन्धी निकल आया, वह उसके पास जाने लगे। परसाके एक साधु अयोध्याके बहुत बड़े सन्त माने जाते थे। साधारण लोग उनसे परिचित नहीं थे, लेकिन, अयोध्याके भजनानंद साधु भी उनको सन्तके तौरपर बड़ा सम्मान करते थे। रूपकला भगवान्दास सखी मतवाले गृहस्थोंमें अवतार माने जाते थे, लेकिन उनके चरितको पाससे देखनेके कारण वैरागियोंमें और सखी मतवालोंमें भी उनकी कोई कदर नहीं थी। पहले वह जिस स्थानमें रहते थे, वहाँ किसी स्त्रीके साथ छेड़-छाड़ करनेके कारण जब लोग मारने दौड़े, तो वह भाग कर हनुमतनिवासमें आ गये। साधुओंकी कहावत है "रोटी खाइये घी-शक्करसे, दुनिया ठगिये मक्करसे।" दूकानदारी जो ठहरी, गाहकको कोई भड़काना नहीं चाहता। रूपकलाजी अँग्रेजी पढ़े-लिखे सन्त थे। अँग्रेजी बाबुओंपर उनका काफी रोब था, जो त्योहार-पर्वके समय काफी संख्यामें उनके दर्शनोंकेलिये आते थे। दूसरे वैरागियोंको भी लाभ था। महन्त गोमतीदासजी हनुमतनिवास मठके महन्त और साथ ही साधुओंमें सम्मानित सन्त माने जाते थे। वह रजिस्टर्ड सखी-मतके नहीं थे, पर उनकी भक्ति उसी रूपसे थी। रूपकलाजीके कारण महन्त गोमतीदासजीकी महिमा भी बाबुओंमें फैली। बाहरके भगत लोग इन्हीं दोनोंको पहुँचे हुए सन्त मानते थे, पर

अयोध्याके प्रेमी साधुओंका सम्मान परसाके उसी सरल प्रकृतिके साधुको मिला था, जो एक अँधेरी कोठरीमें रहते थे। उनके शरीरपर बिल्कुल मामूली-सा साधुओंका अँचला होता था। जब बाहर निकलते, तो सिरपर एक छोटी-सी अँगौछी डाल लेते। सफेद दाढ़ी-मूँछ और बाल बड़े और साफ रहते थे, लेकिन उनके सजानेकी कोई कोशिश नहीं की जाती थी। उस समय उनकी आयु ५०-६०के बीचमें थी। वह अपनी कोटरीसे शामके चार बजे बाहर निकल जहाँ पं० वल्लभाशरणकी रामायणकी कथा होती, वहाँ उसे सुनने जाते। उनके सीधे-सादे अकृत्रिम जीवनको मैं पसन्द करता था, यद्यपि सखी-मतके बारेमें मेरी सम्मति अच्छी नहीं थी और उसे अप्राकृतिक गंदगी फैलानेका कारण मानता था। पर, मेरी अपेक्षा वरदराजके बारेमें उनकी सम्मति अच्छी थी। मैं बुद्धिवादी था और "करेला नीमपर चढ़ा"की कहावतके अनुसार अयोध्यामें सत्यार्थप्रकाश पढ़नेके कारण कितनी ही बातोंपरसे मेरी आस्था उठ गई थी, इसलिये बिलैया दण्डवत् करना मेरे बसके बाहरकी बात थी।

वरदराज वहाँ रम गये, लेकिन कुछ महीनों बाद मेरा मन फिर वहाँसे उड़ंछू होने का हुआ, यद्यपि उसने बहाना किया, घरकी सैर कर आनेका। अपने गुरू पं० महादेव पांडे को चिट्ठी लिखी, पिता जी चले आये। घर जाकर कुछ दिन रहा। फिर शायद यागेशके साथ प्रयागके माघ मेलाकेलिये रवाना हो गया। वरदराजका सम्पर्क अब बहुत दिनोंके लिये छूट गया। मुझे ख्याल है, १९१४ के उस वियोगके बाद मैं फिर उनसे नहीं मिल सका। परसा एक-दो बार जाना पड़ा, पर मेरे जानेके समय वह वहाँ मौजूद नहीं थे। उनको भी घूमने की आदत लग गई। असहयोगमें भाग लेनेके लिये जब १९२१में मैं छपरा (परसा) पहुँचा, तो पता लगा, असहयोगके आरम्भके समय वह यहाँ पर मौजूद थे, काम भी किया था।

१९२६के दिसम्बरमें काँग्रेस का अधिवेशन गौहाटी में हुआ। मैं भी वहाँ पहुँचा। किसीसे मैंने सुना था, वरदराज आसाममें कहीं रहते हैं। वहाँ इधर-उधर बहुत पूछ-ताछ की, लेकिन आसाम एक प्रदेश है और मुझे शहर या बस्तीका भी नाम नहीं मालूम था, जिसमें वरदराज रहते थे। सफलता नहीं हुई। इसके बाद जब-जब आसामके कोई पुरुष मुझे मिलते, मैं आग्रहपूर्वक उनसे वरदराजका पता लगाने के लिये कहता। मालूम नहीं वरदराज वरदराज हैं या वनमाली हो गये। मेरी तरह उन्होंने भी काशी में स्वर के साथ कुछ वेद पढ़ा था। परसा मठसे उनका कोई ममत्व भी नहीं था। वहाँ तो वह केवल मेरे सम्बन्धसे आये थे। हो सकता है, शायद वह पीछे वैरागी साधु नहीं रह गये।

जो भी हो, वरदराज या वनमालीसे एक बार मिलने या उनके बारेमें निश्चित समाचार पानेकी लालसा अब भी मेरे दिलमें पहले ही जैसी है।

८. ब्रह्मचारी चक्रपाणि

काशीमें १६१० के सितम्बर या अक्तूबरमें तुलसीघाटके ऊपर खड़े भूले आदमीकी तरह हम चारों ओर प्रश्नभरी दृष्टिसे देख रहे थे, उसी समय गंगासे जल भरे ब्रह्मचारी चक्रपाणि हमारे सामने आये और दो-चार शब्दोंमें पूछ-ताछ करके तुरन्त बोले—तो आओ महात्मा, हमारे साथ। मैं और यागेश उनके साथ मोतीरामके बगीचेमें गये। मोतीरामके बगीचेकी अद्‌भुत छाप आज भी मेरे हृदयपर पड़ी हुई है। अतीतकी अल्प सुन्दर वस्तु भी अति सुन्दर मालूम होती है। हो सकता है, मेरी स्मृति अतिशयोक्ति करती हो, पर वह यथार्थ से बिल्कुल शून्य नहीं है। आज मोतीरामका बगीचा बगीचा नहीं रह गया है। उसकी चहारदीवारियाँ भी बहुत जगह गिर चुकी हैं। और एक मारवाड़ी सेठने अपनी कीर्ति खड़ी करनेके लिये वहाँके हर पवित्र अवशेषको मिटा डालनेका निश्चय कर लिया है। कमसे कम मंगनीराम जैसे महात्माकी अच्छी खासी पक्की कुटियाको तो बरबाद करना नहीं चाहिये था।

उस समय मोतीरामके बगीचे और असी संगमसे दुर्गाकुण्डकी ओर जानेवाली सड़कके बीचमें खेत था, जिसमें एक कोयरी सालमें हर वक्त कोई न कोई सब्जी-तरकारी उगाता था, और वही उसकी जीविकाका साधन था। कोयरीके कुँये के पासकी सड़कसे मोतीरामके बगीचेके भीतर रास्ता जाता था। दरवाजा इतना छोटा था, कि लम्बे आदमीको सिर झुका कर भीतर जाना पड़ता था। मुख्य दरवाजेके अतिरिक्त पश्चिममें कुरुक्षेत्रके तालाबकी तरफ भी एक दरवाजा था। उत्तरकी तरफ ऊँचे-ऊँचे मकानोंने दीवारका काम किया था। पूर्व के दरवाजे और उसके पासकी खिलौने जैसी दोनों कोठरियोंको ब्रह्मचारी चक्रपाणिने अपनी कुटियाके रूपमें परिणत कर दिया था। किवाड़ अब भी था, लेकिन वह उसे बन्द रखते थे, और जगहको भुस जमा करनेके काममें लाते थे। बहुत दिन रहनेपर आदमीके लिये स्थानकी नवीनता और आकर्षण कम हो जाता है। मैं प्रायः तीन साल तक यहाँ रहा; लेकिन मेरे लिये वह आकर्षण कभी कम नहीं हुआ। हातेके भीतर क्यारियोंमें लगे हरे-हरे कागजी नींबुओंके झाड़ थे, जिनमें एकसे अधिक बार फल लगते थे। शायद फसल बिक जाती थी, लेकिन बगीचेके वासियोंको नींबू हर वक्त मुफ्त सुलभ था। हमारी दाल-भाजी शायद ही कभी ताजे नीबूके रससे वंचित रहती। ब्रह्मचारीकी सारी कुटिया ही घरौंदे जैसी थी। दरवाजेको लेकर तीन छोटी-छोटी कोठरियाँ थीं, जिनमें कोई भी सोनेके काम

नहीं आती थीं। बाहर टिनका ओसारा जरूर जाड़ों और बरसात में सोनेके लिये इस्तेमाल होता था और उसमें ब्रह्मचारीके संरक्षणमें रहनेवाले सात-आठ विद्यार्थी दीयेके सामने पाठ घोखते हुए सो जाते थे। एक कोठरीकी बगलमें उन्होंने एक और टिनका ओसारा खड़ा कर दिया था, जिसमें जरूरत पड़ने पर उनकी कृष्णा बाँधी जाती थी।

वह सर्वांग कृष्णा बहुत ही सुन्दर गैया थी, जिसे ब्रह्मचारीने बड़े स्नेहसे पाला था। ब्रह्मचारी कुरुक्षेत्रके रहनेवाले थे, जहाँपर अब भी साधुओंके कथनानुसार दूध-दहीकी नदियाँ बहती थीं। हरियानाकी गायें-भैंसें अधिक दूध देनेके लिये बहुत मशहूर हैं। ब्रह्मचारीको बराबर शिकायत रहती थी, कि इधरके दूधमें न उतना घी होता, न घीमें उतनी चिकनाहट। ब्रह्मचारीको बचपनसे दूध-घी मुँह लगा हुआ था। काशीमें पढ़नेके लिये आये, तो यहाँ भी व्याकरण या साहित्य नहीं, बल्कि स्वरके साथ रुद्राष्टाध्यायीके मन्त्रों भरका ही पाठ किया। परिचय बढ़नेके साथ उनको बराबर घी-दूधमें डूबे रहना पड़ा। अब भी महीनेके तीन-चौथाई दिन किसी न किसी यजमानके यहाँ उनका निमन्त्रण रहता। फुर्ती इतनी थी, कि मालूम होता था, उनका रोम-रोम नाच रहा है। इस समय उनकी उमर ५० की तो जरूर होगी। कुछ बाल भी सफेद हो गये थे, लेकिन इतना तेज चलते थे, उसे पीछेसे देखकर आदमी समझता, कोई नौजवान जल्दीमें जा रहा है। शीघ्र ही मैं उनके विद्यार्थियोंमें अधिक पढ़ाकू समझा जाने लगा। इधर-उधरसे प्रशंसा सुन कर ब्रह्मचारीको भी मेरे बारेमें अभिमान होने लगा। वह नहीं चाहते थे कि मेरा समय दूसरे मामूली कामोंमें लगे। खैरियत थी, मैंने सर्वरियोंके "स्वयंपाकी"पनको तिलांजलि दे रक्खा था, इसलिये गौड़ ब्राह्मण चक्रपाणिके हाथके बने खानेमें मुझे बिल्कुल एतराज नहीं था। ब्रह्मचारी रसोई बनानेमें फुर्ती रखते थे। दो आदमी खानेवाले हों, तो चार आदमियोंका भोजन बनाते थे कृष्णा जो मौजूद थी। उसके लिये भुस भी जमा रखते थे। अपने हाथसे भी बगीचेमें कभी-कभी हरी-हरी घास काट लाते। लेकिन, मैं समझता हूँ, कृष्णाका आधा पेट ब्रह्मचारीजीके भोजनसे भर जाता था।

ब्रह्मचारी परमआस्तिक थे। प्रातःकाल उठते ही उनका स्तोत्र-पाठ शुरू हो जाता। साधारण संस्कृतके स्तोत्रोंको वह जरूर समझ लेते होंगे, पर कुरुक्षेत्र छोड़ कर काशीमें पढ़ने नहीं, बल्कि वास करनेके लिये आये थे। वहाँसे बाहर जानेका अब उनका निश्चय नहीं था। उस समयका कोई आदमी नहीं रह गया, जिससे मालूम हो, ब्रह्मचारीका कैलासवास कहाँ हुआ। आशा यही रखनी चाहिये कि अपने भक्तको विश्वनाथने अपनी नगरीसे हटने नहीं दिया। कृष्णाकी सेवा करते भी उनके मुँहसे श्लोक निकलते रहते। झोपड़ीमें होनेपर उसे बाहर रीठेके पेड़के नीचे बाँधकर गोसार साफ करते, मूडमें होनेपर कृष्णाका दूध निकालते। पूजाका यह समय नहीं था। मोती

रामके बगीचेसे सबसे नजदीकका अच्छा घाट वह था, जहाँ तुलसीदासके अन्तिम वर्ष बीते, यहीं उनका देहान्त हुआ। गोस्वामी तुलसीदासका स्थान विरक्त वैरागियोंका था, लेकिन अब महन्त घरबारी थे। उनके पुत्र स्वामीनाथ बनारसके प्रसिद्ध पहलवानोंमें माने जाते थे। ब्रह्मचारी तुलसीघाट पर स्नान करते, छोटेसे तांबेके घड़ेमें जल भरकर साथ लाते। घरमें वह सदा गङ्गाजल पीते, और दूसरोंको भी पिलाते। बरसातमें पानी मटमैला रहता, लेकिन पाँच-छः घन्टे रखनेके बाद मिट्टी-बालू नीचे बैठ जाता।

घर आकर ब्रह्मचारीकी पूजा शुरू होती। एक छोटेसे डब्बेमें नर्मदेश्वर (शिवलिंग) रक्खे थे, जिनकी धूपदीप आदिके साथ पूजा करते। आम धारणा थी, कि शिवपर चढ़ा न प्रसाद खाना चाहिये और न चरणामृत पीना चाहिये। शायद पाशुपतोंके विरोधियोंने प्राचीन कालमें इस धारणाको फैलाया। इस समयके वैष्णव-विरोधी भी शिव-निर्माल्य को विषकी तरह त्याज्य मानते थे। पर, ब्रह्मचारीके लिये नर्मदेश्वर शालिग्रामकी तरह ही सब तरहसे वन्दनीय थे। उनका चरणामृत हम विद्यार्थियोंको भी पिलाते, मेवा मिष्ठानका भोग लगा कर भी बाँटते और हमारी सन्देहकी निवृत्तिके लिये कह देते—मामूली शिवलिंगका प्रसाद लेना वर्जित है, नर्मदेश्वर और बारह ज्योतिर्लिङ्गोंका नहीं। बारह ज्योतिर्लिङ्गोंमें वाराणसीके विश्वनाथ भी थे। प्राचीनकालमें वाराणसीके विश्वनाथको इस नामसे पुकारा जाता था या विश्वेश्वरके नामसे, यह कहना मुश्किल है। दण्डीने "दशकुमारचरित"में उन्हें अविमुक्तेश्वरके नामसे याद किया है। ब्रह्मचारीके सम्पर्कमें आनेसे पहले भी मेरा झुकाव संन्यासियों और वेदान्तकी ओर ही था, जिसका बहुत अधिक श्रेय परमहंस बाबाके शिष्य हरिकरण बाबाको था। शंकराचार्य और उनके अद्वैतमतके शैवोंसे मुझे कुछ लेना-देना नहीं था। जब शांकर-मतने पाशुपत (शैव) मतको निगल लिया, तो उसके चोलेको भी उसे पहनना पड़ा। पाशुपत शंकरके ही एकमात्र उपासक थे, वह विष्णुको कैलासवासीका तुच्छ सेवक मानते थे। शंकरानुयायियोंके लिये शिव, विष्णु, दुर्गा, गणेश, सूर्य—सब धान बाईस पसेरी थे, इसलिये किसीकी पूजा-अर्चनासे उन्हें परहेज नहीं था। पर, रुद्राक्ष, भस्म उन्होंने पाशुपतोंका ही स्वीकार किया। एक समय उत्तर भारतमें सभी जगह पाशुपत धर्मकी प्रधानता थी। बौद्ध कभी उनसे आगे और कभी पीछे रहते थे। गुर्जर-प्रतिहार, चंदेल, कलचुरि आदि राजवंश पाशुपत धर्मके माननेवाले थे। पाशुपत धर्मके सामने शंकरका मत अभी हालका पंथ था। पर, मोतीराम-बगीचेके भस्म-त्रिपुण्डधारी ब्रह्मचारी, संन्यासी या पण्डित यह माननेके लिये तैयार नहीं थे, कि शांकर-मत पंथ है। पंथाई वह वैरागियों, उदासियों, गरीबदासियों, दादू-पंथियों, कबीरपंथियोंको कहते थे, जो बिल्कुल गलत बात थी। आठवीं सदीसे पहले शंकर-मतका कहीं पता नहीं था। वह नया-नया पंथ खड़ा किया गया था।

मुझे यह बारीकियाँ उस समय मालूम नहीं थीं, तो भी भस्म-त्रिपुण्ड, रुद्राक्ष,

रुद्रीपाठ, शिवार्चनके प्रति एक विचित्र आकर्षण था। उस समय मैं क्या जानता था, कि शैव (पाशुपत) धर्मने हमारी कला और संस्कृतिकी जितनी सेवा की है, उतनी बौद्धोंके सिवा और किसीने नहीं की। हमारे धर्म और संस्कृतिको शैव इन्दोनेशिया और इन्दोचीन तक ले गये, उनके बनवाये भव्य विशाल मन्दिर वहाँ अब भी मौजूद हैं। यह सब करनेवाले यह नकली शैव नहीं थे, वह थे पाशुपत, जिनके अवशेष अब दक्षिण भारतके कर्नाटक और तमिल प्रदेशोंमें कुछ रह गये हैं। वाराणसीमें जंगमबाड़ी उसका प्रतिनिधित्व करती है। जङ्गमबाड़ीके जङ्गमोंको ही विश्वनाथकी पूजा का अधिकार होना चाहिये था, पर, एक बार जब अधिकार किसी दूसरेके हाथमें चला गया, तो वह कहाँसे मिल सकता है? उत्तर भारतमें गढ़वालका केदारनाथ मन्दिर ही अब पाशुपतोंके हाथमें रह गया है। उस समय जो धारणा शंकरके प्रति मेरी थी, उसने पाशुपत-धर्मके प्रति मेरा विशेष आकर्षण पैदा कर दिया। धारणाके पैदा करनेमें ब्रह्मचारी चक्रपाणिका भी हाथ था। उनके भस्म-त्रिपुण्डको देखकर मैं भी भस्म-त्रिपुण्डधारी बन गया। मेरे फूफा महादेव पण्डित सूक्ष्म रुद्राक्ष माला धारण करते थे। कानोंके अतिरिक्त ब्रह्मचारीका गला भी बड़े-बड़े बत्तीस रुद्राक्षके मनकोंकी मालासे भरा रहता था। मैंने भी उसी तरहकी माला अपने लिये ले ली थी। हर सोमवारको सायंकाल विश्वनाथका दर्शन करने चक्रपाणि ब्रह्मचारी जाते। उस वक्त मैं भी कभी साथ और कभी अलग अवश्य वहाँ पहुँचता। पासमें खड़ी औरङ्गजेबकी मस्जिद, उसके एक कोनेमें पुराने विश्वनाथ-मन्दिरके अवशेष, कितनी ही टूटी-फूटी मूर्तियोंको देखकर इतना ही भर मुझे मालूम था, कि मुसलमानोंने यह सब-कुछ किया।

ब्रह्मचारी वेदपाठी थे, पर उन्होंने अपने यजुर्वेद का कभी स्वर-सहित पूरा अध्ययन नहीं किया था। वेदपाठीकी वह बहुत कदर किया करते थे। उस समय किसी भोजमें जानेपर पुरुष सूक्तका सस्वर पाठ ब्राह्मण-मण्डली करने लगती। चाहे समझते हों या नहीं, पर सभी एक साथ मिल कर बोलनेकी कोशिश करते। वेदपाठियों की आवाज सबसे ऊपर रहती। यार लोग पाठ का मजाक उड़ाते। पुरुष सूक्तके पहलेही मन्त्रको पढ़ते "सहस्र सीर खा पूड़ी खा"में सीर (हलवा) खाओ, पूड़ी खाओ बतलाते "सहस्र शीर्षा पुरुषः" न जाने कहाँ चला जाता। ब्रह्मचारी का आग्रह हुआ, मैं भी वेद पढ़ूँ। कई वेदपाठियोंसे उनका परिचय था। यजुर्वेदके कुछ सूक्तोंके संग्रह "रुद्राष्टाध्यायी" (रुद्री) को मैंने पढ़ा। फिर यजुर्वेदको पढ़नेके लिये वह एक गुजराती ब्रह्मचारीके पास ले गये। ब्रह्मचारी शीतलादासके अखाड़ेके पास अस्सीके पुलके पार आचारी मन्दिरसे सटी बगियामें रहते थे। उस समयकी वाराणसीकी बगिया भी अपना आकर्षण रखती थी। अस्सी नाले के पार कितनी ही छोटी बगिया थीं। चारों ओर चहारदीवारी-घिरी होती। भीतर एक-दो पक्की कोठरियाँ और कुआँ रहता। कोठरियोंमें ब्रह्मचारी और सन्यासी रहा करते, जिनमेंसे अधिकांश मधूकरीवाले थे। दस-ग्यारह

बजे अंगोछेकी झोली बना दालके लिये कोई बरतन ले वह क्षेत्रों में चले जाते और खाने भरका भोजन माँग लाते। बाकी समय अपनी कुटियामें चाहे वार्तालाप करते, पढ़ते-पढ़ाते या और किसी तरह कालक्षेप करते। मैं अपने वैदिक गुरुके पास कई महीने तक पढ़ने गया था, पर यजुर्वेद समाप्त नहीं कर सका। वेदपाठियोंको सारे अध्याय स्वर-सहित याद रखने होते, पर मुझे दो-चार सूक्त ही याद हुए।

चक्रपाणि ब्रह्मचारी अपने नर्मदेश्वर भगवान्‌की पूजा करने के बाद कृष्णाके पास जाते। अक्षत, चन्दन और पुष्प उसके सिर पर चढ़ाते, आरती उतारते "ज्ञानं देहि, धनंदेहि" आदि स्तोत्र पढ़ते कृष्णाकी पाँच बार परिक्रमा करते, फिर उसके खुर पर पैर रखकर बड़ी श्रद्धा से प्रणाम करते। इस समय की पूजा देखकर आदमी यह माने बिना नहीं रहता, कि ब्रह्मचारी अनन्य गोभक्त हैं। पर, ब्रह्मचारीने कृष्णाको सिर्फ पूजा के लिये नहीं रखा था। हरियानावालोंका दूध-दहीके बिना काम नहीं चल सकता, इसीलिये चार-पाँच सेर दूध देनेवाली कृष्णाकी वह इतनी सेवा करते थे। कृष्णा मर्खही नहीं थी। कोई भी उसके पास जा सकता था, लेकिन कभी-कभी दूध दूहनेके वक्त उसका मूड बिगड़ जाता, वह स्तन छुड़ाकर हट जाती थी। फिर ब्रह्मचारीका भक्त हृदय आपेसेबाहर हो जाता। वह खूब जोरसे दो-चार डण्डे लगाते। कृष्णा के शरीर पर काफी चर्बी थी, इसलिये हड्डी टूटनेकी जरूरत नहीं थी। कृष्णा गौके दूधका शास्त्रोंमें बड़ा महातम है, और ब्रह्मचारीकी धेनु खुर, पूँछ, मुँह, सींग सब जगहसे काली थी।

जिनको हम इस समय शैव समझते हैं, वह वस्तुतः शैव नहीं थे। दर्शन और विचारों में शंकरके सिद्धान्तोंको माननेवाले केवल भस्म और रुद्राक्षके लिये वह शैव थे। वह विष्णुके विरोधी नहीं थे, पर विष्णुके शालिगराम या ठाकुरबाड़ीकी पूजाका उनके यहाँ विशेष स्थान नहीं था। पहलेपहल चक्रपाणि ब्रह्मचारी मणिकर्णिकाके पास के एक हवेलीमें रहनेवाले अपने एक परिचित ब्रह्मचारीके पास ले गये। वहाँ जयपुरके संगमर्मरकी सुन्दर राम-जानकीकी छोटी-छोटी मूर्तियाँ देखकर मुझे कुछ अचरज मालूम हुआ। इन मूर्तियोंको देखकर मुझे पता लगा, कि नर्मदेश्वरके साथ राम-जानकीकी पूजा भी शंकर-मतानुयायी ब्रह्मचारियों में चलती थी। जितनी ही वह दोनों मूर्तियाँ सुन्दर थीं, उनके लिये उतना ही स्वादिष्ट और महँगा भोग लगाया जाता था, गाढ़े दूधको असली केसरसे रंग दिया गया था। सभी चीजोंमें नफासत थी।

चक्रपाणि ब्रह्मचारीकी गति जहाँ तक थी, वह वहाँ तक मुझे ले जाना चाहते थे, लेकिन मैं बहुत कम ही उनका साथ दे पाता था। विश्वनाथके आस-पासके मुहल्लोंमें बहुतसे सम्भ्रान्त पंजाबी, हरियानी, मारवाड़ी, पश्चिमी उत्तरप्रदेशके जिलोंवाले भद्रपुरुषोंके घर थे। कुछ बराबरके लिये आकर बस गये थे, और कुछ अन्तिम समयमें काशीवास कर रहे थे। वहाँके बहुतसे घरोंसे ब्रह्मचारीका परिचय था। जब जाते, तो बीस-पच्चीस सेर

चावल, आटा, दाल, बड़ी, पापड़, घी और दूसरी चीजें लाद लाते। उनको सीधेकी कमी नहीं थी। यदि अपने परिचयका पूरा लाभ उठाना चाहते, तो रोज ही बीस सेर खाद्य लाकर रख सकते थे। पर, वह संतोषी थे। उतना ही लाते, जितनेकी उनके विद्यार्थियों, कृष्णा और अपने लिये अवश्यकता थी। सारे विद्यार्थी उन्हींका दिया अन्न नहीं खाते थे। कोई बगीचेके क्षेत्रमें खाने जाते और कोई बाहर। तरुणोंकी संख्या बगीचेमें काफी थी। ब्रह्मचारीके पास रहनेवाले आधे दर्जनसे अधिक विद्यार्थियोंके अतिरिक्त हरेक कुटियामें एक-दो विद्यार्थी रहते थे।

उत्तर और पासकी कुटियामें रहनेवाले वृद्ध दण्डी संन्यासीके पास मेरे मित्र बनमाली रहते। पासवाले पंजाबी ब्रह्मचारी दुर्वासाके दूसरे अवतार माने जाते थे। उनके पास किसी विद्यार्थीकी निभ नहीं सकती थी। वह हर बातमें चक्रपाणि ब्रह्मचारीकी नकल करते थे। कृष्णा जैसी गैया नहीं रख सकते थे, तो उन्होंने मुट्ठी भरकी रोहिणी गैया ला रक्खी थी। उसे खूब खिलाते-पिलाते थे। शायद वह कभी सेर-आध सेर दूध दे देती। उनकी कुटियाके बाद ऊँची हवेलियोंकी दीवारें आ जाती थीं। एक किसी नेपाल-निर्वासित राणा परिवारकी थी, और दूसरी उदासियोंके पंचायती अखाड़ेकी थी। उस तरफ दीवारके सहारे जो कुटिया थी, वह पंचायती अखाड़ाके पासके कुएँ और शिवालय-से लगी हुई थी। वहाँ भी कुछ विद्यार्थी रहते थे, और सहारनपुरके एक वृद्ध कर्मनिष्ठ ब्राह्मण काशीवास करते थे। उसके बाद फिर कोने तक कोई कुटिया नहीं थी। पश्चिमवाले दरवाजे या खिड़की—जिससे होकर कुरुक्षेत्रके घाटपर पहुँचा जा सकता था—के साथ फिर पश्चिमसे दूसरे छोर तक क्षेत्रोंकी पाँती थी। पहले गाजीपुरके सेठका क्षेत्र था, जहाँ विद्यार्थियोंको सूखा अन्न मिलता था। उसके बाद एक और क्षेत्र था, फिर पटियालाके राजगुरु-वंशका एक विद्यार्थी-संन्यासी मिश्रित क्षेत्र था, और अन्तमें साधुओंका क्षेत्र आता था, जिसकी बगलमें ही बगीचेका मुख्य दरवाजा था। दरवाजेके बाद ब्रह्मचारी मंगनीरामकी दो कोठरियों और एक दालान तथा बाहर चबूतरेवाली पक्की इमारत थी। उसके बाद पूर्व-दक्षिणके कोनेपर कुछ और कुटियाँ थीं। इन कुटियोंमें ब्रह्मचारी और दण्डी संन्यासी दो तरहके विरक्त पुरुष रहते थे। मोतीरामके बगीचेमें शंकराचार्यके दण्डहीन गोसाईं साधुओंका कोई मान नहीं था। वह शूद्रकी तरह जाति-बहिष्कृत माने जाते थे। वैसे पढ़नेके लिये उदासी, गरीबदासी, दशनामी कोई भी साधु वहाँ आ जा सकते थे।

ब्रह्मचारी चक्रपाणि एक और पुण्य कार्य करते थे। मोतीरामके बगीचेसे थोड़ी ही दूरपर दुर्गाजीका प्रसिद्ध मन्दिर है, जो वाराणसीमें विश्वनाथ और अन्नपूर्णाके बाद सबसे पूजनीय माना जाता है। हर मंगलको शामको दुर्गाजीके दर्शनार्थियोंकी इतनी भीड़ हो जाती, कि वह एक छोटे-मोटे मेलेका रूप ले लेती। मन्दिरके सामने एक मीठे जलका कूआँ था। ब्रह्मचारी एक विद्यार्थीको लिये अकेले मंगलकी शामको वहाँ

पहुँच जाते और दर्शनार्थियोंको कूएँका ताजा ठण्डा जल पिलाते। अभी बर्फका उतना प्रचार नहीं हुआ था, इसलिये कूयेंके ताजे या घड़ेके ठण्डे पानीकी बड़ी कदर थी। कृत्रिम रूपसे ठंडा बनानेकेलिये ओलेके लड्डू उस वक्त मिला करते थे। ब्रह्मचारीका यह प्याऊ बेकार नहीं था, कितने ही लोग पैसे-दो-पैसे दे देते, जिससे ब्रह्मचारीजीको हर सप्ताह डेढ़-दो रुपये मिल जाते।

चक्रपाणि ब्रह्मचारी विद्वान् नहीं थे। दूसरोंकी सहायता करनेमें उन्हें आनन्द आता था। जिन विद्यार्थोंका वह सम्मान करते थे, उनमें किसीको आगे बढ़ते देखकर प्रसन्न भी होते थे। मेरा घोर वैराग्य दो-ढाई सालसे ज्यादा नहीं रहा, तब मैं अँग्रेजीको म्लेच्छ भाषा समझ कर उसके पास भी फटकना नहीं चाहता था। बनारसमें रहते ठण्डी-गरम हवा लगने लगी। मैंने वहाँकी एकसे अधिक गर्मियाँ बर्दाश्त कीं। उत्तराखंड देखा था, और गर्मियों में भी वहाँ गर्मीके नितान्त अभावको जानता था। पर, मैंने उसका दर्शन भर किया था, मुझे वहाँ रहनेकी न आकांक्षा थी, और न अवश्यकता। शायद इसी-लिये अभी वाराणसीकी गर्मी असह्य नहीं मालूम हुई थी।

१६१३ या १६१२के क्वारके नवरात्रमें मैंने दूधाहारी रहकर भगवतीका पुरश्चरण किया था। मोतीरामके बगीचेमें ५०-६० आदमी रहते थे, इसलिये वहाँपर भगवतीके साक्षात् दर्शन करनेकेलिये जो मैं महाप्रयास कर रहा था, वह जिज्ञासाका कारण बन सकता था। छोटे गूदरके छतके कोनेपर मुखराम पंडितकी एकान्त कोठरी इसके लिये अनुकूल थी, इसलिये वहीं मैंने अपना जप, पुरश्चरण शुरू किया। एक वक्त दूध पीता था, जिसे रोज चक्रपाणि ब्रह्मचारी पहुँचाया करते थे। उसी या अगले साल मैंने बनारस छोड़ दिया, और बिहारमें वैरागी साधु बनने गया। इसके लिये चक्रपाणि ब्रह्मचारीको आश्चर्य तथा खेद होना ही चाहिये था, क्योंकि मैं वैदिक धर्मको छोड़कर पंथाई होने गया था।

१६१३के बाद फिर मुझे ब्रह्मचारी चक्रपाणिके दर्शनका सौभाग्य नहीं मिला। यद्यपि कई बार बनारस गया, लेकिन ऐसी जल्दी-जल्दीमें, कि मोतीरामके बगीचेमें जानेकी फुर्सत ही नहीं मिली। जब फुर्सत मिली, तो देखा सेठने वहाँके सारे आशियाने उजाड़ दिये।

६. ब्रह्मचारी मँगनीराम

उमरपुरके परमहंस बाबा और मोतीरामके बगीचे (वाराणसी) के ब्रह्मचारी मँगनीराम दो ही ऐसे सन्त पुरुष मिले, जिन्होंने मेरे ऊपर अधिक प्रभाव डाला, या यों कहिये, कि जिनके प्रति मेरे हृदयमें सम्मान पैदा हुआ। परमहंस बाबा उपदेश या मार्ग-प्रदर्शन नहीं करते थे, इसलिये उनके उपदेशसे लाभ उठानेका अवसर नहीं था। ब्रह्मचारी मँगनीराम मौनव्रतधारी नहीं थे, कम बोलते थे, पर बोलनेसे उन्हें बैर नहीं था। १६१०से १६१३ तककी काशीमें मैंने देखा, विद्वान् मण्डलीमें ब्रह्मचारी मँगनीरामका सम्मान जितना था, उतना किसीका नहीं था। भास्करानन्द अपने ढोंगसे सिद्ध महापुरुष बन गये थे और भक्तोंने दुर्गाकुण्डपर उनकी संगमर्मरकी समाधि भी खड़ी कर दी थी। पर, जो सचमुच महात्मा था, जिसमें सचमुच सरलता, मधुरताके साथ विद्या और आचरण इकट्ठा मिलते थे, वह ब्रह्मचारी मँगनीराम थे। पं० शिवकुमार शास्त्री उस समय वाराणसी और सारे भारतके संस्कृतके सर्वश्रेष्ठ विद्वान् माने जाते थे। वह भी कितनी ही बार गुरुपूर्णिमाके दिन गुरुके तौरपर पूजनेके लिये ब्रह्मचारी मँगनीरामके पास आये थे। काशीके बहुतसे वृद्ध पंडित थे, जो उन्हें गुरुवत् पूजते थे। जिनके गुरु नहीं थे, वह भी उस दिन ब्रह्मचारी मँगनीरामकी पूजाके लिये फूलमाला लेकर आते। इसीसे मालूम होगा, कि अपने कालके लोगोंमें वह कितना प्रभाव रखते थे और उनके सम्पर्क से कितने लोगोंके मनको शान्ति मिली होगी।

१६१०में उनकी उमर ७० के आसपास रही होगी, अर्थात् उनका जन्म १८५० ई०से पहले ही हुआ होगा। उनका जन्म शायद पश्चिमी उत्तरप्रदेश या हरियानामें हुआ था। विद्या पढ़नेकेलिये बनारस आये थे। उस समय विद्यार्थियोंका जीवन अधिक कठोर था। रातको पढ़नेके लिये मँगनीरामको कभी पत्तियाँ जलाकर रोशनी करनी पड़ती थी। उन्होंने अनेक शास्त्रोंका अध्ययन किया था। फिर वैराग्य और योगने उन्हें अपनी ओर खींचा। वह न किसी गुरुके चेले बने और न नाम बदला। मँगनीराम पहले ही जैसा उनका नाम रह गया, जिसके साथ ब्रह्मचारी लगा दिया गया। योग-ध्यानकेलिये घंटों एक आसनसे बैठना आवश्यक पड़ता है। योगकी सिद्धि चाहे न मिले, पर बवासीरकी सिद्धि ऐसे आदमी को जरूर हो जाती है। ब्रह्मचारी मँगनीरामको खूनी बवासीर थी, जिसके कारण वह सिर्फ दिनमें एक बार जौकी रोटी और मूँगकी दाल खाया करते थे। एक पंजाबी बुढ़िया माईने उनसे बरदान ले लिया था। वह रोज

अच्छी तरह पिसे जौके आटेके दो-चार फुलके और कुछ मूँगकी दाल उनके पास पहुँचा देती। उन्हें फलोंमें विशेष रुचि थी, यह भी नहीं मालूम और न दूध पीनेका ही पता लगा। वह महीने-पन्द्रह दिनमें सिर-दाढ़ी मुँड़ा लेते थे। सिरमें छोटी सी चुटिया रहती थी। बाल सारे सफेद थे, शरीर दुबला-पतला, पर असमर्थ नहीं था। चेहरेपर एक तरहकी शान्ति और सरलता दिखाई पड़ती थी, जिसे भक्त लोग आध्यात्मिक तेज कहते थे।

ब्रह्मचारी मँगनीरामके पास अधिक संस्कृत और उच्च रुचि रखनेवाले पण्डित भक्त ही आते थे। इसका यह मतलब नहीं, कि साधारण जनसे मिलनेमें वह किसी तरहका संकोच करते थे। शरीरपर उनके लंगोटीके ऊपर गेरुयेका दो हाथका गमछा कमरसे बँधा रहता था। उनकी कुटिया पहलेसे बनी थी, या उनके लिये खास तौरसे बनाई गई थी, इसका मुझे पता नहीं। पर, वह ईंट-चूनेकी काफी मजबूत दीवारों और पत्थरके पटियोंकी छतवाली थी। कुटिया ऊँचे चबूतरेपर थी। पीछेकी ओर दो कोठरियोंके बीच में दालान थी और सामने लम्बा चबूतरा, जिसपर ब्रह्मचारी मँगनीराम अक्सर टहलते मिलते। बुद्धने चंक्रमण (टहलने) को अनिवार्य बतलाया है। उनके लिये सारनाथ, जेतवन, कौशाम्बी या जहाँ-कहीं भी रहनेकी कुटिया बनी थीं, उनके साथ लम्बा चंक्रमण-स्थान जरूर होता था। बुद्ध अक्सर घंटों उसपर टहला करते थे। आसन बाँध कर घंटों बैठनेवाले आदमीकेलिये चंक्रमण इसीलिये आवश्यक माना जाता था, कि वैसा न करनेपर अनेक रोग हो जाते हैं। राधास्वामी साधकोंके लिये बवासीरका होना आवश्यक लक्षण-सा हो गया है, इसका कारण यही है, कि वह शारीरिक व्यायामका लाभ नहीं समझते। ब्रह्मचारी मँगनीरामने यदि पहलेसे ऐसा किया होता, तो उन्हें बवासीरका शिकार न होना पड़ता।

स्मरण-शक्ति भले ही अच्छी हो, किन्तु जहाँ तक बोलने और परिश्रम करनेका सम्बन्ध है, उसमें मैं अपनेको पिछड़ा मानता था। तो भी मोतीरामके बगीचेमें मेरे पढ़ाकू-पनकी कुछ ख्याति जरूर थी, जो किसी तरह ब्रह्मचारी मँगनीरामके पास भी पहुँची। वह कभी-कभी मुझसे और कभी चक्रपाणि ब्रह्मचारीसे मेरे बारेमें पूछ लिया करते। ऐसा न भी होता, तो भी ब्रह्मचारी मँगनीरामकी सौम्य मूर्तिको देखकर मेरे हृदयमें एक मूक सम्मानका भाव पैदा हो गया था।

बहुत सालों बाद मोतीरामके बगीचेमें जानेपर देखा, ब्रह्मचारी मँगनीरामकी कुटियाको नींव तक उखाड़ कर फेंक दिया गया है, उसका कहीं पता नहीं है। वहींपर सेठने अपनी कीर्ति अमर करनेकेलिये अभिलेख सहित आधारशिला रखवा दी है। मैं नास्तिक हूँ, ईश्वर या धर्मपर मेरा विश्वास नहीं है, किन्तु ऐसे आदमीके हृदयमें भी अपनी संस्कृति और सांस्कृतिक निधियोंके प्रति विशेष आदर होता है। मुझे इस कुटियाका तोड़ना वैसे ही मालूम हुआ, जैसे भव्य कलापूर्ण विश्वनाथ मन्दिरका औरंगजेब

द्वारा तोड़ा जाना। ब्रह्मचारी मगनीराम जीते-जागते देवता थे। उनके प्रति लोगोंकी ऐसी ही श्रद्धा थी। उनकी कुटियाकी रक्षा तब तक होनी चाहिये थी, जब तक कि हिन्दू धर्म के प्रति लोगोंका अनुराग है। लेकिन, एक हिन्दू हीने इस महापापको किया। मँगनीराम ब्रह्मचारीको कीर्ति और यशकी कोई इच्छा नहीं थी। असी मुहल्लेके वृद्ध पुरुष अब भी बतलायेंगे कि उनके दर्शन और सरल मधुर वचनसे लोग उसी तरह आनन्द उठाते थे, जैसे निर्जन बयाबानके सरोवरके स्वच्छ शीतल जलसे सारे प्राणी। सेठको क्यों खयाल नहीं आया, कि वह क्या कर रहा है? आखिर सेठोंके पैसे कोई मेहनतकी कमाईके पैसे नहीं हैं। चाहे वह कला और सुरुचिसे रहित कितनी ही ईंटे-पत्थरकी बड़ी-बड़ी इमारतें खड़ी कर दें, पर आजसे सौ वर्ष बाद उनका कोई नाम लेनेवाला नहीं रह जायगा। उनकी इन सस्ती और अनुचित रूपसे अर्जित कीर्तिकी भी वही हालत होगी, जो अँग्रेजोंकी कीर्तिकी हमारे हाथों हो रही है।

मँगनीराम ब्रह्मचारी और परमहंस बाबाने सांख्य दर्शनके पुरुषकी तरह साक्षी रह कर ही मुझे प्रभावित किया था।

१०. पं० रामावतार शर्मा

शर्माजीकी प्रतिभा अद्भुत, और रहन-सहन विचित्र थी। शायद १९१२ की गर्मियोंका दिन था। शर्माजी असीकी पुरानी पक्की बावड़ीके दक्षिण-पूर्ववाले एक घरमें सपरिवार ठहरे थे। उन्होंने दूसरे संस्कृत विद्यार्थियोंकी तरह ही संस्कृत पढ़ा था। काशीमें पं० शिवकुमार शास्त्रीके बाद सबसे बड़े विद्वान् गंगाधर शास्त्री उनके गुरु थे। शास्त्रोंमें निष्णात होनेके साथ गंगाधर शास्त्री संस्कृतके कवि भी थे। पं० शिवकुमार शास्त्रीके सार्वभौम महापंडित होनेके पहले उनके गुरु बालशास्त्री भारतके सबसे बड़े पंडित माने जाते थे। उनसे पहले राजाराम शास्त्री पंडित चक्रवर्त्ती थे। काशीके पंडितोंमें पंजाबी, गौड़, सरयूपारी, मैथिल, बंगाली, उड़िया, दक्खिनी, महाराष्ट्री, गुजराती, पर्वतीय सभी तरहके पंडित थे। कौन सबसे बड़ा पंडित है, इसमें किसीकी सिफारिश नहीं चलती थी। अपने आप वैसा कोई न कोई विद्वान् निकल आता था, जिसे सब लोग स्वीकार कर लेते थे। गुरु भी अपने और पराये वर्गका भेद-भाव छोड़ कर अपने सर्वश्रेष्ठ शिष्यकी महानताको अभिमानके साथ स्वीकार करते थे। कुछ समय मैं उड़िया पंडित श्रीकर शास्त्रीका विद्यार्थी रहा। उनके लिये उड़िया और सर्वरियाका कोई भेद नहीं था। पुराने पंडित अपने अच्छे विद्यार्थीको पुत्रवत् मानते थे। बाल शास्त्रीने इसकी अवहेलना की, और अपने सबसे अधिक प्रतिभाशाली छात्र शिवकुमार शास्त्रीको वंचित कर अपने दूसरे शिष्यों—गंगाधर शास्त्री आदि—को आगे बढ़ाना चाहा। पर केवल गुरुकी कृपासे ही कोई बढ़ कैसे सकता था? शिवकुमार शास्त्रीने अपना लोहा मनवा लिया। हाँ, गुरुके अनुकूल न होनेका यह फल जरूर मिला, कि वह सरकारी संस्कृत कालेजमें अध्यापक नहीं बन सके, क्योंकि वहाँ बाल शास्त्री और उनके शिष्योंकी चलती थी। पर, इससे शिवकुमार शास्त्रीके न सत्कारमें कमी आई, और न लाभमें। विद्यार्थी बिना भेद-भावके किसी भी योग्य पंडितके शिष्य हो जाते थे, यह इसीसे मालूम है, कि रामावतार शर्मा सर्वरिया होते भी दक्खिनी गंगाधर शास्त्रीके शिष्य थे।

पं० रामावतार शर्माके काशीके विद्यार्थी-जीवनका अन्त पहले हो चुका था। "साहित्याचार्य"की उपाधि उस समय गवर्नमेन्ट संस्कृत कालेजसे बहुत कमको मिलती थी, ज्यादा "साहित्योपाध्याय" बनते थे। पं० रामावतार शर्मा यदि संस्कृत कालेजके प्रमुख पंडित गंगाधर शास्त्रीके शिष्य न होते, तो शायद उन्हें भी आचार्यकी जगह उपाध्याय

ही बनना पड़ता। शर्माजीकी पीढ़ीके पण्डित अपने शिष्योंसे उनकी अद्भुत प्रतिभा और अद्वितीय कवित्व-शक्तिका बखान करते थे। यह बातें अपने गुरुओंसे सुनकर हमारी पीढ़ीको भी मालूम हो गई थीं। साहित्याचार्य होनेके बाद शर्माजीने एम्० ए० भी प्रथम श्रेणीमें पास किया। उस समय यह अनहोनी बात थी। उन्हें सरकारी कालेजमें प्रोफेसरकी अच्छी जगह मिल गई। शायद वह पटना कालेजमें उस समय पढ़ाते थे और गर्मियोंकी छुट्टियाँ बिताने यहाँ आये थे।

गर्मियोंमें शर्माजी बनारस क्यों आये? दार्जिलिंग या नैनीताल उसके लिये अधिक उपयुक्त स्थान था। शर्माजी पक्के नास्तिक थे। ईश्वर, पुराण, वेद सबकी खुल कर निन्दा करते थे। "परमार्थ-दर्शन" के नामसे उन्होंने अनीश्वरवादपर संस्कृत सूत्रोंमें ग्रन्थ लिखा था। ऐसे नास्तिकको काशी और गंगाका कोई आकर्षण नहीं हो सकता था। काशीके लँगड़ा आमकी बड़ी ख्याति है। मैं देखता था, शर्माजी टोकरीकी टोकरी लँगड़ा खरीद कर घरके भीतर भेजते थे। शायद उस वक्त उनकी दोनों पत्नियाँ मौजूद और उनके साथ थीं। दूसरे विद्यार्थियोंकी तरह मैं भी इस नास्तिक महापण्डितके दर्शनों नहीं सत्संगके लिये जाता। मकानके निचले भागमें एक मामूली-सा कमरा बैठकके रूपमें परिणत हो गया था। वहीं फर्शपर शर्माजी बैठते। उनका दरबार खुला हुआ था, कोई भी आकर वहाँ बैठ सकता और प्रश्नोत्तर कर सकता था। मैं जब-जब गया, तब-तब उन्हें किसीकी शंकाका समाधान करते या किसी विषयपर बोलते देखा। पौराणिक गप्पोंके खंडनमें उन्होंने उससे भी बड़ी गप्पें स्वामी मुदगरानन्दके नामसे अपने "मुद्गरदूत" काव्यमें रच रक्खी थीं। "मुदगरदूत" छपा या नहीं, यह मुझे मालूम नहीं, पर उसके श्लोकोंको शर्माजीके मुखसे मैंने उस समय सुने थे। एक श्लोकमें था—स्वामी मुदगरानन्दके छींकने पर बड़े-बड़े हाथी निकल आये थे। पुराणोंकी गप्पोंका इसे छोटा संस्करण माननेके लिये उनके श्रोता मजबूर हो जाते थे। असीमें रहनेवाले एक तरुण वैरागी साधु काव्यतीर्थ थे। उस समय वैरागियोंमें पण्डित भूले-भटके ही कहीं देखे जाते थे। वह भी शर्माजीके सत्संगमें जाते। एक दिन कहने लगे—भाई, तुम साधु लोग कैसे संयम कर सकते हो, जबकि मैं छ दिनके बुखार और उपवासके बाद अपनको संयम करनेमें असमर्थ पाता हूँ।

शर्माजीकी रहन-सहन विचित्र थी। वह धोती-अँगोछा बगलमें दबाये खाली एक धोती पहने अपने दो-तीन वर्षके बालकको कन्धेपर रखे गंगा-स्नान करने जा रहे थे। जिज्ञासु तरुणोंकी कमी नहीं थी। एक जगह सड़कके किनारे वह उसी तरह खड़े उनसे बातें करते रहे। उनके व्यक्तित्वका प्रभाव पड़ा और मेरे सामने विद्वत्ताका एक आदर्श भी खड़ा हो गया, पर उस समय मेरे विचारोंमें कोई खास परिवर्तन आया हो, इसका मुझे पता नहीं।

उस समय क्या पता था कि शर्माजीसे बहुत घनिष्ठ होनेका मुझे अवसर

मिलेगा। शर्माजीका घर छपरा शहरमें था। १६१३में वैरागी साधु बनकर मैं छपराका बन गया और उनके छपरावाले घरमें भी गया। पर, शर्माजी अधिकतर पटनामें रहते थे। पीछे कुछ साल हिन्दू विश्वविद्यालयमें भी आचार्य रहे। शर्माजी लीकपर चलनेवाले नहीं थे, लेकिन जहाँ तक सामाजिक रूढ़ियोंका सम्बन्ध था, उन्हें तोड़नेका उनमें साहस नहीं था या इच्छा नहीं थी। आक्सफोर्ड या केम्ब्रिजमें प्रोफेसरका स्थान देनेकी बात हुई, तो समुद्र-यात्रा करनेपर बिरादरीवाले छाँट देंगे, इसलिये वह वहाँ नहीं गये। ब्याह-शादी, खान-पानमें भी वह सरयूपारियोंके शिष्टाचारको मानते थे; पर सबकी कसर विचार-स्वातंत्र्यमें निकाल लेते थे। मकानोंके बनानेका भी उनको शौक था और उसका नक्शा खुद तैयार करते थे। जब मौज आई, तो जमीन खरीदी और दीवार चुनवाने लग गये। पर, प्रायः सभी—कमसे कम तीन—मकान उनके कभी पूरे नहीं हो सके। छपरामें दो हाथ ऊँचा चबूतरा और नींव भर तैयार होकर रह गई। बनारसमें नींवके साथ शायद एक कोठरी तैयार हो पाई थी, जो पीछे खरीदारके हाथों पूरी हो विद्यापीठ सड़कपर आज भी मौजूद है। अपने पटनावाले घर को उन्होंने अधूरा ही छोड़ा था। उसीमें कुछ कोठरियाँ तैयार करके रहते थे। किसी समय सनक सवार हुई, कि गंगामें वास किया जाय और वह एक नावपर कोठरियाँ बनवाने लगे। मालूम नहीं, वह नाव कभी रहने लायक हुई या नहीं। हिन्दू यूनिवर्सिटीमें जिस समय वह आचार्य थे, उस समय उन्हें कितनी ही बार ढीली-ढाली धोती पहने धूपमें हैट लगाये जाते देखा जाता था। संस्कृतके पण्डित उन्हें अँग्रेजीके बाबू नहीं मानते थे, बल्कि अपने गोत्रका सम्माननीय व्यक्ति समझते थे। उनके उग्र सामाजिक-धार्मिक विचारोंके लिये रोष प्रकट करते भी मैंने किसीको नहीं देखा था।

असहयोगके जमानेमें १६२१से १६२६ तक मुझे उनसे मिलनेके अनेक अवसर मिले। कई बार बनारसकी तरहके नहीं, बल्कि सुपरिचितकी तरह उनसे बात करनेका भी मौका मिलता। मेरे बारेमें उन्होंने कुछ मित्रोंसे बढ़ा-चढ़ाकर बातें सुन ली थीं। एक बार कहने लगे—"क्या राजनीतिमें पड़े हो। आओ, कोशमें काम करो।" पं० रामावतार शर्माने रूसमें छपे संस्कृतके महान् कोश (पिट्सबर्ग लेक्सिकन) को देखकर चाहा, उसी तरहका और उससे भी अधिक पूर्ण एक कोश बनाया जाय। उन्होंने उसमें हाथ भी लगा दिया था; पर, किसी कामको एकान्त मनसे लग कर पूरा कर डालना उनकी प्रकृतिके विरुद्ध था, इसीलिये यह कोश पूरा नहीं हो सका।

डा० जायसवाल और पं० रामावतार शर्मा घनिष्ठ मित्र थे, यही बात दोनोंकी पत्नियोंके बारेमें भी थी। दोनों महाविद्वानोंकी मित्रताका समय मैं नहीं देख सका था। जब मैं जायसवालके परिवारका एक व्यक्ति बन गया, तब शर्माजी इस दुनियामें नहीं रह गये थे। उनकी पत्नी अक्सर जायसवाल-पत्नीसे मिलने आया करती थीं। अष्टम

एडवर्ड ने जब तिलाक की हुई औरतपर मुग्ध होकर अपनी गद्दी छोड़ दी, तो वह बहुतोंकी चर्चाका विषय बन गया था। शर्माजी की पत्नी एडवर्डकी दाद देती थीं। जायसवाल-पत्नी कहती थीं—"देखिये, पंडिताइनको क्या हो गया है!"

शर्माजी चाहते थे, कि मैं उनके साथ बराबर नहीं, तो कुछ समय जरूर काम करूँ। मेरी भी इच्छा ऐसे विद्वान्की छत्रछायासे लाभ उठानेकी थी। पर १९२१ से १९२६ के साल मेरे लिये ऐसे थे; जब कि एक पैर बाहर और एक पैर जेलमें रहता था। बाहर रहनेपर छपराके कोने-कोनेमें घूम कर कांग्रेसका काम करता था और सारी पंडिताई से देशकी स्वतंत्रता मुझे अधिक मूल्यवान् मालूम होती थी। १९२६ के बाद १९३३ तक मेरा समय प्रायः भारतसे बाहर बीता। १९३३के बाद जाड़ोंके चार-पाँच महीने पटनामें बीतते थे। उस समय शर्माजी नहीं रह गये थे। इस प्रकार मुझे उस अद्भुत पण्डितकी आराधना मूक रह कर दूरसे ही करनी पड़ी थी, पर उन्होंने विद्वत्ताका ऊँचा रूप मेरे सामने रक्खा था, जिसकेलिये मैं सदा अपनेको उनका ऋणी मानता हूँ।*

---

*महामहोपाध्याय पं० रामावतार शर्माका (जन्म १८७० ई०) देहान्त ३ अप्रैल १९२९ को हुआ। जीवित रहते समय उनके "संस्कृतकोश" को जहाँ-तहाँसे सुना था। २१ जुलाई (१९३७ ई०)को उनके घरपर गया। उनके दिवंगत हुए आठ वर्ष हो गये थे। पर उनकी यह मुख्य कृति ऐसी ही पड़ी रही। कोशका कलेवर छ हजार श्लोकोंमें समाप्त था। उन्होंने कोशकी कारिकाओंको समाप्त करते हुए लिखा था।

श्रीदेवनारायणशर्मणः श्रीगोविन्ददेव्याश्च महामहिम्नोः,
प्रणम्य पित्रोश्चरणाम्बुजाते आचार्य-गंगाधरशास्त्रिणश्च।
रामेण सारगभवोद्भवेन काश्यां यदारम्भि महाभिधानम्,
समापितं तत् किल विश्वविद्यासर्वस्वमेतत् कुसुमाख्यपुर्याम्॥

११. महन्त लछुमनदास

घुमक्कड़ी दीक्षा देनेवाले मेरे गुरु दूसरे थे। पर साधुभेस घुमक्कड़ीमें हमारे देशमें सहस्राब्दियोंसे सहायक रहा है, और मुझे इस भेसको देनेवाले महन्त लछुमनदास थे। वह अपना हस्ताक्षर इसी तरह किया करते थे। तत्समसे तद्भव शब्द उन्हें अधिक प्रिय थे, यह उसके कारण नहीं था, क्योंकि वह इस भेदका कोई ज्ञान नहीं रखते थे। १६१२ का शायद अगस्तका महीना था, जब महन्तजी बनारसमें आकर छोटे गूदर अखाड़ेमें उतरे। मैं देख नहीं पाया था, किन्तु परसाके मुख्य मन्दिरका सुन्दर कारुकार्य किये हुये लकड़ीके खम्भों और टोड़ियोंका जगमोहन (सभामण्डप) शायद १६वीं सदीके आरम्भमें माधवपुरके उपधियाने बनवाया था। महन्तजीको मकानोंके बनवानेकी सनक थी। वह लकड़ीकी जगह पत्थरका जगमोहन खड़ा करना चाहते थे। पाँच हजारका अन्दाजा लगाते, तो उसपर पन्द्रह हजार जरूर खर्च करना पड़ता। वही बात उस जगमोहनके बारेमें भी हुई। जगमोहनके पत्थरों और मिस्त्रियोंका इन्तिजाम करने वह बनारस आये थे। छोटे गूदरसे परसाका पहलेसे सम्बन्ध चला आया था, इसलिये वह वहाँ उतरे।

महन्तजीने हाल हीमें एक बहुत बड़ा मुकदमा जीता था, जिसे हारनेपर उनकी हालत बहुत बुरी होती, इसमें सन्देह नहीं। उन्होंने कई चेले बनाये थे और हरएक के लिये चेला बनाते इतना अनुराग दिखाते, कि जान पड़ता, उसीको महन्ती देंगे। पहले गंगोत्रीकी तरफके पण्डेसे एक पहाड़ी लड़केको मँगा कर शिष्य किया। पीछे नये शिष्य रामउदारदासके प्रति उनका स्नेह इतना बढ़ गया, कि आगे गद्दीके लिये झगड़ा न हो, इसलिये उन्होंने महन्थीका दस्तावेज लिख दिया। परसा प्राचीन सामन्ती संस्थान है। अँग्रेजोंके आरम्भिक शासन और उससे पहले इसे एक राज्य ही माना जाता था। यहाँके एकसरिया भूमिहार जमींदार खानदानमें बहुत ऊँचे माने जाते थे। इन्हींके भाईबन्द जिलेके और दो-तीन स्थानोंपर बड़ी-बड़ी जमींदारियोंके मालिक थे। घर फूँककर तापनेवाली भी सन्तानें हो जाती हैं, इसलिये जमींदारी जैसी अटल सम्पत्ति भी अक्सर नष्ट हो जाती थी। पर, श्रेष्ठ कुल होनेसे कभी कोई वरासत (तर्का) मिल जाती, और सूखा बगीचा फिर लहलहाने लगता। अँग्रेजोंके पहिले जबर्दस्त समर्थक और आज काँग्रेसके कृपामात्र तथा उसकी ओरसे पञ्जाबके राज्यपाल (भूतपूर्व) श्री चन्द्रेश्वरप्रसाद नारायण सिंहके पिता बाबू सरयूप्रसाद नारायण सिंह परसा हीके

(हनेवाले थे। वे जमींदारी बिक जानेसे बड़ी आर्थिक कठिनाई में जीवन बिता रहे थे। र उनके लड़कोंमें से हरेकको कहीं न कहींका तर्का मिल गया और वह अगली श्रेणीमें चले आये। परसाके बाबुओंमें दो ही तीन घर सम्पन्न थे, जिनमें उस समय बाबू सरयूप्रसादका नाम नहीं लिया जा सकता था।

परसाके मठके दाताओंमें परसा बाबुओंका मुख्य स्थान था। गाँवमें रहनेके कारण हर पूजा या दूसरे अवसरपर बाबू लोग अपना समझ कर मठकी सहायता करते थे। महन्तजीने यदि पहले ही बाबुओंसे सलाह ले ली होती, तो शायद झगड़ेकी नौबत नहीं आती। लेकिन, जिस समय ब्रह्मा बुद्धि बाँटते थे, उस समय पहुँचनेमें महन्तजीने देर कर दी थी। एक करेला दूसरे नीम चढ़ा—की कहावतके अनुसार इसी बुद्धि-वैभवके ऊपर वह अपनेको बड़ा समझदार समझते थे। अपने स्वभावानुसार वह पहले इन्कार करते, फटकारते, पर पीछे वही काम करते, जो उनके मुसाहिब कहते। मुसाहिब गढ़ (परसाके बाबुओंके स्थान) में भी जाकर इधरकी उधर लगाते। महन्तजीने रामउदारदासको महन्तीका दस्तावेज लिख दिया। एक बातको चार करके गढ़में सुनाने वाले मौजूद थे। बाबुओंके लिये मूछोंका सवाल खड़ा हो गया।

अदालत और सरकारकी बात पीछे आई। पहिले ही बाबू लोगोंने सैकड़ों लठधरोंको बुला कर मठको चारों ओरसे घिरवा दिया। यदि मठ-मन्दिर न होता, तो शायद वह आग लगवा देते। महन्तजीका बाहर आना-जाना बन्द हो गया। परसामें बाबुओंका इतना रोब था, कि उनके खिलाफ महन्तजीकी सहायता करनेके लिये कोई तैयार नहीं था। महन्तजीके पीढ़ियोंके खिदमतदार भी उन्हें छोड़ कर चले गये। दीवानीमें पहाड़ी शिष्यके नामसे मुकद्मा दायर हो गया—बड़ा शिष्य होनेके कारण गद्दीका हकदार मैं हूँ। कितने ही दिनों तक मुकद्माबाजी होनेके बाद महन्तजीकी जीत हुई। लेकिन, जीत होनेसे पहिले ही रामउदारदास इस दुनियासे चल बसे थे। इस जीतको महन्तजी बड़े अभिमानकी बात समझते थे, इसमें आश्चर्य करनेकी जरूरत नहीं थी। छोटे गूदरमें अक्सर वह उस सफलताका जिक्र श्रोताओंसे करते। श्रोताओंमें उस समयके लंगड़े महन्त रामकिशनदास, पण्डित रामकुमारदास और दो-चार दूसरे साधु थे। जबानी कहनेका प्रभाव उतना नहीं पड़ता था, इसलिये महन्तजीने डिग्रीके कागजको पढ़वानेकी जरूरत समझी। अन्धोंमें काना राजा मैं वहाँ मौजूद था। शायद पं० रामकुमारदासने मेरा नाम ले दिया। मैं छोटे गूदरमें पं० सुखराम पांडेके यहाँ रोज ही जाता था। एक दिन मुझे वहाँ बुलवाया गया। मैंने अभी सातवें दर्जेमें नाम लिखाया था, कुछ ही महीने पढ़ाईकी थी, इसलिये अँग्रेजी ज्ञान, तेरह-बाईस ही था और वह कानूनी दस्तावेज था। पर जब मेरे सामने कागज चला आया, तो हार मानना मैंने स्वीकार नहीं किया और काम लायक कितनी ही बातोंका अनुवाद करके उन्हें बतला दिया। श्रोतृमण्डलीमें किसीको अँग्रेजीका ज्ञान नहीं था। महन्तजीपर ऐसे अँग्रेजीके पण्डित तरुणका बहुत प्रभाव पड़ा।

जिसको महन्त बनाना चाहा था, वह अब जीवित नहीं था। उनके चेलोंकी संख्या काफी थी, पर अब वह दूसरे योग्य तरुणकी खोजमें थे, जिसका जिक्र उन्होंने बड़े गूदरके अपने परिचितोंसे किया। मैं रुद्राक्ष-त्रिपुण्डधारी कट्टर शैवके रूपमें वहाँ रहता था, इसलिये उन्हें मुझसे कुछ कहनेमें हिचकिच्चाहट हो सकती थी। पर, पं० रामकुमारदाससे मेरी अधिक घनिष्ठता थी। उन्होंने थाह लेना चाहा। मेरे सामने यह बिल्कुल नया सवाल था। यदि धार्मिक साम्प्रदायिकताका अधिक जोर होता, तो मैं इसे तुरन्त ठुकरा देता। लेकिन, जान पड़ता है, भीतरसे तो मैं असाम्प्रदायिक घुमक्कड़ीका कायल था, इसलिये बाहरी भेस उसमें बाधक नहीं हो सकता था। निर्णय करनेमें मुझे दो-चार दिन जरूर लगे; पर, महन्तजीके प्रस्थान करनेसे पहले ही मैंने अपनी सहमति दे दी।

वर्षाका अन्त हो चुका था, जबकि पहले निश्चयके अनुसार मैं बनारससे छपरा गया। महन्तजी कुछ दिन पहले ही चले आये थे। छपरासे उनके साथ मैं परसा पहुँचा और बहुत दिन नहीं लगा, अपने मृत शिष्यके नामपर मुझे भी रामउदारदास कह महन्तजीने चेला बना लिया। महन्तजीमें कोई विद्वत्ता नहीं है, इसका पता मुझे बनारस हीमें लग गया था, और विद्वत्ताके आकर्षणसे मैं आया भी नहीं था। मुझे पढ़नेकी बड़ी इच्छा थी, और पं० रामकुमारदासने बतलाया, कि परसामें पढ़नेकी हर तरहकी सुविधा मिलेगी! उस समयके वैरागियों और विद्याका सम्बन्ध छत्तीसका था। महन्तजीका स्वभाव जरूर कोमल था। बनारसमें मेरी रहन-सहन देख चुके थे, जो एक नागरिक जैसी थी। किसी बातकी तकलीफ न हो, इसका वह पूरा ध्यान रखते थे।

कमसमझीके कारण ही उनके स्वभावमें हल्कापन भी था। कोई प्रतिकूल बात यदि कोई कह देता, तो बारूदमें आग लग जाती। अक्सर वह लकड़ीकी छोटी चौकीपर बिछे कम्बलपर बैठते थे। लोग उनकी इस क्रुद्धावस्थाको "चौकी तोड़ना" कहते थे। वह बैठे ही बैठे उसपर कूदने-उछलने लगते थे, और मुँह ही नहीं, उनका रोम-रोम चलता। गाली नहीं देते थे, पर वैरागी हिन्दीमें जोर-जोरसे सब-कुछ बक जाते थे।—"तुम अस्थानको बराबाद करना चाहता है।" लोग जानते थे कि महामाई कुछ ही मिनटों तक महन्तजीके सिरपर सवार होती हैं, इसलिये चुप लगा जाते थे। शान्त हो जानेपर, फिर अपनी बातपर वह जिद्द नहीं करते, और दूसरेकी बातको स्वीकार कर लेते थे।

बुद्धिकी कमीके साथ उनका तर्कको तुच्छ मानना स्वाभाविक ही था। परसामें बीस-पच्चीस एकड़ धानके खेतोंमें अपनी ओरसे खेती कराई जाती थी। मैंने हिसाब लगा कर दिखलाया, कि इसमें उतनी भी आमदनी नहीं होती जितना कि बीज, मेहनत आदिके रूपमें इसमें खर्च हो रहा है। पर, वह उसको माननेके लिये तैयार नहीं थे। अपने खेतके कटे धानके गंजको देखकर वह खर्चको भूल जाते थे। किसी-किसी

समय नेपालके बने मेघाडम्बर छत्तेके नीचे खड़े हो खेत और खेतीका परिदर्शन करके कृतकृत्य होते। परसा मठकी जमींदारीकी आमदनी १२००० रुपयेसे कम ही थी। इसके साथ सौ एकड़ जमीनमें जिरात (निजी-खेती) भी हुआ करती थी। आमदनीका इतना ही साधन नहीं था। परसाका मठ शायद औरङ्गजेबके शासनकालके अन्त या १८वीं सदीके पूर्वार्धमें किसी समय स्थापित हुआ था। उसके संस्थापक बाबा परसादीराम बड़े सिद्ध माने जाते थे। उनके गृहस्थ शिष्य छपरा, बलिया आदि कई जिलोंमें थे। पहले परसाके महन्त अपने शिष्योंके पास हर साल जाया करते थे, और हरेक शिष्य गुरुके आनेपर कुछ न कुछ पूजा, अधिक सम्पन्न व्यक्ति सोनेकी गिन्नी भी चढ़ाता था। महन्त लछुमनदासके गुरु महन्त रघुवरदासके समयसे ही इस चारिका (रामत) में कमी आ गई थी। महन्त होनेसे पहले लछुमानदास बराबर देशाटन करते रहे, मद्रास और हैदराबादकी तरफके तीर्थोंमें तो उनका "पग-पग जोहा" था। पर महन्त होनेके बाद, कमसे कम इस समय, वह रामतको छोड़ चुके थे। कभी-कभी किसी जमींदारीके गाँवमें जाते या किसी भोज-भण्डारेमें उपस्थित होनेकी मजबूरीके समय चेलोंके गाँवमें जाते। उन्हें जो भी पूजाके रुपये मिलते, उनकी गिन्नियाँ भुनवा लेते। ये सभी गिन्नियाँ एक सन्दूकड़ीमें रक्खी जातीं, जिसे वह कहीं भी जाते वक्त अपने ठाकुरजीकी तरह साथ रखते। १५-२० वर्षोंमें उस सन्दुकड़ीमें १५-२० हजारकी गिन्नियाँ जरूर जमा हो गई थीं। किसी बैंकमें रख देते, तो वह सुरक्षित रहतीं। लेकिन, शायद बैंकका नाम उन्होंने सुना नहीं था, या सुननेपर भी उसे वह सुरक्षित नहीं मानते थे। आखिर एक दिन चोरने सन्दूकड़ी साफ कर दी। महन्तजीको अपने एक मुँहलगू नौकरपर संदेह था, जिसका फल उस बेचारेको भोगना पड़ा, उसे नौकरीसे निकाल दिया गया। प्रथम विश्वयुद्धसे पहले जमींदारोंके साधारण नौकरोंकी तनखाह १०-१२ रुपया साल होती थी। उन्हें खानेको अनाज अलगसे मिल जाता था, और जब-तब कुछ इनाम भी। ऐसे, नौकरोंको अधिकतर जमींदारीके किसानोंकी लूट-खसूटपर भरोसा रखना पड़ता था।

किसी तरह घरवालोंको परसामें जाकर मेरे साधू होनेका पता लग गया। पिता तथा फूफाजी कह-सुन कर महन्तजीको राजी करके मुझे अपने साथ घर ले गये, जहाँसे मैं फिर भाग कर परसा चला आया। परसामें आये प्रायः नौ-दस महीने हो गये। मैंने देखा, वहाँ पढ़ाई कुछ भी नहीं हो सकती। कोई ऐसा पंडित नहीं था, जो मुझे संस्कृतमें आगेके ग्रंथ पढ़ाता। छपरामें जाकर पढ़ सकता था, लेकिन महन्तजी चाहते थे, मैं उनके साथ रहूँ, या जमींदारीके गाँवों में जाकर उसका काम देखूँ। बनारसके मिस्त्री लोग अब पत्थरका जगमोहन बनाने में लग गये थे। बनारसके होनेके कारण हममें अधिक आत्मीयता थी। पुस्तकोंसे पढ़ाईका जो भी अवसर मिलता, उससे मैं नहीं चूकता था। यहाँ आकर मैंने "सरस्वती" मँगानी शुरू की, जिसका पारायण

नियमपूर्वक करता। लेकिन, इतनेसे संतोष कैसे हो सकता था? अध्ययन और घुमक्कड़ी मेरे लिये अत्यन्त प्रिय वस्तुएँ थीं। १९१३ के जन या जुलाई महीनेमें परसासे भाग खड़ा हुआ। जगन्नाथ, रामेश्वर, अहमदाबाद तक भ्रमण करके महन्तजीके जरूरी तारको पाकर १९१४के आरम्भके महीनोंमें परसा लौट आया।

महन्तजीकी बुद्धिमानीके बारेमें कह चुका हूँ। वह बिना विचार काम कर बैठते फिर पछताते थे। अपने एक विरोधी भतीजा-शिष्य रामलखनदासको उन्होंने अपने शाखा-मठका महन्त होनेकेलिये भेज दिया। चाहते थे, वह नाममात्रका महन्त बना रहे और वहाँके धनको हमें देता रहे, कमसे कम पहलेकी पूँजीको तो अवश्य ही अर्पित करे। अब उसे बाकायदा गद्दी दी जानेवाली थी। रामलखनदास महन्तके हाथमें कठपुतली नहीं बनेंगे, यह निश्चय ही था। इसी समस्याको सुलझानेकेलिये मुझे तार देकर बुलाया गया था। मैं परसा से चुपचाप निकल भागा था और बिना पैसा-कौड़ीके ही जगन्नाथका दर्शन करके मद्रास पहुँच गया था। पीछे चिट्ठी-पत्री लिखने लगा। महन्तजी यात्राकेलिये बराबर तारसे मनी-आर्डर भेज दिया करते थे। आठ-नौ महीनेके सहवाससे उन्हें विश्वास हो गया था कि मुझमें कार्य करनेकी क्षमता है। मैं भी महन्तजी के साथ डोरीगञ्जमें महन्त रामलखनदासकी गद्दीके समय पहुँचा। रामलखनदासने अपने मठके भक्तोंको भी समझा दिया था कि मठके रुपयेको दे देनेपर स्थान कमजोर हो जायगा। सभी पहले महन्तके जमा किये हुए रुपयेको महन्त लछुमनदासके हाथमें जाने जानेके विरोधी हो गये थे। बातें मालूम होनेपर वहाँ भी उन्होंने चौकी तोड़नेका अभिनय किया, लेकिन उससे कुछ फल नहीं हुआ। महन्त रामलखनदासको गद्दी देनी ही पड़ी। मैं भी यही पसन्द करता था, उस मठका रुपया ईंटा-गारेमें बरबाद होनेकेलिये परसा न आये। रुपया बहुत ज्यादा नहीं, शायद हजार-बारह सौ या उससे भी कम था।

परसामें आकर फिर वही पुराना चरखा मेरे सामने रक्खा गया। महन्तजी जैसे व्यक्तिसे जमींदारीके प्रबन्धकी क्या आशा हो सकती थी? वह पूरे समदर्शी थे। ईमानदार और बेईमान, दिल लगा कर काम करनेवाला और बातफरोश सभीको एक लाठीसे हाँकते थे। जमींदारीमें वसूल किये रुपयेको कर्मचारी उड़ा जाते, महन्तजीका पत्थरका जगमोहन ही नहीं, दूसरे काम भी कर्जेपर चलते थे। जमींदारीके दो गाँव—बहरौली और जानकीनगर—सोलहों आने मठके थे। बहरौली कई टोलोंका बहुत बड़ा गाँव था। जमींदारीका इन्तिजाम ठीक करनेकेलिये मुझे इन गाँवोंमें जानेकी जरूरत पड़ी। लोगोंको यह मालूम होते देर नहीं लगी कि भावी महन्तको धोखा नहीं दिया जा सकता, बूढ़े महन्तका भी इसके ऊपर पूरा विश्वास है।' यह नौकरोंकेलिये खटकनेवाली बात थी। पर, मैं जब कुछ ठीक-ठाक करता, तो महन्तजी उसकी लीपा-पोती कर डालते। जिसको दण्ड या जुर्माना मैं देता, वह परसा पहुँच कर महन्तजी-

के सामने गिड़गिड़ाता और सिफारिशी चिट्ठी लिखवा लाता। जानकीनगरमें किसी आदमीकी गलती पकड़ कर मैंने उसको दण्ड दिया। महन्तजीने उसे माफ करके मुझे समझाना शुरू किया। यह मेरे बर्दाश्तके बाहरकी बात थी। मैं काम छोड़-छाड़ कर परसा चला आया।। महन्तजी जानते ही थे, कि यह फिर किसी तरफ भागेगा, इसलिये सावधानी रखनेकेलिये अपने लोगोंको आदेश दिया, पर मैं एक पिंजड़ेसे इसलिये थोड़े ही निकला था कि दूसरे पिंजड़े में बँधूँ।

महन्तजीका दोष यही था कि वह बातों को समझ नहीं पाते थे और कानके कच्चे भी थे। पर, जहाँ तक मेरा वैयक्तिक सम्बन्ध था, उसमें शिकायतकी कोई गुंजाइश नहीं थी। मेरे खाने-पीने, कपड़े-लत्ते, नौकर-चाकर सब बातका पूरी तौरसे ध्यान रखते। इसके अतिरिक्त सबसे बड़ा लाभ जो मुझे हुआ, वह था उनकी तीर्थ-यात्राओं को सुनना। बचपनमें नानाके मुँहसे जैसी पर्यटनकी कथाएँ मैंने सुनी थीं, उसी तरहकी कथाएँ मेरे गुरू सुनाया करते थे। इन कथाओंने पिछली नौ महीनेकी यात्रामें मेरी बड़ी सहायता की थी। उन्होंने बतलाया कि दक्षिणमें सिर्फ रामेश्वरका ही एकमात्र धाम नहीं है, बल्कि वहाँ सैकड़ों अच्छे-अच्छे तीर्थ हैं। भाषाकी क्या दिक्कत होती है, इसका भी उनसे पता लग गया था, और यह भी, कि दक्षिणमें वैरागियोंके स्थान नहींके बराबर हैं। वैरागियोंके हरेक रीति-रवाज, बोली-वाणी, कायदा-कानूनकी शिक्षा उन्होंने महीनों दी थी। वैरागी वैष्णव-सम्प्रदायके अलिखित इतिहासकी बहुत-सी बातें भी उन्हें याद थीं। इसमें शक नहीं, घुमक्कड़ीके रास्तेमें मुझे मजबूत करनेके लिये उनकी ये बातें बड़ी कामकी सिद्ध हुईं। जब मैं उनसे दूर चला जाता, तो उनके सीधे-सादे स्वभाव और विश्वासके प्रति करुणा भी उमड़ आती। १९१४के सावन-भादोंमें परसासे फिर भागा और तीन वर्षोंकेलिये। पहले तीन महीने अयोध्या रहते समय शायद मैंने एकाध चिट्ठी लिखी थी। उसके बाद पत्र लिखना भी छोड़ दिया।

आर्य-समाजके सम्पर्कमें आ, १९१५में मैं आर्यसमाजी उपदेशक बननेकी तैयारी करने लगा। यद्यपि आर्यसमाजी होनेके कारण सम्प्रदायके तौरपर अब मेरा सम्बन्ध परसासे नहीं रह गया था, लेकिन घुमक्कड़के तौरपर मैं उस सम्बन्धसे इन्कार नहीं कर सकता था, विशेषकर महन्तजी कभी-कभी जरूर याद आ जाते थे। १९१७के अन्तमें मैं बुंदेलखण्डके कालपी शहरमें आर्यसमाजी उपदेशक बनानेके लिये एक विद्यालय खोल कर बैठ गया। विद्यालयके लिये स्वामी ब्रह्मानन्द जीके पुत्रों—पन्नालालजी और श्यामलालजी—ने आर्थिक सहायता दी थी। ब्रह्मानन्दजीसे कभी जिक्र चल पड़ा। उन्होंने भी कहा, जरूर चिट्ठी लिखो। इसमें मेरे लिये आकर्षण था वरदराजका पता पाना। मेरे चिट्ठी लिखनेपर महन्तजीका तार पहुँचा—"सर्वे हो रहा है, मठकी जमींदारीको बहुत नुक्सान हो जायगा, यदि यहाँ न आये।" जमींदारी और मठसे अब

मेरा क्या सम्बन्ध था ? पर उसे बिगड़ते देखना मुझे पसन्द नहीं आया। सोच-समझ कर अन्तमें मैं परसा पहुँचा। सचमुच ही अन्धाधुन्ध मची हुई थी। महन्तजीको कागज-पत्रका कुछ पता नहीं था। सब धान बाईस पसेरी होनेके कारण हितैषियों और हानिकर्त्ताओंमें वह फर्क कर नहीं सकते थे। सर्वे के समय जिसने जिस खेत या जमीनपर दावा कर दिया, और पैसा ले अमीनोंने नाम दर्ज कर दिया, वह उसका हो गया। महन्तजीने जो नौकर रक्खे थे, वह असामियोंसे रुपया ऐंठनेमें लगे हुए थे। कागजके जंगलको देखते वक्त पहले मेरी भी अक्कल चकरा गई। लेकिन, जब उसमें घुस पड़ा, तो बातें साफ मालूम होने लगीं। महन्तजीके आदमीने एक तरफ तो जिनका हक नहीं है, उनसे रुपया लेकर उनके दावोंका समर्थन किया था, और दूसरी ओर जिसपर मठका हक नहीं है, उसपर इस ख्यालसे दावा कर दिया था, कि कुछ मिल जाय, तो छोड़ देंगे। बहरीलीमें इस तरहके सैकड़ों तनाजे पड़े हुए थे। अच्छी तरह समझ-बूझ कर मठकी ओरसे झूठे दावोंको मैंने उठा लिया। इसके कारण सर्वे-अफसर-पर मेरा बहुत प्रभाव पड़ा। कामको जैसे मैंने सँभाल दिया, उसके कारण महन्तजीको बहुत सन्तोष हुआ।

बड़े-बड़े मठोंके महन्त अपने रहन-सहनमें सामन्तोंका अनुसरण करते थे। उनके यहाँ भी हाथी-घोड़े होते थे। उनका भी ३-४ बजेसे शाम तक दरबार लगता था, जिसमें मुसाहिब लोग तरह-तरहकी चर्चा करते थे। पोशाकमें भी महन्तजी गर्मियोंमें बारीक सूती कपड़ेकी धोती और चौबन्दी पहनते। भोजपुरी प्रदेशमें चौबन्दी नहीं, मिर्जईका रवाज था, लेकिन परसा मठके महन्त और दूसरे चौबन्दी पहनते थे, जो कि नेपाली चौबन्दीकी तरह की होती थी। इस विचित्रताकी ओर कुछ ध्यान तो गया, पर मैंने इसके इतिहासके जाननेकी कोशिश नहीं की। जाड़ोंमें महन्तजी बहुत कोमल सफेद ऊनी फलालेनकी चौबन्दी बनवाते और मेरे लिये भी वह उसी तरहकी बनती थी। कई साल बाद जब कि परसा लौट कर गया, तो मेरे विचार कई बातोंमें बदले हुए थे। देशभक्तिका अंकुर हृदयमें जम गया था, स्वदेशी कपड़ा पहनता था। मैंने जब विदेशी फलालेनकी चौबन्दी बनवानेसे इन्कार कर खद्दरकी चौबन्दी बनवाईं, तो महन्तजी कहने लगे—"ऐसा करनेसे मेरी बदनामी होगी। लोग कहेंगे, महन्तजी कंजूस हैं।" पर, मुझपर इसका क्यों असर होने लगा ? उनकी खातिरकेलिये मैंने देशी ऊनी कपड़ा पसन्द किया।

अब महन्तजीका बार-बार आग्रह होने लगा, कि महन्तीकी लिखा-पढ़ी हो जाय। मुझे महन्तजी ज्योतिषियोंकी बातोंका हवाला देकर कहने लगे, अब मेरी जिन्दगीका कोई ठिकाना नहीं है। मैंने उन्हें स्पष्ट कह दिया, कि मैं महन्त बननेकेलिये तैयार नहीं हूँ, आप वरदराजको महन्त बना दें, वह इसके योग्य हैं। खैर, मैं किसी तरह परसासे निकलनेमें सफल हुआ।

अगले साल फिर जानकीनगरमें सर्वेका झगड़ा उठा। मैं शास्त्री परीक्षाकी

तैयारीकेलिये अयोध्यामें आया हुआ था। परसा चिट्ठी लिखना मैंने बिल्कुल बन्द कर दिया था, लेकिन अयोध्यामें अपने बैरागी साधुताका लाभ उठा कर जिस मठमें मैं ठहरा हुआ था, वहाँसे किसीने महन्तजीको पत्र लिख दिया। सबके आग्रह और मठकी सम्पत्ति बिगड़ने न देनेका ख्याल कर मैं फिर कुछ महीनेकेलिये परसा चला गया। काम हो जानेके बाद अबके जालको तोड़ कर निकल भागनेमें कुछ दिक्कत भी हुई। पर, अब महन्तजीको यह निश्चय हो गया, कि मैं उनकी गद्दी नहीं लूँगा। मैंने भी अब पुराने सम्बन्धको बिल्कुल तोड़ दिया।

असहयोगकी आँधी आई। देशमें सब जगह स्वतन्त्रता आन्दोलनकी बाढ़ आ गई। मुझे भी अपने विद्यार्थी और घुमक्कड़ी जीवनको छोड़कर कहींपर काम करनेकी धुन सवार हुई। कौनसे स्थानपर काम करूँ, इसके बारेमें सोचते हुए मेरा ध्यान छपराकी ओर गया। पिछले आठ वर्षोंमें घूमते हुए मुझे दो चार ऐसे स्थान मिले, जिनके साथ मेरा अधिक सम्पर्क था। अपने जिले आजमगढ़में जानेका ख्याल ही नहीं हो सकता था। बुन्देलखण्डके कालपी या कांचमें मेरे बहुतसे मित्र थे। सुदूर दक्षिण कुर्गमें, जहाँ छः महीनेसे रह रहा था, भी परिचितोंकी कमी नहीं थी। पर, सबसे उपयुक्त स्थान मुझे छपरा ही लगा और १९२१के भादोंकी कृष्ण-जन्माष्टमीके दो-चार दिन पहले मैं परसा पहुँचा। छपरा आनेसे पहले ही निश्चय कर चुका था कि मुझे राजनीतिक कार्य शहरसे नहीं बल्कि गाँवसे शुरू करना है और उसके लिये उपयुक्त स्थान परसा है। दो-चार दिन परसामें बिताये। महन्तजीसे शिष्टाचारके नाते ही मिला, घनिष्ठता पैदा करनेकी कोई आकांक्षा नहीं थी। उन्होंने अब अपने भतीजेको चेला बना उत्तराधिकारी चुना था, इसलिये मुझे कहने-सुननेकी कोई अवश्यकता नहीं पड़ी। हाँ, यह उचित नहीं मालूम होता था, कि वरदराज या वीरराघवदास जैसे अधिक योग्य शिष्योंको उपेक्षित किया जाय—वरदराज परसामें बहुत कम ही रहते थे। उस समय वह आसाममें कहींपर थे, लेकिन वीरराघवदास अब भी वहाँ मौजूद थे और उन्हें महन्त बनानेकी बात कह कर चेला बनाया गया था। मैं अंग्रेजोंके खिलाफ व्याख्यान देता हूँ, कांग्रेसका काम कर रहा हूँ, इसके बारे में महन्तजी अपना सत्परामर्श अवश्य देते : अंग्रेजोंकी जड़ ऐसी कमजोर नहीं है। सन् ५७में उनके खिलाफ कुँवरसिंहने तूफान खड़ा किया था, किन्तु कुछ नहीं कर पाये। जब तक अपनी तपस्याको पूरी तौरसे भोग नहीं लेंगे, तब तक अँग्रेज नहीं जायेंगे। महन्त जैसे आदमी अगर ऐसा कहें, तो वह आश्चर्यकी बात नहीं थी, जबकि उस समयके हमारे देशके बड़े-बड़े राजनीतिज्ञ भी गाँधीजीके आन्दोलनको चट्टानसे सिर टकराना बतलाते थे।

महन्तजीके दादा-गुरु महन्त रामचरणदास बहुत बूढ़े होकर मरे थे। कोई-कोई कहते थे, मरनेके समय वह सौ वर्षके हो चुके थे, उनके मुँहमें नये दाँत निकल आये थे। पहले वह ईस्ट इंडिया कम्पनीके पल्टनमें सिपाही थे। फिर १८५७के कई वर्ष पहले

नौकरी छोड़ कर वैरागी बन परसाके तत्कालीन महन्त रामसेवकदासके चेले हो गये। जब विद्रोह शुरू हुआ, तो उन्होंने परसाके कसेरोंको बुला कर तोप ढालनेको कहा, और स्वतन्त्रतायुद्धमें कूदना चाहा। परसाके बाबू घबराये। उन्होंने बहुत हाथ-पैर जोड़े और कहा—'अँग्रेज तोप लगा कर हमारे घर-परिवार को उड़ा देंगे।' खैर महन्त रामचरणदासने उनकी बात मान ली और तोप ढलने नहीं पाई। उनके शिष्य महन्त रघुबरदास गद्दीपर कई सालों तक रहे, लेकिन उन्होंने अपने गुरु और उत्तराधिकारी जैसा दीर्घ जीवन नहीं पाया था। १९१३-१४ में महन्त लछुमानदासकी उमर ६० से कम नहीं थी। चलते वक्त कमर झुका लेनेपर देर तक वह बैसे ही चल पाते थे। दाँत टूटे और बाल अधिकतर सफेद हो गये थे, पर और तरहसे वार्धक्यका कोई लक्षण नहीं मालूम होता था। शरीरपर कहीं झुर्रियाँ नहीं थीं। स्थूल न होनेपर भी देहमें काफी चर्बी थी। वह बीमार बहुत कम होते थे। उसके बाद ३७-३८ वर्ष तक जीये, अर्थात् उन्होंने अपने दादा गुरु जैसा ही दीर्घ जीवन पाया।

हिसाब-किताबके बारेमें सोचना या भविष्यके संकटका ख्याल करना वह जानते ही नहीं थे। आमदनीसे अधिक खर्च करना उनके स्वभावमें था। उनका कहना ठीक था, कि मैं फजूलखर्ची नहीं करता। पर, फजूलखर्ची बुरे काममें खर्च करनेको ही नहीं कहते। 'तेते पाँव पसारिये, जेती लांबी सौर'के नियमका उल्लंघन करनेवाला भी फजूलखर्च है। पत्थरके जगमोहनकी अभी कोई अवश्यकता नहीं थी। लकड़ीका सुन्दर कारुकार्य किया जगमोहन कला और दृढ़ता दोनोंकी दृष्टिसे अधिक उपयुक्त था। पर, महन्तजीको उतने हीसे संतोष नहीं हुआ। उनके गुरुके समयसे चली आती पक्की इमारतोंमें पश्चिमी मठियामें राममन्दिर, चरणपादुका तथा एक और इमारत थी। उन्होंने संकल्प कर लिया, कि मिट्टी और खपड़ैलकी कोई इमारत रहने नहीं पायेगी, इसीके अनुसार उन्होंने काम भी किया। पश्चिमी मठके मुख्य प्रांगणकी बाकी तीनों तरफकी इमारतें भी पक्की बनवा दीं। बाहर भी कोठे और पक्की हवेली तैयार की। परसामें यह कर लेनेके बाद अयोध्यामें भी उन्होंने अपनी कीर्ति स्थायी करनेकेलिये एक पक्का मठ बनवाया और उसमें कुछ जमींदारी लगा दी। १९१४में ही मैं नैयाको डूबती देख रहा था, जब कि रुपया सैकड़ा सूदपर लिये ७५-८० हजारके कर्जमें जमींदारीकी आधीसे अधिक आमदनी सूदके रूपमें चली जा रही थी। लेकिन मेरी भविष्यद्वाणी गलत साबित हुई। महन्तजी अपने ही रास्ते चलते गये। कुछ जमींदारी बिकी जरूर, लेकिन जमींदारीके उठ जानेके बाद अब भी उससे काफी आमदनी है, जिसपर कर्जदारोंका दावा भी कम नहीं है।

घुमक्कड़ी और साधुओंके जीवनके सम्बन्धमें महन्त लछुमनदासका मेरे ऊपर बहुत प्रभाव पड़ा। उन्हींसे मैंने अनुभव किया, कि हमारे देशमें घुमक्कड़ी और साधुपन एक दूसरेके पूरक और सहायक रहे हैं, अब भी उनमें बैर नहीं है।

१२. स्वामी हरिप्रपन्नाचारी

तिरुमिशी (जिला चिंगलपेठ, तमिलनाड)में १६१३की बरसातके किसी दिन सवेरेका दस बज चुका था, जब कि मुझे प्रस्थान करते देख उन्होंने बड़े मधुर शब्दोंमें कहा—"दोपहरका प्रसाद पाकर जाओ।" शायद उन्होंने संस्कृतमें ही यह बात कही थी, यद्यपि बलियामें जन्म होनेके कारण भोजपुरीमें भी वह मुझसे बोल सकते थे। परसासे भागनेके बाद मैं अब दक्षिणके तीर्थोंकी यात्रा कर रहा था। अपने गुरु महन्त लछुमन-दाससे मुझे मालूम हो चुका था, कि दक्षिणमें बहुत से बड़े-बड़े तीर्थ हैं, जिन्हें वहाँ दिव्यदेश कहा जाता है। तीर्थोंसे मतलब वैष्णव या रामानुजाई तीर्थोंसे था। मद्रास तक मैं करीब-करीब रेलके डब्बेमें बन्द होकर गया। मेरे कृपालु बाढ़के वकील, मित्र अब भी उसी तरह रामेश्वर और द्वारिका तककी यात्रा करा देना चाहते थे, पर मेरा घुमक्कड़ मन इसके लिये राजी नहीं हुआ। मद्रासमें साथ छोड़ देखा, यहाँ हिन्दीसे काम नहीं चल सकता। अँग्रेजी टूटी-फूटी मैं बोल सकता था, और उसके ही सहारे मद्राससे बाहर चला। दिव्यदेशों में संस्कृतका अधिक उपयोग हो सकता हैं, यह जानकर बड़ी प्रसन्नता हुई। जिन जगहोंमें भी गया, मैंने देखा, वहाँके प्रायः अधिकांश ब्राह्मण संस्कृत समझ लेते टूटी-फूटी बोल भी सकते हैं। जो अधिक पढ़े हुए थे, हमारे उत्तरके पण्डितोंसे अधिक शुद्धताके साथ अभ्यास संस्कृत बोल सकते थे। तिरुमिशी (तिरुमलिशै) दिव्यदेश वैष्णवोंके बारह आलवारों (महासन्तों) मेंसे एक (भक्तिसार) का जन्मस्थान होनेके कारण बहुत ऊँचा स्थान रखता है। पर, उस समय मैं ऊँचे स्थानोंके ख्यालसे वहाँ नहीं गया था। मद्रासमें सबसे नजदीक जिस दिव्यदेशका पता लगा पहले वहाँ गया। इसके बाद नजदीकवाले एकके बाद दूसरे दिव्यदेश सामने आते गये।

उस दिन "पच्च-पेरुमाल" दिव्यदेशसे सबेरे ही उठ कर मैं तिरुमिशी पहुँचा था। दो-तीन दिव्यदेशोंमें उत्तर भारतीय आचारी साधु और साधुनियाँ भी मिली थीं, जिनसे बहुत-सी बातोंका पता लगा था। मुझे मालूम था, कि तिरुमिशीमें हरिप्रपन्न स्वामीने उत्तराधीं मठ स्थापित किया है। दिव्यदेशोंके ब्राह्मण उत्तरके ब्राह्मणोंको शूद्रसे बेहतर नहीं समझते थे। न उन्हें वह अपने बर्तनमें पानी देते और न अपने घरमें आने देते। जहाँ उत्तराधीं साधु थे, वहाँ अधिक आसानी थी, इसलिये मैं उन्हींके यहाँ ठहरता था। मेरे पास सामान ही क्या था—दो-तीन किताबें, लँगोटी-अँगौछा, दो

धोतियाँ, शायद कोई एक हलका-सा आसन और लोटा था। अपना डंड-कमंडल उत्तरार्धी मठमें रखा। कमलवनवाले पक्के सरोवरमें स्नान कर मन्दिरमें दर्शन कर मैं अपना डंड-कमंडल लेकर चलनेके लिये तैयार था, जब कि हरिप्रपन्न स्वामीने "प्रसाद पा" कर जानेके लिये कहा था। हरिप्रपन्न स्वामी आधी लघुकौमुदी तक पढ़े हुए थे, लेकिन उन्हें इधर आकर पहले संस्कृतसे ही सहायता लेनी पड़ी थी, इसलिये उसे बोल लेते थे। उनकी संस्कृत सुनकर मुझपर विशेष प्रभाव नहीं पड़ा, पर उनकी सरल और सौहार्द्रपूर्ण वाणीका प्रभाव जरूर पड़ा, और मैं प्रसाद पानेकेलिये रुक गया। उस समय क्या मालूम था, कि अब मैं कई महीनोंके लिये यहाँ रुक गया हूँ।

स्नेह और सङ्कोचका बन्धन बहुत कड़ा होता है। ऐसा ही बन्धन वहाँ मेरे सामने उपस्थित हुआ। हरिप्रपन्न स्वामी बलिया जिलेके ब्राह्मण घरमें पैदा हुए थे। जवानी उन्हें उड़ा कर घरसे बाहर ले गई। ऐसे उड़ते पत्तोंको जो भी पकड़ ले, वह उसीके हो जाते हैं। वृन्दावनमें आचारी साधुओंसे उनका सम्पर्क हुआ, वहीं वह आचारी बन गये। वैरागी और आचारी दोनोंके मूल गुरु रामानुजाचार्य हैं। पर आचारी वैरागियोंको अछूत-सा मानते हैं—कमसे कम उस समय तो ऐसा ही था। रामानन्दने रामानुजी आचारियोंके छूत-छातकी कटोरताको कम कर दिया था, जब कि आचारी दक्षिणके अपने बन्धुओंकी तरह ही किसीकी आँख पड़े भोजन को भ्रष्ट समझते थे। उत्तरमें आचारियोंकी संख्या नाममात्र है। वृन्दावनमें मुर्शिदाबादके जगत्सेठके उत्तराधिकारीने जैन धर्म छोड़ कर वैष्णव धर्म अपनाया और लाखों रुपया लगा कर दक्षिणके वैष्णव दिव्यदेशोंके नमूनेपर श्रीरङ्गका मन्दिर बनवाया। इसी मन्दिर और वृन्दावन तीर्थ के कारण उत्तरमें आचारी सम्प्रदाय के बढ़नेमें सहायता मिली।

हरिप्रपन्न स्वामी पढ़ना-लिखना छोड़ दक्षिणके दिव्यदेशोंकी महिमा सुन उधर भाग खड़े हुये। दिव्यदेशोंकी यात्रा करते उत्तरके मुट्ठी भर आचारियोंमें कोई-कोई वहीं रह गये। उत्तरमें जहाँ गृहत्यागी साधुका मान ज्यादा है, वहाँ दक्षिणमें गृहस्थ ब्राह्मण सारा मान अपने हाथमें रखना चाहते हैं। उत्तरसे आये इन विरक्त आचारियोंके साथ उनकी कोई सहानुभूति नहीं थी, पर इन्होंने अपनेलिये रास्ता निकाल लिया था। मूर्तियोंको अलंकृत करने, उनकी शोभा-यात्रा निकालने आदिकी परम्परा दक्षिणमें हिन्दू-कालसे अविच्छिन्न चली आती है। इसलिये उनमें उत्तरकी अपेक्षा अधिक कला और सुरुचि देखी जाती है। यद्यपि इसका यह अर्थ नहीं, कि इसके कारण वहाँकी मूर्तिकला और चित्रकला भ्रष्ट होनेसे बच गई। उत्तरसे आये विरक्त आचारियोंने इन दिव्यदेशोंके भगवानोंके लिये कमल, गुलाब और दूसरे फूल जमा करके देना "पुष्प कैंकर्य" शुरू किया। ब्राह्मणोंपर चाहे इसका प्रभाव न पड़े, किन्तु भक्तोंमें भारी संख्या अ-ब्राह्मणोंकी थी। वह इनकी लगनको देखकर प्रभावित हुए और उन्होंने उनकी जीविकाके लिये कुछ देना शुरू किया। इस प्रकार प्रायः हर दिव्यदेशमें उत्तराधियोंके

छोटे-मोटे अड्डे कायम हो गये। हरिप्रपन्न स्वामी दक्षिणमें "पुष्प-कैंकर्य" शुरू करनेवाले पहले लोगोंमें थे। कुछ दिनों बाद तमिल भाषा पर उनका असाधारण अधिकार हो गया, फिर भक्तोंसे घनिष्ठता पैदा करना आसान हो गया। इस समय उत्तरसे जानेवाले आचारियोंमें वह सबसे अधिक धनाढ्य थे। उनकी आमदनीके स्रोत वही अब्राह्मण भक्त थे, जो उत्सव-त्यौहारोंपर तिरुमिशी आते और हरिप्रपन्न स्वामी उनका उदारतापूर्वक आतिथ्य किया करते।

शायद पहले कुछ महीनों या सालों तक उन्हें यात्रियोंके लिये बंधान किये दध्योदन, खिचड़ी आदिपर गुजारा करना पड़ा। परिचय बढ़नेके साथ आमदनी बढ़ने लगी। उत्तरके सेठोंकी तरह सौ या हजार देनेवाले दाता उनको नहीं मिले, लेकिन बूँद-बूँद करके समुद्र भर जाता है। चार आना, आठ आना, रुपया मिलते-मिलते उनकी मासिक आमदनी डेढ़-दो सौ तक पहुँच गई। परिक्रमामें ही ब्राह्मणोंके घरोंके बीच उन्होंने अपने दो पक्के मकान बनवा लिये थे। तालाबके किनारे मन्दिरके बिल्कुल सामने कई एकड़का एक बगीचा तैयार कर लिया, जिसमें बारहों महीने गुलाब फूला करते थे। वहाँ गुलाबके अलावा कुछ आमके भी पेड़ थे। बीचमें एक पक्का मण्डप था, जिसमें दिव्यदेशके इष्टदेव सालमें एक-दो बार नियमपूर्वक वनभोजके लिये आते और सारा खर्च हरिप्रपन्न स्वामी उठाते। खर्च घाटेका सवाल नहीं था, क्योंकि हर भोजके लिये उन्हें भक्तजन सारी सामग्री जुटा देते। गुलाबकी बड़ी-बड़ी मालायें बना कर पहले वह स्वयं मन्दिरमें ले जाकर पुजारीको शृंगार करनेके लिये देते। लेकिन, अब उन्हें अपने हाथ माला बनानेकी अवश्यकता नहीं थी। कोई न कोई भक्त आ ही जाता था। उसके खाने-रहनेका प्रबन्ध हरिप्रपन्न स्वामी करते। हरिप्रपन्न स्वामी तिरुमिशीके धनाढ्य पुरुषोंमें थे। ब्राह्मण इस "काशी शूद्र" के वैभवको देखकर जलते थे, पर उनका कुछ बिगाड़ नहीं सकते थे। अपने देशका अनुभव होनेके कारण हरिप्रपन्न स्वामी अब्राह्मणोंके प्रति अधिक उदार थे, मीठी बोलीका वशीकरण मन्त्र तो उनके पास था ही।

उनकी ही तरह और भी उत्तरके कितने ही तरुण तीर्थयात्री कभी-कभी इधर पहुँच जाते थे। रीवां और फैजाबादके दो तरुणों हरिनारायण और देवराजको उन्होंने अपना शिष्य बना लिया था। हरिनारायण कुछ समझदार, पर विद्यासे कोरे थे। देवराज भक्त किन्तु मिट्टीकी मूरत थे। ५० वर्षके हरिप्रपन्न स्वामीको अपने मठके लिये किसी उत्तराधिकारीकी अवश्यकता थी। उनकी दृष्टि मेरे ऊपर पड़ी। पहले दिन प्रसाद पानेके बाद उन्होंने कुछ दिन और रहनेके लिये कहा। पढ़ानेवाले पण्डित वहाँ थे, इसलिये मेरी पढ़ाई चल सकती थी, यह ख्याल करके मैं ठहर गया। वहाँके गाँवोंके ब्राह्मणोंका भी जीवन अधिक शिक्षित और संस्कृत नागरिकका-सा था, इसका मुझे पता लगा। मैं संस्कृत पाठशालामें दाखिल हो गया। कई समवयस्क सहपाठी मिले, जिनमें भक्ति (पीछे टी० वेंकटाचार्य), रंगा और श्रीनिवाससे आत्मीयता बहुत बढ़ी। भाषाकी

कोई कठिनाई नहीं थी। हम सभी संस्कृत बोलते थे। उत्तरमें संस्कृतकी पढ़ाईमें दो ही चार पाठ्य-पुस्तकें होती थीं। यहाँ तरुण संस्कृत नाटकों, काव्यों, चम्पुओंको उसी तरह पढ़ते थे, जैसे हमारे यहाँ हिन्दी उपन्यासोंको। मित्रोंके साथ मैंने कितने ही काव्य ग्रन्थ पढ़े। अध्ययन, मित्रमण्डली, वनयात्राओं तथा वनभोजोंने धीरे-धीरे मुझे तिरुमिशीसे बाँध दिया और हरिप्रपन्न स्वामीको रहनेके लिये अधिक आग्रह करनेकी जरूरत नहीं पड़ी। एक-दो हफ्ते बाद घुमा-फिरा कर उन्होंने स्थानके भविष्यकी चिन्ता बतलाई और फिर प्रस्ताव किया कि मैं इस स्थानका हो जाऊँ। स्थानका वैभव मुझे आकृष्ट नहीं कर सकता था। तिरुमिशी पहुँचनेके दो-तीन सप्ताह बाद ही मैंने परसा चिट्ठी लिखी, और गुरुजीने २५-३० रुपया तारसे भेजते हुए लिखा, "जब-जब रुपयोंकी जरूरत हो, लिखना, सभी दिव्यदेशोंकी यात्रा जरूर करना।" संकोचके मारे मैं हरिप्रपन्न स्वामीके सामने इन्कार करनेमें असमर्थ रहा। शायद इसी बीच पं० भागवताचार्य भी आ गये। अन्तमें मैं रामानुजी साधु बन गया। वासुदेव मन्त्रके साथ फिर दोनों बाहुमूलोंमें शंख-चक्र दागा गया। मुझे डर लगा, परसाके महन्तजीकी तरह कहीं यहाँ भी मांस तकको न जलाया जाय, पर आचारी बड़े कोमल हाथोंसे चक्रांकन करते हैं। वह जानते हैं, कि हलकी-सी रेखा बन जानेपर भी विष्णुके दूतोंकी तेज आँखें गलती नहीं कर सकतीं, और पुरुषको मृत्युके समय वह जरूर वैकुण्ठ ले जायँगे। अभी तक मैं चौके-चूल्हेसे बाहर रह कर ही भोजन करता था। चौके-चूल्हेमें जाने और पंक्तिमें खानेका अधिकार ब्राह्मण-पुत्रको ही था। चाहे बातपर विश्वास भी हो, पर मण्डली तो तब तक नहीं स्वीकार कर सकती, जब तक कि इसका कोई प्रमाणपत्र न हो। ब्राह्मण होनेका प्रमाणपत्र घर या सम्बन्धियोंसे मैं नहीं मँगा सकता था, क्योंकि फिर आफतमें पड़नेका डर था। इस कठिनाईको यागेशने हल कर दिया। उन्होंने इसके बारेमें एक चिट्ठी लिख दी। अब मैं दामोदराचारी बन कर उत्तरार्धी मठमें रहने लगा।

तीन-चार महीने बाद तिरुपति-बालाजीका महोत्सव आया। आने-जानेवाले यात्रियोंसे सुनकर मैंने भी वहाँ जानेकी इच्छा प्रकट की। हरिप्रपन्न स्वामीको उसमें कोई आपत्ति नहीं थी। लेकिन एक बार जब (१९१३के अन्तमें) तिरुमिशीसे निकला, तो आचारी धर्मसे घुमक्कड़ी धर्मने अपनेको ज्यादा मजबूत सिद्ध किया, और वर्षों तक फिर हरिप्रपन्न स्वामीसे मेरा कोई सम्बन्ध नहीं रहा।

सात वर्ष बाद (१९२० ई०में) मुझे फिर तिरुमिशी याद आई। इन सात वर्षोंमें मैं केवल जगह-जगहकी खाक ही नहीं छानता रहा, बल्कि सालके आठ महीने पढ़ने में लगता था। उत्तरमें घूमते वक्त मैंने देखा, यहाँ वेदान्तकी पढ़ाई उतनी सुव्यवस्थित रीतिसे नहीं होती, जितनी दक्षिणमें। मुझे वेदान्त और मीमांसा पढ़नेकी इच्छा थी, जिनके कुछ प्रकरण ग्रन्थों तक ही मैं पढ़ पाया था। लाहोरसे हरद्वार, वाराणसी, फिर बौद्धोंके चार मुख्य तीर्थोंका दर्शन करते, जगन्नाथके रास्ते तिरुपति पहुँचा। तिरुपतिमें

अब एक अच्छी संस्कृत पाठशाला खुल गई थी, जिसमें दक्षिणके सबसे बड़े पण्डित वृद्ध देशिकाचार्य पढ़ाते थे। नदियामें मच्छरोंने श्री कामाख्यानाथ तर्कवागेशके चरणोंमें बैठ कर न्याय पढ़ने नहीं दिया, यद्यपि तर्कवागेशजीने बड़े स्नेहके साथ मुझे शिष्यके तौरपर स्वीकार किया था। उसकी कसर मैं यहाँ निकालना चाहता था। देशिकाचार्य उस समय वहाँ नहीं थे। विद्यालयके प्रबन्धाधिकारीने बड़ी खुशीसे छात्रवृत्ति देने तथा रहनेके लिये कहा। छात्रवृत्तिकी भी जरूरत नहीं थी, क्योंकि वहाँ तिरुपतिका धन-वैभव-सम्पन्न वैरागी मठ मौजूद था। यहीं रहनेका निश्चय करके मैं पहाड़पर बालाजी चला गया।

बालाजीमें प्रथम यात्राके मेरे परिचित पंडित रघुवरदास मिले, जो छपराके रहनेवाले थे। उनसे मुझे ज्यादा सहृदयताकी आशा थी, पर उनके व्यवहारसे मालूम हुआ, मैं यदि यहाँ रहना चाहूँगा, तो यह एक म्यानमें दो तलवारवाली बात होगी। उनको दुःख देकर मुझे वहाँ रहना पसन्द नहीं आया। पहाड़से उतर सीधे मैं स्टेशनपर गया। उत्तरसे दक्षिणको प्रयाण करते समय मैंने अपने आनेकी सूचना हरिप्रपन्न स्वामीको भेज दी थी, अब वहाँके लिये डोरी लगी।

तिरुमिशी पहुँचनेपर हरिप्रपन्न स्वामीने दिल खोलकर स्वागत किया। यह जान कर मुझे और निश्चिन्तता हुई, कि उनको बिजनौरका एक तरुण शिष्य मिल गया है, जिसे वह अपना उत्तराधिकारी बनानेका निश्चय कर चुके हैं। स्वामीजीने मेरे लिये एक अच्छा कमरा दे दिया। मेरे पुराने मित्र भक्तिसार (टी० वेंकटाचार्य) "मीमांसा-शिरोमणि" हो गये थे, इसलिये मीमांसाके लिये और जगह जानेकी अवश्यकता नहीं थी। उनके पिता श्रीनिवासाचार्य वेदान्त पढ़ानेके लिये तैयार थे, जो रामानुजाचार्यसे अविच्छिन्न परम्परासे इस शास्त्रके पढ़े हुए थे।

मेरे राजनीतिक विचार बहुत उग्र हो चुके थे। तीन वर्ष पहले रूसमें बोल्शेविक क्रान्ति और समताके शासनकी उड़ती-पुड़ती खबरें सुनकर मैं मार्क्सवादके किसी भी ग्रन्थ को पढ़े बिना ही अपनेको साम्यवादी समझता था और साम्यवादी क्रान्तिको अवश्यम्भावी मानता था। मैंने उसकी बातें हरिप्रपन्न स्वामीको बतलाईं। उन्हें मालूम होने लगा, मानों कल ही भारतमें भी बोल्शेविक-क्रान्ति होनेवाली है और उनकी मेहनतसे कमाई लाख-पौन लाखकी सम्पत्ति हाथ से निकल जायगी। पिछले सात वर्षोंमें हरिप्रपन्न स्वामीने अपने दोनों मकानोंको अधिक विस्तृत पक्का और दोमंजिला बनवा लिया था। मठमें छोटासा मन्दिर भी बन गया था जिसकी मूर्तिको सोनेके कवचका संस्कार मेरे सामने ही हुआ। दो-तीन गाँवोंमें उन्होंने धानके काफी खेत खरीद लिये थे, जिनसे अधियामें उनके पास इतना धान आ जाता था, जो मठके आदमियों और उत्सव-पूजामें खर्च होनेपर भी समाप्त नहीं होता था। हर साल ही वह पाँच-दस हजारकी सम्पत्ति खरीदते थे।

मैं आर्यसमाजी विचारोंको यहाँ नहीं प्रकट करता था, लेकिन सामाजिक और

राजनीतिक उग्र विचारोंके कहनेसे बाज नहीं आता था। मेरी पढ़ाई खूब अच्छी तरहसे चल रही थी। हरिप्रपन्न स्वामीके कारण और बातोंसे मैं निश्चिन्त था।

कुछ ही महीनों बाद हरिप्रपन्न स्वामीका मन अपने तरुण शिष्यसे फिर गया। उससे कोई दोष हुआ, इसका मुझे पता नहीं। १७-१८ वर्षका लड़का था। हिन्दीके साथ कुछ संस्कृत भी पढ़ा था और बुद्धि ऐसी थी, कि और भी पढ़ सकता था। फिर उससे मन क्यों फिरा? शायद इसका कारण मैं था। आयुके साथ ज्ञानमें भी सात साल बाद मैं अधिक ऊँचा हो गया था। हरिप्रपन्न स्वामीने समझा, ऐसे पण्डितको उत्तराधिकारी बनायें, तो यह हमारा नाम भी करेगा और मठकी भी उन्नति होगी। तीन-चार महीने बाद उत्तराधिकारी होनेका सवाल मेरे सामने आया। शायद उससे पहले पंक्तिमें सम्मिलित करनेका प्रस्ताव पेश हुआ। मैं अब छुआछूत बिल्कुल नहीं मानता था। अछूत, मुसलमान, ईसाई सबके हाथकी कच्ची रसोई भी खा चुका था। मुझे चौकेसे बाहर खाना मिल जाता था, उसमें मुझे कोई एतराज नहीं था। हरिप्रपन्न स्वामीने कहा—ऐसा ठीक नहीं है। आप हमारे होकर चौकेसे बाहर खायें, यह हमें सह्य नहीं। "हमारे होकर" से उनका मतलब भोजपुरी और सर्वरिया होनेका था। पं० भागवताचार्य उस समय श्रीरंगममें थे। मेरे आनेकी खबर पाकर वह बहुत प्रसन्न हुये। पंक्तिमें मिलानेकी बात लिखनेपर उन्होंने यही जवाब दिया—"दामोदरजीको" अपनी पढ़ाई करने दीजिये, चौके-चूल्हे के लिये जोर न दीजिये।

हरिप्रपन्न स्वामी नहीं माने और उन्होंने पंचगव्य द्वारा प्रायश्चित करा, फिर पंक्तिमें शामिल कर लिया। गोबर और गो-मूत्र प्रिय वस्तु तो नहीं है, पर वहाँ साल-डेढ़ साल रहकर वेदान्त और मीमांसाकी प्यास बुझानी थी, इसलिये सब मंजूर किया। उन्होंने फिर मुझे अपना उत्तराधिकारी बनानेका प्रस्ताव किया। मैं जानता था, अब किसी मठका उत्तराधिकारी नहीं हो सकता। मेरा जीवन पढ़ने और घूमनेकेलिये है। वह बेचारा हताश तरुण मेरी सहानुभूतिका पात्र था। मैं अब तक ऊपर कोठेकी एक कोठरीमें रहता था, जिसके पासकी कोठरियोंमें आचारी यात्री ठहरा करते थे। अधिक अनुकूल जान स्वामीजीने नीचेकी एक अच्छी कोठरीमें आनेका प्रस्ताव किया। कोठरीमें काफी प्रकाश नहीं था और द्रविड़ देशमें जाड़ा कमी होता है। इसलिये गर्मीका हमेशा भय बना रहता। हरिप्रपन्न स्वामीने दीवार तोड़वा कर बड़ी खिड़की लगवा दी। इस सारे परिवर्तनमें मैं जनकविदेह बना हुआ था, कभी खेद होता था, तो उसी नौजवानकेलिये। पर, मैं जानता था, पढ़ाई हो जानेपर मुझे यहाँसे चल देना है। तब तक तरुण बना रहा, तो हरिप्रपन्न स्वामीका ध्यान फिर उसकी ओर जायगा।

१६२०के सितम्बरके शुरूमें मैं तिरुमिशी पहुँचा था। एक सालसे ऊपर नहीं रहा। वेदान्तका रामानुजभाष्य, उसकी श्रुतप्रकाशिका टीका एवं मीमांसा सूत्रोंपर शास्त्र-

दीपिकाके महत्वपूर्ण भागोंको पढ़ डाला। कैसे आसानीसे यहाँसे निकला जाय, इसकी युक्ति सोचनेकी विशेष जरूरत नहीं पड़ी। साल भर रह कर मेरे उग्र राजनीतिक विचारोंको हरिप्रपन्न स्वामी सुनते रहे। वह समझने लगे "यह जेलखाने और काला पानीमें ठूँसा जानेवाला आदमी है।" उनकी आस्था स्वयं हटने लगी और मैंने वहाँसे चन्दनके पहाड़ोंकी भूमि कुर्ग—केलिये प्रस्थान किया।

हरिप्रपन्न स्वामीका वही अन्तिम दर्शन था। मद्रासमें १६३३में उभय-परिचित व्यक्तियोंसे पूछनेसे मालूम हुआ, कि हरिप्रपन्न स्वामी अब नहीं रहे, तिरुमिशी मठका संचालन देवराजाचारी करते हैं। दो बार इतने घनिष्ठ सम्पर्कमें आनेपर मैंने उस पुरुषको बहुत नजदीकसे देखा था। उसमें भोजपुरियोंकी सरलता और अक्खड़पन था, छलकपट छू नहीं गया था। मेरे प्रति उनका एकान्त सम्मान और स्नेह था। दोनों बार पढ़ाईमें उन्होंने मेरी बहुत सहायता की। अफसोस है, वह मुझसे जो आशा रखते थे, उसे पूरा करनेमें मैं असमर्थ रहा।

१३. पं० भागवताचार्य

पं० भागवताचार्य उन गम्भीर विद्वानोंमें थे, जिनके स्नेह और प्रेरणाने विद्यामें आगे बढ़ानेमें मेरी बड़ी सहायता की। वह उत्तरी भारतके रहनेवाले थे। उनके गुरु बलरामाचार्यका मठ अयोध्यामें था। भागवताचार्यने न्याय और दूसरे शास्त्रोंका अध्ययन वृन्दावनके महान् पण्डित बड़े सुदर्शनाचार्यके चरणोंमें बैठ कर किया था। विद्या समाप्त करके वह उत्तर हीमें रहना चाहते थे, किन्तु उनको दमाका रोग हो गया। उत्तरमें रहना उनके लिये सासत थी, इसीलिये वह सदाकेलिये दक्षिण चले गये। भूमध्य रेखाके नजदीक होनेसे द्रविड़ देशमें कभी सर्दी नहीं होती। वहाँकी आबोहवा दमाके रोगोंके अनुकूल है, यह बात पं० भागवताचार्य से मालूम हुई। आचार्य श्रीरंगममें रहते थे। कभी-कभी तिरुमिशी और दूसरे उत्तरार्धी मठोंमें भी जाते थे। पहली बार (१९१३ ई०में) जब मैं तिरुमिशीमें रहा उसी वक्त मुझे उनके दर्शन हुए। उनकी विद्वत्ताके साथ स्नेहको पाकर मैंने उससे लाभ उठाना चाहा। उन्हींके कहनेपर मैंने हरिप्रपन्न स्वामीकी शिष्यता स्वीकार की। दक्षिणमें आकर वह दमाके आक्रमणसे जरूर बचे हुए थे, पर दुबले-पतले और अस्वस्थ तो थे ही। मुझे इस बातका खेद होता था, कि यहाँ उनकी विद्वत्ताका कोई उपयोग नहीं था। दक्षिणी एक उत्तरार्धीको क्यों अपना गुरु मानने लगे। रामानुजी होनेसे वह समझते थे, कि उत्तरवाले सभी हमारे घरके चेले हैं, वह हमें क्या सिखलायेंगे। अद्वैती होनेपर केरलवाले यही भाव हमारे प्रति अपने मनमें रखते। वेदान्त (अपने धार्मिक दर्शन)के सम्बन्धमें उत्तर दक्षिणात्योंका शिष्य है, यह तो साफ ही है। इससे वहाँ वालोंकी अहम्मन्यता जरूरतसे ज्यादा बढ़ गई थी। अपनी दूसरी यात्रामें मैं खुल कर उसपर प्रहार करता था, जिससे कभी-कभी मेरे द्रविड़ मित्र तिलमिला जाते थे।

पहली यात्रामें थोड़े ही समय पं० भागवताचार्यका साहचर्य मुझे मिला था। वह बराबर मेरी प्रगतिका ख्याल रखते थे। दूसरी बार १९२० ई०में जब मैं तिरुमिशी पहुँचा, तो वह बड़े प्रसन्न हुए। उन्हींके कहनेपर श्री श्रीनिवासाचार्य ने मुझे रामानुज-भाष्य पढ़ाना स्वीकार किया। उन्हें श्रीरंगम अधिक अनुकूल पड़ता था। वहाँ जाता, तो अवश्य उनकी विद्यासे अधिक लाभ उठानेका अवसर मिलता; पर, तिरुमिशी छोड़ना मेरे लिये मुश्किल था। उनके वहाँ होनेसे एक लाभ तो हम उत्तरार्धियोंको यह जरूर था, कि दक्षिणवाले कूपमण्डूक पण्डित भी जानने लगे, कि उत्तरार्धी भी पण्डित होते हैं।

पं० भागवताचार्य कहाँ पैदा हुए, इसका मैंने कभी पता नहीं लगाया। पहली यात्रासे लौटनेपर अयोध्याके आचारी उनसे परिचित मालूम होते थे। बीमारीकी यातनाके मारे उन्होंने दक्षिणका आजीवन निर्वासन स्वीकार किया। वहाँ वह केवल जीवनके लिये जी रहे थे और अपना कोई उपयोग न देखकर खिन्न थे। वह अच्छे विद्वान् और उससे भी अच्छे अध्यापक थे, किन्तु वहाँ सब बेकार था। लिखनेका न अभ्यास था, न प्रवृत्ति। न यही जानते थे, कि लिखनेकेलिये चीजें हैं। वह अपने समकालीन पंजाबी सुदर्शनाचार्यके उदाहरणसे देख सकते थे, कि संस्कृतमें भी ग्रन्थ लिखनेकी अवश्यकता है—ऐसे ग्रन्थ जिनसे शास्त्रोंका अध्ययन-अध्यापन सुगम हो सके।

भागवताचार्य इसी तरह अपने समयको दक्षिणमें बिताते अन्तमें वहीं गुमनाम रह कर सदाकेलिये चल बसे।

१४. वेंकटाचार्य

तिरुमिशी (चिला चिंगलपेठ) में १६१३में जब पहले-पहल मैं गया, उसी समय टी० (तिरुमिशी) वेंकटाचार्य मेरे मित्र और सहपाठी बने। पर, उस समय उनको हम भक्ति कहा करते थे। तिरुमिशी आलवार भक्तिसारका जन्मस्थान है। उसीके कारण वह एक दिव्यदेश बनी। वेंकटको प्यारसे लोग भक्ति कहा करते थे। उस समय चार महीनेसे अधिक एक साथ नहीं रहे, पर हमारी घनिष्ठता मालूम होती थी, वर्षोंकी बात है। संस्कृतके काव्य-नाटकोंको मिलकर हम पारायण करते थे, एक रागसे पढ़ता और दूसरे ध्यानसे सुनते। "मालतीमाधव" (नाटक) के—

> भूयोभूयः सविधनगरीरथ्यया पर्यटन्तं,
> दृष्ट्वा दृष्ट्वा भवनवलभीतुंगबातायनस्था।
> साक्षात्कामं नवमिव रतिर्मालती, माधवं य-
> द्गाढोत्कण्ठा लुलितलुलितैरंगकैस्ताम्यतीति ॥१८॥

श्लोकको गाकर पढ़ते हुये जान पड़ता था, कि माधव और मकरन्दकी हम भूमिका अदा कर रहे हैं। जिस समय अध्ययन भार नहीं बल्कि रसका स्रोत बन जाय, उस समय वह कितना हृदयग्राही और ज्ञानवर्द्धक हो जाता है इसका अनुभव उस समय हमें होता था। भक्ति और दूसरे द्रविड़ वैष्णव ब्राह्मण तरुणोंके घनिष्ठ सम्पर्कने हमारे हृदयसे देश और जातिका भेद मिटा दिया था। दक्षिणके ब्राह्मण अपनेको अधिक संस्कृत और कर्मनिष्ठ मानते थे और उत्तरवालोंको बड़ी हीन दृष्टिसे देखते थे। दुर्भाग्यसे उत्तरसे गये जिन ब्राह्मणोंका उनसे सम्पर्क होता था, वह अधिकतर अशिक्षित तीर्थयात्री होते थे। इसे माननेमें तो किसीको इन्कार नहीं, कि दक्षिणी विशेषकर द्रविड़ और केरल ब्राह्मण शिक्षा और संस्कृतिमें उत्तरकी अपेक्षा अधिक उन्नत रहे। लेकिन, कितना घाटा उठाकर? उत्तरमें ब्राह्मणों और अब्राह्मणोंमें शिक्षा-संस्कृतिकी खाई नहीं देखी जाती, जिसे कि हम दक्षिणमें मुँह बाये देखते थे। वहाँ ब्राह्मण छोड़कर सभी शूद्र थे। शताब्दियोंसे ब्राह्मणोंने अपनी शिक्षा और योग्यताका एकांगी लाभ उठाया और अब्राह्मणोंको धनागमके मार्गों और उच्च पदोंसे वंचित रक्खा। इसका फल जल्दी ही उन्हें भोगना था। पर, जिस समयकी हम बात कर रहे हैं, उस समय ब्राह्मण-अब्राह्मण संघर्षकी अग्नि भीतर-भीतर सुलग रही थी। बुजुर्गोंकी सम्मतिमें मैं उत्तरका ब्राह्मण

"काशी शूद्रम्" समझा जाता था, पर मेरे मित्रोंमें इस तरहका कोई भेद-भाव नहीं था। तिरुमिशीका पहला निवास खतम हुआ और अपने सहपाठियोंका स्नेह मनमें रक्खे मैं वहाँसे घुमक्कड़ी पर निकल पड़ा। उस समय क्या आशा थी, कि सात वर्ष बाद फिर मैं तिरुमिशी आ जाऊँगा।

शायद १९२० ई०के सितम्बर महीनेमें तिरुमिशी पहुँनेपर पता लगा, कि हमारा एक सहपाठी अब नहीं रहा। भक्ति अब उमर और विद्या दोनोंमें बड़े हो गये थे, वह वैंकटाचार्यके नामसे पुकारे जाते थे। मद्रास विश्वविद्यालयकी संस्कृतकी सबसे ऊँची परीक्षा पास करके वह "मीमांसा-शिरोमणि" बन गये थे। वेदान्त उनके अपने घरकी चीज थी। उन्होंने अपने सात वर्षोंका बहुत अच्छा उपयोग किया था। मैं भी वहीं पर नहीं था, जहाँ तिरुमिशी छोड़ते वक्त था। पर मैंने एक-दो विषयों पर अपने ध्यानको केन्द्रित नहीं रक्खा। मेरे मित्र पहले हीकी तरह प्रेमसे मिले, फिर अपने पुराने जीवनकी मधुर स्मृतियाँ याद आने लगीं। उनके पिता श्रीनिवासाचार्यने रामानुजभाष्य पढ़ाना स्वीकार कर लिया। भाष्यका पढ़ाना जैसे-तैसे ग्रंथका पढ़ाना नहीं था। दक्षिणी वैष्णवोंमें ऐसा अध्यापन-रहस्य मन्त्र देने जैसा समझा जाता था। मैं थोड़े समयमें अधिकसे अधिक पढ़नेके फेरमें था, क्योंकि स्वामी भागवताचार्यकी तरह मैं यहाँ इधर हीका होनेके लिये नहीं आया था। पढ़नेमें हम व्यक्त रहे, किन्तु पहले जैसा रस कहाँ ? पाठ्य-विषय काव्य नहीं वेदान्त और मीमांसा जैसे दर्शन थे, हम अल्हड़ तरुण नहीं २६-२७ वर्ष के प्रौढ़ थे।

इधर व्याहकर भक्ति (वैंकटाचार्य) अपनी सगी फूफीके दामाद बन गये थे। बहिन, फूफी, मामाकी लड़कीसे व्याह करना वहाँ बिल्कुल साधारण बात थी। पिछली यात्रामें ही मैं इसे जान गया था। हमारे लोग इसे सुन कर नाक-भौं सिकोड़ेंगे; किन्तु, उन्हें "काशीशूद्रम्" कहनेवाले दक्षिणके ब्राह्मण इसे बिल्कुल शिष्टाचार मानते हैं। मामाकी लड़कीपर भांजेका तो सबसे पहले अधिकार माना जाता है। देश-कालके अनुसार रीति-रिवाज एक ही धर्मके माननेवालोंमें कितने बदल जाते हैं, इसका यह उदाहरण था।

वेदान्त भाष्यमें यद्यपि मैं उनके पिताका शिष्य था, पर वैंकटाचार्यके साथ भी अध्ययन-चिन्तन करता था। मैं अब पुस्तकोंकी सीमाके भीतर रहनेवाला नहीं रह गया था। कई साल तक आर्य समाजके स्वतन्त्र विचारोंमें रहनेसे मैं बुद्धिवादी बन गया था। रामानुजका त्रैत सिद्धान्त यद्यपि आर्यसामाजिक दर्शन जैसा ही था, और उसपर मेरी आस्था भी थी। पर, रामानुज या किसीकी सारी बातोंको मैं माननेकेलिये तैयार नहीं था। पाठ चिन्तन करते समय हममें बहस छिड़ जाती। एक बार भक्ति मेरे प्रश्नोंका उत्तर देते-देते निरुत्तर हो गये। "मुझे बड़ा आश्चर्य और करुणा आई, जब मैंने देखा कि उनकी आँखोंमें आँसू भरा और वह भर्राई आवाजमें कह रहे हैं—'आचार्यका पक्ष

कमजोर नहीं हो सकता, नहीं हो सकता।" मुझे अपने ऊपर बहुत क्रोध आया। अपने मित्रोंको मैं कष्ट देना नहीं चाहता था। मुझे क्या ख्याल था, कि वेंकटाचार्य जैसा तरुण शास्त्रों और सिद्धान्तोंके बोझसे इतना लदा होगा।

वेंकटाचार्य तिरुमिशीमें मेरे पहले नर्म-सचिव बने। फिर साध्यायी और कितनी ही बातोंमें विद्या-गुरु हुए। कितनी ही बार मनमें हुआ, एक बार तिरुमिशी चलकर उनसे मिलूँ, लेकिन ऐसा अवसर कभी नहीं मिला।

१५. फक्कड़ बाबा

बालाजीके फक्कड़ बाबा यह उनका नाम नहीं था। बालाजी (तिरुपति, आन्ध्र)में वह स्थायी निवासी-से बन गये थे। वहीं मुझे उनके दर्शन और सम्पर्कमें आनेका मौका मिला। वह रहनेवाले शायद मुरादाबाद या आस-पासकी कोई ऐसी जगहके थे, जहाँकी मातृभाषा हिन्दी थी। उनकी बातें और भाषा सुननेमें बड़ा आनन्द आता था। वह स्वरके साथ गाते "चारो युगोंमें नाम तुम्हारा, कृष्ण-कन्हैया तुम्हीं तो हो।" जो सुननेमें बड़ा मधुर मालूम होता था। भारतमें कहाँ-कहाँ घूमे थे, मैं पता नहीं लगा सका। शायद, चारों धाम वह जरूर हो आये थे, और अब पहाड़के ऊपर बालाजीके हाथीराम मठमें स्थायी तौरसे रह रहे थे। १९१३में मैं पहले पहल बालाजीमें जाकर आगन्तुक साधुओंके ठहरनेकी बाहरी कोठरियोंमेंसे एकमें ठहरा। मेरा वेष सफेदपोश साधुओंका था, जो आगकी धुनीके पास डेरा डालने लायक नहीं था। आगकी धुनी सेनेवाले तपसी लोग मूँजका डांडा और लगोंटी बाँधते, एकाध टुकड़ा सूती कपड़ेका रखते हैं, बिछौने ओढ़नेके लिये मृगछाला, बाघम्बर या कम्बल उनके पास होता है। मैं तपसी वेषपर आकृष्ट नहीं हो सकता था, पर बेसरोसामानी की जिन्दगी मुझे पसन्द थी। यद्यपि उस समय मेरे पास समय कम होनेकी शिकायत नहीं थी, लेकिन उसके व्ययमें बिना सीमाके साखर्ची भी नहीं कर सकता था। दिनोंकी अवधि न हो, पर महीनोंकी अवधि तो जरूर होती थी।

तिरुपति और बालाजी दोनोंमें हाथीराम बाबाका विशाल बैरागी मठ था। कहते हैं, किसी स्थानीय राजाने अपना सारा राज हाथीराम बाबाको अर्पण कर दिया था। तेलगू, तमिल, मलयालम, कन्नड़भाषी प्रदेशोंमें बैरागी साधुओंका नितांत अभाव-सा है। वहाँके ब्राह्मण इन फक्कड़, "जात पाँत पूछे नहीं कोई" माननेवाले साधुओंको फूटी आँख भी नहीं देख सकते थे। इसमें शास्त्रका विरोध कारण नहीं था, बल्कि वह देखते थे, कि इनके विचित्र विरक्त जीवनको देखकर यदि गृहस्थ आकृष्ट हो गये, तो हमको कोई नहीं पूछेगा। दूसरी दिक्कत यह भी थी, कि इन चारों भाषाओंके क्षेत्रोंमें उत्तरके साधुओंको भाषाकी बड़ी दिक्कत थी, जिसे वर्षों रह कर ही दूर किया जा सकता था। हाथीराम बाबाकी सिद्धाईका मैं कायल था, उन्होंने, आन्ध्रके इस अंचलमें आकर बैरागियोंका सबसे धनाढ्य मठ स्थापित किया। कुछ ही वर्षों बाद देवोत्तर सम्पत्ति कानून द्वारा इस सम्पत्तिपर सरकारी अधिकार हो गया, और इसमें शक नहीं उसकी १४-१५

लाख सालाना आमदनीका सदुपयोग भी होने लगा। आज वहाँ उसी धनसे एक संस्कृत विश्वविद्यालय और अनुसंधान प्रतिष्ठान चल रहा है। हाथीराम बाबा उत्तरसे आये थे। उनके बाद यह परिपाटी चल गई, कि महन्त उत्तरका ही हो। जिस समयकी मैं बात कर रहा हूँ, उस समय मठाधीश महन्त प्रयागदास थे, जिनका जन्म मारवाड़का था। सारी सम्पत्तिपर उत्तराधियोंका अधिकार था। रामानन्दने शिष्य बनानेमें जाति या प्रदेशका कोई भेद नहीं माना। उनके शिष्य कबीर मुसलमान (जुलाहे) थे, और रविदास चमार; फिर आन्ध्र देशमें वैरागी भेद-भाव मानेंगे, इसकी संभावना नहीं हो सकती थी। पर मैं देखता था, वहाँ कोई दक्षिणी वैरागी नहीं था। उधरके ब्राह्मणोंने तो वैरागी शब्दका अर्थ ही अछूत मान लिया था।

फक्कड़ बाबाके साथ एक ही दो दिन बाद मेरा ऐसा परिचय हो गया, जैसे हम वर्षोंसे एक साथ रहते हों। उनकी नागरिक शुद्ध हिन्दी भाषाने मुझे पहले आकृष्ट किया इसके बाद फक्कड़पनकी बातोंने। तिरुपतिमें महन्त प्रयागदास स्वयं और बालाजीमें उनके गुरुभाई अधिकारीके रूपमें रहते थे। अधिकारीकी भी लाखोंकी सम्पत्ति थी। वैरागी साधुओंमें स्थान-स्थानके रीति-रिवाज हैं। परसामें न कोई साधु गाँजा पीता था, न तम्बाकू। यहाँ उस तरहका कोई निर्बन्ध नहीं था। अधिकारी स्वयं गाँजा पीते थे। फक्कड़ बाबा खुशामदी मुसाहिब नहीं थे, न दरबारी बननेकी उनमें क्षमता थी। कोई बात बिना भूमिका बाँधे कहते थे। गाँजा खतम होनेपर अधिकारीजीके पास जाते और उनके मुँहसे शब्द निकलते ही अधिकारीजी एक-दो तोला गाँजा दे देते थे। उनके पूर्वाह्नके क्रिया-कलापका मुझे कुछ याद नहीं। शायद स्नान-पूजाके बाद गाँजेकी एकाध दम लगा कुछ देश-कालकी चर्चा चलती थी। भोजनोपरान्तके तीन-चार घन्टे भी इसी तरह बिता कर चार बजेके बाद फक्कड़ बाबा दियासलाई-गाँजा-साफी चिलमवाली झोली लटकाते, हाथमें शायद फरसा लगा हुआ डंडा लेते, फिर बस्ती छोड़ कर निकल पड़ते। रोज एक ही ओर जाना उनके नियमके विरुद्ध था। परिचय होते ही मैं भी उनके साथ अपराह्न यात्रामें सम्मिलित होने लगा। बालाजीका मन्दिर ऐसे पहाड़के ऊपर है, जो जंगलसे ढँका हुआ है। उस समय मैंने उसके ऊपर कहीं खेती होते नहीं देखी। जङ्गलमें बाघ भी रहते हैं, यह मालूम था। पर, फक्कड़ बाबा कहते थे: बाघ आदमीको नहीं छेड़ता। इसी विश्वासपर वह रातके आठ-आठ, नौ-नौ बजे जङ्गलसे लौटते। जिस तरफ जाते उसके बारेमें यह जरूर देख लेते, कि वहाँ कोई झरना या छोटा-मोटा जलाशय है। मेरा उनका साथ कुछ ही दिनोंका था, इसलिये उनकी कथाओंकी समाप्ति नहीं हो सकती थी। कथाएँ चलती रहती थीं, बीच-बीचमें गाँजेकी चिलम चढ़ती। चिलममें जब तक तीन-चार आदमी शामिल न हों; तब तक आनन्द नहीं आता। शायद मैंने वहीं गाँजा पीना शुरू कर दिया। कमसे कम एक महीना मैं जरूर गाँजा पीता रहा और रामेश्वरके फक्कड़ ब्रह्मचारीके साथ रहते समय तो चिलमोंका अखण्ड ताँता लगा रहता था।

फक्कड़ बाबाने अपनी यात्राओंसे मेरे भौगोलिक ज्ञानकी वृद्धि की हो, यह बात नहीं थी। पर, उनका जीवन जरूर मेरे लिये आकर्षक मालूम हुआ। तजर्बा आदमीको स्वयं रास्ता बतला देता है। मैं बहुत थोड़ा-सा सामान—दो धोती, दो लँगोटी, एक अँगोछा, दो-तीन पुस्तकोंके साथ मठ छोड़ कर निकला था। बल्कि लोटा लेनेमें दूसरोंके जान लेनेका डर लगा, इसलिये उसे मैंने रास्तेमें खरीदा था। दक्षिणकी तरफ सर्दीका कोई डर नहीं था, इसलिये ओढ़नेकी भी जरूरत नहीं थी। हल्के सामानसे मुझे बहुत प्रसन्नता थी। फक्कड़ बाबा भी इसीको पसन्द करते थे। जिस देशमें अपनी भाषा बोलनेवाले न हों और न जहाँ अपने सम्प्रदायके भक्त हों, वहाँ फक्कड़ बाबाकी रहन-सहन बहुत लाभदायक नहीं हो सकती थी। वह एक बड़े मठमें रह रहे थे, इसलिये किसी बातकी चिन्ता नहीं थी। बालाजी पर्वतके आस-पासके चार-पाँच मीलके भीतर पड़नेवाले हरेक रमणीय स्थानपर मैं फक्कड़ बाबा (कृष्णकन्हैया) के साथ घूमता रहा। जिसे वैराग्य रस कहते हैं, उसे चखनेका यहाँ सुअवसर मिला था।

१६. पं० सरयूदास

पौने तीन धामोंकी यात्रा करनेके बाद परसामें कुछ ही महीने रह मैं फिर पढ़ने और घूमनेके ख्यालसे भाग कर अयोध्या पहुँचा। १६१४ की वर्षाका आरम्भिक महीना था। चार महीनेसे अधिक वहाँ नहीं रहा, पर इस समयको मैंने पढ़ने और अधिक मित्रोंको बनानेमें बिताया। जिन तीन-चार गुरुओंसे मैंने भिन्न-भिन्न विषय पढ़े, इनमें ही पं० सरयूदास भी थे। उनकी सादगी और विद्वताका मेरे ऊपर बहुत प्रभाव पड़ा। पं० सरयूदास वैरागी साधु थे। उनका काशी गवर्नमेन्ट संस्कृत कालेजका व्याकरण उपाध्याय होना जरूर अचरजकी बात थी। वैरागियोंका नारा था—"पढ़े लिखे बम्भनका काम। भज वैरागी सीताराम।" विद्याकी उनके यहाँ कोई कदर नहीं थी, इसलिये विद्वान् कैसे हों? उस समय आचार्योंकी उपाधि बाहरके विद्यार्थियोंको प्रायः नहीं मिलती थी। काशी संस्कृत कालेजके विद्वान् अध्यापक उसे अपने विद्यार्थियों तक ही सीमित रखना चाहते थे। बाहरके तरुणको उनका विद्यार्थी बननेमें कोई रुकावट नहीं थी, इसीलिये इसे उनका एकान्त पक्षपात भी नहीं कहा जा सकता था। पं० सरयूदास व्याकरणोपाध्याय थे।

लेकिन अब वैरागियोंका नारा बदलता मालूम हो रहा था। अयोध्याके दो मठोंमें अच्छी पाठशालाएँ चल रही थीं, जिनमें तरुण वैरागी काफी संख्यामें पढ़ते थे। भक्तों और दुनियामें पण्डितोंका मान बढ़ने लगा था। मालूम होता था, कि कुछ ही दिनोंमें वैरागियोंमें भी संस्कृतके आचार्योंकी कमी नहीं रह जायगी।

पं० सरयूदास आडम्बरशून्य पुरुष थे। अकेले देखने पर किसी भी साधारण वस्त्रधारी वैरागीसे उनमें कोई अन्तर न मालूम होता। वह शायद किसी पाठशालामें नहीं पढ़ाते थे, विद्यार्थी उनके स्थान पर ही आकर पढ़ जाते थे। यद्यपि उनके शिष्योंमें मुझसे अधिक संस्कृत पढ़े हुए कई साधु थे, पर मेरे प्रति उनका कुछ विशेष पक्षपात था। इसका कारण देश-काल देखनेके साथ मेरा भाषाका अच्छा ज्ञान भी था। अयोध्यामें दक्षिणके कृपालु गुरु पं० भागवताचार्य के गुरु बलरामाचारीने अपने एक लक्ष्मीपात्र भक्तको प्रेरणा देकर वेदान्त पाठशाला खुलवाई थी। अयोध्या ठहरी वैरागियोंकी नगरी, आचारी साधु वहाँ अँगुलियोंपर गिनने भरके लिये भी नहीं थे, इसलिये इस पाठशालामें वैरागी विद्यार्थी भर गये। आचारियोंको यह पसन्द नहीं आया और उन्होंने पाठशाला तुड़वा दी। वैरागी विद्यार्थियोंको यह बहुत बुरा लगा और हम तरुणोंने नई वेदान्त

पाठशाला खोलनेका निश्चय किया। तमिल देशसे आकर वेदान्त पढ़नेवाले हमारे गुरु वैरागी और आचारीका भेद नहीं समझते थे। अथवा अपने देशमें वह उत्तरके आचारियोंको भी वैरागी कहकर पुकारते थे। दोनों ही वहाँकी परिभाषामें शूद्र-तुल्य थे, वह भेद-भाव कर नहीं सकते थे। हम उनका बहुत सम्मान भी करते थे। इसलिये उन्होंने देशसे फिर लौटकर आनेका वचन दिया था।

हम नहीं चाहते थे कि वेदान्त पाठशाला टूट जाय और कुछ महीने बाद नई पाठशाला खोली जाय। नई पाठशाला खोलनेवाली कमीटीका उप-मन्त्री मैं था और मन्त्री पं० गोविन्ददास थे। पं० गोविन्ददास उस समयके उन विरल वैरागियोंमें थे, जो व्याकरणोपाध्याय—आजकी भाषामें व्याकरणाचार्य—के कई खंड पास थे। अयोध्यामें सैकड़ों नहीं हजारों छोटे-मोटे मठ थे। हमने घूमकर इतना चन्दा जमा कर लिया, जिससे पाठशाला अच्छी तरह चल सकती थी। तुरन्त ही पाठशाला खोलनेका निश्चय किया गया; पर वेदान्त पढ़ानेवाले अध्यापक कहाँसे मिलें? उस समय वेदान्त और मीमांसा पढ़ानेकी उत्तरमें व्यवस्थित परिपाटी नहीं थी। व्याकरण, न्याय, साहित्य और ज्योतिष यहाँकी विशेषता थी। बाकी शास्त्रोंको लोग अपने आप लगानेकी कोशिश करते थे। बनारसमें चूँकि सारे भारतके पण्डित रहते थे, इसलिये वहाँ वेदान्त-मीमांसा पढ़ानेवाले मिल सकते थे। पर, वहाँ भी वेदान्त केवल शंकरका अद्वैत मायावाद माना जाता था। रामानुज भी वेदान्ती थे, इसको कोई नहीं समझता था। पाठशालाका आरम्भ करना जरूरी था, इस समय हमारी नजर पं० सरयूदासजीके ऊपर पड़ी। उस वक्त उनकी उमर पचाससे कुछ ऊपर रही होगी। हमारी प्रार्थना करनेपर उन्होंने कहा—भाई, मैंने वेदान्त तो नहीं पढ़ा है, रामानुजकी "वेदान्त परिभाषा" कभी देखी थी, चलो उसीसे शुरू कर देंगे। पं० सरयूदासने पाठशालाका आरम्भ करा दिया। यदि वह वेदान्तके विद्वान होते, तो हमें अध्यापकको वेतन देनेकी भी फिकर नहीं होती।

पं० सरयूदाससे वेदान्त तो नहीं, पर व्याकरण मैंने कुछ जरूर पढ़ा। कई साल बाद १९१८ ई०में शास्त्री-परीक्षा-सम्बन्धी पुस्तकोंको पढ़नेके लिये मुझे फिर अयोध्या जाना पड़ा। उस समय फिर पं० सरयूदासके साहचर्यका सौभाग्य प्राप्त हुआ। मैं अयोध्यामें थोड़े ही दिनोंके लिये गया था और इसी बीच समय निकालकर परसा भी जाना जरूरी हो गया। पं० सरयूदासजीकी माताका देहान्त हो गया था, उसी सम्बन्धमें वह अपने जन्मस्थान—शायद बस्ती जिलेके किसी गाँव—में जा रहे थे। अयोध्यासे मनकापुर तक हमें एक ही साथ जाना था। मेरी संस्कृत तुकबन्दियोंका उन्हें कुछ पता था, इसलिये कहा—"भाई, मातृ-शोकके सम्बन्धमें कुछ श्लोक बना दो, मैं वहाँ बन्धु-बान्धवों-के सामने पढ़ दूँगा। दूसरा व्यक्ति होता, तो अपने विद्यार्थीसे ऐसा कहना अपनी शानके खिलाफ मालूम होता। पर वह जो थे उससे अधिक दिखलाना उनके स्वभावमें नहीं था। व्याकरणके वह बहुत अच्छे विद्वान् थे, इसमें तो शक नहीं। मैंने कई

श्लोक बनाकर दिये, जिनमें एक पद था—"माता मानकरी गता हतमुखा हा हन्त वर्तामहे।"

पं० सरयूदासका यह अन्तिम दर्शन नहीं था। एक बार और शायद १६३८के वसन्तमें मुझे उनसे मिलनेका अवसर मिला। आचार्य नरेन्द्रदेवजीके साथ लखनऊसे मै उनके घर फैजाबाद गया। उन्हींके साथ अयोध्या भी पहुँचा। पं० सरयूदासके होनेकी बात सुन कर मैं उनके पास गया। वह जान गये थे कि बीस वर्ष पहले जो उनका विद्यार्थी था, वही अब राहुल सांकृत्यायनके नामसे प्रसिद्ध है। मुझे यह देखकर अच्छा नहीं लगा कि पुराने गुरु मुझे बहुत बड़ा समझें। मैं पहले ही जैसा उनका सम्बोधन प्राप्त करना चाहता था। उन्होंने कहा—अब तो आप इतने बड़े हो गये हैं, हमारी पाठशालाओं और शिक्षाका भी ख्याल रखना चाहिये।" मैंने आचार्य नरेन्द्रदेवजीसे उनके बारेमें बतलाया। शायद उन्हें पास ही रहनेपर भी इस सीधे-सादे साधुके पाण्डित्यका पता नहीं था।

१७. पं० गोविन्ददास

अयोध्याकी पहली यात्रा (१९१४ ई०)में जिन विद्वानोंसे मेरा वहाँ परिचय हुआ था, उनमें पं० गोविन्ददास मुख्य थे। वह व्याकरणके आचार्य (उपाध्याय) और न्यायाचार्यके भी कई खण्ड पास थे, अर्थात् पं० सरयूदासके बाद वैरागियोंमें सबसे बड़े पण्डित थे। उस समय मेरा उनका सम्बन्ध मित्रका था, पीछे मैंने उनसे कुछ पढ़ा भी। अयोध्यामें पहिले मैं स्वर्गद्वार घाटपर विदेहीजीके स्थानमें ठहरा था। पीछे परिचय बहुत बढ़ गया, और कुछ दूसरे मठोंमें भी रहा। पं० गोविन्ददासजी हजारी बागके एक बहुत बड़े महन्त (इचाक) की बनवाई एक भव्य ठाकुरबाड़ीमें रहते थे। ठाकुरबाड़ी कई सालोंसे तैयार थी, किन्तु दीवारोंमें प्लास्तर अभी पूरी तौरसे नहीं लगा था, और न दरवाजे-खिड़कियाँ ठीक की गई थीं। इचाक मन्दिर एक तरह पं० गोविन्ददासके ही हाथमें था। मैं वहाँ बराबर जाया करता था। १९१४ और उससे पहलेके ऐसे साल थे, जब आर्यसमाज और सनातन धर्मके शास्त्रार्थ बराबर हुआ करते थे, खण्डन-मंडनके व्याख्यान होते थे। सनातन धर्मके कुछ प्रसिद्ध उपदेशक इसी समय अयोध्यामें आये थे। सभामें उन्होंने भाषण दिये। भाषण देनेवालोंमें भरतपुरके वैरागी अधिकारी भी थे। इन भाषणोंका अयोध्याके वैरागी शिक्षितोंपर प्रभाव पड़ा, उन्होंने भाषणका महत्व समझा। फिर वक्तृत्व-कला सीखनेकी उनमें आकांक्षा पैदा हुई, और वाग्वर्धिनी सभा कायम हो गई—सभाका यही नाम था, यह मैं नहीं कह सकता। जल्दी ही मैं वाग्वर्धिनी सभाका सरगर्म मेम्बर ही नहीं, बल्कि मार्ग-प्रदर्शक बन गया। मैंने भाषण देनेका अबतक कभी अभ्यास नहीं किया था, और भाषण-कला पर मेरा कभी अधिकार भी नहीं हुआ, पर बातचीत करना तो जानता ही था, अपने ज्ञानको शब्द द्वारा प्रकट करनेकी सामर्थ्य भी रखता था, शुद्ध हिन्दी भाषा बोल सकता था। वाग्वर्धिनी सभाके सम्बन्धसे मेरा परिचय पं० गोविन्ददासजीसे हुआ।

पं० गोविन्ददासजी छोटे कदके बहुत दुबले-पतले पुरुष थे। उनका मठ डाकौरमें था, जहाँ मैं पिछली यात्रामें हो आया था, और मेरा उक्त मठके महन्तसे अधिक परिचय भी हो गया था। इसके कारण हम दोनोंमें और अधिक आत्मीयता स्थापित हो गई। वाग्वर्धिनीकी ख्याति भी कुछ बढ़ चली। अयोध्या और फैजाबादके बीचमें, पर सड़कसे हट कर देवकालीका स्थान था, जिसमें नवरात्रके समय सैकड़ों

बकरे चढ़ा करते थे। किसी ब्रह्मचारीने पशु-बलि रोकनेके लिये अबकी साल बहुत प्रचार किया था, पर अन्तिम दिन प्रयत्न निष्फल होने वाला था। वह वाग्वर्धिनी सभाके सरगर्म तरुण वैरागियोंके पास पहुँचा, जिनमें सबसे आगे मैं था। पं० गोविन्द-दास भी ब्रह्मचारीकी सहायता करनेके लिये तैयार हुए। हम तीन-चार तरुण देवकाली पहुँचे, पर ढीलमढाल पं० गोविन्ददास समयसे पीछे रवाना हुए। तब तक देवकाली-कांड समाप्त हो चुका था, अर्थात् हममेंसे कुछपर मार पड़ी थी, पण्डोंने बकरे कटवा दिये थे। साधुओं पर मार-पीट करनेके लिये पण्डे फैजाबादकी कोतवाली तक पहुँचाये गये।

पं० गोविन्ददासका साथ १६१४ के अक्तूबरसे छूटा लेकिन हमारा सम्बन्ध नहीं टूटा। १६१६से एकाध साल पहले वह करवी संस्कृत पाठशालाके प्रधानाध्यापक बन कर गये। चित्रकूटके मुख्य स्टेशन और तहसील करवीमें एक प्रतिष्ठित और धनी मठ था। उसके महन्त जयदेवदास मामूली लिखना-पढ़ना जाननेवाले सीधे-सादे पुरुष थे। विद्या-प्रचारकी तरफ उनकी रुचि थी। इस तरहके कार्य से प्रतिष्ठा बढ़ती है, इसका ख्याल उनके दिमागमें हो, तो यह कोई बुरी बात नहीं थी। महन्तजीकी जमींदारीकी आमदनी ३०-४० हजार रुपये थी, जिसके अधिकांशको वह पाठशालामें खर्च करते थे। पाठशाला दो-चार वर्ष पहले खुली थी और अब जम गई थी।

मैं मार्शल-लाके दिनों के बाद लाहौरमें गर्मियाँ बिता रहा था। सारे देहमें फुंसियाँ हो गई थीं। पंजाबमें बरसातकी गर्मीको ज्यादा असह्य समझा जाता है। मैं भी कहीं जानेकी सोच रहा था। पं० गोविन्ददासजीका पता मालूम होनेपर करवी चिट्ठी डाल दी और उन्होंने बड़े आग्रहपूर्वक मुझे लिखा—"इससे हमारी पाठशालाको सहायता मिलेगी।" मुझे मित्रका आग्रह स्वीकार करना पड़ा। करवीमें मैं एक साधारण विद्यार्थीकी तरह नहीं, बल्कि प्रतिष्ठित अतिथिके तौरपर कई महीने रहा। इसी समय पं० गोविन्ददासजी और काशीमें पं० बालमिश्र और पं० श्रीकर शास्त्रीसे पढ़ कर काशीकी न्याय मध्यमाकी परीक्षा दी। उस साल दस-पन्द्रह सैकड़े ही विद्यार्थी पास किये गये थे, इसलिये मुझे फेल होनेका कोई अफसोस नहीं हो सकता था। उस साल मैंने कई परीक्षाएँ एक साथ देनी चाही थीं। बिहारकी सांख्य मध्यमामें एक ही समय दो जगहों की परीक्षाएँ पड़ जानेके कारण मैं उपस्थित नहीं हो सका। कलकत्ताकी साधारण दर्शन-मध्यमामें मुझे प्रथमा पास करके फार्म भरना चाहिये था। किसी मित्रके तिकड़मसे वह अवैध साबित होनेके कारण उसमें शामिल नहीं हो सका। इन दोनों परीक्षाओंमें मैं पास हो जाता। कलकत्ताकी मीमांसा-प्रथमा मैं जरूर पास हो गया। इन परीक्षाओंकी तैयारीमें पं० गोविन्ददासजीने मेरी बड़ी सहायता की थी।

यद्यपि मैं वैरागी साधुकी तरह वहाँ रहता था और घुमक्कड़ीमें बहुत दूर तक

आगे बढ़ चुका था; पर मेरे विचार मेरे भेषके अनुरूप नहीं थे। अयोध्यासे पं० गोविन्ददासका संग छूटनेके बाद ही मेरे विचार आर्यसमाजी हो गये। सत्यार्थप्रकाशको मैंने अयोध्यामें वाग्वर्धिनी सभामें भाग लेते ही समय पढ़ा था। इन पाँच वर्षोंमें आगरा आर्य मुसाफिर विद्यालयमें बाकायदा धर्मों के तुलनात्मक अध्ययन और भाषण कलाकी शिक्षा प्राप्त कर मैंने "आर्य मुसाफिर" (आर्य समाजी उपदेशक)की पदवी प्राप्त की थी। कई जगह भाषण दिये थे, शास्त्रार्थों और समाधानोंमें भाग लिया था। महोबा करवीसे बहुत दूर नहीं है, जहाँ मैंने खण्डन-मण्डनके व्याख्यानों और ईसाइयोंके साथ शंका-समाधान करनेमें काफी कीर्ति अर्जित की थी। वहाँ सनातनी पण्डितसे शास्त्रार्थ करानेमें और उसकी लिखा-पढ़ीमें मेरा काफी हाथ था। डर था, कहीं पता न लग जाय, कि मैं आर्यसमाजी हूँ। खैर, उसका मुझे कोई अधिक भय नहीं था, क्योंकि मैं मठपर अपनेको आश्रित नहीं समझता था।

पाँच सालोंमें मैंने जो पापड़ बेले थे, उसके कारण मेरे गुणोंमें भारी अन्तर आ गया था। यद्यपि अभी तक मैंने राजनीतिमें कोई सीधा भाग नहीं लिया था, पर राजनीतिक साहित्य काफी पढ़ा था, मुझे पत्रों-पत्रिकाओंके पढ़नेका शौक था और कुछ लेख भी लिखे थे, जो अधिकांश उर्दू पत्रोंमें खण्डन-मण्डनके रूपमें छपे थे। पं० गोविन्ददासजीको या किसीको भी यह रहस्य मालूम नहीं था।

महन्त जयदेवदासजीको उसी समय आनरेरी मजिस्ट्रेटी मिली थी। बाँदाके कलक्टर और करवीके एक एस० डी० ओ० को रिझानेका हरेक अवसर वह हाथसे जाने देना नहीं चाहते थे। पदप्राप्तिके उपलक्षमें वह दोनों उच्च-अधिकारियोंकी विशेष आराधना करना चाहते थे। ऐसा अवसर उन्हें जल्दी ही मिल गया, जब कि करवीके तरुण एस० डी० ओ० श्री खरेघाट आई० सी० एस० विवाह करके आये। विवाहके उपलक्षमें एक बड़े भोजका आयोजन हुआ, बाँदाके अँग्रेज कलक्टरको भी निमंत्रित किया गया। मेरी तुकबन्दीकी ख्याति तो कुछ थी ही। पं० गोविन्ददासजीने कहा कि इस अवसरके लिये कुछ श्लोक बना दें। कुछ मैंने श्लोक बनाये। राजनीतिक विचारोंकी छाप उनके ऊपर पड़े बिना नहीं रह सकी। खरेघाट पारसी थे। उनके कुल-गौरवको बखानते मैंने दादाभाई नौरोजीका नाम ले दिया। मुसाहिबोंने महन्तजीको डरा दिया—कि "दादाभाई अँग्रेजोंके खिलाफ थे। अँग्रेज कलेक्टरने यदि यह नाम सुना, तो बड़ी बुरी बात होगी।" मुझे उस अंशको हटाने के लिये कहा गया। मैंने सभी श्लोकोंको अपने पास रख लिया। खैर, खरेघाटको जब यह बात मालूम हुई, तो उन्होंने कहा : कोई बात नहीं है। दादाभाई नौरोजीका नाम आना तो सम्मानकी चीज है।

करीब आठ महीने मैं पं० गोविन्ददासजीके साथ रहा। फिर मैं अपनी लम्बी जीवन-यात्रापर चल पड़ा। एक बार पता लगा, वह वृन्दावनमें रहते हैं। पर, फिर उनके दर्शन नहीं हुए।

१८. मौलवी महेशप्रसाद

जीवनमें सबसे अधिक प्रभाव मेरे ऊपर मौलवी महेशप्रसादका पड़ा। राजनीति और देशभक्तिके विचारोंसे १९१४ तक मैं बिल्कुल अपरिचित था। १९१५के आरंभमें मुसाफिर विद्यालय (आगरा) में दाखिल होनेपर मौलवी महेशप्रसादके घनिष्ठ सम्पर्कमें एक वर्षसे अधिक समय तक रहना पड़ा। इसी समय अन्धेको आँख मिलनेकी तरह दुनियाको देखनेकी आँख मुझे भाई साहबकी कृपासे मिली। वह उस समय मुसाफिर विद्यालयमें अरबी अध्यापक थे। हम सब लोग उन्हें भाई साहब कहा करते थे। अभी "मौलवी आलिम-फाजिल" की उपाधि उन्हें प्राप्त न हुई थी। हम दोनोंकी उमरमें दो-चार ही वर्षका अन्तर होगा, इसलिये आत्मीयता स्थापित करनेमें आयु बाधक नहीं हो सकती थी। मुसाफिर विद्यालयका नाम सुन कर, आर्यसमाजी विचारोंसे प्रभावित मैं प्रयागके माघ मेलेसे आगरा पहुँचा। प्रयागमें किसीने कहा भी, कि लिखा-पढ़ी करके पहले भर्तीके बारेमें निश्चय हो जानेपर जाइये। लेकिन, अब छोटा-मोटा घुमक्कड़ बन चुका था, इसलिये मुझे भय नहीं मालूम हुआ, कि यदि विद्यालयमें भर्ती नहीं हुई, तो क्या होगा। मुसाफिर विद्यालयमें भर्ती होनेमें कोई दिक्कत नहीं हुई। मैं वहाँके सभी विद्यार्थियोंसे अधिक संस्कृत जानता था, उर्दू-मिडल पास था और बोलने-चालने, देखने-सुननेमें भी प्रभाव रखता था।

भाई साहब हमें अरबी पढ़ाते थे। विद्यालयके कोर्समें जितनी संस्कृत थी, उससे कहीं अधिक मैं जानता था, इसलिये मुझे उसके पढ़नेसे छुट्टी थी। अरबीकी पढ़ाईके बाद दूसरी शिक्षा थी भाषण और शास्त्रार्थ की, जो अधिकतर प्रयोग रूपमें होती थी। अपने ज्ञानको बढ़ानेके लिये सभी पुस्तकें हमारे पाठ्यमें थीं। मुसाफिर विद्यालय तथा पं० भोजदत्तके उर्दू साप्ताहिक "आर्य मुसाफिर" के कार्यालयमें जितनी भी पुस्तकें थीं, सबको मैंने पढ़ डाला। आर्यसमाज वैदिक धर्म और स्वामी दयानन्दके सिद्धान्तोंके प्रचार करनेपर बहुत जोर देता था। स्वामी दयानन्दने देशभक्ति और देशकी स्वतन्त्रताका सन्देश अपने ग्रन्थोंमें दिया था, इसलिये देशभक्तिका वह स्वागत था। प्रथम विश्व-युद्धका आरम्भिक समय था। आर्यसमाजके राष्ट्रीय भावोंकी भनक अँग्रेजी अधिकारियोंको लग गई थी, इसलिये वह आर्यसमाज और उसके उपदेशकों को सन्देहकी दृष्टिसे देखते थे। इस वातावरणमें आकर्षण राष्ट्रीयताकी ओर होना स्वाभाविक था। उसके लिये किसीका पथ-प्रदर्शन प्राप्त हो, तो सालोंकी मंजिल महीनोंमें तै हो सकती थी, और हमारेलिये ऐसे पथ-प्रदर्शक थे, भाई महेशप्रसाद।

महेशप्रशादका जन्म इलाहाबाद जिलेमें कायस्थान कस्बेमें हुआ था। मेट्रिक पास कर पुलिस सब-इन्सपेक्टर बननेकी बात करीब-करीब तै हो गई थी, किन्तु प्रयागमें पढ़ते वक्त वह उग्र देशभक्तोंके सम्पर्क में आये थे, जिसके कारण घरका आग्रह रहनेपर भी उन्होंने पुलिसकी नौकरी पसन्द नहीं की और आर्यसामाजिक विचारोंके कारण आर्य मुसाफिर विद्यालयमें अरबी पढ़ कर उपदेशक बननेके लिये आगरा चले आये। मुसाफिर विद्यालयसे निकलनेवाले प्रथम स्नातकोंमें वह और पं० धर्मवीर (मेरठी) थे। वह न वक्ता थे और न लेखक, पर शिक्षक होनेके सारे गुण उनमें थे। जल्दी किसीके ऊपर प्रभाव नहीं डाल सकते थे, पर धीरे-धीरे जो प्रभाव उनका पड़ता, वह बड़ा पक्का होता था। पढ़ाई समाप्त करनेके बाद मुसाफिर विद्यालयमें उन्हें अरबीका अध्यापक बना दिया गया। उनके बाद जो मण्डली आई, वह मेरे समय दूसरी और अन्तिम श्रेणीमें थी। भाई साहब ज्यादा सौभाग्यशाली थे। प्रयागसे उर्दूमें "हिन्दुस्तान" के नामसे उग्र राष्ट्रीयता-वादी पत्र निकलता था, जिसके सभी सम्पादक जेलकी हवा खानेके लिये भरती होते थे। सम्पादकोंमें महात्मा नन्दगोपाल भी थे, जिनका प्रभाव भाई साहबपर बहुत पड़ा था। श्री अम्बा प्रसाद सूफी जैसे और भी कितने ही देशभक्तोंके जीवनसे उन्हें देशभक्तिकी शिक्षा मिली थी।

हमें पाठ्य-पुस्तकोंसे अधिक इन बातोंको भाई साहब बतलाया करते थे, इस प्रकार मुसाफिर विद्यालय धार्मिक नहीं राष्ट्रीयताका विद्यालय था। उसके संस्थापक पं० मौजदत्त—अब बुढ़ापे और रोगके कारण कुछ नहीं कर सकते थे। विद्यालयका सारा भार उनके ज्येष्ठ पुत्र डा० लक्ष्मीदत्तके ऊपर था, जो "आबिर" अकबराबादीके नामसे उर्दू में शेर कहा करते थे। उनकी कविताओंमें काफी गर्मी रहती थी। वह नहीं चाहते थे कि विद्यालय उग्र राष्ट्रीय विचारोंके कारण खतरेमें पड़ जाय, पर उनकी तरफसे हमारे रास्तोंमें कोई बाधा भी नहीं थी।

भाई साहबने हमें आँख दी, देश-पुकार सुननेके कान दिये, प्राणदान करने-वाले हुतात्माओंके अनुकरण करनेकी प्रवृत्ति दी। भाई साहब केवल स्वदेशी और मोटा-झोटा कपड़ा पहनते थे। उनके बिना कहे ही हमने इस बातमें उनका अनुसरण किया। मुसाफिर विद्यालय से निकलते वक्त (१६१६ की फरवरीमें) अब मैं दूसरा ही था, घुमक्कड़ कुछ और ही था।

यद्यपि मैं अब आर्यसमाजका उपदेशक बन सकता था और मुझे वैसा करना भी चाहिये था; किन्तु विद्याकी पिपासा मुझे खींचकर लाहौर ले गई, जो आर्यसमाजके गढ़ होनेके साथ विद्या-केन्द्र था। वहाँ पहुँचनेपर मैंने भाईसाहबको लिखा और वह भी अपने अरबी ज्ञानसे असन्तुष्ट होकर लाहोर चले आये। उन्होंने कुछ साल लगा कर पंजाब युनिवर्सिटीकी अरबीकी सर्वोच्च परीक्षा "मौली फाजिल" पास की। यह परीक्षा पास करनेवाले वह सबसे पहले हिन्दू थे। लाहौर में भाई साहबसे हमारा सम्पर्क

रह ।, किन्तु वह अपने पढ़नेमें एकाग्र होकर डटे हुए थे, कहीं इधर-उधर जानेका नाम नहीं लेते थे; पर घुमक्कड़ी धर्म के अनुयायी मेरे लिये छ महीनेसे अधिक एक जगह रहना पाप था। भाई साहेबको जो देना था, मेरे जीवन में जो परिवर्तन करना था, वह सब कर चुके थे। पढ़ाई समाप्त करनेके बाद हिन्दू यूनिवर्सिटीमें उन्हें अरबी अध्यापकका काम मिल गया, और यही काम करते उन्होंने अपने जीवन को समाप्त किया। बनारसमें मैं बराबर उनके दर्शन करता था। वह अन्तिम समय तक आर्यसमाज के सिद्धान्तोंमें विश्वास रखते थे और उत्सवों पर व्याख्यान देने जाते थे। मैं आर्यसमाज, वेद और ईश्वर सबसे निर्मुक्त हो गया था। पर, उस साधु पुरुषके प्रति मेरी श्रद्धामें कोई अन्तर नहीं आया।

१६. श्री सत्यनारायण कविरत्न

१६१५-१६ ई०में आगरामें आर्य मुसाफिर विद्यालयमें पढ़ते समय हिन्दीके इस प्रतिभाशाली कविके दर्शन करनेका मुझे अनेक बार अवसर मिला। हिन्दीका मैं उस समय प्रेमी था, पर विद्यार्थी आरंभिक था। जहाँ तक हिन्दी कविता का सम्बन्ध है, उसका पठन-पाठन मेरा उतना ही तक था, जितना कि वह पाठ्य-पुस्तकों में आ गई थी, या "सरस्वती" तथा दूसरे राष्ट्रीय पत्रों में छपा करती थी। उर्दूका विद्यार्थी होनेसे मेरे रास्तेमें कोई रुकावट नहीं थी, क्योंकि संस्कृतकी पढ़ाई ने हिन्दीकी कमीको पूरा कर दिया था।

पं० सत्यनारायण बिल्कुल ग्रामीण पोशाकमें रहते थे, वैसे ही चौबन्दी उनके शरीरपर रहती और वैसी ही धोती। साफ-सुथरा रहनेपर किसानोंसे अलग समझे जाते, इसीलिये वह अपने कपड़ोंको मानो जान-बूझ कर मैला रखते थे। उनकी चौबन्दी तो जरूर ही पसीनेके दागवाली थी। उनको देखकर कोई नहीं कह सकता था, कि उन्होंने कालेजमें शिक्षा पाई है और हिन्दी के एक प्रतिष्ठित कवि हैं। अपनी प्रतिभाका पूरा उपयोग उन्होंने नहीं किया। जो चीजें लिखीं, वह मात्रामें बहुत कम थीं, यद्यपि गुणके बारेमें वही बात नहीं कही जा सकती। वह श्रद्धालु पुरुष थे। कृष्ण, उनके ब्रज और उस मिट्टीकी भाषाके प्रति उनका अनुराग बहुत बार समय-सीमाको पार कर जाता था। स्वदेशीकी तो वह साकार मूर्ति, और इतने आग्रही कि विदेशी सभी चीजें उनको तुच्छ मालूम होती थीं। उर्दू मुशायरे बहुत समयसे होते चले आये थे, लेकिन हिन्दी कवि-सम्मेलनोंकी अभी परिपाटी नहीं बनी थी तो भी छोटी-छोटी सभाओंमें कविताएँ पढ़ी जाती थीं। "कविरत्न" भी अपनी कवितायें सुनाते थे।

मैं उस समय उग्र आर्यसमाजी विचारों का था और वह कट्टर सनातनधर्मी थे। शायद इसके कारण भी मैं उनके गुणों को ठीकसे परख नहीं सकता था। लेकिन विचारोंमें कट्टर रहनेपर भी व्यवहारमें साम्प्रदायिकता नहीं थी, यह भाई महेशप्रसाद की ही कृपा थी।

पं० सत्यनारायण तीस वर्षके करीब थे, जब कि उन्होंने व्याह किया। इस व्याह के सम्बन्धमें बहुत-सी कथाएँ उस समय प्रसिद्ध थीं। उनकी पत्नी हरद्वारके एक कन्या विद्यालयकी प्रधानाध्यापिका और संचालिकाकी पुत्री थीं। उन्होंने हिन्दी और

संस्कृतका अध्ययन किया था। तरुणाईकी अनेक उमंगें होती हैं, जो सत्यनारायणकी सरल ग्रामीण मूर्तिको देखकर विलीन हो जाती थीं। ऐसी सुशिक्षिता तरुणीसे व्याह करनेसे पहले उन्हें सोच लेना चाहिये था। वह ग्रामीण ब्रजके गोप बने रहे, जिसका प्रभाव दोनों के सम्बन्धपर बहुत बुरा पड़ा, और सत्यनारायणको अपनी वेदनाको प्रकट करते हुये कहना पड़ा—"भयो क्यों अनचाहत को सङ्ग।"

२८. मेरे मुसाफिर विद्यालयके बन्धु

आदमी जीवनके नये सन्देशोंको अकेले भी सुन और ग्रहण कर लेता है, लेकिन यदि साथी मिल जायँ, तो विचित्र आनन्द मिलता है। मुसाफिर विद्यालयके मेरे साथियों में रामगोपाल, अभिलाष और भगवतीकी मित्रता मेरे लिये बड़ी चीज थी। तीनों साथियोंमें पहले दो अब दुनिया छोड़ कर चले गये हैं।

१. रामगोपाल—भाई रामगोपालका स्मरण पहले भी मैं लिख चुका हूँ। वह मुसाफिर विद्यालयकी अन्तिम कक्षामें थे, और मैं पहली कक्षामें। वह नार्मल पास थे। आशा थी कि किसी लोअर-अपर-प्राइमरी स्कूलमें मुदर्रिस बन कर अपने परिवारका भार वहन करते, पर उसकी जगह वह आर्य मुसाफिर बननेके लिये आगरा चले गये। भाई साहबके सम्पर्कमें आकर वह भी आदर्शवादी देशभक्त बन गये। वहाँकी पढ़ाई समाप्त करनेके बाद कुछ दिनों तक कुरुक्षेत्रमें उन्होंने उपदेशकी की। इसी बीचमें मैं लाहौर चला गया। मैं अपने और किसी भी तरुणके लिये ज्ञानार्जन करके आगे बढ़नेसे रुकनेको बुरा मानता था, इसलिये अपने बन्धुओंको प्रेरणा देता रहता था। भाई रामगोपाल इसी कारण लाहोर चले आये। वह संस्कृत या अँग्रेजी पढ़ना चाहते थे, लेकिन उसमें कई बाधायें थीं। तो भी उन्होंने भारतसे बाहर जाकर बस गये भारतीयोंमें काम करनेका निश्चय किया था और उसीकेलिये तैयारी करने लगे।

भाई रामगोपाल विवाहित थे, पर अभी उनकी कोई सन्तान नहीं थी। हम एक तरहका स्वप्न देखते थे, सगे भाईसे भी अधिक स्नेह रखते थे। रामगोपाल रत्न थे। वह अपनी कोई चीज भी हम लोगोंके लिये अदेय नहीं समझते थे। उनको एक-दो ट्यूशन मिल गये थे, फिर लड़कोंके जेलमें नौकरी प्राप्त हो गई। मुझे पैसोंकी जरूरत नहीं थी, क्योंकि डी० ए० वी० कालेजके संस्कृत विभागमें मुझे छात्रवृत्ति मिलती थी और ट्यूशनसे भी दस-पन्द्रह रुपया पा जाता था, जो मेरे लिये पर्याप्त था। पर, भाई महेशप्रसाद बेसरोसामानीकी स्थितिमें रह कर ओरियन्टल कालेजमें अरबी पढ़ते थे। रामगोपाल अपनी सारी आमदनी अपने गुरुको देनेके लिये तैयार थे, यदि वह उसे स्वीकार करते। भाई रामगोपाल सुवक्ता थे। वह जोशीले भाषण दे सकते थे। तैयारी करके बड़ी शानके साथ बोलते थे। सुननेवाला उससे प्रभावित हुए बिना नहीं रह सकता था। वह महसूस करते थे कि ज्ञानको अध्ययन द्वारा और गम्भीर बनानेकी अवश्यकता है।

१९२४ या १९२५ ई० तक रामगोपाल अपनी साधनामें लगे रहे। हमारी

सलाहपर उन्होंने अपनी पत्नीको बुला लिया। उनकी दो-तीन सन्तानें भी हुईं। इसी समय लाहौरमें प्लेग आया। रामगोपाल पत्नी और एक पुत्रको छोड़ अपने सारे अरमानोंको लेकर चल बसे। पं० बलदेव चौबे (पीछे स्वामी सत्यानन्द) हमारी बन्धु-मंडलीमेंसे एक थे। उस समय रामगोपालक उन्होंने बड़ी सेवा की। मुझे पता नहीं था। १९२५ ई०में मैंने पुराने पतेपर हाजीबाग जिलेसे एक चिट्ठी लिखी थी, जो लौट आई। उसपर किसीने लिख दिया था—पंडित रामगोपाल अब इस संसारमें नहीं रहे। बलदेवजीने फिर उनकी बीमारी और विपदग्रस्त परिवारकी बातें बतलाईं। चौबेजी बराबर रामगोपालजीकी पत्नी और उनके पुत्रका ख्याल रखते तथा सहायता करते थे।

२. अभिलाष—अभिलाषचन्द्र मुसाफिर विद्यालयमें मेरी कक्षाके ही विद्यार्थी थे। पढ़ाई दो सालकी थी। संस्कृत पढ़नेकी अवश्यकता न होनेसे मैंने एक सालमें ही उसे समाप्त कर दिया। अभिलाष विद्यालयमें दाखिल हो गये, लेकिन डटकर पढ़ना उनके स्वभावके विरुद्ध था। बोलने-चालनेमें वह बहुत तेज थे। मुट्ठी भर हड्डीके सिवा उनके छोटेसे शरीरमें और कुछ नहीं था। पर, सचमुच वह आफतके परकाले थे। चुटकी बजाते वह चलते-चलते परिचय कर लेते। घनिष्ठता स्थापित करनेका यह अर्थ नहीं, कि वह उससे कोई अपनी स्वार्थसिद्धि करना चाहते थे। बात करना भी एक कला है, इसका पता अभिलाषके थोड़े परिचयसे भी मालूम हो जाता था। मुसाफिर विद्यालयमें उनकी अरबीकी पढ़ाई इतनी ही हुई, कि वह कुरान पढ़ सकते थे। कभी जम कर दो महीने भी वहाँ रहते मैंने उन्हें नहीं देखा। एक चक्कर नहीं था, वह कई चक्करोंमें रहते थे। पुस्तककी जगह उन्हें फोटोग्राफी ज्यादा पसन्द थी। घड़ीसाजी करते थे। एक दिन बारूद और क्या-क्या चीज लिये विद्यालय पहुँचे। बम बनानेकी बातें बतला कर कागजमें कुछ मसालोंको रख कर उसका भड़ाका करके भी दिखलाया। आवाज इतनी तेज नहीं हुई, कि दूर तक जाती लेकिन बारूदका धुँआँ तो कुछ मिनटों तक उड़ता रहा। गाँधी-युगसे पहलेकी यह बात है, जब कि उग्र राजनीति और बम-पिस्तौल एक समझे जाते थे। तरुणोंमें इसकी ओर विशेष आकर्षण होता था। वायसरायपर बम फेंक कर रासबिहारी बोस हाथसे निकल गये थे; लेकिन उनके साथियोंपर इसी समय दिल्लीमें मुकदमा चल रहा था, जिसका परिणाम कुछको फाँसीके रूपमें होनेवाला था। हमें यह आशा थी, कि वह भी किसी दिन पकड़े जायँगे।

अभिलाष चाहे हमारे साथ बराबर नहीं पढ़े, पर हमसे उनका सम्पर्क बराबर बना रहा, और घनिष्टता कम होनेकी जगह बढ़ती ही गई।

मालूम हुआ मैं लाहौरमें हूँ, तो अभिलाष एक दिन वहाँ चले आये और कुछ दिनोंमें मोटर ड्राइवरी सीख कर ड्राइवरीका लाइसेन्स भी ले लिया। १९१९के अप्रैलमें मेरे जिम्मे बलदेव भाईकी बहिन और रामगोपाल भाईकी पत्नीको लाकर कन्या महाविद्यालय जालन्धरमें दाखिल करानेका काम सपुर्द हुआ। मैं जाते वक्त अभिलाषके गाँव

ढकियाबरा (जिला शाहजहाँपुर)में चला गया। गाँव स्टेशन (शायद तिलहर)से काफी दूर था। बीचमें नदी भी पार करनी पड़ी। अभिलाष आतंकवादियोंके सम्पर्कमें आ चुके थे। अपनेको छिपानेके लिये उन्होंने शाहजहाँपुरके एक सरकारपरस्त रईस के यहाँ मोटर ड्राइवरी कर ली थी। एकाध मित्र पकड़े गये थे, इसलिये उनको अपनेको छिपानेकी बड़ी चिन्ता थी। अपने यहाँ शराबकी बोतलें रख रक्खी थीं, ताकि मालूम हो कि ऐसा शौकीन आदमी कभी बम-पिस्तौलके रास्तेमें नहीं पड़ सकता। पिस्तौल अब भी उनके पास थी। यह ख्याल शायद उनको अपने जीवनकी एक नई घटनाके कारण हुआ था। किसी परिवारमें उनका जाना-आना होता था। परिवारकी तरुण बहूसे उनका प्रेम हो गया और उसके आग्रहपर उसे साथ लेनेके लिये मजबूर होना पड़ा। वह तरुणी इस समय ढकियाबरामें उनके घरमें थी। अभिलाषकी माता बहुत ही सौम्य प्रकृतिकी महिला थीं, अपने पुत्रको बहुत प्यार करती थीं। उसके रंग-ढङ्गको न समझ पाती थीं, न पसन्द करती थीं, लेकिन पुत्रस्नेहके कारण बेबस थीं।

अभिलाषको मशीनोंसे बड़ा शौक था। वस्तुतः यदि उन्हें इस तरफ बढ़नेका मौका मिला होता, तो वह अपना जौहर दिखाये बिना नहीं रहते। पर, अँग्रेजी छठे-सातवें दर्जे से आगे पढ़ नहीं सके थे। आगे बढ़नेके लिये कमसे कम मैट्रिक पासकी तो नितांत अवश्यकता थी ही। हवाई जहाज अभी-अभी हिन्दुस्तानमें आये थे। उन्होंने चाहा कि उसके चालककी शिक्षा प्राप्त करूँ। किसी राजाके पास हवाई जहाज था। अभिलाष अधिकारीसे मिल कर चुपके-चुपके कितनी ही बातें सीखते रहे, लेकिन उससे कहाँ काम हो सकता था ! इसी यात्रामें निश्चय हुआ, कि वह मेकेनिकल इंजीनियर बनें। अन्तमें उन्होंने उसका सर्टिफिकेट प्राप्त भी कर लिया। पर, उनके रास्ते चारों ओरसे रुके हुये थे। हाथ-पैर कितने ही मारे, लेकिन फल कुछ नहीं हुआ।

अन्तिम बार अभिलाषको मैंने १६२६ ई०में देखा। वह हापुड़ या गाजियाबाद (मेरठ जिला)में किसी मोटर मालिकके यहाँ ड्राइवर और मरम्मत करनेका काम करते थे। उनकी एक लड़की थी। पत्नीके साथ सम्बन्ध अब मधुर नहीं रह गया था। अभिलाष अपनी जिम्मेवारीको छोड़नेके लिये तैयार हों, ऐसा हृदय ही उनको नहीं मिला था। अब आगे उड़नेके सारे संकल्प खतम हो गये थे, पारिवारिक जीवन भी दुस्सह हो गया था। पर, लड़कीका ख्याल उनको बराबर रहता था।

उसके बाद भाई भगवतीके पत्रसे मालूम हुआ—"अभिलाष दो टुकड़ोंके लिए ईसाई हो गया, पत्नी और लड़की सहित।" जिसने कभी आर्यसमाजीके तौरपर बाइबलका अध्ययन करके ईसाइयोंके धर्मका खंडन करना अपना कर्त्तव्य समझा था, उसमें यह परिवर्तन। भगवती भाईने लिखा था : मैंने उसे कुत्ता और क्या-क्या कह करके फटकारा था और उसने सिर झुका कर सब सुन लिया था। इसे सुन कर अभिलाषके प्रति मेरा हृदय भर आया। मैंने समझ लिया, जरूर अपनी लड़कीके भविष्यका ख्याल

करके अभिलापने ऐसा किया होगा। कुछ सालों बाद यह भी पता लगा कि अभिलाप अब इस संसारमें नहीं रहे। अद्भुत प्रतिभा लेकर वह पुरुप दुनियामें आया था, लेकिन जैसी दुनिया उसे मिली थी, उसमें उसके आगे बढ़नेका कोई रास्ता नहीं मिला और असफलताओं तथा निराशाओंका मुख देखते उसे महाप्रस्थान करना पड़ा।

३. भगवतीप्रसाद—भगवती भाई भी मुसाफिर विद्यालयमें हमारे तरुणाईके साथ स्वप्न देखनेवालोंमें थे। मैंने उर्दू हिन्दी किताबोंसे पढ़ी थी। फिर घुमक्कड़ीमें उसे बोलनेका अभ्यास हुआ। मेरी मातृभाषा भोजपुरी थी, इसलिये हिन्दी बोलना-समझना मेरे लिये काफी मुश्किल काम था। तो भी १९१५ ई०में मुसाफिर विद्यालयमें पहुँचनेके समय मैं अब हिन्दीमें पीछे नहीं था। पर, यहाँ मुझे उस हिन्दीको सुननेका मौका मिला, जो कि उसके अपने क्षेत्रमें बोली जाती है। भगवती भाई और उनके अनुज मुरारी (माणिकचन्द) बुलन्दशहरके कोटा गाँवके रहनेवाले थे, जो खड़ी बोलीके क्षेत्रमें हैं। वह अपने ठेठ गाँवकी बोली नहीं बोलते थे, तो भी उनकी भाषामें ऐसी लचक और बेपर्वाही देखनेमें आती थी। मेरे सहपाठी मुंशी मुरारीलाल सकलडीहा (बनारस) के पासके रहनेवाले मेरी ही तरह भोजपुरीभाषी थे। उन्होंने उर्दू मिडल पास किया था, किन्तु उनकी भाषा भोजपुरीके प्रभावसे मुक्त नहीं थी। वह कभी-कभी ऐसे शब्द या मुहावरे बोल देते, जिसे भगवती पकड़ लेते। फिर संस्कृतके ज्ञानके बलपर मैं मुरारी भाईके पक्षका समर्थन करता। पर, अपने मनमें तो जानता ही था, कि हिन्दी भाषाके लिये प्रमाण हम और मुरारी भाई नहीं बल्कि भगवती भाई हैं, जिनके गाँव-पुरकी वह मातृभाषा है।

मुसाफिर विद्यालयमें रहते भगवती भाईके साथ हमारा सदाकेलिये घनिष्ठ और मधुर सम्बन्ध स्थापित हो गया। हमारे रास्ते अलग हुये, हमारे बीच देश कालका अन्तर पड़ गया; किन्तु वह पुराना सम्बन्ध अब भी उतना ही लोकप्रिय है। जब कभी भगवती भाई की चिट्ठी मिल जाती है, तो एक विचित्र हर्ष और उत्कण्ठा पैदा हो जाती है। १९१६ ई०के आरम्भमें मैंने आगरेसे लाहोरके लिये प्रस्थान किया। भगवती भाई अपने गाँव कोटामें उस समय थे। ऐन होलीके दिन पहुँच कर दो-तीन दिन उनके यहाँ रहा। हिन्दीभाषी क्षेत्र (कुरुक्षेत्र) के गाँवोंके जीवनको नजदीकसे देखनेका इस समय मुझे सबसे पहले अवसर मिला। खेतोंमें होले तैयार थे। हम होले भूनकर खाते थे। भगवती भाईकी पहली पत्नी उस वक्त मौजूद थीं। उनके हाथकी मकईके बारीक आटेकी रोटी मैंने खाई, वह जीवनमें भूल नहीं सकती थी। मकईकी रोटी ऐसी बन सकती है, इसपर मुझे विश्वास नहीं हो सकता था।

मुसाफिर विद्यालयके बाद एक बार फिर भगवती भाई के साथ काम करनेका मौका मिला। बुन्देलखण्डमें स्वामी ब्रह्मानन्दकी प्रेरणासे उनके पुत्रद्वय—श्री पन्नालाल और श्यामलाल—ने कुछ हजार रुपये विद्यालयकेलिये देनेका निश्चय किया।

विद्यालय आगरेके मुसाफिर विद्यालयके ढंगका खोला जानेवाला था। भाई महेशप्रसाद लाहोरमें पढ़नेमें लगे हुये थे। उन्हें "मौलवी फाजिल" होना था, इसलिये वह स्वयं इस भारको सँभाल नहीं सकते थे। उन्होंने पहले भगवती भाईको महेशपुरा (जिला जालौन) भेजा। भगवती भाईने कई महीने तक बड़ी तत्परताके साथ गाँव-गाँवमें फिरकर प्रचार करते स्थान ठीक किया, इसके बाद मैंने जाकर विद्यालयका आरम्भ करते उसका काम सम्भाला। भगवती भाई इसके बाद अधिक दिनों तक वहाँ नहीं ठहरे।

भगवती भाई शिकन्दराबाद गुरुकुलमें पढ़े नहीं थे, लेकिन उसके संस्थापक पं० मुरारीलाल शर्मा और दूसरों के बारेमें काफी जानते थे। इस विषयमें हमारी अभिज्ञताको बढ़ाते रहते थे। उस समय आर्यसमाज कई बातोंमें उत्तरी भारतमें प्रगतिशीलताका प्रतीक था। पर, बाबू और ब्राह्मण पार्टीका शिलारोपण प्रदेशमें उस समय हो चुका था। गुरुकुल काँगड़ी बाबू (अब्राह्मण) पार्टीका गढ़ था, और ज्वालापुर महाविद्यालय ब्राह्मण-पार्टीका। पं० मुरारीलाल शर्माकी पढ़ाई उर्दू ही तक सीमित थी, पर वह बड़े सुवक्ता थे। वह भी ब्राह्मण पार्टीके समर्थक थे। ब्राह्मण आर्य समाजके मूर्ति-पूजा-विरोधी तथा दूसरे सिद्धान्तोंको माननेके लिये तैयार थे, लेकिन, उन्हें यह सह्य नहीं था, कि अब्राह्मण भी उनकी बराबरी करे। इसीलिये यह मतभेद खड़ा हुआ था, जो कभी-कभी उग्र हो उठता था। हमारे मुसाफिर विद्यालयमें भी इसका प्रभाव पड़ा था। विद्यालयके संस्थापक पं० भोजदत्त शर्मा, उनके पुत्र डा० लक्ष्मीदत्त ब्राह्मण-पार्टी के समर्थक थे। भगवती भाई अपने साथ इन भावोंको लेकर आये थे। मुझे यह बहुत बुरा लगता था। मैं जात-पाँत और वर्ण-व्यवस्थाका कट्टर विरोधी था। मैं इन विचारोंको आर्यसमाज और स्वामी दयानन्दके सिद्धान्तके विरुद्ध समझता था। भगवती भाईसे जब-तब इसके बारेमें झड़प हो जाती थी। पर, विरोध करनेवाला मैं स्वयं ब्राह्मण-कुलका था, इसलिये वह मन मसोस कर रह जाते। इसके बाद भगवती भाईसे भेंट कभी कुछ घंटोंकेलिये या पत्रों द्वारा ही होती रही। वह उस समयके साथ उड़नेवालोंमें थे, कितने ही प्रयासोंमें सहकारी रहे। पुराने साथियोंमें से अब भी वह मौजूद हैं।

२१. श्री सेमुएल ऐजक

१९५२-५३ में एक चिट्ठी मिली, जिसके लेखक प्रो० जगदीशचन्द्र आइजक, इलाहाबादके क्रिश्चियन कालेजके संस्कृत और हिन्दी-विभागके अध्यक्ष थे, भाषा प्रांजल हिन्दी थी और हृदय शुद्ध भारतीय। जगदीशचन्द्रने अपना परिचय देते हुये लिखा था, 'मैं आगराके बपतिस्त हाई स्कूलके हेड मास्टर आइजक साहबका एकमात्र पुत्र हूँ।' मेरी प्रसन्नताका ठिकाना नहीं रहा।

१९१५-१६ ई०में आगरेमें रहते वक्त जो मधुर स्मृतियाँ अब भी मेरे हृदयको आनन्दित करती हैं, उनमें आइजक साहबकी स्मृति बहुत ऊँचा स्थान रखती है। मुसाफिर विद्यालय, मुख्यतः मुसलमानों और ईसाइयोके ऊपर जबर्दस्त प्रहार करनेकेलिये तथा हिन्दू धर्मकी रक्षाकेलिये कायम हुआ था। इसी लड़ाईके हम भवभावी सैनिक थे। हमारे मनमें यही भाव डाला जा रहा था, कि इस्लाम और ईसाई धर्मकी हमारे देशको अवश्यकता नहीं। उनके कारण हिन्दू धर्म खतरेमें है। शुद्धि करके सबको हमें आर्य बना लेना चाहिये। इस मनोभावके कारण यही आशा हो सकती थी, कि हम हरेक मुसलमान और ईसाई से घृणा करते होंगे। पर, यह बात बिल्कुल ठीक नहीं थी। मुसलमानोंके घनिष्ठ सम्पर्कमें आनेका उस समय हमें उतना मौका नहीं मिला, पर ईसाइयोंके सम्पर्कमें जरूर आये। शंका-समाधान या शास्त्रार्थके वक्त हम मुर्गोंकी लड़ाई लड़ते थे, पर उसके बाद ही भाई-भाई बन जाते थे। कालपीमें वहाँके ईसाई प्रचारकको विश्वास नहीं हुआ, जब हमने उन्हें भोजनकेलिये निमंत्रित किया और अपने साथ बैठा कर भोजन किया। शायद ऐसा भाव पैदा करनेमें भाई महेशप्रसाद भी कारण थे।

आइजक साहबके साथ सबसे पहले उन्हींका परिचय हुआ था, फिर मैं भी उनके घर जाने लगा। बपतिस्त हाई स्कूल आगरेका उस समय एक अच्छा स्कूल था। इसके हेडमास्टर आइजक साहब बड़े ही मिलनसार और सरल स्वभावके थे। उनके घरमें जो उदाहरण मुझे देखनेको मिला, उसने अपनी अमिट छाप छोड़ी। आइजक साहबके पिता ब्राह्मणसे ईसाई हो गये थे। आइजक (इसहाक) विदेशी नाम शायद ईसाई बनानेवाले पादरीने दिया था। ठीक नहीं कह सकता, पर शायद लड़कपनका नाम शामलाल था, जिसे सेमुएल कर दिया गया। आइजक साहबकी बृद्धा माता अपने धर्मपर आरूढ़ थीं, यद्यपि पुत्र और बहू ईसाई धर्मको माननेवाली थी। बेचारी बृद्धा

मनमें चाहे कुछ भी समझती हो, पर बाहरसे तो ईसाई धर्मको बुरा-भला नहीं कह सकती थी। बहू ज्यादा अपटुडेट और धर्ममें कट्टर थीं, लेकिन पुत्र अपनी माताका अनन्य भक्त था, माताके विचारों और हृदयको जरा भी ठेस न लगे इसका बहुत ख्याल रखता था।

धार्मिक मतभेद कितना ही कठोर हो, तब भी आदमी-आदमीके बीच स्नेह स्थापित हो सकता है, इसकी शिक्षा मुझे आइजक साहबसे मिली। आइजक साहब मुझसे ज्यादा ज्ञान-वयोवृद्ध, ग्रेजुयेट और एक हाई स्कूलके हेडमास्टर थे। हमारे धार्मिक विचारोंका कभी जिक्र ही नहीं आया।

माता बड़ी सीधी-सादी ब्रजकी बुढ़िया थीं। उनकी अपने धर्ममें बड़ी आस्था थी, चाहती थीं, कि एक बार चारों धाम हो आयें। मैं पौने चार धाम हो आया था। अहमदाबादसे द्वारिका जाना नहीं हो सका था, नहीं तो पूरे चार धामका तीर्थयात्री था। वह बोली—"बेटा, एक बार मुझे तीर्थ करा लाओ!" कितनी सरल और भाउक थीं। उनकी इच्छाको पूर्ण करना हमारे बससे बाहरकी बात थी, अथवा अपनी पढ़ाई छोड़ कर दो-चार हफ्तेकेलिये गैरहाजिर होना हमने पसन्द नहीं किया, अथवा आर्य-समाजी विचारोंने जोर मारा, जिसके कारण लकड़ी-पत्थर पूजनेसे घृणा थी। कुछ भी हो, वृद्धा माताकी इच्छा हम पूर्ण नहीं कर सके। आइजक धर्ममें ईसाई थे, अब भी ईसाई हैं, पर वह पूरे भारतीय थे। जिस समयकी मैं बात कह रहा हूँ, उस वक्त बाहर जाते समय वह कोट-पेन्ट भी पहनते थे। अब ७० वर्षके, किन्तु चलते-फिरते स्वस्थ वृद्धके शरीरपर धोती-कुर्ता रहता है। मुँहपर सफेद बड़ी-बड़ी मूँछें और सिरपर कुछ बढ़े हुये सफेद बाल हैं, जिनको देखकर कौन कह सकता है, कि वह किसी भी हिन्दूसे कम भारतीय हैं। अपनी संस्कृतिका आदर और स्नेह उन्होंने अपने इकलौते पुत्रका नाम जगदीशचन्द्र रख करके किया, उसे संस्कृत हिन्दीमें एम० ए० कराया।

जगदीशचन्द्र हिन्दीके कवि भी हैं और अभी बिल्कुल नौजवान हैं। आगे बढ़नेका रास्ता बिल्कुल खुला हुआ है। उनकी दादीके सरल स्वभावका जो उल्लेख मैंने अपनी "जीवन-यात्रा" में किया था, उसको पढ़ कर बचपनकी कितनी बातें याद आई होंगी। मेरी पुस्तकोंके जंगलमें जगदीशचन्द्र हीका काम था, जो उन्होंने "जीवन-यात्रा" को ढूँढ़ कर पढ़ा। आइजक नामसे भ्रम होनेकी कोई गुँजाइश ही नहीं थी। वह उनके पिताका ही उल्लेख था।

जीवनमें यह पहली बार था, जब धार्मिक मतभेदके प्रति इतनी सहिष्णुताका पाठ मुझे पढ़ना पड़ा। मुझे अपने नानाकी बातें याद आती थीं, जो खाने-पीनेमें छूत न रखनेके कारण एक राजपूत डाक्टरको क्रिस्तान समझ कर परमपतित समझते थे। आजकी पीढ़ी उस कट्टरताको नहीं समझ सकती, जो मेरे बचपनमें भी मौजूद थी। आइजक महाशय मेरे सामने एक आदर्श भारतीयका उदाहरण पेश कर रहे थे। धर्म

बदलनेसे संस्कृति नहीं बदलती, अपने पूर्वजोंके यश-अपयशकी जिम्मेवारीसे आदमी मुक्त नहीं हो जाता। आज भारतीय संस्कृतिमें डूबे कितने ही ईसाई मिलते हैं। बंगालके एच० सी० मुकर्जीका अभी देहान्त हुआ। उस दिन हालैंड हाल (इलाहाबाद)के अध्यक्ष श्री चक्रवर्तीको देखा। वह अपने शुभ भारतीय भेसमें कितने आकर्षक मालूम होते थे। वेष भी बदलता रहता है। मेरे समय कालेजोंमें भी लड़के अपनी पोशाकमें जाते थे, अब उनमेंसे अधिकांश कोट-पेन्ट पहनते हैं। कोट-पेन्ट पश्चिमसे भले ही आया हो, लेकिन वह पश्चिमकी नहीं, बल्कि आधुनिक युगकी देन है, वैसे ही जैसे रेल और मोटर। पश्चिमकी पोशाक क्या थी, इसके लिये क्लाइव और वारेन हेस्टिंग्सकी तस्वीरें देखिये।

३५-३७ वर्ष बाद अपने पुत्रसे मेरे बारेमें आइजक महाशयने सुना। चिरवियुक्त वृद्ध मित्रोंको एक दूसरेके मिलनेकी बहुत उत्कंठा होती है। उनके घनिष्ठ मित्र मौलवी महेशप्रसाद अब दुनियामें नहीं रहे थे। तीनों एक साथ मिले होते, तो कितना अच्छा रहता। मैंने जगदीशचन्द्रको लिख दिया था प्रयागमें आऊँगा। प्रयाग गया और अपने वृद्ध मित्रको देखा। नमस्कार करना पर्याप्त नहीं था, दोनों छाती लगा कर मिले। शायद अब पिता अधिकतर अपने पुत्रके साथ ही रहते हैं। रहना ही चाहियें, अकेले रहनेमें एकान्त अनुभव करते। इस साल (१६५६में) प्रयाग गया। साहित्य-गोष्ठीका विज्ञापन पढ़ा, तो जगदीश अपने पिताके साथ आये। फिर दोनों मिले।

२२. श्री "खुरसन्द"

जिस समयकी मैं बात करता हूँ, उस समय वह स्वामी आनन्द नहीं हुए थे। स्वामी आनन्द होनेके बाद मैंने फिर उनके दर्शन नहीं किये, यद्यपि उन्होंने अपना आश्रम इसी देहरादून जिलेमें बनाया है। १६१६ ई०में मैं एक अपरिचित तरुणके तौरपर लाहौर पहुँचा। शायद आगरेसे कुँवर बहादुरसिंहने परिचय-पत्र लिख दिया था, अथवा बिना परिचय-पत्रके ही मैं खुरसन्द साहबसे मिला। वह पंजाबके आर्य-समाजके मुखपत्र "आर्य गजट" के सम्पादक थे। उनसे पहली बार और पीछे जब-जब मिला, उससे यह मालूम हो गया, कि उन्होंने अपनी उपाधि "खुरसन्द" बिल्कुल ठीक रक्खी है। हर वक्त उनका चेहरा मुस्कुराता रहता था, मिलने पर पूछते थे—"खुरसन्द तो हैं।" लाहौरमें जाकर मैं पहले एक मित्रके पास शहरके भीतर ठहरा था। पर, मुझे डी० ए० वी० कालेजके संस्कृत विभागमें पढ़ना था, और ऐसे वातावरणमें रहना चाहता था, जहाँ पढ़ने-पढ़ानेकी चर्चा ज्यादा हो। एक-दो मुलाकातके बाद ही खुरसन्द साहबने कहा—"यहीं चले आइये।" अनारकली आर्यसमाजके ऊपर बिस्तरा बिछाने भरकी जगह मिलनी मुश्किल नहीं थी। मैं वहीं चला आया। खुरसन्द बहुत बेतकल्लुफ थे। बिना भूमिकाके उनकी बात सुन कर अजनबीके हृदयमें कुछ दूसरा ही भाव पैदा हो सकता था। मेरे पास न पैसा-कौड़ी था, और न अभी छात्रवृत्ति ही मिली थी। खुरसन्दजीने उजुर करनेका मौका भी नहीं दिया, और मैं उजुर कर भी क्या सकता था? पासकी गलीमें "पैसा अखबार" के सामने वैष्णव होटलोंकी पाँती थी। लाहौरमें उस समय वैष्णव होटलका अर्थ था निरामिष भोजनालय। होटलवाले बराबर खानेवालोंका हिसाब महीनेमें कर लेते थे। गरम-गरम फुलके, दाल, दो भाजियाँ, चटनी और इतवारके दिन खीर भी दिया करते थे। घीका बन्दोबस्त खानेवाले अपनेआप करते थे। ताला लगनेवाले टिनके डब्बेमें हरेक आदमी अपना घी वहीं रख छोड़ता था। खाते वक्त कटोरीमें निकाल कर दे देता था, और रोटी बनानेवाला दाल-भाजी तुड़क कर इच्छा होनेपर फुलकोंमें भी घी लगा कर दे देता था। पहले दिन खुरसन्द साहबने यह सब अपने आप किया। खा-पी कर चले, तो कहने लगे—"तकल्लुफ करनेकी जरूरत नहीं, हम लोग कभी आगे-पीछे भी आ सकते हैं। यह लीजिये दूसरी चाबी, डब्बेमेंसे घी निकाल कर खाना खा जाइये।" यह रेगिस्तानमें भूले-भटके आदमीको घनी छायाके नीचे बैठा कर ठण्ढे शर्बतका पिलाना था।

खुरसन्द साहबका जन्म पंजाबके जलालधुर जट्टा कस्बेमें हुआ था। वह तरुणाई में आर्यसमाजके विचारोंसे प्रभावित हुए। उस समय डी० ए० वी० कालेज जैसी कितनी ही आर्यसमाजी संस्थाएँ तपे हुए तपस्वियोंका आश्रम बनी हुई थीं। सुशिक्षित तरुण अपने भविष्यकी सभी खुशहाली और बड़ी-बड़ी उमंगोंको छोड़ कर निर्वाहमात्रपर काम करते थे। महात्मा हंसराज ऐसे ही तपस्वी थे, जिन्होंने डी० ए० वी० कालेजकी स्थापनाके समयसे उसकी सेवा की, और उन्हींके हाथों वह एक विशाल कालेजके रूपमें परिणत हो गया। खुरसन्द के हृदयमें क्यों न सेवाके भाव पैदा होते? उन्होंने अपनी लेखनी आर्यसमाजकी सेवाके लिये अर्पित की, और "आर्य गजट" का सम्पादन कर रहे थे। मैं कुछ ही दिनों बाद विशारद श्रेणीमें भर्ती हो गया। आश्रममें रहनेके लिये स्थान और छात्रवृत्ति भी मिल गई, पर खुरसन्दजीसे मुलाक़ात बराबर होती रही, उस यात्रामें और लाहौरकी पिछली यात्राओंमें भी। शायद उनके कहनेपर मैंने भी कुछ लेख लिखे थे। वह देखते थे, इस तरुणमें आर्यसमाजके प्रति स्नेह है और उसके मिशनके प्रचार करनेकी धुन है। यह दोनों बातें हममें एक समान थीं। आज भी वह आर्यसमाजके एक प्रतिष्ठित संन्यासी हैं, और मैं कहाँ चला गया—अब पूरा नास्तिक हूँ।

यद्यपि मुझे आगे चल कर हिन्दीका लेखक बनना था, लेकिन उस समय मैं इसे नहीं जानता था। कितने ही लेख लिखे थे, लेकिन एक-दोको छोड़ कर सभी उर्दू में थे। खुरसन्द साहबकी लेखनीमें बड़ी शक्ति थी। वह बड़ी चुभती और फड़कती भाषा लिखते थे। उनकी भाषाने मुझे अवश्य प्रभावित किया। पिछली यात्रामें देखा कि खुरसन्द साहबने अपना एक दैनिक "मिलाप" निकाल लिया है। देखते-देखते "मिलाप" लाहौरके प्रमुख अखबारोंमें हो गया। फिर उर्दू के गढ़से उसका हिन्दी संस्करण निकलना शुरू हुआ। घाटेका सौदा था पर, खुरसन्द हिन्दी ही पढ़ सकनेवाले पाठकों-पाठिकाओंको वंचित नहीं रखना चाहते थे। राष्ट्रीय भावना और देशकी आजादीका ख्याल उन्हें आर्यसमाजसे मिला था। इसका प्रभाव उनकी अगली पीढ़ीपर पड़ा, और लड़का अपने उग्र राजनीतिक विचारोंके कारण सरकार का कोपभाजन हुआ। पिता भी तो अपनी जवानीमें इसी तरहका सपना देखा करते थे।

२३. पं० सन्तराम

१९१६ ई०में मैं पहली वार लाहौर पहुँचा। मेरे मित्रने जिस सन्तरामके लिये परिचय-पत्र• दिया था, वह दूसरे उर्दूके एक मासिक पत्र के संपादक थे। लाहौरमें अपरिचित जानेपर भी परिचितोंकी संख्या बड़ी तेजीसे बढ़ी और कुछ समानधर्मा ऐसे मिले, जिनसे उस समयका सम्बन्ध बन्धुतामें बदल गया। बलदेव चौबेको मैंने पहलेपहल मुसाफिर विद्यालयमें देखा था। तब वह किसी हाई स्कूलमें मेट्रिकके छात्र थे। कुछ-कुछ मेरी भी मानसिक स्थितिमें पहुँच कर उन्होंने अँग्रेजी पढ़ना छोड़ दिया और लाहौरमें आकर संस्कृत पढ़ने लगे। मैंने पीछे उनको मोड़ा, और हाई स्कूलमें भर्ती करा कर छोड़ा। बलदेव चौबे और मिस्टर के० सोमयाजुलू दोनों अनारकलीके वंशीधरके मंदिरके एक बरांडेको दखल किये हुए थे। उनके पास रखनेके लिये सामान ही क्या था? किताबोंके लिये दीवारमें लगी आलमारी मिली थी। सोनेके लिये उससे अच्छा स्थान ही नहीं मिल सकता था—महाराजा रणजीतसिंहके पुरोहितका मन्दिर था। कह नहीं सकता, उस समय ही मन्दिर और उसके फर्शमें सङ्गमर्मर लगे थे, या पीछे। फर्श बहुत साफ था, साथ ही गर्मियोंमें उसपर सोनेमें एक अजब आनन्द मालूम होता था। वहीं बैठे-लेटे हम लोग अपने भविष्यका स्वप्न देखते थे। मैं आर्य धर्म-प्रचारक बनना चाहता था, मेरे दोनों मित्र भी उसी तरहका कोई आदर्श अपने सामने रक्खे हुए थे। बलदेव चौबेने पीछे अपना जीवन लाला लाजपतराय द्वारा स्थापित लोक सेवक समाजको दे दिया। हरिजनोंमें अन्तिम साँस तक वह काम करते रहे, और जन्मस्थानसे दूर नहीं, बल्कि अपने गाँवमें जाकर उन्होंने अछूतोद्धारका झण्डा फहराया। लोग पागल कहते थे, पर वह पागल नहीं थे। वह अन्तमें स्वामी सत्यानन्दके नामसे प्रसिद्ध हुए। सोमयाजुलूको हम लोग मिस्टर कहा करते थे। वह आन्ध्र देशके रहनेवाले थे। भटकते हुए उत्तरमें चले आये और लाहौरमें स्वावलम्बी होकर बड़ी तपस्याके साथ पढ़ते थे। बी० ए० में फेल हो गये, फिर उनको डिग्रीकी इच्छा नहीं रह गई। पहले देश समाजसेवाने उन्हें अपनी ओर आकृष्ट किया। फिर मानसरोवरके यात्री स्वामी प्रणवानन्द बन गये। आज भी जब उनके रूपकुण्डपर पहुँचनेकी बात पढ़ता हूँ, तो उनके स्वास्थ्यपर ईर्ष्या होती है। वह सदा दुबले-पतले रहे, लेकिन जान पड़ता है, उनका ढाँचा हड्डियोंका नहीं, लोहेका है, और रक्त-मांसकी जगह किसी दूसरी ही धातुसे वह मढा गया है।

हम तीनों मित्र एक दिन वहीं मन्दिरके सङ्गमर्मरके फर्शपर बैठे हुए थे, कि

पं० सन्तरामसे पहलेपहल साक्षात्कार हुआ। शायद दूसरे मित्रोंमेंसे किसीसे वह पहले मिल चुके थे, इसलिये हमारी मण्डलीके अपरिचित नहीं थे। यह शायद १९१८ ई० का समय था। वह भी आर्यसमाजी तरुण थे। लेखकके तौरपर उनकी ख्याति भी हो चुकी थी। हमारे लिये करनेकी और बात ही क्या हो सकती थी—कभी समाज और उसके मिशनकी चर्चा छिड़ जाती, कभी देशकी आजादी और कभी सामाजिक विषमता की। सन्तरामजी जात-पाँतके सदा कट्टर विरोधी रहे। पीछे तो जात-पाँत तोड़क सभाके वह आधार बने और इसके लिये उर्दूमें "क्रान्ति" पत्रिका भी निकाली।

१९१९ ई०में वह जालन्धर कन्या महाविद्यालयमें अध्यापक तथा उसकी मुख्य पत्रिका "भारतीय"के सम्पादक थे। मेरा पहला लेख मेरठमें मासिक "भाष्कर"में निकला था, उसके बादके, सो भी यात्रा-सम्बन्धी, पहले लेख "भारती"में निकले थे। यह एक साल बादकी बात है। बलदेव चौबेकी बहिन महादेवीजीको पढ़ानेकी प्रेरणा ही दी थी। अपनी बालविधवा बहिनके जीवनको समाजके लिये अधिक उपयोगी बनानेके लिये चौबेजी एक-दो साल पहले कानपुरके एक आश्रममें रख आये थे। महादेवीजीकी आगे पढ़नेकी इच्छा थी, जिसका वहाँ कोई प्रबन्ध नहीं था। भाई रामगोपालजीकी पत्नी भी हमीरपुरमें रह कर कुछ पढ़ गई थीं, उन्हें भी आगे बढ़ाना था। मित्रोंकी सलाह हुई, कि शास्त्री परीक्षाके खतम होते ही मैं जाऊँ, और कानपुर तथा हमीरपुरसे दोनों महिलाओंको लाकर कन्या महाविद्यालयमें दाखिल कर दूँ। सन्तरामजीने वहाँ दाखिलेका प्रबंध कर रक्खा था। परीक्षाके अन्तिम पत्रको समाप्त करनेके बाद मैं कानपुरकी ओर भागा। रास्तेमें ही जलियाँवाला हत्याकाण्डकी खबर लगी। भाई रामगोपालकी पत्नी सङ्कोचवश नहीं आईं, पर मार्शल लाकी खबर सुन कर भी मैं बहिन महादेवीको लेकर चल पड़ा, और आशा-निराशामें झूलते जालन्धर पहुँच गया।

बहिनजीको आश्रममें भर्ती करा दिया; पर मार्शल लाके कारण लाहोरका रास्ता बन्द था। सन्तरामजीने यद्यपि घुमक्कड़ी धर्मको स्वीकार नहीं किया था, पर वह थे मस्तमौला। हम लोग शामके वक्त किसी ढाबेमें जा तन्दूरकी रोटी खाते। पहलेपहल कलकत्ताकी प्रथम यात्रामें तन्दूरकी रोटियाँ जो मुँह लगीं, तो जीवन भर उनका स्वाद कभी नहीं भूल सका। साबुत ऊड़दकी दाल, इमली-प्याजकी चटनी और गर्मागरम तन्दूरकी रोटी। पहले शायद रोटियाँ पैसे-पैसे मिला करती थीं। उस वक्त आटा सस्ता होनेसे वह बड़ी-बड़ी होती थीं, और दो हीमें पेट भर जाता था। फिर अनाजके भावके बढ़नेके साथ रोटियोंका आकार घटने लगा। प्रथम विश्व-युद्धने हरेक चीजका दाम बढ़ा दिया था, लेकिन आजके मुकाबिलेमें उस समय चीजें सस्ती थीं।

सन्तरामजी जिन्दादिल थे। कह लीजिये—खरबूजेको खरबूजा देखकर रङ्ग पकड़ता है, मैं भी उसमें उनका साथ देनेवाला था। जलन्धरमें उस समय तरुण ब्रह्मचारी प्रियव्रत ठहरे हुये थे। हिन्दी, शायद उर्दू भी जानते थे। सहारनपुरके रहनेवाले थे। आर्यसमाज-

के विचारोंने आग लगा दी। पैतृक सम्पत्तिका दान-पुण्य करके निकल पड़े। उन्होंने अपने सामने आदर्श रक्खा था—बिल्कुल स्वामी दयानन्दकी बतलाई विधिसे संस्कृत शास्त्रोंको पढ़ूँगा—लघुकौमुदी, सिद्धान्तकौमुदी अनार्ष ग्रन्थ हैं, मुझे अष्टाध्यायी और महाभाष्यके दरवाजेसे संस्कृत प्रासादके भीतर घुसना है। इसी उद्देश्यको लेकर वह जहाँ-तहाँ घूमते जलन्धर पहुँचे। भोजनके लिये वह चार घरोंसे मधूकरी माँग लाते। बड़ा सीधा-सादा जीवन था, और भूतपूर्व प्यारेलालजी, अपने प्रियव्रतके नामको चरितार्थ कर रहे थे। ब्रह्मचारीजी गर्मीमें अब पहाड़की यात्रा करने जा रहे थे। हमारे दिमागमें खुराफात सूझी। योजना बनाई, ब्रह्मचारीजीको मानपत्र देना चाहिये। विदाई-सभामें ऐसे ही आदमी चाहिये थे, जो रंगमें भंग न करें। हम दोनोंके अतिरिक्त तीसरे आदमी आर्यसमाजके मन्त्री थे। वह भी इसलिये बुला लिये गये थे, कि ब्रह्मचारीजीको हमारे षड्यंत्रका पता न लगे। हमने बड़े परिश्रमसे सारगर्भित अभिनन्दन-पत्र तैयार किया। विदाई-भोजके लिये मिठाई या दूसरी कोई चीज नहीं, सिर्फ तेलकी पकौड़ियाँ थीं। ब्रह्मचारीजीको कुर्सीपर बैठा दिया गया, फिर सन्तरामजीने अभिनन्दन-पत्र पढ़ना शुरू किया—

"···हम याद करके तड़प-तड़प कर मरेंगे, जब आपकी खड़ाऊँपर खट्-खट् कर चलती सूरत स्मरण होगी।···जब आपकी गगनचुम्बिनी शिखा···"

ब्रह्मचारी प्रियव्रत सरल स्वभावके थे, पर बेसमझ नहीं थे। उन्होंने जान लिया मजाक उड़ाया जा रहा है। वह कुर्सीसे उठने लगे, हम लोग उनकी विनती कर रहे थे। मन्त्रीजी अलग लाल-पीली आँखें करने लगे—"ब्रह्मचारीको तेलकी पकौड़ी खिलाना किस शास्त्रमें लिखा है?" सचमुच ही पहले इसका ख्याल नहीं आया, नहीं तो शास्त्रके नामपर दो-चार श्लोक बना देना मेरे बससे बाहरकी बात नहीं थी। पचासों ऐसी तुकबन्दियाँ मैं कर चुका था। अभिन्दन-पत्र में अनुप्रासोंकी बहार थी, नख-शिखका वर्णन था। सारा अभिनन्दन-पत्र ब्रह्मचारीजी नहीं सुन सके। सुरक्षित रहता, तो आज भी उससे कुछका मनोविनोद होता, इसमें सन्देह नहीं। यद्यपि अभिनन्दन-सभामें शामिल होनेवाले हम चार ही आदमी थे, जिनमें ब्रह्मचारीजी अगले दिन चले गये थे, लेकिन कानोंकान इस बातकी खबर दूसरों तक भी पहुँची। भक्त रैमलजी वृद्ध और सम्माननीय पुरुष थे। उनकी फटकारको हमने सिर झुका कर सुना। उनका भी जोर था—"तेलकी पकौड़ी ब्रह्मचारीको?"

ब्रह्मचारी प्रियव्रत् पीछे आर्यसमाजके एक गम्भीर विद्वान् हुए। उन्होंने अपना सारा जीवन संस्कृत शास्त्रोंके अध्ययनमें लगा दिया। अब भी उनका आर्यसमाजके सिद्धान्तोंपर अडिग विश्वास है और ब्रह्ममुनिके नामसे लोग उनका बड़ा सम्मान करते हैं। यदि उस घटनाकी याद आती होगी, तो अब भी वह हम दोनोंको क्षमा करनेकेलिये तैयार न होंगे पर उनकी सादगी नहीं, बल्कि अतिने हमें इस परिहासकी प्रेरणा दी थी।

लाहौरका रास्ता अभी भी साफ नहीं था। सन्तरामजीने कहा—"चलें, हमारे घर हो आयें।" उनका घर होशियारपुरके पास हीमें पुरानीबस्सी गाँव था, जहाँ वह अपने बागवाले मकानमें अपने पत्नीके साथ रहा करते थे। मेरे वहाँ रहते ही उनको पुत्री पैदा हुई। पंजाबिन महिलाके स्वाथ्यको देखकर आश्चर्य होता था। सबेरे उन्होंने घरका सब काम-काज किया। भैंसका दूध भी दूहा और दोपहरको मालूम हुआ, लड़की पैदा हुई। जात-कर्म संस्कारका पुरोहित मैं बना और मैंने ही लड़कीका नाम गार्गी चुना। उस समय वैदिक धर्मका नशा ब्रह्मचारी प्रियव्रत्से थोड़ा ही कम मुझे था।

पुरानीबस्सी मेरे लिये बड़े आकर्षणकी चीज थी। वहाँके लोगोंका व्यापार लदाख ही नहीं, चीनी तुर्किस्तान तक होता था। कितने ही लोग फर्-फर् तुर्की बोलते थे। खुतन, यारकन्द उनके लिये होशियारपुर जैसे थे। हर साल लोग जाते-आते रहते थे। वहाँके रीति-रिवाज और लोगोंके बारेमें कितनी बातें बड़ी दिलचस्पीके साथ मैं सुनता रहा। जब उन्होने कहा—जाना मुश्किल नहीं है, हम आरामसे पहुँचा देंगे, तो मेरा मन मचलने लगा। लेकिन अभी ऐसी यात्राके लिये मैं तैयार नहीं था। शायद अब पासपोर्टका नियम हो गया था, इसलिये काम इतना आसान भी नहीं था। होशियारपुर अपने गुड़के लिये बहुत मशहूर है। लाल गुड़में चमकते स्फटिक देखनेमें भी सुन्दर और खानेमें भी स्वादिष्ट थे। वहीं सरसोंका साग खाते हुये मालूम होता था, मैंने कभी ऐसा साग नहीं खाया, यद्यपि फसलके वक्त बचपनसे ही मैं सरसोंका साग खाता आया था। यह हरा नहीं, सूखा साग था।

कई दिन गाँवका आनन्द लेनेके बाद हम जलन्धर चले। रेलके मिलनेकी सम्भावना न होनेसे रास्ता कुछ दूर पैदल और कुछ दूर ताँगोपर काटे। जलन्धरमें तब तक रुका रहना पड़ा, जब तक कि लाहौर जानेकी रेल नहीं खुली। लाहौर पहुँचनेपर भी अभी मार्शल-ला उठा नहीं था।

उनका एकमात्र होनहार पुत्र तरुणाईमें ही मर गया। उस समय मैं लंकामें था। पिताका विह्वल होना स्वाभाविक था। मैं क्या सान्त्वना दे सकता था? पीछे सन्तरामजीने लाहौरके कृष्णनगरमें अपना घर बनवा लिया और पहली पत्नीके मरनेपर एक महाराष्ट्र महिलाको सहधर्मिणी बनाया। कितनी ही बार लाहौर जानेपर मैं उस घरमें ठहरा। देशके बँटवारेके बाद सन्तरामजीका लाहौरवाला आशियाना हाथसे चला गया, पर उनका जन्मस्थान—पुरानीबस्सी—भारतमें है। लाहौरकी दूसरी प्रसिद्ध संस्था विश्वेश्वरानन्द वैदिक अनुसन्धान संस्थान उनके गाँवके पास साधु आश्रममें चला आया। आज इसी संस्थानकी पत्रिका "विश्व ज्योति" का वह सम्पादन कर रहे हैं। आर्यसमाजी रहते समय भी मैं जात-पाँतका घोर विरोधी रहा। यह बात हम दोनोंमें एक समान थी। आज भी उनकी वाणी और लेखनी जात-पाँतके खिलाफ आग उगलनेसे

बाज नहीं आती। जात-पाँत टूट जरूर रही है। समाज उसी जगह नहीं है, जहाँ आजसे पैंतीस वर्ष पहले था। पर, तोड़नेकी गति बहुत धीमी है, जिसके कारण सन्तरामजी जैसे पुरुषको सन्तोष नहीं हो सकता। सबसे पिछली बार शायद १६४८ ई०में उनके दर्शन अकस्मात् कानपुरमें हो गये। हर साल मन करता है, साधु आश्रममें कुछ दिनोंके लिये चलूँ जहाँ लाहौरके कई और भी पुराने मित्र अब स्थायी तौरसे वास करते हैं, लेकिन समय क्यों इतना दुर्लभ हो गया!

२४. पंडित बलदेव चौबे

एक और घनिष्ठ मित्र अब स्मृतिकी वस्तु रह गये। स्वामी सत्यानन्द मेरे अपने जिले आजमगढ़में पैदा हुए, लेकिन उनका परिचय मुझे अपने जिलेमें प्राप्त करनेका अवसर नहीं मिला। यह परिचय भी उस समय मिला, जब नहीं कहा जा सकता था कि उनका जीवन-पथ किस ओर जानेवाला था। प्रथम विश्वयुद्ध चलते एक ही साल हुआ था। १९१५ ई०के दिसम्बरमें स्वामी सत्यानन्द उस समयके बलदेव चौबे अपने एक तरुण मित्रके साथ वृन्दावन-गुरुकुलका वार्षिकोत्सव देखकर आगरा आये। उस समय आर्य-समाज एक सजीव संस्था थी, जिससे तरुणोंको बहुत प्रेरणा मिलती थी। तरुण बलदेव चौबे किसी तरह उसके सम्पर्कमें आ गये, इसलिये दोनों मित्र आजमगढ़से मथुरा-वृन्दावनका तीर्थाटन और देशाटनके लिये ही नहीं, बल्कि आर्यसामाजिक संस्थाओंको देखनेके लिये अपनी छुट्टियोंको लगा रहे थे। उन्हें आगराके अरबी-फ़ारसी पढ़कर आर्य-धर्मोपदेशक बनानेवाले आगरेके आर्य-मुसाफिर विद्यालयका पता लग गया था, इसलिये वह वहाँ आये। विद्यालयके प्रधानाध्यापक स्वर्गीय मौलवी महेशप्रसाद थे और उनके विद्यार्थियोंमें हम आधे दर्जनके करीब तरुण थे। आगरेमें अपने जिलेके दूसरे तरुणको देखना हम दोनोंके बीच साधारण परिचयसे अधिक सम्बन्ध स्थापित करनेके लिये पर्याप्त था। १९१५ ई०से १९५३ई० तक ३८ वर्षोंकी हमारी मैत्री रही। हमारे विचार कितनी ही बातोंमें एक दूसरेसे बिल्कुल उल्टे थे, लेकिन मुझे याद नहीं, कि कभी एक बार भी उसके कारण हमारे बीच किसी तरहका मनमुटाव हुआ हो। उनका स्नेह मेरे ऊपर कितना था और वह मेरे ऊपर अपना कितना अधिकार समझते थे, यह इसीसे मालूम होगा, कि १९३६-३७ ई० में जब कांग्रेस प्रादेशिक कौंसिलोंका चुनाव लड़ रही थी। उस समय प्रान्तीय कमेटीमें वह आजमगढ़के एक चुनाव-क्षेत्रसे मेरा नाम देना तै करवा आये। लोगोंने जब पूछा, कि यह खड़ा होना भी चाहेंगे, तो उन्होंने जवाब दिया—हाँ, जरूर अपने जिलेसे मेरा सम्बन्ध करीब-करीब १९१० ई० से छूट गया था, जबकि मैंने घुमक्कड़ीकी दीक्षा ली। उसके बाद जिस जिलेको मैंने अपना अधिकांश कार्यक्षेत्र बनाया, वह था बिहारका छपरा। मुझे जब उन्होंने कौंसिल-मेम्बरीके लिये खड़े होनेके लिये कहा और मैंने इन्कारमें जवाब दिया, तो उसे उन्होंने सहर्ष स्वीकार कर लिया।

१९१५ ई०के अन्तमें पहली बार हम दोनोंका साक्षात्कार हुआ था। उस

समय बलदेवजी शायद नवीं क्लासके विद्यार्थी थे। १९१६ ई० में जब मैं मुसाफिर विद्यालयकी पढ़ाई खतम कर अपनी संस्कृतकी पढ़ाईको आगे बढ़ानेके ख्यालसे लाहौर पहुँचा, तो देखा बलदेवजी भी वहाँ अनारकलीके एक मन्दिरमें डेरा डाले हुए हैं। अब तो लाहौरके रहनेके सारे समयमें हम दो शरीर और एक प्राण हो गये। मै विद्या या बुद्धिमें अपनेको उनसे बड़ा नहीं समझता था। आयुमें चार वर्ष मैं बड़ा था, लेकिन हरेक बातमें बलदेवजी मुझसे परामर्श लेते और मेरी बातोंकी कदर करते। बलदेवजी एक गरीब किसानके घरमें पैदा हुए। थोड़े-बहुत खेत थे, जिनकी आमदनीके बलपर उर्दू मिडल पास करनेके बाद अपने जिलेमें भी हाई स्कूलकी पढ़ाई करना उनके लिये मुश्किल था। फिर लाहौर जैसे खर्चीले और दूर देशके नगरमें पैसेके बलपर वह अपनी पढ़ाई कैसे कर सकते थे? लेकिन, केवल इस कारणसे उन्होंने अँग्रेजी छोड़कर संस्कृतका विद्यार्थी बनना स्वीकार नहीं किया। आर्यसमाजी उपदेशकोंके लम्बे-चौड़े भाषणोंको सुनकर उनके तरुण हृदयको विश्वास हो गया: "सभी सत्य विद्याओंके भंडार वेद हैं, जो संस्कृतमें हैं। इसलिये मुझे अपने जीवनका अनमोल समय अँग्रेजी जैसी म्लेच्छ भाषाको न देकर संस्कृत पढ़ना चाहिये।" आदर्शवादी बलदेवको सांसारिक आर्थिक महत्वाकांक्षा नहीं थी। संस्कृतके विद्यार्थीके लिये खाने-कपड़े या फीसकी समस्या नहीं थी। कितने ही और बड़े शहरोंकी तरह पञ्जाबकी राजधानी लाहौरमें संस्कृतके विद्यार्थियोंके निःशुल्क पढ़नेके लिये विद्यालय थे, और मुफ्त भोजन देनेके लिये क्षेत्र खुले थे। बलदेवजी अब अनारकलीके मोतीलाल मन्दिरकी परिक्रमामें एक खुले गलियारेमें रहते, क्षेत्रमें भोजन करते और लघुकौमुदी माताको घोखते। उनके साथ रहनेवाले और घनिष्ठ मित्र आन्ध्र-तरुण श्री कनकडंडी सोमयाजुलूको सामनेकी दीवारवाली आलमारी मिली। सोमयाजुलू आज कैलास-मानसरोवरके स्वामी प्रणवानंदके नामसे विख्यात हैं, और मानसरोवरके भौगोलिक अनुसन्धानमें उन्होंने काफी ख्याति प्राप्त की है।

मैं यद्यपि संस्कृतका विद्यार्थी था, और एक समय अँग्रेजीको म्लेच्छ भाषा कह कर मैंने भी उसे ठुकरा दिया था; तो भी सारे भारतकी एक यात्रा करनेके बाद मैं समझने लगा था, कि आजकलके अँग्रेजीका भी महत्व है। मिलते ही मैं अनुभव करने लगा कि बलदेवजी गलती कर रहे हैं उन्हें अंग्रेजी छोड़कर नहीं बल्कि अँग्रेजीके साथ पढ़ना हो, तो संस्कृत पढ़ें। यह समझानेमें कई दिन लगे और यदि मैं संस्कृतका विद्यार्थी और उनके जिलेका तरुण मित्र न होता, तो शायद ही वह अपने विचारोंको बदलते। मेरे प्रयत्नका यह फल यह हुआ, कि उसी साल उन्होंने डी० ए० वी० हाई स्कूलमें अपना नाम लिखवा लिया। उनका रहना लाहौरके सारे विद्यार्थी-जीननमें प्रायः उसी मन्दिरकी उसी खुली जगहमें रहा। मेरे पैरोंमें चक्र था, इसलिये कहीं वर्ष-छ महीनेसे अधिक ठहरना मेरे लिये सम्भव नहीं था। १९१६ ई०में मैं लाहौरमें रहा,

फिर १६१८ और १६१६ ई०में भी। लेकिन, इस संयोग-वियोगका हमारे सम्बन्धपर कोई असर नहीं पड़ा। जब मैं लाहौर रहता तो हो नहीं सकता था, कि डी० ए० वी० कालेजके संस्कृतके विद्यार्थियोंके वैदिक आश्रमसे चलकर प्रायः रोज बलदेवजीके मन्दिरमें न पहुँचता, या वह मेरे पास न आते। घन्टों हम एक जगह बैठ कर अपने भविष्यके स्वप्नोंका ताना-बाना बुनते। मुझे देश-सेवा, बाहर धर्मप्रचार और देश-देशांतरमें घूमनेकी आकांक्षा थी, जिसके लिये अभी अपनी तैयारी कर रहा था। जहाँ तक भारतमें घुमक्कड़ी करनेका सम्बन्ध था, वह मेरे हाथोंमें थी। जहाँ-तहाँ घूमने जाया करता था, लेकिन उसे मैं घुमक्कड़ीमें गिननेके लिये तैयार नहीं था। मेरी घुमक्कड़ी तो भारतकी सीमा पार करनेके बाद शुरू होनेवाली थी। बलदेव चौबे, सोमयाजुलूके मनमें भी कुछ उसी तरहकी भावनाएँ थीं। एक चौथे तरुण मेरे मुसाफिर विद्यालयके साथी पंडित रामगोपालजी भी थे, जिनसे मिलकर हमारी चौकड़ी पूरी होती थी। रामगोपालजी प्रवासी भारतीयोंकी सेवाके लिये अपना जीवन देना चाहते थे और लाहौरमें तैयारी कर रहे थे। उनका सपना जल्दी ही खतम हो गया, जब चार ही पाँच वर्ष बाद प्लेगमें उनका देहान्त हो गया। बलदेवजी ने उस समय परिवार सहित रुग्ण रामगोपालजीकी जितनी सेवा की, वह सहोदर भी न कर सकेगा। रामगोपालजी एक छोटे पुत्र और पत्नीको छोड़कर अपने सारे बच्चोंके साथ प्लेगके मुँहमें चले गये। बलदेवजीने अपने मृत मित्रके अवशिष्ट परिवारके साथ आजन्म सम्बन्ध रक्खा और यथाशक्ति सहायता देनेकी कोशिश करते रहे।

मनुष्यके जीवनके हर समयका एक सीमित क्षितिज होता है, और वह अपने आदर्शोंको उसी क्षितिजकी चहारदीवारीके भीतर रखता है; लेकिन, अपने तजर्बों और अध्ययन-मनन द्वारा उसका क्षितिज विस्तृत होता जाता है, उसीके अनुसार आदर्शमें भी परिवर्त्तन आता है। हाँ, ईमानदार आदर्शवादीकी दिशा नहीं बदलती, न उसका क्षितिज एक बार विस्तृत होकर संकुचित होता है। गाँधीजीकी असहयोगकी आँधी आनेसे पहले तक हम लोगोंका क्षितिज और उसका आदर्श कुछ निश्चित-सा हो गया था और उसीके भीतर हम अपने ताने-बाने बुना करते थे। १६१८-१६ ई०में मैं फिर लाहौरमें था। बलदेवजी अपनी प्रगति और आदर्शसे संतुष्ट थे। उनकी बड़ी बहन बचपन हीमें विधवा हो गई थीं। उनकी बड़ी इच्छा थी, कि बहनकी कुछ शिक्षा हो जाय, तो वह भी अपने जीवनको सेवा-कार्यमें लगाये। सलाह हुई। मैंने अनुमोदन किया और निश्चय हुआ कि गर्मियोंके छुट्टियोंमें घर जाने पर बलदेवजी बहन महादेवीको लाकर कानपुरकी एक महिला-शिक्षा-संस्थामें प्रविष्ट करा दें। ऐसा ही हुआ। शायद यह १६१७ ई०की बात है। महादेवीजी वहाँकी पढ़ाई खतम कर चुकीं। उनको और भी पढ़नेकी इच्छा थी। हमारे सहृदय मित्र हिन्दीके पुराने सिद्धहस्त लेखक श्री सन्तरामजी उस समय कन्या-महाविद्यालय जालन्धरमें

पढ़ाते थे। उन्होंने बतलाया, कि महिला-आश्रममें दाखिल होनेमें दिक्कत नहीं होगी।

१९१९ ई०का अप्रैल आया। रोलट-एक्टके विरुद्ध आन्दोलन करनेका बीड़ा गाँधीजीने उठाया। वह मथुरा जिलेके पलवल स्टेशन पर गिरफ्तार कर लिये गये और फिर सारे देशमें आग-सी लग गई। ६ अप्रैलको इतवारके दिन भारतके और अनेक नगरोंकी तरह लाहौरमें भी विराट् जलूस और विशाल सभाएँ हुईं। सदियोंके बाँधोंको तोड़कर उस दिन हिन्दू-मुसलमान एक गिलासमें पानी पीते देखे गये। स्मरणीय दृश्य था। उसके अगले दिन मैं लाहौरसे रवाना हुआ। बहन महादेवी और भाई रामगोपाल-की धर्मपत्नी दोनोंको लाकर जालन्धर कन्या-महाविद्यालयमें दाखिल करनेका काम मुझे सौंपा गया था। शाहजहाँपुरके एक गाँवमें मैं अपने एक मित्रके यहाँसे मिलकर जब लौट रहा था, तो अमृतसरके जलियाँवाला बागके खूनी कांडकी खबर मिली। लेकिन, मैंने उसके कारण उत्पन्न हुई परिस्थितिको नहीं समझ पाया। रामगोपालजीकी पत्नी नहीं आईं। महादेवीजीको आश्रमसे जब नाम कटाकर स्टेशन ले आया, तो मालूम हुआ, कि पंजाबमें मार्शल-ला जारी हो गया है, जलन्धरका रेलवे-टिकट नहीं मिलता। अगर आश्रममें फिर दाखिल करना संभव होता, तो शायद मैं बहन महादेवीको वहीं छोड़ आता। देशाटनने कुछ तो मनमें भर ही दिया था। मालूम हुआ, दिल्लीका टिकट मिल सकता है। कहा—चलो दिल्ली तक, जालन्धरके कुछ तो नजदीक पहुँच जायँगे। गाजियाबादमें पूछनेपर मालूम हुआ, कि अम्बालाका टिकट मिल रहा है। हम दोनों अम्बाला छावनी जा पहुँचे। अब वहाँ फुलस्टाप था। उतरकर आर्य-समाज-मन्दिरमें गये। दो-चार दिन बाद पता लगा, कि बम्बई-मेलके सेकेन्ड क्लासका टिकट मिल रहा है। ले लिया, बहनजीको जनाना डिब्बेमें किसी तरह स्थान मिल गया, लेकिन मेरी तो ट्रेन ही छूटनेवाली थी। किसी तरह खिड़कीके रास्ते भीतर घुसा। जालन्धर आया। बहनजीको आश्रममें दाखिल कर दिया। लाहौर जाने का रास्ता बन्द था, वहाँ मार्शल-ला चल रहा था। लेकिन, जैसे ही ट्रेन खुली, मैं लाहौर पहुँच गया इसके अगले साल-के अप्रैलमें भी मैं कुछ समयके लिये लाहौर गया। बलदेव चौबे और उनसे दो क्लास आगे पढ़नेवाले सोमयाजुलूकी पढ़ाई जारी रही। हाई स्कूल पास कर वह कालेजमें पढ़ने लगे। इसी समय गढ़वालमें अकाल पड़ा और दोनों मित्र अकाल-पीड़ितोंकी सेवाके लिये गढ़वाल जाकर तीन महीने रहे। बलदेवजीने एफ० ए० का इम्तिहान दिया और सोमयाजुलूने बी० ए० का। सोमयाजुलू तो आगेकी पढ़ाई छोड़कर राजनीतिक काममें लग गये, जहाँसे पीछे वह योगी और कैलाशवासी घुमक्कड़ बन गये। बलदेवजीने अपनी पढ़ाई जारी रक्खी।

नागपुरमें विशेष कांग्रेस हुई। वहाँ असहयोगका प्रस्ताव हुआ। अँग्रेजी शिक्षण संस्थाओं, कचहरियों और विदेशी चीजोंका बायकाट होने लगा। बलदेवजी बी० ए०

नर्सके विद्यार्थी थे। वार्षिक-परीक्षाके लिये तीन-चार महीने रहते थे, और परीक्षामें ; जानेपर उनके पास हो जानेमें कोई सन्देह ही नहीं था। मैं उस समय सवा सालसे क्षिणका प्रवास करते कुर्गके मड़िकेरी नगरमें था। चिट्ठियाँ हमारी बराबर आती-जाती :ती थीं। एक चिट्ठीमें पहली बार उन्होंने असहयोगकी चर्चा करते हुये अपने कालेज ाड़नेकी बात हल्के स्वरमें कही। मैंने जोर देकर लिखा—तीन महीने कोई ब्रह्माके दिन हीं होते, परीक्षा देकर असहयोगमें जुट जाओ। अगली चिट्ठी उनकी और गरम थी। रा माथा ठनका। मैंने बहुत जोर देकर और लम्बी चिट्ठी लिखी, लेकिन उसका जवाब हीं दूसरी जगहसे आया। तरुण बलदेव कालेज छोड़ चुके थे। उनको न किसी बड़ी ाकरी की ख्वाहिश थी और न पैसा कमाकर धनी बननेकी। सेवा-व्रत उन्होंने पहले से ले रक्खा था, इसलिये उनको जीवनके ऐसे बड़े निर्णयके करनेमें कोई दिक्कत हीं थी। मुझे वह अधिक व्यावहारिक और वस्तुवादी मानते थे और मेरी बातकी दर भी करते थे। मैं असहयोगके खिलाफ नहीं था और मड़िकेरीसे मैं उसीमें भाग नेके लिये आज ही कलमें प्रस्थान करनेवाला था।

१९२१से १९२५ ई० तक उनका और मेरा अब जेल-यात्राओंका समय ा, इसीलिये दोनोंका साक्षात्कार केवल पत्रों द्वारा ही कभी-कभी हो सकता था। :२५ ई०में दो साल की कैद भुगतकर मैं बाहर निकला। उस साल दिसम्बरमें नपुरमें कांग्रेसका अधिवेशन था। कई वर्षोंके बाद हम दोनों फिर वहाँ ाले। बलदेवजी चौबे ब्राह्मण थे, लेकिन छुआछूतके वह जबर्दस्त विरोधी थे। सहयोग आन्दोलनके ठंडा पड़नेके बाद लाला लाजपतराय द्वारा स्थापित ाहौरके कौमी विद्यालयमें दाखिल होकर उन्होंने अपनी कालेजकी पढ़ाई ही खतम नहीं र ली, बल्कि साथ ही वह लालाजीके घनिष्ठ सम्पर्कमें आये। लालाजी अछूतोद्धारके बर्दस्त हामी थे और उसके लिये कार्यरूप में कुछ करना चाहते थे। अछूतोद्धार ोर देश-सेवाके कामके लिये उन्होंने लोक-सेवक समिति कायम की, जिसमें कितने ही ार्थत्यागी आदर्शवादी तरुण आजीवन सदस्य बन गये। बलदेवजी इन सदस्योंकी हुली बैठकमें थे। वह अछूतोद्धारका काम समितिकी तरफसे मेरठमें कर रहे थे। नका आग्रह हुआ कि मैं मेरठ चलूँ। हम दोनों कानपुरसे रामगोपालजीकी पत्नीसे ालने उनके पीहर गये, फिर मेरठ पहुँच गये। कुमार-आश्रमको उन्होंने एक बगीचेवाले ाजेमें स्थापित किया था, जहाँ वह अपने परिवारके साथ रहते थे। उस समय १९२६ ई०) कुमार आश्रम मेरठ शहरसे बाहर था, किन्तु अब तो उत्तर-प्रदेशके ौर शहरोंकी तरह मेरठ भी बहुत बढ़ गया और कुमार आश्रमका वह बगीचेवाला र नगर के भीतर आ गया है। बलदेवजीका बहुत सीधा-सादा जीवन, उनका त्याग ौर योग्यता प्रभाव डाले बिना नहीं रह सकती थी। कुमार-आश्रममें देशके सबसे ददलित और अछूत समझे जानेवाले लोगोंके बच्चोंको लेकर उनकी शिक्षाका प्रबन्ध

किया गया था। बलदेवजीकी देख-रेखमें और उनके परिवारके अङ्गके तौर पर लड़कों को साधारण शिक्षा ही नहीं मिलती थी, बल्कि आदर्शवादी वातावरणमें रहनेका मौका मिलता था। कितने ही सालों तक वह वहाँ रहे, लेकिन इनके रहते समय कुमार आश्रममें मेरा जाना उसी साल हुआ। उनके गाँवके पासके तथा आजकल उत्तर-प्रदेश काँग्रेसके सभापति श्री अलगूराय शास्त्री भी उनके सहकारी थे।

मेरटसे बैलगाड़ी और कुछ पैदल हमने हस्तिनापुर, परीक्षितगढ़ और कितने ही स्थानोंकी यात्रा की। परीक्षितगढ़के पास एक गाँवमें ईसाइयोंका एक बालिका-विद्यालय था, जहाँ मनुष्यसे गिरे समझे जानेवाले हिन्दू-समाजके अछूत कुलोंकी लड़कियाँ शिक्षा-दीक्षा द्वारा योग्य बनाई जा रही थीं। उस यात्रामें एक दिन दोपहरका भोजन हम दोनों का चार पैसे में हुआ था, जिसमें गुड़ और कोई भुना हुआ दाना था। भोजन अत्यन्त सीधा-सादा और सस्ता था, लेकिन अब तो यह विश्वास करने की बात नहीं रह गई है, कि दो पैसेमें एक आदमी तृप्त होकर भोजन कर सकता है।

मेरठके सहवासमें मैंने देखा, कि आधुनिक कबीरको भी लोई जैसी ही पत्नी मिली है। मैं समझता था और एकाध मर्तबे अपने भावोंको मैंने प्रकट भी किया, कि बलदेवजी सचमुच ही बड़े तपस्वी हैं, जो ऐसी पत्नीके साथ रह सकते हैं। वह गाँवकी अशिक्षित महिला ही नहीं थीं, बल्कि मैं तो कहूँगा, कि बाज वक्त उनपर सनक तक सवार हो जाती थी। कितनी ही बार गुस्सा होकर छोटे बच्चेको गोदमें दबाये वह कलकत्ता और लाहौर तक चली जातीं। अपने इसी गुस्सेके कारण उनका बड़ा दुःखद अन्त हुआ—वह आगमें जल मरीं। दो पुत्र और दो पुत्रियोंका पालन-पोषण अब बलदेवजीके ऊपर पड़ा, लेकिन उनको महादेवी जैसी सहृदया बहन मिली थी। वह अपने भाई विशेषकर उनके बच्चोंके लिये सब कुछ थीं। उनके कारण बलदेवजी निश्चिन्त रह सकते थे। गाँधीजी कितनी ही बातोंमें कबीर जैसा जीवन रखते थे। असहयोग करनेके बाद बलदेव चौबे उनके साबरमती आश्रममें एक वर्षसे अधिक दिनों तक रहे थे। गाँधीजीके जीवनकी उनके ऊपर बहुत बड़ी छाप पड़ी थी। लेकिन, उससे भी अधिक प्रभाव कबीर और अपनी जन्मभूमिके आस-पासके दूसरे सन्तोंका पड़ा था, जिनकी वाणियों और जीवनियोंको बहुत ध्यानसे बलदेवजीने अध्ययन किया था। कितनोंकी अप्रकाशित वाणियोंका भी उन्होंने काफी संग्रह किया था, लेकिन साहित्यकार बननेकी उनमें कभी इच्छा नहीं हुई, इसलिये उनका वह संग्रह स्वान्तःसुखाय था। उन्होंने सन्तोंकी तरहके कुछ भजन भी बनाये थे।

१९३०के बाद उनका सन्तों जैसा जीवन शुरू हो गया। वह अब प्रयागमें रहकर लोक-सेवक-समितिकी ओरसे काम कर रहे थे। जब-तब उनके यहाँ मेरा जाना हुआ करता था। वह जिस तरह अब घोर आस्तिक बन गये थे, मैं उसी तरह ही घोर नास्तिक था। लेकिन, हमारे विचारोंकी विभिन्नतासे हमारे सम्बन्धमें कोई अन्तर नहीं

आया था। बलदेवजी बड़े भिन्सारे ही उठकर एकतारा छेड़ते कुछ पहलेके सन्तोंके और कुछ अपने भजन गाने लगते थे। वह अपने सारे परिवारको एक सन्त-परिवार बनाना चाहते थे और अपने बच्चोंपर बचपनसे ही आध्यात्मिक संस्कार डालना चाहते थे। बड़ा लड़का विद्यासागर, दो छोटे लड़के और सावित्री और विद्यावती दोनों लड़कियाँ साढ़े ३–४ बजे रातको ही उठाकर जबर्दस्ती भजन मण्डलीमें बैठा दी जातीं। चौबेजीका एकतारा किन्-किन् करने लगता। वह स्वर और वाद्य-संगीतसे बिल्कुल कोरे थे, लेकिन उन्हें विश्वास था, भगवान् को रिझानेके लिये उनकी अवश्यकता नहीं। लेकिन, यही तो समय था, जब कि छोटे-छोटे बालक-बालिकाओंकी बात तो अलग, सयानोंको भी बड़ी मीठी नींद आया करती है। मैं भविष्यद्वाणी किया करता था: अपने बच्चोंको ईश्वर-विमुख बनानेके लिये बलदेवजीका तरीका सबसे अच्छा है। सचमुच ही उस भजनके साथ भगवान् भी बच्चोंको कुनैनेसे कड़वे लगते थे।

पुराने और नये काँग्रेसियोंमें बलदेव चौबे अपवाद थे। वह काजलकी कोठरीमें रहकर भी हमेशा निर्लेप रहे। जब वह आजमगढ़ जिला-बोर्डके जन-निर्वाचित अध्यक्ष हो गये, तब भी उनकी शिकायत अगर सुनी जाती थी, तो यही, कि यदि उनको खुश करना हो, तो अपने अछूतोद्धार प्रेमको अधिकसे अधिक दिखलाया जाय। उन्होंने स्वयं अपनी पढ़ाई असहयोगके जमानेमें छोड़ दी थी। अँग्रेजी ढङ्गके स्कूलों और कालेजोंमें उनकी बिल्कुल आस्था नहीं थी। अपने इस विचारको भगवद्-भक्त बनानेके प्रयत्नकी तरह बच्चों पर भी लादना चाहते थे। लेकिन, उनके घरमें बहन महादेवी थीं। वह इस विषयमें बच्चोंके उत्साहको ही बढ़ानेके लिये तैयार नहीं थीं, बल्कि खुद अध्यापिका बन कर जो कमातीं, उससे उनको सम्हाले आगे बढ़ाती रहीं। बड़ा लड़का विद्यासागर बचपन-से ही बहुत दुर्बल और अस्वस्थ था। लड़कपनमें भी आँखोंके बिल्कुल पास ले जाकर वह पुस्तकको पढ़ सकता था, लेकिन पढ़नेमें बुरा नहीं था। चौबेजीका प्रयोग या झक्का शिकार पूरी तौरसे विद्यासागर ही बन सके। साहित्य-सम्मेलनकी परीक्षाओंमें कोई छूत नहीं थी, इसलिये वह साहित्यरत्न हो गये, और फिर अपने भाग्य और परिश्रमपर छोड़ दिये गये। मझला लड़का बड़ा होनहार था, लेकिन वह असमय ही चल बसा। नमक-सत्याग्रह चल रहा था। चौबेजी जेलमें थे। उनकी अनुपस्थिति से फायदा उठाकर बड़ी लड़कीने मिडलका फार्म भर दिया था। परीक्षाकी तिथियाँ नजदीक आ रही थीं और साथ ही चौबेजीके जेलसे छूटकर आनेकी तारीख भी इसी समय पड़नेवाली थी। घरमें मनाया जा रहा था, कि चौबेजी कुछ दिन और जेलसे बाहर न आयें, जिसमें सावित्री परीक्षामें बैठ सके। शायद वह पहले ही आ गये और सावित्री सरकारी-परीक्षामें बैठ नहीं सकी। लेकिन, "साहित्यरत्न" बननेका रास्ता उसके लिये साफ था। बहन महादेवी भाईसे लड़कर भी उसे आगे बढ़ानेके लिये सब तरहसे तैयार थीं। वह साहित्यरत्न भी हुई, एम० ए० भी हुई। दूसरी लड़की विद्याने भी पिताके हठके होते एम० ए० की

शिक्षा समाप्त की। छोटे लड़केने भी इसी तरह कबीरके कमालकी तरह अपनी शिक्षाको पूरा किया। चौबेजीका शिक्षा-सम्बन्धी प्रयोग अपने घरमें असफल रहा।

अछूतोद्धारका काम मेरठ, दिल्ली, प्रयाग आदि जगहोंमें करनेके बाद चौबेजीने अपने जिलेमें जाकर अब छूआछूतके विरुद्ध पाखंडखंडिनी झंडी गाड़ दी। एक गाँवमें स्वावलम्बी हरिजन-आश्रम खोल दिया। वहाँ कुछ बिगहे जमीन मिल गई थी, जिसमें शिखासूत्रहीन चौबेजी स्वयं हल-कुदाल चलाते और उनके विद्यार्थी भी। प्राचीन गुरुकुलोंके विद्यार्थियोंकी तरह विद्यार्थी उनका अनुगमन करते। अपने पहननेके लिये आश्रममें ही कपास, सूत और कपड़ा तैयार किये जाते। खद्दर पहनना अनिवार्य था। रोटी-चौका-बासन ही नहीं, मकानोंकी दीवारोंके खड़ा करनेमें भी आचार्य और अन्तेवासियोंने अपना परिश्रम लगाया था। आश्रममें बकरियाँ पाली गईं थीं। कुछ समय बाद वह चौबेजीके लिये बड़ी समस्या हो गईं। मुझसे कह रहे थे बकरियोंके जो बच्चे पैदा होते हैं, उनमें मादाको तो हम बढ़ने दे सकते हैं, लेकिन बकरोंका क्या करें? मालूम होता है, अहिंसक चौबे बाबासे लोग निर्भीक हो गये थे, वह आँख बचाकर बकरोंको चट कर जाते। आश्रमकी बकरियाँ या बकरोंको बेचनेका मतलब था, वह किसी न किसी तरह कसाईके यहाँ पहुँच जाते और उनकी हत्यामें चौबे बाबा अपनेको भी जिम्मेवार समझते।

चौबेजी अव्यावहारिक थे, इसमें सन्देह नहीं। लेकिन, उनका हृदय बहुत उदार था, "वसुधैव कुटुम्बकम्"की उक्तिको अपने जीवनमें चरितार्थ करनेका जितना प्रयत्न उन्होंने किया, उतना बिरले हीने किया होगा। द्वितीय विश्वयुद्धसे कई सालों पहले ही मैंने एक दिन उन्हें गेरुआ वस्त्र पहने देखा। मालूम हुआ, कि अब बलदेव चौबे स्वामी सत्यानन्द सरस्वती हो गये। संन्यासीका जीवन तो वह वर्षों पहले बिताते आये थे, चुटिया और जनेउको युगों पहले विसर्जित कर चुके थे और छूआ-छूतके भूतसे तो वह अपने विद्यार्थी-जीवनसे ही मुक्त हो गये थे। उनको इतनी हिम्मत थी, कि अपनी जाति-बिरादरीकी रूढ़ियों और खान-पानकी मर्यादाओंको अपने जिलेसे दूर रहकर ही नहीं, बल्कि अपने गाँवमें भी तोड़ डालें। यदि उनके बच्चोंमें कोई उनके साथ कभी रहता था और यह सेवा विद्यासागर चौबेको प्राप्त थी, तो उनके आश्रमके काममें सहायता देने हीके लिये। लोक-सेवक-समितिका सदस्य रहते उन्हें समितिकी ओरसे कुछ रुपये मिलते थे। उनके और परिवारके सीधे-सादे जीवनकेलिये वह पर्याप्त और साथ ही अवलम्ब भी थे। लेकिन, एक बार उनपर झक सवार हुई, तो उससे इस्तीफा दे दिया। श्री पुरुषोत्तमदास टंडनजीसे उनका सम्पर्क बहुत पहलेसे था, दोनोंका मधुर सम्बन्ध वैसे ही बराबर बना रहा।

अँग्रेजी-शासनके उठ जानेके बाद स्वामी सत्यानन्दके तरुणाईका एक स्वप्न पूरा हो गया, जब देश स्वतन्त्र हो गया था। देशकी आर्थिक, सामाजिक, सांस्कृतिक

अवस्थाको बेहतर बनानेकेलिये स्वामीजी गाँधीवाद को ही सर्वश्रेष्ठ मानते थे। वह आजमगढ़ शहर नहीं, बल्कि जिलेके और कस्बेसे दूर अपने आश्रममें रहकर सेवा करते थे, लेकिन इस अजातशत्रुको छोड़नेकेलिये कोई तैयार नहीं था। जब बालिग मताधिकारसे जिलाबोर्डके अध्यक्षके चुनावका समय आया, तो काँग्रेसने उन्हें खड़ा किया और वह बोर्डके अध्यक्ष चुन लिये गये। हालमें जब विधान-परिषदोंका सार्वजनिक चुनाव हुआ, तो उन्हें प्रान्तीय विधानसभाकेलिये काँग्रेसकी ओरसे खड़ा किया गया। पूर्वी उत्तर-प्रदेशके जिले आज वर्षोंसे भारी आर्थिक संकटमें हैं। कई सालों तक पर्याप्त वर्षा नहीं हुई, इसलिये आजमगढ़ जैसे कितने ही जिलोंके किसानोंकी फसल मारी गई और इस साल (१९५३) में अतिवृष्टिने नदियोंमें एक नहीं अनेक बार बाढ़ लाकर सैकड़ों गाँवोंका सत्यानाश किया। ऐसे आर्थिक संकटवाले जिलेमें काँग्रेससे लोगोंका निराश होना स्वाभाविक है। लेकिन, काँग्रेसके सौभाग्यसे उसके प्रतिद्वन्द्वियोंमें एकता नहीं थी। वैयक्तिक महत्वाकांक्षा रखनेवाले स्वतन्त्र उम्मीदवारोंकी तो बात नहीं की जा सकती, लेकिन समाजवादी, कम्युनिस्ट और दूसरे वामपक्षी भी एक होकर काँग्रेससे मुकाबला करनेकेलिये तैयार नहीं थे। इस प्रकार विरोधी वोट बँट गये और काँग्रेसको पूर्वी उत्तर-प्रदेशमें हर जिलेमें पराजयका मुख देखनेकी जगह विजय प्राप्त करनेका अवसर प्राप्त हुआ। स्वामी सत्यानन्दका चुनाव-क्षेत्र तो इस विजयमें सारे भारतमें अद्वितीय रहा। वह चुनावमें जीते, लेकिन उनकी जमानत जब्त हो गई, अर्थात् पेटियोंमें पड़े वोटोंमेंसे जितना प्रतिशत वोट जमानत न जब्त होनेकेलिये पाना आवश्यक है, वह उन्हें न मिला। यह स्वामी सत्यानन्दकी जमानतकी जब्ती नहीं बल्कि काँग्रेसकी थी।

स्वामी सत्यानन्द या आजमगढ़के बलदेव चौबेने होश सँभालनेके साथ पहले साहस, स्वावलम्बनका परिचय दिया, फिर आत्मत्याग और आदर्शवादका महान् नमूना अपने जीवनसे पेश किया। उनके मित्र और सहकारी केवल अपने जिले और अपने प्रदेशमें ही नहीं, बल्कि भारतके बहुतसे भागोंमें मिलेंगे, जिनकी संख्या कालने अब बहुत कम कर दी है, लेकिन उनकी सेवायें भुलाई नहीं जा सकतीं। मुझे तो उनका लाहौरवाला चेहरा ही ज्यादा याद आता है, जब कि अभी गाँधीजीका असहयोग शुरू नहीं हुआ था। अनेक बार मेरी विरोधी बातोंको सुनकर ओठों नहीं उनकी आँखोंपर जो हँसी खेलने लगती थी, वह अब भी मेरे सामने सजीव दिखलाई पड़ती है। बलदेव चौबे मुझसे चार वर्ष छोटे थे और शरीरसे मोटे-तगड़े न होनेपर भी उनका स्वास्थ्य खराब नहीं था; इसलिये मुझे आश्चर्य हुआ, जब दिल्लीके एक अँग्रेजी दैनिकमें उनके क्षेत्रसे पुनर्निर्वाचनकी सूचना पढ़ते हुये मालूम हुआ, कि अब स्वामी सत्यानन्द सरस्वती या चौबे बाबा इस दुनियामें नहीं रहे। हम दोनोंके मित्र तथा चौबेजीके सहपाठी भदन्त आनन्द कौसल्यायनसे यह भी पता लगा, कि वह बीमार

होकर लखनऊके अस्पतालमें पड़े थे। चौबेजीकी तरह ही सबको एक दिन महाप्रयाण करना है, लेकिन "बिछुरत एक प्राण हरि लेहीं" की उक्ति तो उनके लिये ही है।

स्वामी सत्यानन्दजीका जन्म आजमगढ़ जिलेके कमलासागर गाँव (पोस्ट रामपुर)में अगहन शुक्ल पंचमी संवत् १६५४ (सन् १८६७ ई०)को हुआ था और निधन आषाढ़ पूर्णिमा रविवार (२६ जुलाई १६५३)में पिता तल्लू चौबे और माता तपस्या देवीने जैसे तपस्वी और यशस्वी पुत्रको जन्म दे कर अपने जीवनको सफल किया।

२५. पं० भगवद्दत्त

ऐतिहासिक अनुसन्धानकी प्रेरणा मुझे सबसे पहले पं० भगवद्दत्तसे ही मिली। उनके स्वाध्याय और मननको देखकर मेरा इस ओर आकर्षण हुआ। पहलेपहल मैं उनसे १९१७ ई०में लाहौरमें मिला। उस समय वह "पं० भगवत्दत्त बी० ए० वैदिक रिसर्च-स्कालरके नामसे प्रसिद्ध २३-२४ वर्षके तरुण थे। लोग उनकी बातोंको बड़ी श्रद्धासे सुनते थे। वह स्वामी दयानन्दके अनन्य भक्त और उनके सिद्धान्तोंके कट्टर पक्षपाती थे। वह कितने सौभाग्यशाली हैं कि आज भी उनकी वह आस्था वैसी ही अक्षुण्ण बनी हुई है। मैं उस साल डी०ए०वी० कालेजकी विशारद कक्षामें पढ़ने लगा था। हमारे अध्यापकोंमें पं० भक्तराम आर्यसमाजी नाममात्रके थे। छूआछूतको तो पंजाबके वायुमंडलने अन्त कर दिया था, पर उन्हें अपने ब्राह्मण-वंशका बहुत पक्षपात था और मैं आगरा हीसे जात-पाँतका जबर्दस्त विरोधी होकर आया था। पं० नरसिंहदेव शास्त्रीको आर्यसमाजसे कोई लेना-देना नहीं था, वह सिर्फ नौकरी बजाते थे, इसलिये उनसे विचारोंमें मुझे कुछ मदद मिलेगी, इसकी सम्भावना नहीं थी। दूसरे दोनों अध्यापक भी ऐसे ही थे। मेरे विचारोंको पुष्टि पं० भगवत्दत्तजीसे ही मिलती थी, इसीलिये मैं उनके पास अक्सर जाया करता था। पहली बारकी लाहोर-यात्रामें मैं चार ही पाँच मास रह सका। वर्षारम्भमें मैं अपने प्रदेशमें लौटा, तो फिर दो-तीन साल इधर ही रह गया।

१९१९ ई०के आरम्भमें मैं पढ़कर शास्त्री परीक्षा देनेके लिये लाहौर पहुँचा। इस समय मेरे ज्ञान और व्यक्तित्वका विकास पहलेसे अधिक हो गया था। अब मैं पं० भगवद्दत्तजीकी बातें ज्यादा समझ सकता था। इस समय तक उन्होंने डी० ए० वी० कालेजके लालचन्द पुस्तकालयको एक अनुसन्धानालयके रूपमें परिणत कर दिया था। भारत और यूरोपकी भिन्न-भिन्न भाषाओंमें प्रकाशित भारतीय इतिहास, शब्दशास्त्र आदि पर प्रकाशित सैकड़ों ग्रन्थ वहाँ मौजूद थे। अब मैं उन्हें पढ़ और उनके महत्वको समझ सकता था। घंटों जाकर पुस्तकालयमें पढ़ता और उससे भी अधिक उन्हें उलट-पुलट कर देखता। पं० भगवद्दत्तजी प्रोत्साहन देते हरेक जिज्ञासाकी पूर्ति करते थे। एक दिनकी बात है। स्वामी दयानन्दके प्रति श्रद्धासे अंधा होकर मैं बोल उठा—"मैं ऋषिके एक-एक वाक्यको ब्रह्मवाक्य मानता हूँ।" पं० भगवद्दत्त आज भी उसी स्थानपर हैं, लेकिन उस समय उन्होंने मुझे सावधान किया था—"ऐसा नहीं कहना चाहिये, क्या आपने सब बातोंको सचकी कसौटीपर कस लिया?"

कितने ही संस्कृत ग्रन्थोंको यूरोपके विद्वानोंने रोमन अक्षरोंमें सम्पादित किया था। कभी-कभी मैंने उन्हें नागरीमें उतारनेका भी काम किया। प्राचीन भारतके बारेमें यूरोपके विद्वानोंने पिछले सौ वर्षोंमें कितना महान् काम किया है, उसे पं० भगवद्दत्तकी कृपासे मैंने वहाँ देखा। सम्पादन और अध्ययनकी वैज्ञानिक प्रणाली क्या है, इसे भी उनके सत्संगसे मैंने सीखा। अनुसन्धानके प्रति वैज्ञानिक दृष्टिकोण मेरा उसी समय बन गया था। राजनीतिमें छः साल बितानेके बाद १९२७ ई०में जब मैं लंका पहुँचा और वहाँ एक यूरोपीय विद्वान् (शायद जर्मन प्रोफेसर ल्यूडर)से बातचीत होने लगी तो उन्हें आश्चर्य हुआ, कि संस्कृतका पंडित होते अनुसन्धानका यह आधुनिक दृष्टिकोण क्यों है?

पं० भगवद्दत्त १९१६ और १९१९ ई०में अभी पतले छरहरे जवान थे। अपनी माता और बहिनके साथ अनारकलीके पास किरायेके मकानमें रहते थे। उनके कानोंमें सोनेका कुंडल रहता था। उत्तर प्रदेश-बिहारमें न जाने कब सुवर्ण-कुंडल प्रौढ़ोंके कानोंसे उतर गया। अब वह कुछ पिछड़ी जातियोंमें ही उनके पिछड़ेपनका चिन्ह बना हुआ था। पर, पंजाबमें वह बात नहीं थी। वहाँ वृद्ध भी सुवर्ण कुंडल धारण करते थे। भगवद्दत्तजीके सुवर्ण कुंडल धारण करनेका आग्रह इसलिये था, कि प्राचीन कालमें आर्य लोग कर्णशोभन धारण करते थे। अनुसन्धान या आर्यसमाजी सिद्धान्तोंको छोड़कर और किसी विषय पर मैं बात नहीं करता था। मैं अल्पशिक्षित शास्त्रीका एक साधारण विद्यार्थी था, और पं० भगवद्दत्त उस समय आर्यसमाजकी तरुण पीढ़ीके विद्वानोंमें श्रेष्ठ माने जाते थे। तब भी वह जिस अकृत्रिम भावसे मिलते, प्रोत्साहन देते, उसे देखकर मैं और भी मुग्ध था।

पाँच-पाँच, सात-सात वर्षोंका अन्तर देकर मैं जब-तब लाहौर पहुँच जाता उस समय हो नहीं सकता था, कि अपने पुराने मित्रोंसे न मिलूँ। एक बार जाने पर देखा, पंडितजीने मॉडल टौनमें अपने लिये मकान बनवा लिया। अब वह विवाहित थे। उनकी पत्नी शास्त्री तथा एक महिला कालेजमें अध्यापिका थीं। मकान अभी पूरी तौरसे बन नहीं पाया था, पर गृहस्थीकी इमारत खड़ी हो गयी थी। अब भी उनके दिलमें वही लगन थी। अब कार्यक्षेत्रमें और भी तरुण आ गये थे, जिनका पथ-प्रदर्शन पहले उन्होंने ही किया था। मैं अब अनीश्वरवादी, अनात्मवादी था। वेदका प्रमाण मानना जाड्यके पाँच लक्षणोंमें समझता था, और भगवद्दत्तजी अब भी वेदको ईश्वरवाणी मानते थे। पर, इसके कारण मैं उनके प्रति कृतज्ञ और कृतवेदी होनेको कैसे छोड़ सकता था? वह भी यह जानते थे, कि चाहे कुछ भी हो, मैं भारतीय संस्कृतिके सम्बन्धमें काम कर रहा हूँ, अपने लुप्त ग्रन्थरत्नोंके उद्धारमें लगा हूँ। सबसे पहले १९११ में बनारसमें रहते समय मुझे यजुर्वेदकी एक खण्डित हस्तलिखित प्रति नेपाली स्वामी पूर्णानन्दसे मिली थी। वह हाथके कागजपर लिखी थी, पर अत्यन्त पुरानी हो, इसकी सम्भावना कम

थी। वह मेरी घुमक्कड़ीमें भी १९११से १९१९ ई० तक पड़ी रही, इससे मालूम होगा, कि मैं उसके महत्वको कुछ-कुछ जानता था। मैंने उसे पुस्तकालयमें रखनेके लिये पं० भगवद्दत्तजीको अर्पित कर दिया।

लाहोर उजड़ा, पुराने लोग घर छोड़ कर भागे और नये लोग उन घरोंमें आ गये। यह परिवर्तन शान्तिके साथ नहीं हुआ। लोगोंको खूनकी नदियोंको पार होकर आना-जाना पड़ा। पं० भगवद्दत्तजी भी लाहौरसे दिल्ली चले आये। उनके पुत्र म्यूजियमके एक अधिकारी थे। इतनी जल्दी सबके रहनेको मकान कहाँ मिल सकता था? जाड़ा हो या बरसात, म्यूजियम के हातेमें पड़े तम्बूमें वह वर्षों रहे, हाँ एकसे अधिक बार मुलाकात होती रही। अब वह किसी उपनगरमें रहते हैं। मुझसे एक दिन मुलाकात हुई। घर आनेका निमन्त्रण दिया। अगले दिन सबेरे जहाँ मेरा प्रोग्राम था, मैं समझता था, वह उधर ही है। पर, जब वहाँ जाकर चलनेकी बात की, तो लोगोंने बतलाया, वह दिल्लीके दूसरे छोर पर है, यहाँसे १५–२० मील दूर।

पं० भगवतदत्त अपने मौजमें मस्त थे। मैंने सालों पहले कह दिया—"खुश रहो अहलेवतन, हम तो सफर करते हैं।"

२६. भदन्त बोधानन्द

बुद्धका नाम मैं पहले भी सुन चुका था। मुसाफिर विद्यालयमें जानेके बाद बौद्ध मिश्नरियोंके बारेमें अक्सर सुना करता और बिना जाने-सुने स्वयं भी इसे दोहराता था। इसके बारेमें विशेष जिज्ञासा नहीं हुई, यह बात नहीं थी। पर, सबसे पहले जिस पुरुषने बौद्ध धर्मका ज्ञान दरवाजा मेरे लिये खोला, वह स्थविर बोधानन्द ही थे। मैं उत्तर प्रदेशके कुछ स्थानोंकी यात्रा करता १६१६ ई०के क्वार-कातिक महीनेमें लखनऊ आर्य समाजमें ठहरा था। किसीने बतलाया, कि यहाँ एक बौद्ध मन्दिर है; एक बौद्ध भिक्षु रहते हैं। समय-समयपर उठनेवाली मनकी जिज्ञासाने जोर मारा और मैं लाटूस रोड (अब बुद्ध मार्ग)में अवस्थित उस छोटेसे बिहारमें पहुँचा। भिक्षुके साथ सम्पर्क स्थापित करनेके लिये विशेष भूमिका बाँधनेकी जरूरत नहीं पड़ी।

स्वामी बोधानन्द बंगाली थे, बचपन बनारसमें बीता था, लेकिन वर्षों से घुमक्कड़ीका जीवन बिताते "चारों खूँट जगीरी" वाले हो गये थे। हिन्दी ही नहीं, अवधी भी ऐसी बोलते थे, जिससे मालूम होता था, उनका जन्मस्थान यहीं कहींका है। मैंने बौद्ध धर्मके बारेमें कितनी ही बातें पूछीं, और एकसे अधिक दिन तक उनके पास गया। उन्होंने सभी बातोंका उत्तर दिया, और पहले ही बिदकानेवाली बात नहीं कही। उस समय वेद, ईश्वर, आर्यसमाज और स्वामी दयानन्दका मैं अनन्य भक्त था। यदि तुरन्त सीधी चोट होती, तो बिदकनेकी बिल्कुल सम्भावना थी। हाँ, उन्होंने बुद्धके व्यक्तित्वको ऐसे मनोहर रूपसे चित्रित किया, कि मैं लुभा गया। उन्होंने बतलाया, पालि-साहित्य कहाँसे मिलेगा। उस समय तक "धम्मपद" छोड़ कर कोई पालि ग्रन्थ मूल या हिन्दी अनुवादके साथ नागरीमें नहीं छपा था, और वह भी न सुलभ था, न सुपरिचित। स्वामीजीने बतलाया, श्री सतीशचन्द्र विद्याभूषणने अँग्रेजी अनुवादके साथ पालि व्याकरण (कच्चायन) प्रकाशित किया है, जिसमें सिंहली, बर्मी और स्यामी लिपियाँ दी हुई हैं। इन तीनों लिपियोंमें पालि ग्रन्थ सुलभ हैं। उनसे ही पता लगा, कि बंगालमें "जगज्ज्योति" पत्रिका निकलती है। इसके बाद वर्षों के लिये स्वामीजीके साथ मेरा कोई सम्पर्क नहीं रहा।

कुछ ही महीनों बाद मैं महेशपुरा (बुन्देलखण्ड)में वैदिक विद्यालय खोल कर बैठ गया विद्याभूषणके व्याकरणको मँगाया, फिर लंकासे कुछ पुस्तकें मँगवाईं, और अपने आप ही पढ़नेकी कोशिशकी।

वर्षों बाद १९२७ ई०में जिज्ञासाको पूरी तौरसे तृप्त करनेका अवसर मिला जब कि मैं लङ्का गया। त्रिपिटकमें कुछ अधिक प्रवेश करते ही वेद, ईश्वर और आर्यसमाजने साथ छोड़ दिया, मैं अनीश्वरवादी नास्तिक बन गया। बुद्ध और उनकी शिक्षाओंके प्रति मेरा अनुराग हो गया। उसके बाद तो कोई धर्म मुझे आकृष्ट नहीं कर सका। बुद्धसे अगली मंजिल में मार्क्स मुझे मिले। भौतिकवाद मेरा दर्शन हो गया, पर बुद्धके मधुर व्यक्तित्वका आकर्षण मेरे मनसे कभी नहीं गया।

मालूम नहीं मेरे इस परिवर्तनकी सूचना स्वामी बोधानन्दको कब मिली। १९१६ ई०के बाद उनके दर्शन किये एक युग बीत गया। लंकासे मैं तिब्बतमें जाकर सवा वर्ष रहा। फिर लंका गया। जहाँ तक मुझे ख्याल है, १५ वर्ष बाद १९३१ ई०में महास्थविरका दर्शन हुआ। अब सचमुच ही वह महास्थविर (महावृद्ध) थे। भारतीयोंमें बौद्ध धर्मका दीपक पुनः जलानेवाले वह प्रथम पुरुष थे। स्वामी महावीरने अवश्य बुद्धके निर्माण-स्थान (कसिया) में धुनी रमाई थी, और उनके शिष्य बर्मी भिक्षु चन्द्रमणि बाबाने धम्मपदको हिन्दी रूप देकर उसे लोगोंके लिये सुलभ बना दिया था, पर बोधानन्द महास्थविर पल-पल, क्षण-क्षण बौद्ध धर्म की पुनः स्थापनाके लिये प्रयत्न करते रहे। अकेले थे, पर कभी उन्होंने हिम्मत नहीं हारी। शायद १८९७ ई०का या उसके बादका कोई अकाल था, जब कि दुखितों-पीड़ितोंकी सेवामें लगे उनका सम्पर्क ईसाइयोंसे हुआ। ब्राह्मण कुलमें जन्मनेपर भी जात-पाँतसे उन्हें सख्त घृणा थी। यह घृणा शायद उन्हें ईसाई बना दिये होती। इसी समय उन्हें जात-पाँतके सख्त विरोधी बौद्ध धर्मका पता लगा और वह बौद्ध धर्मकी तरफ आकृष्ट हो बौद्ध भिक्षु हो गये।

उनकी तीन जबर्दस्त आकांक्षायें थीं—(१) बुद्धको उनकी जन्मभूमिमें फिरसे लौटा कर लाना, (२) भारतसे जात-पाँतका उन्मूलन करना, (३) पुस्तकावलोकन। पुस्तकोंके वह बड़े प्रेमी थे। उनकी पहुँच निम्न मध्यम-वर्ग के शिक्षित या पिछड़ी जातिवाले लोगों तक थी। भिक्षाके लिये कोई दिक्कत नहीं थी, किसी घरमें भी जाकर भोजन कर सकते थे। देखनेपर उन्हें आदमी कृपण कहनेकी गलती कर सकता था। हाँ, वह एक-एक पैसेको जोगाते थे। पर, किसलिये? एक-एक पैसेको जोड़ कर उन्होंने रिसालदार बागमें बौद्ध मन्दिर बनवाया और उन्होंने पुस्तकोंकी एक बड़ी राशि जमा कर दी। बेसरो सामानीकी अवस्थामें भी इतनी पुस्तकें कैसे वह जमा कर पाये, इसे सोच कर आश्चर्य होता है। अपने पुस्तकालयकी हजारों पुस्तकों में प्रायः सभीको उन्होंने स्वयं पढ़ा था। उनमें बंगला, हिन्दी, पालि, अँग्रेजी सभी तरहकी पुस्तकें हैं, ऐसे विषयों पर जिनसे उनकी सुरुचि और निष्ठाका पता लगता है।

उनके खरे स्वभावको देखकर बाज वक्त विश्वास नहीं होता था, कि वह बंगाली हैं—बंगाली ज्यादा स्निग्ध मधुर स्वभाव के होते हैं। हिन्दू धर्मकी सामाजिक

उदारताकी बात छोड़ दीजिये, बस बारूदकी ढेरमें चिनगारी पड़ जाती थी। इस अन्याय के कारण ब्राह्मणोंके धर्मको बर्दाश्त करनेके लिये तैयार नहीं थे। वैसे भी नर्मी और विनम्रताके शिष्टाचारको भूल जाते थे, पर उनका हृदय नवनीतसे भी कोमल था। मैंने भिक्षु बन बौद्ध धर्म के कितने ही ग्रन्थोंका अनुवाद किया। यह देखकर उन्हें बड़ी प्रसन्नता होती थी। जब भी जाता, बड़े स्नेहसे मिलते। जब भिक्षु वेषको छोड़ पहली बार उनसे मिला, तो वह अपने आँसुओंको रोक नहीं सके, पर कोई शिकायत नहीं की।

बौद्ध धर्म और दर्शनके बारेमें मैंने दूसरोंसे बहुत पढ़ा, अपने परिश्रमसे भी बहुत कुछ सीखा, पर, उसको प्रथम मन्त्र देनेवाले बोधानन्द महास्थविर ही थे। जीवन भर वह अपनी धुनमें लगे रहे। उनको इसकी बड़ी चिन्ता थी, कि उनका आरम्भ किया काम आगे भी चलता रहे। अपने बिहारके लिये किसी उत्तराधिकारी बनानेकी बात जब उनके सामने आई, तो उन्होंने किसी भारतीय तरुणको नहीं बल्कि एक सिंहलपुत्र (भिक्षु प्रज्ञानन्द) को स्वीकार किया और अपना अंतेवासी बनाया। कहते थे—"भारतपुत्रका क्या पता, कपड़ा छोड़ कर अपने समाजमें न चला जाय। सिंहलपुत्र पीढ़ियों का बौद्ध होता है, वह बराबर बौद्ध ही रहेगा। पूरी उम्र पाकर भदन्त बोधानंदने अपना शरीर छोड़ा।

२७. स्वामी ब्रह्मानन्द

१९५२ ई०में ९१ सालसे ऊपरके होकर स्वामी ब्रह्मानन्दका देहान्त हुआ। उन्होंने अपने सामने अपनी पाँच पीढ़ियाँ देखीं, ऐसा सौभाग्य बहुत कमको ही मिलता है। स्वामी ब्रह्मानन्द उन पुरुषोंमें थे, जिन्होंने स्वामी दयानन्दके जीवनमें ही उनकी शिक्षा स्वीकार की थी। बुन्देलखण्डके एक छोटेसे गाँवमें रहनेके कारण उन्हें दयानन्दके दर्शन का सौभाग्य नहां प्राप्त हुआ।

स्वामी ब्रह्मानंदका पहला नाम श्री रामदीन पहाड़िया था। उनका गाँव महेशपुरा जालौन जिलेमें कोंचके स्टेशनसे चार-पाँच कोसपर पड़ता था। रास्ता बीहड़ था, बरसातमें जूता पहन कर चलनेमें सेर-सेर मिट्टी चिपक जाती और पैर उठाना मुश्किल हो जाता। रामदीन मामूली बहीखाता के लायक लिखना-पढ़ना जानते थे, धर्मके कारण रामायण भी पढ़ लेते थे। फिर न जाने किस उड़ती चिड़ियाने उनके पास दयानंद और आर्यसमाजका सन्देश भेजा। जिज्ञासाने हिन्दी पढ़नेकेलिये भारी प्रेरणा दी, फिर आर्यसमाज-सम्बन्धी साहित्य और हिन्दी पत्र-पत्रिकाओंको मँगाकर पढ़ने लगे।

आर्यसमाज कोरा मतवाद लेकर प्रकट नहीं हुआ था, उसने आरम्भिक पीढ़ीके जीवन-दर्शनको बदलनेकी कोशिश की थी। रामदीन पहाड़ियाकी जिज्ञासा-तृप्तिकेलिये पुस्तकोंके अतिरिक्त कभी-कभी जानकार विद्वान् साधु भी आ जाते थे, जिनकी वह सेवा करते थे। उन्होंने समझ लिया झूठ और दयानन्दका बतलाया धर्म एक साथ नहीं चल सकते। पीढ़ियोंसे दूकानदारी और लेनदेनका काम उनके घरमें चला आया था। वह अपने पिताके एकमात्र पुत्र थे। उनके पास गाँवमें जीवन-बसर करनेकेलिये काफी सम्पत्ति थी। दूकानदारकेलिये झूठ बोलना अनिवार्य है। वह समझता है, यदि दामको बेसी करके न कहेंगे तो ग्राहक कभी विश्वास नहीं करेगा, और दूकान छोड़कर चला जायगा। सौभाग्यसे महेशपुरामें दूसरी कोई दूकान नहीं थी। पर गाहकको खाना तो निश्चित था। रामदीनजीने निश्चय किया, कि चाहे कुछ भी हो, मुझे अपने व्यवसायमें झूठसे सहायता नहीं लेनी है। उनके यहाँ दूकानदारी कपड़ेकी थी। वह एक दाम बोलने लगे। पहले कुछ गाहक लौटे जरूर, पर उन्होंने देखलिया, रामदीनका दाम दूसरी जगहसे कम था। धीरे-धीरे सब लोग समझने लगे, कि यह बनिया एक दाम बोलता है। कुछ ही समय बाद सच बोलना घाटेका नहीं, नफेका काम हो गया। वह थोड़ा नफा रखते थे, सूद की भी हलकी दर रखते थे। सत्यके प्रयोगके साथ उन्होंने

आर्यसमाजकी शिक्षाके अनुसार अपने घरमें सायं-प्रातः संध्या करनेका नियम स्वीकार किया। अर्धाङ्गिनी निरक्षर थीं, उन्हें भी थोड़ा पढ़ाया, संध्या सिखलाई, दोनों व्यक्ति शाम-सबेरे संध्या-हवन करने लगे।

अगली पीढ़ीकेलिए उन्हें दो पुत्र पन्नालाल और श्यामलाल मिले। पुत्रोंकी शिक्षा-दीक्षा भी आर्यसमाजके अनुसार होना चाहिये, उन्हें संस्कृत पढ़ना चाहिये, इसे उन्होंने सोच लिया। जीवन सादा और गाँवका था। खर्च बहुत बढ़ा हुआ नहीं था। आमदनी भी काफी थी। महेशपुरामें गाँवसे बाहर उन्होंने कुछ एकड़ जमीन ली। पानी पाताल फोड़कर निकलना पड़ा। कुआँ भी पक्का बनवाया। ज्यादा पानीके लिये उसमें लोहे का नल धँसवाया, अमरूद और दूसरे फलोंका बगीचा भी लग गया। शायद अभी दोनों पुत्र अबोध थे, तभी उन्होंने यह तैयारी की। ढूँढ़ कर फर्रुखाबादके एक संस्कृत पंडितको अपने यहाँ रक्खा। बगीचा लड़कोंकेलिये गुरुकुल बन गया। वहीं पन्नालाल और श्यामलाल की शिक्षा होने लगी। पन्नालाल बड़े मेधावी थे, पढ़नेकी भी उनमें लगन थी। कुछ वर्षों बाद वह धाराप्रवाह संस्कृत बोलने लगे। श्यामलालके पढ़ानेकी पिताने बहुत कोशिश की। पंडितजी अध्यापकी करने गुजरात चले गये, तो श्यामलालको उनके साथ कर दिया। पर, वह ज्यादा पढ़ नहीं सके। हाँ, आस्तिक और कर्मनिष्ठ होनेमें अपने पिताका पूरा अनुगमन श्यामलालने ही किया। इसी साल (१९५६ ई०)में पता लगनेपर श्यामलालजी मंसूरी आये। भूलसे मैंने अपनी नई पुस्तक "ऋग्वेद" का जिक्र कर दिया। फिर खानपानकी भी बात आ गई। ऋग्वेदिक आर्य घोड़ा-बैल खाते थे, इसका स्पष्ट उल्लेख अनेक ऋचाओंमें है, यह सुन कर श्यामलालजीका श्रद्धालु हृदय तिलमिला उठा। घरपर वह रोज हवन करते हैं, पिताकी तरह ही वैदिक धर्ममें उनकी निष्ठा है। मांसाहार तो पच्चीसों पीढ़ियोंसे उनके कुलमें छूटा हुआ है उनकी श्रद्धा मेरे प्रति कुछ कम जरूर हुई होगी, पर पुराना सम्बंध ऐसा है, जो तोड़ा नहीं जा सकता। उन्होंने बहुत चिरौरी-विनती की—"इस पुस्तकको आप न छपवायें।" शायद समझते थे कि पुस्तकोंके लिखने में मुझे प्रेरणा पैसा ही देता है, इसलिये कहने लगे—"इससे जितना पैसा मिलने वाला हो, उतना मैं दे दूँगा।" मैं उन्हें क्या समझाता।

रामदीनजीने अपने पुत्रोंको पढ़ा-लिखा कर बड़ा किया, उनका ब्याह कर दिया। पौत्रका मुख देख लेनेपर गृहस्थ नहीं रहना चाहिये, इस नियमके पालन करनेका ख्याल आया। उन्होंने गेरुवा पहिन अपना नाम ब्रह्मानन्द रख लिया। सारा जीवन सुख और निश्चिन्ततामें बीता था। संन्यासीकेलिये घुमक्कड़ होना जरूरी है, पर स्वामी ब्रह्मानन्दको यह हिम्मत कैसे हो सकती थी? उन्होंने करपर कर रक्खा, करतल कर कभी नहीं रक्खा, इसलिये भिक्षाचर्या उनकेलिये सबसे कठिन बात थी। उन्होंने महेशपुरामें रहते ही संन्यास-धर्म पालनेका निश्चय किया। गाँवसे बाहर पुत्रोंने एक

पक्की कुटी बना दी। वह भोजनकेलिये घरपर आ जाते थे, बाकी अपना समय कुटियामें अध्ययन और चिन्तामें लगाते। आर्य समाजकेलिये और कुछ करनेकी उनकी बड़ी लालसा थी। इसी समय किसीने सुझाव दिया, उपदेशक तैयार करनेकेलिये एक विद्यालय खोलें। पुत्रोंने पिताकी इच्छा पूरा करना कर्तव्य समझा और उन्होंने इसकेलिये कुछ हजार रुपये देनेका निश्चय किया।

विद्यालय खोलनेकेलिये भाई महेशप्रसादजीको कहा गया, जिन्होंने पहले स्थान ठीक करनेकेलिये पं० भगवतीप्रसाद "आर्यमुसाफिर"को और जनवरी १९१७ में विद्यालय खोलनेकेलिये मुझे भेज दिया। महेशपुरा पहुँचनेपर मैंने देखा, कुछ हजारके एक मुश्त दानसे विद्यालय ठीकसे नहीं चल सकता। दस बारह विद्यार्थी रहेंगे, उनके लिये दो सौ रुपया महीनेकी अवश्यकता तो जरूर होगी, इसलिये और चंदा करना चाहिये। स्वामी ब्रह्मानन्दजीसे सलाह हुई, चैतकी फसलके समय चन्दा करनेकेलिये दीहातमें घूमना चाहिये। इसीके अनुसार फसल कटनेके बाद ही हम दोनों महेशपुरासे निकल पड़े। गाँव-गाँव घूमते जालौन और आगे तक पहुँचे। रामदीन पहाड़ियाकी सत्य-निष्टाको लोग जानते उनका सम्मान करते थे। जिस गाँवके भी खाते-पीते गृहस्थके पास हम पहुँचे, उसने इन्कार नहीं किया और मन दो मन अनाज देना सबने स्वीकार किया। हमारे कागजपर सैकड़ों मन अनाज जमा हो गये, किन्तु वसूल करना आसान नहीं सिद्ध हुआ—न हम सब जगह पहुँच सकते थे और न सभी अपनी दी हुई राशिको देनेकेलिये तैयार थे। तो भी बीस-पचीस मन अनाज जरूर इकट्ठा हो गया। उस समय अभी दाम बढ़ा जरूर था, लेकिन आजकी तरहका नहीं। फसलमें रुपयेका आठ सेर गेहूँ मिलता था।

स्वामी ब्रह्मानन्द विद्यालयके प्राण थे। हमने पाँच-छः महीने तक रह कर विद्यालयको महेशपुरामें चलानेकी कोशिश की, पाँच-छः विद्यार्थी भी आ गये। पर, आगे पता लगा, यातायातके साधनोंसे इतनी दूर इस छोटे गाँवमें संस्थाके बढ़नेकी सम्भावना नहीं है। दोनों दूसरा स्थान ढूँढ़ने लगे। अन्तमें कालपी पसन्द आई। वह जमुनाके किनारे एक अच्छा खासा कस्बा था, रेल वहाँसे जा रही थी, कानपुर भी बहुत दूर नहीं था। बरसातके बाद विद्यालय कालपी चला आया। स्वामी ब्रह्मानन्दजी भी हमारे साथ थे। कुछ महीने और विद्यालयको हम ले चले, लेकिन अब विद्यार्थी दो-तीन ही रह गये। खर्च जैसे-तैसे चला लेते थे, पर इतनेकेलिये जीवन लगाना पसन्द नहीं आया, साथ ही मेरी पढ़नेकी रुचि अति तीव्र हो गई। बड़े दुःखके साथ विद्यालयको बन्द कर स्वामी ब्रह्मानन्दसे विदाई लेनी पड़ी।

चार वर्ष बाद १९२१के जून या जुलाईमें मैं कौंच पहुँचा। स्वामी ब्रह्मानन्दके दोनों पुत्र अपने परिवारको लेकरके अब महेशपुरा छोड़कर कौंच चले आये थे। जालौन जिलाकी सीमापर ग्वालियर, दतियाकी रियासतें हैं। इधरकी नदियोंने मिट्टीका

कटाव करके भूमिको छोटी-मोटी पहाड़ियों और गड्ढोंके रूपमें परिणत कर दिया है। रियासतोंमें टोपीवाली बन्दूकोंकेलिये कोई लाइसेन्स नहीं था। पुलिसको आपसमें सम्पर्क स्थापित करनेमें देरी होती थी। इन सबका लाभ उठाकर कोई न कोई डाकू दल यहाँ जरूर बना रहता था। पिछले मर्तबे जब मैं यहाँ था, उस समय मन्नू महराजके दलकी चारों तरफ धाक थी। उन्होंने अपनी पहुँचसे भीतरके गाँवोंमें एक सरकारके भीतर दूसरी सरकार कायम कर रक्खी थी। लोग पुलिससे रक्षा न देखकर मन्नू महराजकी पूजा करते थे। गाँवोंमें धन और प्राण अरक्षित था। कौंच जैसे तहसील और थाना वाले कस्बेमें अधिक सुरक्षा थी, इसी ख्यालसे यह परिवार कौंचमें चला आया था। इसके अतिरिक्त व्यवसायमें बढ़नेका भी यहाँ अधिक सुभीता था। दोनों भाइयोंमें अलग होनेके लक्षण पैदा हो गये थे। स्वामीजी कभी यहाँ और कभी महेशपुरामें अपनी कुटियामें रहते।

स्वामीजीके जीवनमें अन्तिम बार अक्तूबर १६४८में मैं कौंच गया। अब वह वृद्ध ८५ वर्षके हो गये थे, इसलिये उनका आग्रह और मेरी इच्छा थी, कि अपने पुराने मित्रका एक बार फिर दर्शन कर लूँ। उनके शरीरमें हड्डी और चमड़ा ही रह गया था, तो भी चल-फिर सकते थे। वह अपने पोतों और परपोतोंकी पीढ़ीमें भारी परिवर्तन देख रहे थे। जिनके खानदानमें कभी किसीने मांस नहीं खाया था, अब वही खुल्लम-खुल्ला अंडा खाते थे और चुपके-चुपके मांस खानेवाले भी थे। स्वामीजी क्यों न कुढ़ते? वह चायको हानिकारक मानते थे और पोतोंके पास चायका सेट था, दिनमें दो बार चाय पिये बिना उनका काम नहीं चलता था। खर्च करनेमें भी वह बहुत उदार थे। नई साड़ियाँ, नये तरहकी धोतियाँ, आधुनिक ढंगके सिंगारकी चीजें घरमें पूरी तौरसे प्रविष्ट हो गई थीं। स्वामीजी नहीं मानते थे कि हरेक पीढ़ीको अपनी जिम्मेदारी अपने ऊपर लेनी है। नई पीढ़ियाँ हमेशा परिवर्तन करती आई हैं। उन्होंने भी जवानीमें पत्थरके अटरे-बटरेको फेंककर निराकार ईश्वरको स्वीकार किया था। परिवारकी यह अवस्था देखकर उनका मन अगर महेशपुरामें ज्यादा रहनेका होता हो, तो क्या अचरज?

६ अक्तूबरको स्वामी ब्रह्मानन्दजीसे बिदाई ली। उनकी आँखोंमें आँसू आ गये। फिर मिलनेकी आशा कहाँ हो सकती थी? वह अब भी आस्तिक थे और मैं कट्टर नास्तिक; लेकिन उसके कारण हमारे स्नेह-सम्बन्धमें कोई अन्तर नहीं पड़ा था। उनके कनिष्ठ पुत्रने इसी साल बतलाया कि चार साल हुए स्वामीजीका देहान्त हो गया।

२८. आचार्य इंदिरारमण शास्त्री

मुझे अधिक सम्मानित और स्थानाधिपतिसे बेपर्वाह देखकर उन्हें ईर्ष्या हुई। मैंने दर्शन-मध्यमाका फार्म बिना प्रथमा पास किये ही भर दिया था। जिन परीक्षाओंमें समझनेकी अधिक अवश्यकता थी और रटनेकी कम, उन्हें मैं आसानीसे पास कर लेता था। यह परीक्षा भी पास कर जाता; पर उन्हें ईर्ष्या हुई। कलकत्तामें परीक्षा-कार्यालयमें शिकायत भेज दी, जिसके कारण मैं उस परीक्षामें नहीं बैठ सका। किसी निरीह विद्यार्थीपर वह चोट करते तो मैं उसकी ढाल बन कर आगे आ जाता बस इतना ही भर मैंने उनका विरोध किया।

१९१९के जून या जुलाईमें मैं लाहौरसे करवीमें महन्त जयदेवदासकी संस्कृत पाठशालामें चला आया था। तबसे मार्च १९२० तक वहीं रहा। यहीं पहलेपहल पं० इंदिरारमणसे मुलाकात हुई। वह पं० गोविन्ददासजीके योग्य और प्रिय शिष्य थे। थोड़े ही दिनोंके सम्पर्कसे मुझे मालूम हो गया, कि यह छोटा सा दुबला-पतला तरुण असाधारण प्रतिभाका धनी है। उनका छपराका होना भी मेरी घनिष्ठताका कारण हो गया। तीसरी बात एक और पैदा हुई, जिसके कारण मैंने उन्हें अपना अभिन्न मित्र बना लिया। वह गोसाईं (अतीथ) वंशमें पैदा हुये थे जो गोस्वामी शंकराचार्यके दश-नामी साधुओंके गृहस्थ हो जानेसे बने हैं, इसीलिये उन्हें कुछ लोग नीची निगाहसे देखते थे। किन्तु, मुझे अपना लड़कपन याद आता था। ब्राह्मण होते हुए भी हमारे घरके लोग गोसाईंजीको देखकर हाथ जोड़ "नमो नारायण" करते थे। करवीके वैष्णव साधु उन्हें अतीथका बालक समझ कर नाक-भौं सिकोड़ते और अपमानित करनेका भी उपक्रम करते थे। मैं जात-पाँतका घोर विरोधी था, इसलिये मेरी सारी सहानुभूति इंदिरारमणजीके साथ थी। मुझे यह देखनेकी कभी इच्छा नहीं हुई, कि उनका भाव मेरे प्रति क्या है। इसे एकतरफा स्नेह और पक्षपात कहना चाहिये, पर मैं मजबूर था।

इंदिरारमणजी उस समय तक कुछ मध्यमा परीक्षायें पास थे। पीछे वह कलकत्ताके "दर्शनतीर्थ" और पंजाबका "शास्त्री" हुए। पर, उनकी योग्यता परीक्षाओंसे नहीं मालूम होती। वह गम्भीर विद्वान् थे, बहुतसे शास्त्रों, बहुत से विषयोंमें गति रखते थे। डेढ़-दो वर्ष बाद १९२१में असहयोग आन्दोलनमें भाग लेनेकेलिये मैं छपरा चला आया व उनके बारेमें पूछ-ताछ की, पर कुछ मालूम नहीं हुआ। शायद १९२६ ई०

के जाड़ोंमें पता लगा, कि वह अब रिविलगंजमें एक पाठशाला खोल कर पढ़ाते हैं। मैं शामको उनके पास पहुँचा। अब वह गृहस्थ थे। ऐसे प्रतिभाशाली पुरुषका गृहस्थके बंधनमें बन्धना मुझे पसन्द नहीं आया क्योंकि इस स्थितिमें अपनी सारी शक्तियोंका पूरा उपयोग नहीं कर सकेंगे। मैंने पूछा—"आपने ऐसा क्यों किया?"

उन्होंने करुण स्वरमें कहा—"क्या करता, वैरागी अतीथ कह कर लोग बहुत अपमानित करने लगे। मेरे लिये वहाँ रहना मुश्किल हो गया।"

मुझे बहुत अफसोस हुआ। ख्याल आता था, अगर मैं उनके साथ रहता, तो वैरागियोंसे लोहा लेता और उन्हें सर्वतन्त्र स्वतंत्र रह कर अपनी विद्वत्ताका परिचय देनेमें सहायता करता। पर, वह बात तो अब गत हो चुकी थी।

मेरे मनमें कभी उनके विरोधका ख्याल नहीं आया था। मैं प्रतिभाका एकान्त आराधक था, इसलिये उनके सात क्या सात सौ खून माफ करनेके लिये तैयार था। छ वर्षों बाद मिलनेपर उनके भी भाव बदल गये थे। स्याही पड़े पृष्ठको हममेंसे किसीने पीछे मुड़ कर नहीं देखा। हमारी बातोंका अन्त पाठशालामें दो-ढाई घंटेमें नहीं हुआ। हम पैदल ही रातको वहाँसे चल कर छपरा आये। कितनी बीती और कितने आगेकी बातें हमारे पास कहनेको थीं। १६२३–२५ ई०के दो सालके जेल-निवासको मैंने पढ़ने-लिखनेमें लगाया था, इसलिये यह नहीं कह सकता कि १६२१से १६२६ ई० तकके सारे समयको मैंने केवल राजनीतिमें बिताया। इस समय फिर विद्याकी ओर मुड़नेकी तीव्र आकांक्षा हो रही थी। इंदिरारमणजीकेलिये मैं चाहता था कि वह अपने क्षेत्रमें अपनी प्रतिभा दिखायें।

१६२७ ई०में मैं अब राजनीतिसे हट कर अनुसन्धान और पर्यटनमें लग गया। मेरा भ्रमण-क्षेत्र अधिकतर देशसे बाहर था। कई वर्षों बाद देखा, आचार्य इंदिरारमण शास्त्री काशी विद्यापीठमें अध्यापन कर रहे हैं। बाबू भगवानदासके सुझावपर मनुस्मृति पर एक विस्तृत पद्यबद्ध ग्रन्थ लिख रहे हैं, अछूतोद्धारके लिये ब्राह्मणोंसे लोहा ले रहे हैं, उनकी प्रतिभाको दूसरे भी माननेके लिये मजबूर हैं। इसके बाद हर साल जाड़ोंमें मैं जरूर बनारस जाता और हर बार अपने मित्रसे मिलता। हर बार अतृप्त होकर ही उनसे बिदा होता। मैं मानता था, बाबू भगवानदासके सठियाये विचारोंके अनुसार मनुस्मृति को मोमकी नाक बनानेसे काम नहीं चल सकता। मनुस्मृति हमारे देशके बहुजनको दासता और अर्धदासताकी बेड़ी बनानेका शताब्दियोंसे काम करती रही है। व्याख्या करनेसे कुछ नहीं बन सकता। पर, आचार्य इंदिरारमण क्या करते? गृहस्थ थे, स्त्री और बच्चे थे। हवा पीकर तो काम नहीं चल सकता था। इस कामके सहारे वह एक सम्भ्रान्त जीवन बिता रहे थे। मुझे इसके लिये बहुत खेद होता था सोचता था—काश, यदि वह आज गृहस्थ न होते, तो वह उन्मुक्त शरीर होकर

अपने उन्मुक्त मनसे विद्याकी आराधनामें लगे रहते। वह शास्त्रोंको आजके तरुणोंके समझने लायक बनाते। उनका दर्शनका ज्ञान बहुत उपयोगी हो सकता था।

अन्तिम बार १९४४ ई०में बनारसमें उनसे मुलाकात हुई। काशी विद्यापीठके पाससे शहरके भीतर जानेवाली गलीके एक घरमें रहते थे। हमेशा शरीरसे दुर्बल और कृश रहते आये थे, इसलिये इस अवस्थामें देखकर किसी अनिष्टकी कल्पना नहीं हो सकती थी। लेकिन, तीन वर्ष बाद जब १९४७ ई०में विदेशसे भारत लौटा, तो इंदिरारमणजीका देहान्त हो चुका था। वह पागल होकर अपने गाँवमें रहते थे। एक महान् प्रतिभा अपने योग्य कामको किये बिना ही चल बसी।

२६. राजगुरु पं० हेमराज शर्मा

१६२३ ई०की शिवरात्रि थी। राजनीतिक कामोंकी भीड़मेंसे छुट्टी निकाल कर वर्षोंसे मनकी साध पूरा करनेकेलिये मैं नैपाल पहुँचा। मेरे शरीरपर काले कम्बल की एक अलफी थी। उसी वेषमें काठमाण्डूकी थापाथलीके वैरागी मठमें धुनीके पास बैठा था। मेलेके समय "न जाने केहि भेसमें नारायण मिल जायँ"का ख्याल करके कितने ही श्रद्धालु पण्डित और गृहस्थ साधुओंकी जमातके दर्शन करनेकेलिये आया करते थे। १० मार्चको नेपाली सुरुवाल (पायजामा) और चौबन्दी, सिरपर नेपाली टोपी लगाये एक ठिगनेसे प्रौढ़ पुरुष मेरे पास आये। मैं तीस वर्षका स्वस्थ, फक्कड़ साधु था—वह मेरी ओर आकृष्ट हुए। कुछ देर बातचीत हुई। संध्या-वंदनका समय आया, उसका जिक्र आनेपर मेरे मुँहसे अनायास उदयनाचार्य (कुसुमांजलि) की कारिका निकल आई—"उपासनैव क्रियते श्रवणानन्तरागता।" (कानोंमें आती दिव्य वाणी मानो उपासना ही है।) इन्हें पता चल गया, यह कालीकमली वाला साधु विद्वान् है।

इसी समय नीचेसे एक विद्वान् सन्यासी स्वामी सच्चिदानंन्द नेपाल पहुँचकर राजाके अतिथि बने थे। स्वामी सच्चिदानन्दने शास्त्रोंका अच्छा अध्ययन किया था। झुकाव कुछ-कुछ बौद्ध धर्मकी ओर था। नेपालमें शाक्त मतका जोर है। हरेक शुभकार्यमें पशुबलि की जरूरत होती है। स्वामीजीने उसका खण्डन करके राज्यके सबसे अधिक सम्माननीय तथा महान् पंडित माहिला गुरुको चेलेंज दिया। पं० हेमराज अपने तीनों भाइयोंमें माहिला (मझले) थे, इसलिये उन्हें लोग अधिकतर "माहिला गुरुज्यू" के नामसे याद करते थे। उस दिन माहिला गुरुने मुझे अपने यहाँ बुलाया था। दरबार पुस्तकालयके वही अध्यक्ष थे। मुझे पुस्तकालय देखना था, इसलिये मैं स्वयं उनके पास जानेकेलिये उत्सुक था। अगले दिन उनके घरपर गया। देखा, चारों ओर पुस्तकाधानियोंसे भरे पुस्तकालयके कालीनके ऊपर बहुत-सी पुस्तकें रक्खी हुई हैं, और वह तथा दूसरे पण्डित स्वामी सच्चिदानन्दकी उक्तियोंको खंडन करनेकेलिये शास्त्र-वचनों को ढूँढ़ रहे हैं। कोई चर्चा चली, मैंने कुमारिलके वचन "गोक्षीर श्वदृतौ धृतम्" (कुत्तेके चमड़ेमें रक्खे गायके दूध) को उद्धृत करते कहा, मीमांसा वेदवाह्य वचनोंको अमान्य ठहराता है। दो ही साल पहले वेदान्त मीमांसा पढ़ कर मैं मद्रासे आया था। बहुतसे वचन याद थे। माहिला गुरुने कहा—"आप स्वामीके विरुद्ध बोलिये।"

र, मैं भीतरसे आर्यसमाजी मुझे स्वामीके विचार ही पसन्द थे, इसलिये मैं क्यों नके खिलाफ जाने लगा ?

माहिला गुरुज्यूका यह मेरा पहला सम्पर्क था। समय पाकर यह सम्पर्क उनके मनसे ूल गया, यद्यपि मुझे नहीं भूला। लंकामें पालि बौद्ध धर्मका अध्ययन करनेके बाद मुझे ाफ दीखने लगा कि बौद्ध दर्शन और धर्मके चरम विकासके जाननेकेलिये तिब्बत ये बिना काम नहीं चल सकता। तिब्बत जानेमें मेरे रास्तेमें अनेक बाधाएँ थीं। मैं सहयोग और काँग्रेसकेलिये दो बार जेल हो आया था, इसलिये अँग्रेज सरकार मुझे ीमा पार करने नहीं दे सकती थी। कुछ भारतीयोंने तिब्बती बन्धुओंके आतिथ्यका पयोग अँग्रेजोंकी गुप्तचरीमें किया, जिसके कारण वहाँके लोगोंको वे सन्देहकी दृष्टिसे खते थे, इसलिये तिब्बतकी सीमाके भीतर जाकर मुझे स्वागतकी कोई आशा नहीं ी। तो मैंने भी निश्चय कर लिया, तिब्बत जाना ही होगा। एक ही सुगम रास्ता ालूम हुआ, कि मैं भारतीय सीमासे सीधे न जा नैपालके द्वारा तिब्बतमें प्रवेश करूँ। ेपालमें भी शिवरात्रिके रामहल्लेमें ही जानेकी छूट थी, बाकी समय राहदानी (प्रवेश-त्र) मिलना करीब-करीब असम्भव था। मैं (१६२६ ई०)के शिवरात्रिमें जाकर हीने-डेढ़ महीने नैपालमें अज्ञातवास करते आगे जानेका रास्ता ढूँढ़ रहा था। यह मय माहिला गुरुज्यूसे भेंट करनेका नहीं था। वह राज्यके एक बड़े कर्मचारी थे।

तिब्बतमें सवा वर्ष रह कर मैं भारत लौट आया। मेरे अनुसन्धानों और ार्योंकी अब काफी प्रसिद्धि हो गई। मेरे बहुत से लेख भी निकले। यूरोप भी हो आया था। "तिब्बतमें सवा वर्ष"के नामसे मैंने अपनी यात्रा प्रकाशित करवा दी थी। ं० हेमराज शर्मा संस्कृतके सभी शास्त्रोंमें अच्छी गति रखते थे। प्राचीनताके जबर्दस्त क्षपाती थे; लेकिन ज्ञानार्जनके किसी साधनको अस्पृश्य नहीं समझते थे। हिन्दीका ाहित्य नैपाली (गोरखाली)से अधिक समुन्नत था। नैपाली और हिन्दीमें अन्तर हुत कम है, और वह हिन्दीको भी अपनी मातृभाषाकी तरहही बोल सकते थे। हिन्दीकी ुस्तकें और पत्र-पत्रिकायें ढेरकी ढेर आती थीं और वह उनको मन लगा कर ढ़ते थे।

१६३४ ई०की दूसरी तिब्बत-यात्रासे मैं नैपालके रास्ते लौटा। कुछ दिन (१७ नवम्बर से २ दिसम्बर) तक काठमाण्डूमें रहा। इसी समय राजगुरुके घनिष्ठ सम्पर्कमें आनेका मौका मिला। हमारे राजनीतिक और सामाजिक विचारोंमें जमीन-आसमानका अन्तर था, पर विरोधियोंका भी घनिष्ठ समागम और सम्पर्क होता है, इसका उदाहरण हम दोनों थे। हिन्दू धर्मकी हरेक खूसट रीति-रवाज और विचारका वह अनुमोदन करते थे। यहाँ तक कि सती-प्रथाके उठानेको भी बुरा बतलाते थे। राणाओंके परम निरंकुश शासनके वह जबर्दस्त समर्थक थे। उधर इसी साल मैंने "साम्यवाद ही क्यों ?" पुस्तक तिब्बतकी राजधानी ल्हासामें रहते हुए लिखी थी,

जिसके कुछ अध्याय पत्रिकाओंमें छपे और राजगुरुकी नजरसे भी गुजरे थे। मैं क्या हूँ, इसे वह अच्छी तरह जानते थे; पर, इस सबके साथ उन्हें यह भी मालूम था, कि तिब्बतमें जाकर मैंने भारतीय लुप्त साहित्यको ढूँढ़ निकालनेकेलिये बहुत प्रयत्न किया है। काठमाण्डूमें धर्ममान साहुके मकानमें पहली तिब्बत-यात्रामें भी मैं कई दिन रह चुका था। यहाँ पहुँचते ही मैंने माहिला गुरुको अपने आनेकी सूचना दे दी। १९३४ ई०के भूकम्पका नैपालपर भी बहुत बुरा प्रभाव पड़ा था। कितने ही स्तूप और मन्दिर ध्वस्त हो गये थे।

राजगुरु मिलनेके लिये उत्सुक थे। मैं शामको उनके पास गया। भूकम्प-ध्वस्त सुनयश्रीके विहारकी बात आनेपर उन्होंने ठंडी साँस लेकर कहा—"वहाँ तो दिल दहलानेवाली घटना घटी है। उस विहारमें पचासों बहुमूल्य तालपोथियाँ थीं। मैंने कई बार उन्हें देखनेकी कोशिश की, लेकिन गुभाज्यू (बौद्ध पुरोहित) लोग दिखलानेके लिये राजी नहीं हुए। भूकम्पकी सहायतामें मुझे भी काम करना पड़ता था। बरसातके बाद मैं एक दिन उस जगहपर पहुँचा, तो पुस्तकें याद आ गई। मैंने पूछा—"वह पुस्तकें कहाँ हैं?"

"यहीं जमीनमें।"

सारी बरसात वर्षा पड़ती रही। उन पुस्तकोंकेलिये क्या आशा हो सकती थी? तो भी मैंने जल्दी-जल्दी कुछ आदमियोंको बुला कर उस जगहको खुदवाना शुरू किया। मेरी आँखोंसे आँसू निकल पड़े, जब मैंने पुस्तकें बाँधनेकी तख्तियोंको हाथसे उठाकर देखा, तो तालपत्र सड़ कर कीचड़ हो गये थे।

माहिला गुरु एक सच्चे विद्वान्की तरह इस घटनाका वर्णन करते इतने खिन्न थे, जैसे किसी सगे-सम्बन्धीको उन्होंने अभी खोया हो। यह बात थी, जिसके कारण मैं माहिला गुरुके प्रति अनुरक्त था और वह मेरे प्रति। तिब्बतकी दूसरी, तीसरी और चौथी यात्राएँ भारतसे गई तोलपोथियोंके ढूँढ़नेकेलिये मैंने की थी। दूसरी यात्रा तो विशेष तौरसे धर्मकीर्ति और दिङ्नागके न्यायग्रन्थोंके खोजनेकेलिये हुई थी। इस यात्रामें मुझे सफलता भी हुई थी। यात्रासे लौट कर मैं धर्मकीर्तिसे इतना प्रभावित हुआ, कि उनके मुख्य ग्रन्थ "प्रमाणवार्त्तिक" को तिब्बतीसे संस्कृतमें अनुवाद करने लगा। मेरे मित्र पं० जयचन्द्र विद्यालंकारने बतलाया, कि उसकी तालप्रति राजगुरु पं० हेमराज शर्माको मिल गई है। मैंने अनुवादका काम छोड़ दिया। विशेष तौरसे उसी पुस्तकको देखनेकेलिये मैं नैपाल होकर लौट रहा था। पूछनेपर उन्होंने बतलाया, कि जीर्ण-शीर्ण तालपोथी मिली थी, उसे लौटानेको कह कर इटालियन प्रोफेसर तूची ले गये; लेकिन लौटाया नहीं। फिर उन्हें याद आया, कि किसी फोटोग्राफर से उसकी कापी करवाई थी। बड़े प्रयत्नसे ढुँढ़वाया। सौभाग्य समझिये, फोटोके प्लेट मिल गये। उसकी कापी उतरवाई।

पोथीके दोनों छोर जीर्ण होकर झर गये थे। इन्हीं छोरोंमें पत्रका अङ्क लिखा रहता है। अब यह मालूम करना मुश्किल था, कि कौन पत्र पहला है और कौन दूसरा। सौभाग्यसे गेशे गेन्दुन् छोम्फेल (संघधर्मवर्धन) तिब्बतसे साथ आये थे। धर्मवर्धन महान् रत्न थे। अफसोस है कि मेरे मित्र इंदिरारमण शास्त्री और विज्ञानमार्तण्डकी तरह उनकी प्रतिभाका पूरा उपयोग नहीं हो सका। वह एक बड़े चित्रकार, तिब्बती भाषाके महाकवि और दर्शनके पंडित थे। तिब्बती भाषामें उनको सारा "प्रमाणवार्त्तिक" कंठस्थ था। मैं तालपोथीकी एकपंक्तिको तिब्बतीमें अनुवाद करके कहता और वह हमारे पास मौजूद तिब्बती पोथी मेंसे निकाल कर कारिकाको रख देते। कई दिन भिड़सेके बाद हम पत्रोंको क्रमसे लगा सके। पता लगा पुस्तकमें दस पत्र लुप्त हैं। "प्रमाणवार्त्तिक"के उद्धारसे जितनी मुझे प्रसन्नता हुई, उतनी ही राजगुरुको भी। धर्मकीर्ति ऐसे विचारोंके माननेवाले थे, जिन्हें राजगुरु कभी पसन्द नहीं करते। किन्तु हमारी पुरानी परम्परा विचार-सहिष्णुताकी है, नास्तिकों और परम-आस्तिकोंके उच्च विचारोंको आदर और स्नेहके साथ पढ़नेकी। इसलिये धर्मकीर्ति उनके भी प्रिय थे।

१६३६ ई०में मैं तीसरी तिब्बत-यात्राकेलिये नैपाल पहुँचा। १८ फर्वरीसे १४ अप्रैल तक प्रायः दो मास रहा। पिछली मुलाकातमें ही माहिला गुरुसे घनिष्ठता स्थापित हो गई थी। अब यह और आगे बढ़ी। डा० जायसवाल नैपाल देखना चाहते थे। नैपाल पुरातत्व-सामग्रीसे भरा हुआ है। मैं भी चाहता था, कि वह यहाँ आयें। लेकिन शिवरात्रिके अतिरिक्त दूसरे समय प्रवेशके लिये सरकारसे आज्ञापत्र लेना पड़ता था, जो अँग्रेजों और यूरोपियनोंके लिये सुलभ था, पर भारतीयोंके लिये अत्यन्त दुर्लभ। राजगुरुके प्रयत्नोंसे जायसवालजीको राज्यके अतिथिके तौरपर निमंत्रित किया गया। नैपालके शासक और राजगुरु भी मानते थे, कि नैपालकी अजेय और पवित्र भूमिको कभी म्लेच्छ पददलित नहीं कर सके। पर मैं जगह-जगह सैकड़ों नाक कटी पत्थरकी मूर्तियाँ देखता था। मुसलमान आक्रमणकारी ही ऐसा कर सकते थे, यह मुझे विश्वास था। पर इसका प्रमाण चाहिये। ७ अप्रैलको मैं स्वयम् चैत्य देखने गया। वहाँ एक कोनेमें जयार्जुन देवका शिलालेख मिला। उससे और दरबार पुस्तकालयमें मौजूद राजवंशावलिसे भी मालूम हुआ कि ७७० नैपाल संवत् (१३५० ई०)में बंगालका 'सुरत्राण शमसदीन भांगरा' (सुलतान शम्सुद्दीन भैंगड़ा)ने नैपालमें आकर वहाँके बहुत से देवालय तोड़े।

राजगुरुने एक दिन कहा—"तिब्बतमें सवा वर्षमें यहाँके शासक-वर्गके बारेमें आपने जो टिप्पणी की है, उससे वह बड़े असंतुष्ट हैं। इसकी वजहसे आपकी दूसरी किताबोंके यहाँ आनेमें बड़ी रुकावट हो रही है, इसलिये उसे आप हटा दें, तो अच्छा है।" इस असन्तोषका एक और पता २४ मार्चको लगा। अपनी पुस्तक "जापान"

और "खुद्दकनिकाय" (पालि)के प्रूफोंको डाकसे भेजनेकेलिये ले जानेपर कस्टम (भँसारवाले) अफसरने उन्हें रख लिया और कहा, कि हम इन्हें तब तक नहीं देंगे, जब तक कि "तिब्बतमें सवा वर्ष" की एक कापी नहीं मिल जाती। हमारे पास पुस्तक कहाँ थी और वह तो सरकार द्वारा जब्त थी। गुरुजीने बहुत कोशिश की, तब जाकर प्रूफ भेजे जा सके। राजगुरुके सुझावपर मैंने "तिब्बतमें सवा वर्ष" के प्रथम संस्करणके ३३ से ३६ पृष्ठोंको नरम करके दुबारा लिख दिया। नैपालसे मुझे बार-बार वास्ता पड़ता था, इसलिये उसे अपने अनुसन्धान-क्षेत्रसे बाहर रखना पसन्द नहीं था।

राजगुरु पं० हेमराज शर्मामें विद्वता, विद्याप्रेम, सहृदयता, कालज्ञता, राजनीतिज्ञता सभीका सुन्दर मिश्रण था। जब-जब मैं इधर आया, उन्होंने मेरे कामोंमें सहायता की। तिब्बतकी तरफ जाते वक्त उन्होंने अपनी मोटर साखू तक भेजी और सीमान्त तकके लिये दो घोड़े भी दे दिये। सीमान्तकी नैपाली फौजी चौकीवाले मुझे आगे जानेके लिये न छोड़ते, यदि उनके घोड़े और साईस मेरे साथ न रहते।

राजगुरुका दर्शन १९४७के दिसम्बरमें साहित्य सम्मेलनके अधिवेशनमें हुआ। मैं सम्मेलनका अध्यक्ष था। वह बहुत क्षीण हो गये थे। बुढ़ापेका पूरा प्रभाव था और साथ ही स्वास्थ्य बहुत खराब रहता था। अन्तिम बार उनके दर्शन १९५३की जनवरीमें नैपालमें हुआ था। सभी जाड़ोंके कारण नीचे जानेकी तैयारी कर रहे थे। घूमते-घामते मैं उनके घरपर पहुँचा। मैंने लिखा था—"मैं कम्युनिस्ट विचार रखता हूँ।" यह उनको मालूम था, और मुझे भी मालूम था, कि वह परमनिरंकुश सामन्तवादके समर्थक हैं। तो भी संस्कृत, भारतीय संस्कृति, तत्सम्बन्धी अनुसंधान ऐसी चीजें थीं, जिनके कारण हममें १९ वर्षसे घनिष्टता स्थापित हो गई थी। सबसे पिछली बार जब मिले थे, तो माहिला गुरु शासनके एक सबल स्तम्भ और प्रभावशाली राजगुरु थे। अब राणा चले गये, इसलिये वह "पानीके बाहरकी मछली" जैसे थे।

बड़े प्रेमसे मिले। दो-तीन घंटे तक साहित्य और अनुसन्धानकी चर्चा चलती रही। उनके ज्येष्ठ पुत्रको मैंने कभी आठ-दस वर्षका बालक देखा था, अब वह लम्बे-तगड़े जवान दे। साहित्याचार्य करके ग्रेजुयेट बन रहे थे। कनिष्ठ पुत्रके रंग-ढंगसे राजगुरुको बहुत दुःख था। वह बी० ए० करके अनब्याहे आगे पढ़नेकेलिये इंगलैंड या अमेरिका जानेकेलिये उतावले थे। राजगुरुका वंश राणा जङ्गबहादुरके विलायत जानेमें बाधक नहीं हुआ, पर वह उस समय अपने खान-पान और सभी चीजोंका पूरा प्रबन्ध करके गये थे। राजगुरुके कनिष्ठ पुत्र निश्चय ही गंगाजल और गंगाकी मिट्टी लेकर यहाँसे नहीं जाते, वह वहाँ होटलोंमें खाते। खैर, खानेकी छुआछूत ज्यादा दिन टिक नहीं सकती, इसका राजगुरुको विश्वास हो चला था, पर, डर था कि कहीं वह वहींसे ब्याह करके न आये। मुझसे सलाह ली। मैंने कहा—"प्राप्तेतु षोडशे वर्षे पुत्रं

मित्रवदाचरेत् ।" (सोलह क्या वह तो बीस वर्षसे ऊपरके हो गये थे। ऐसे पुत्रपर आप अँकुश कैसे रख सकते हैं। वह कह रहे थे—"यदि व्याह करके जाता, तो अच्छा।" मैंने कहा—"इसकी क्या गारन्टी है, कि यहाँसे व्याह करके जानेपर किसी गोरीके प्रेमपाशमें बद्ध होनेसे वह रुक जायगा।" राजगुरु लाखोंके धनी थे। पुत्रोंको सभी तरहके आर्थिक सुभीते थे। वह अपना-अपना रास्ता लेंगे, यह तो निश्चित ही था।

काठमाण्डूमें मैं जिस जगह ठहरा था, वह राजगुरुके निवाससे दूर नहीं था। २१ जनवरीको देखा, वह पैदल ही मेरे यहाँ चले आये हैं। आश्चर्यकी बात नहीं थी, उनका स्नेह ही मेरे ऊपर ऐसा था। पर, उनका स्वास्थ्य अब बहुत खराब था। मैंने यह कहा, तो कहने लगे—"कोई बात नहीं। बहुत दूर नहीं था। मैं धीरे-धीरे चला आया।" इसके बाद तीन घन्टे तक हम तल्लीन होकर नैपालके इतिहासपर बातचीत करते रहे। वह नैपालके विश्वकोश थे, इसलिये उनसे बात करनेमें बड़ा आनन्द आता था। यही अन्तिम भेंट थी। इसके शायद साल भर बाद अखबारोंमें पढ़ा, माहिला गुरु अब इस दुनियामें नहीं रहे। मैंने एक अत्यन्त सहृदय मित्रको और उनके रूपमें एक प्राचीन ज्ञान-राशिको हमारे देशने खोया। माहिला गुरुका पुस्तकालय बहुत विशाल था। सैकड़ों तालपत्रोंकी पोथियाँ उन्होंने जमा की थीं। दूसरे हजारों ग्रन्थ भी अब दुर्लभ थे। उनके पुस्तकालयको किसी पुस्तक-विक्रेताने खरीद लिया। यह सुन कर मुझे खेद हुआ। यदि नैपाल या भारतके राष्ट्रीय पुस्तकालयको सारी ग्रन्थराशि मिल गई होती, तो उसका ठीकसे उपयोग होता। पुस्तक विक्रेता सूखे पत्तोंकी तरह उन ग्रन्थोंको बिखेरेगा। मेरा सिद्धान्त था, संग्राहकको अपने जीवनमें ही संगृहीत सामग्रीकी सुरक्षाका प्रबन्ध करना चाहिये। इसीलिये तिब्बतमें संगृहीत अपनी सारी सामग्रीको मैंने पटना म्यूजियमको दे दिया था, जिसके अध्यक्ष उस समय जायसवालजी थे।

३०. धूपनाथ सिंह

मैं टाइफाइडमें (२७ दिसम्बर १९३५से १५ जनवरी १९३६ तक) पटना अस्पतालमें पड़ा था। पता लगते ही धूपनाथ दौड़े और तब तक चारपाईकी पटिया उन्होंने नहीं छोड़ी, जब तक कि मैं उससे उठ नहीं गया। हफ्ते भर मुझे होश नहीं था। उस वक्तकी नहीं जानता पर, होशमें आनेपर जबर्दस्ती उन्हें भेजता, तब वह सोने जाते। इससे पता लगेगा, कि धूपनाथका स्नेह और उपकार कितना है। बेहोशीके समय मैंने धर्मकीर्तिका नाम एक-दो बार लिया था, यह धूपनाथसे मालूम हुआ। उस साल (१९३५-३६)में मैंने धर्मकीर्तिके मूल संस्कृत ग्रन्थोंकी खोजकेलिये तिब्बत जानेका निश्चय किया था। शायद उसी निश्चयको अपूर्ण होते देखकर मुझे धर्मकीर्तिका ख्याल बेहोशीमें भी आया। धूपनाथ देखनेमें भोले-भाले मालूम होते हैं। हिन्दी अच्छी तरह पढ़ लेते हैं, किन्तु बोल सकते हैं केवल भोजपुरी ही। मैं अनीश्वरवादमें पहुँच चुका था, किन्तु पुनर्जन्मकी भूल-भुलैयाको, कमसे कम बाहरसे, त्यागना नहीं चाहता था। धूपनाथने एक दिन बड़ी गम्भीरतासे कहा—"इसकी भी क्या जरूरत है।" इसीसे मालूम होगा, वह कितना सोच-समझ सकते हैं। बीमारीके बादकी कमजोरीकी हालतमें भी मैंने तिब्बत जानेका निश्चय नहीं छोड़ा। पर, उसके लिये डेढ़-दो महीनेमें काफी ताकतकी जरूरत थी, तभी मैं भारतसे प्रस्थान कर सकता था।

अस्पतालसे मैं जायसवालजीके घरपर गया। जायसवालजीको बड़ा अफसोस हुआ, कि ऐसी खतरनाक बीमारीके समय मैं पटनामें नहीं रहा। दो-तीन दिन ज्वर आ चुका था, लेकिन बीमारीका पता नहीं था। जायसवालजीने कहा—मैं मैसूर ओरियेन्टल कान्फ्रेंसमें आपको बीमार छोड़ कर नहीं जाऊँगा। मैंने कहा—"कोई बात नहीं है, मामूली बीमारी है, आप जरूर जाइये।" लौटनेपर उन्हें सारी बात मालूम हुई, और यह भी कि धूपनाथने कितनी सेवा की। तबसे धूपनाथ उनकेलिये अत्यन्त प्रिय स्वजन बन गये। कहाँ बिल्कुल साहेबी ठाटमें रहनेवाला देशका बड़ा बेरिस्टर और इतिहासका महापण्डित और कहाँ भोजपुरी बोलनेवाला एक गँवार-सा पुरुष। पर सीमायें बिल्कुल टूट गईं। जायसवाल मृत्युशय्यापर पड़े थे। अपने "साहेबकी" बीमारी सुनकर धूपनाथ दौड़े आये। जायसवालजीने देखकर कहा—"धूपनाथ, तुम आ गये। अब मैं जरूर बच जाऊँगा।" साहेबको बचाना धूपनाथके बसकी बात नहीं थी, पर, धूपनाथ रत्न हैं, इसका इससे पता लगेगा।

धूपनाथका पहलेपहिल परिचय मेरा असहयोगके जमानेमें हुआ। उनका जन्मस्थान छपरा जिलामें एकमा थानेका अतरसन गाँव है। छपरा जिला और उसमें भी एकमा थानेके साथ मेरा अत्यन्त घनिष्ठ सम्बन्ध है। उनके चचेरे भाई बाबू रामनरेश सिंह हमारे सदा घनिष्ठ सहकारी रहे, उनके घरमें हम बिल्कुल घरकी तरह जाते थे। पर, धूपनाथ उस समय बगैली (जिला भागलपुर) राजके तहसीलदार थे। नौकरी प्रकृतिके अनुकूल नहीं थी। उसे छोड़ कर वह साधु बनना चाहते थे। मैं भी साधु था। लोग वेषको देखकर ही आदमीको परखते हैं। समझते थे, मैं केवल राजनीतिक नेता ही नहीं बड़ा सन्त-महात्मा हूँ। धूपनाथने साधु होनेकी बात मुझसे कही। मैं साधुताके महत्वको नहीं जानता था, यह बात नहीं है, पर मेरे लिये सबसे बड़ी साधुता यह थी, कि देशकी आजादीकेलिये काम किया जाय। मैंने सीधे अनुत्साहित किये बिना उन्हें समझाया, और वह साधु बननेसे रुक गये। स्वामी सत्यदेवके साथ भी इसी समय वह कई महीने रहे थे। स्वामी सत्यदेव अपने स्वभावमें द्वितीय दुर्वासा हैं, लेकिन उन्हें भी धूपनाथने प्रसन्न रक्खा।

१९२६में कांग्रेसने कौंसिलोंकेलिये अपने उम्मीदवार खड़े किये। छपरा जिलेका सबसे बड़ा काँग्रेसी नेता और चुनाव-युद्धका मुख्य सेनापति मैं था। काँग्रेसी उम्मीदवार बाबू निरसूनारायण सिंहके विरुद्ध हथुवा महाराजाके दामाद माझाके बाबू खड़े हुए थे। महाराजगंज थानेमें काँग्रेसका पक्ष निर्बल था। धूपनाथको मैंने वहाँका भार दिया, जिसका उन्होंने बहुत अच्छी तरह निर्वाह किया। यहीं पहली बार धूपनाथके साथ काम करनेका अवसर मिला। १९२६में गौहाटीमें काँग्रेस हुई। धूपनाथ उस समय सुल्तानगंजमें कुमार कृष्णानन्दके खजाँची थे। तहसीलदारीमें किसानोंपर अन्याय करना पड़ता था इसलिये उसे उन्होंने छोड़ दिया। कुमार सीधे-सादे आदमी थे, जिनको सभी लूट खाना चाहते थे। धूपनाथकी सहानुभूति आई और उन्होंने खजाँची बनना स्वीकार कर लिया। उनका प्रस्ताव था, हम सुल्तानगंज होते गौहाटी चलें। वहींसे हम दोनों गौहाटी-काँग्रेस गये। लौटते समय ब्रह्मपुत्र उतर जब इधरकी रेलमें बैठे, तो पाकेट मारने उनके पाकेटपर हाथ साफ करना चाहा, लेकिन उसके हाथ कुछ नहीं आया।

१९२१से १९२७ तकके छः सालोंके सक्रिय राजनीतिक जीवनको छोड़ कर मैंने अध्ययन-अनुसन्धान और घुमक्कड़ीको फिर अपनानेका निश्चय किया। मैं लंका जाने लगा था। कोई अवश्यकता पड़नेपर सहायता करनेमें धूपनाथ बड़ी प्रसन्नता का अनुभव करते थे। उन्होंने लंका जाते वक्त सुल्तानगंजसे होते जानेकेलिये कहा और मैं मई १९३७में वहाँ पहुँचा। धूपनाथ अब भी वैराग्य और वेदान्तके फन्देसे निकले न थे, किन्तु एक-एक करके उनकी सरल हृदयता, उदारता और समझ ज्यादा प्रकट होती जा रही थी। अब मुझे अलफी (साधुओंके चोंगे)को उतार कर पंडितके भेषमें

जाना था, जिसके लिये उन्होंने भागलपुरी चद्दर और एकाध कपड़े ला दिये। उन्होंने इतने पैसोंका इन्तिजाम कर दिया, जिससे मैं तीसरे दर्जेमें लंका पहुँच सकूँ। इसके बादके प्रायः छः साल बाहर ही बीते। अबसे जाड़ोंमें मैं जरूर भारतमें रहता और बाकी समय यात्राएँ करता। १९३३में देश लौटनेपर मैं सबसे पहले धूपनाथके पास सुल्तान-गंज गया। बाबू धूपनाथ एक बार नौकरी छोड़ साधु बननेको तैयार थे, किन्तु पीछे उतना लम्बा कदम न उठा सके और इसमें मेरा भी कुछ हाथ था। वह कुमार साहबके खजाँची सिर्फ़ नौकरीके ख्यालसे नहीं हुए थे। इसीलिये वहाँके दूषित वायु-मण्डलसे वह तंग आ गये थे। वह चाहते थे, कुमार को समझावें, किन्तु 'जिमि दशननमें जीभ विचारी' थे करें क्या।

इससे पहले १९३१की एक घटना भूल गया। लंकामें त्रिपिटकके अध्ययनके फलस्वरूप मैंने बुद्धके जीवन और उपदेशोंको लेकर "बुद्धचर्या" नामसे एक बड़ा ग्रन्थ लिखा था। अभी लेखकके रूपमें मेरी प्रसिद्धि नहीं थी। यह छोटी-मोटी पुस्तक नहीं थी, इसलिये कोई प्रकाशक मिलना आसान नहीं था। धूपनाथने प्रकाशनकेलिये डेढ़ सौ रुपये दिये, जो सारे खर्चका दशांश था। आगे कोई रास्ता निकल आयेगा, यह ख्याल करके मैंने पुस्तक प्रेसमें दे दी। पीछे धूपनाथने सारे खर्चको देनेकेलिये लिखा, पर मैं नहीं चाहता था, कि उनका इतना रुपया खर्च हो। इसी बीच बाबू शिवप्रसाद गुप्तने पुस्तकको छापना स्वीकार कर लिया।

निराश हो एक बार उन्होंने सोचा था—"यदि मैं मर जाऊँ, तो शरीरको जला कर हड्डियोंको अपने गाँवमें ले जा उसपर स्तूप बनायेंगे।" मेरी सारी पुस्तकों—जिनमें उस समय अधिकतर बौद्ध-धर्मपर थीं—वह बड़े ध्यानसे पढ़ते थे, इसीलिए उन्हें स्तूपका ख्याल आया।

पटनासे दीहातमें जानेपर शायद जल्दी ताकत आ जाय, इस ख्यालसे धूपनाथने प्रस्ताव किया, कि मेरे भाई वहाँ बरियारपुरमें बनैलीके तहसीलदार हैं, वहाँ रहनेमें जल्दी चलने लायक हो जायँगे। बरियारपुर जानेपर वहाँ मेरा भोजन प्रायः मांस, मछली और अंडा हो गया था। धूपनाथ इसका ध्यान रखते थे, कि अजीर्ण न होने पाये। ३ फरवरी तक वहाँ रहनेकेलिये सहमत हो सके। उन्होंने कहा—नेपाल तक मैं भी साथ चलूँगा। १८ फरवरीको हम नेपाल पहुँचे और १४ अप्रैल तक प्रायः दो मास वहीं धर्ममान साहुके मकानपर ठहरे। इस बीचमें शरीर बिल्कुल प्रकृतिस्थ हो गया। धूपनाथ तिब्बत भी साथ चलनेकेलिये तैयार थे, पर मेरे यह कहनेपर लौट गये, कि साथ जानेकेलिये दूसरे मित्र भी हैं।

अगले साल (१९३७ ई०)में जायसवाल साथ छोड़नेवाले थे। मैं उन्हें स्वस्थ छोड़ कर कुल्लू-लाहुल चला गया था। जायसवालजीके मरणासन्न होनेकी चिट्ठी मिली। मैं वहाँसे पटना पहुँचा। इस बीच धूपनाथने कितने ही दिनों तक जायसवालजीके पास

रह कर निराश हो वहाँसे जाते समय मुझे चिट्ठीमें लिखा था—"शायद अब साहेबकी अमृतवाणी सुननेको न मिलेगी। जीवन-शक्ति धीरे-धीरे नष्ट होती जा रही है। मैं तो निराश होकर आज (६ जून) घर लौटा जा रहा हूँ। शायद एक-दो दिनके बाद अशुभ सूचना आपको मिल जाय।" और वह अशुभ घड़ी आई। ४ अगस्तको जायसवालजीने महाप्रयाण कर दिया।

धूपनाथ साधु होनेसे बच गये, पर उनका स्वभाव वैसा ही रहा। काममें लगा रहना जीवनको सुखी और प्रसन्न रखनेकेलिये अत्यावश्यक है, इस गुरको वह जान गये थे। उन्होंने अपने पैसोंसे भागलपुरमें खेत खरीदे। उनके पिता रामलगन सिंह अपने चचेरे भाइयोंको समेट कर रहते थे। परिवार बहुत बड़ा हो चला। धूपनाथजीके चचेरे भाई बाबू देवनारायण सिंह जब तक रहे, तब तक उन्होंने भी बड़े परिवारको समेट कर रखा। धूपनाथ दो ही भाई थे, जब कि उनके चचेरे भाइयोंका परिवार बहुत बड़ा था। धूपनाथको कोई पुत्र-सन्तान नहीं थी, लड़की व्याह देनेपर उससे भी छुट्टी हो जायगी, जिसके व्याहकेलिये उन्होंने कुछ रुपया रख लिया। वह सोचने लगे,—सम्पत्तिमें मुझे अपने हिस्सेके मुताबिक नहीं लेना चाहिये। अपने हिस्सेका एक भाग ही अपने अनुजको देकर उन्होंने बाकीको अपने परिवारके दूसरे व्यक्तियोंकेलिये दे दिया। भागलपुरमें जमीन उन्होंने अपने पैसेसे खरीदी थी, पर उसमें भी उन्होंने सबको भाग दिया। इससे मालूम होगा कि उनमें कितनी उदारता है। उन्होंने पहिले चाहा, सब अपना काम इकट्ठा रखें लेकिन, उनकी कोशिश बेकार गई। यहाँ तक कि ईमानदारीसे किये जानेवाले उनके प्रयत्न का लोग उलटा अर्थ लगाने लगे, तो वह बड़े मर्माहत हुए। संयुक्त परिवार जब बहुत बड़ा हो जाता है और उसकी नई पीढ़ी नई शिक्षा-दीक्षा स्वीकार कर अपने खर्चको बढ़ा, आमदनीका प्रबन्ध नहीं कर पाती, तो इस तरहका सन्देह और कटुता स्वाभाविक है।

धूपनाथ तिलवड़िया (भागलपुर)में खेती करते हैं, मजदूरोंको आत्मीयके तौरपर मानते हैं, जिसके कारण वह उनके साथ स्नेह रखते हैं। लोग चाहते हैं, कि वह सरपंच या दूसरी तरहसे अपनी सेवाके क्षेत्रको और विस्तृत करें; पर उनको इसमें कोई लाभ नहीं मालूम होता। वह जीवनको अपने ही तक सीमित नहीं रखना चाहते, बल्कि दूसरोंकी मदद करनेमें प्रसन्न होते हैं।

ऐसे निर्लेप, अकारण बन्धुका सभी सम्मान करेंगे। मसूरीमें रहते वह दो बार आये। पिछले दो सालों वह नहीं आ सके। उनका अभाव बहुत खटकता है। मैंने लिखा कि सालमें एक महीनाकेलिये तुम्हें जरूर आ जाना चाहिये।*

---

*धूपनाथका जन्म १६ अगस्त १८६८ में हुआ था, अर्थात् वह मुझसे पाँच वर्ष छोटे हैं। उनकी माँ ज्योत्स्ना देवी बहुत बूढ़ी होकर मरीं।

३१. डा० काशीप्रसाद जायसवाल

अपनी दीर्घ जीवन-यात्रामें मेरे स्नेहके पात्र बहुत-से हुए, पर जायसवालजी तो बिल्कुल अभिन्न सहोदर-से थे। जब तक वह जीते रहे, उनके साहचर्यका आनन्द मुझे मिलता था। उनका घर मेरा अपना घर, उनका परिवार मेरा अपना परिवार था।

जायसवालका नाम मैं पहले भी सुन चुका था, लेकिन उनके सम्पर्कमें आनेका पहलेपहल मौका १६२५ या १६२६ ई०में हुआ। बोधगया मन्दिर बौद्धोंको मिलना चाहिये, इसका आन्दोलन कांग्रेस क्षेत्रमें मैंने १६२३ ई०में छेड़ दिया था। मेरे दो सालके कारावासके समय कांग्रेसने बोधगया मन्दिर जाँच-समिति कायम की। उसके सदस्योंमें मैं और जायसवालजी भी थे। समितिकी रिपोर्ट लिखते समय जायसवालजीके घर हमें जाना पड़ा था, उसी वक्त पहलेपहल उनका दर्शन हुआ था।

१६३० ई०में तिब्बतकी पहली यात्रासे लौट कर वहाँसे लाई बीस खच्चर सामग्री—पुस्तक, चित्र—लेकर मैं लंका गया। १६३२-३३ ई०में डेढ़ सौ तिब्बती चित्रोंमेंसे तीन दर्जनको मैं अपने साथ यूरोप ले गया। वहाँ जानेपर चित्रोंका ऐतिहासिक और कला-सम्बन्धी महत्व मुझे मालूम हुआ। एक चित्रका एक आदमी कई हजार देना चाहता था। मैंने सोचा, इन चित्रोंको कहीं सुरक्षित रखना चाहिये। उसी वक्त मेरा ध्यान अपने प्रदेशके पटना म्यूजियमकी ओर गया। लन्दनसे २८ अक्तूबरको मैंने पटना म्यूजियमके सभापति जायसवालजीके पास पत्र लिखा था—"मैं अपने तिब्बती चित्रपटोंको म्यूजियमकेलिये देनेकेलिये तैयार हूँ। किन्तु, नालन्दामें यदि कोई सुरक्षित स्थान मिल गया, तो वह वहाँ चले जायँगे।" २२ नवम्बरको जायसवालजीका तार मुझे पेरिसमें मिला—"तिब्बती चित्रोंके बारेमें आपके २२ अक्तूबरके लिखे पत्रकी शर्तें धन्यवादपूर्वक स्वीकृत हैं। टामस कुकको लिख रहा हूँ, कि वह चित्रोंको सँभाल लें।"

१६३३ ई०में यूरोप और लंकासे लौट कर मैं "गंगा"के पुरातत्वांकके सम्पादनके लिये सुल्तानगंजमें धूपनाथजीके पास ठहरा था। वहाँसे मैंने पत्र जायसवालजीको लिखा। उसका उत्तर उन्होंने इतनी आत्मीयताके साथ दिया था, जिसकी मुझे कभी आशा नहीं हो सकती थी। मेरे भारतमें प्रत्यागमनका स्वागत और स्नेहपूर्ण निमंत्रण भेजते हुए उन्होंने लिखा था—"अब तो मैं भी दुनियासे ऊब गया हूँ और चाहता हूँ बुद्धका भिक्षु बनूँ।" भारतमें ऐसे खुले हृदयको पाकर मुझे बड़ी प्रसन्नता हुई। ६ मार्चको पटना जंक्शन पर उतरा, तो देखा, जायसवालजी प्लेटफार्मपर इन्तिजार कर

रहे हैं। भिक्षु वस्त्र मेरा परिचय देनेकेलिये काफी था, और उनके चेहरेको मैं १९२५ और १९२९ई०में देख चुका था। स्नेहका आरम्भ बड़े वेगसे हुआ और बड़ा आरम्भ चिरस्थायी नहीं होता। पर, यहाँ जिस स्नेहका सूत्रपात हुआ था, वह दिन-पर दिन बढ़ता ही गया। ९ मार्च १९३३से मैं उनका सहोदर बना और ५ अगस्त १९३७में मैंने अपने कन्धोंपर उनकी अर्थी उठाई। चार ही वर्ष तो हम साथ रहे, जिसमें भी अधिकांश भाग देश-देशान्तरोंमें घूमनेमें लगते थे और जाड़ोंके ही कुछ-कुछ महीने उनके पास बीतते थे। पर मालूम होता था, जैसे हम युगोंसे एक साथ रह रहे हैं। "आज जब कभी भी उस मित्रकी याद आती है, तो कलेजा सुन्न होने लगता है और आँखें पिघलने लगती हैं।"

उस समय जायसवालजी अपने बड़े लड़केकेलिये परेशानीमें थे। चेतसिंहकी शादी हो चुकी थी, वह बैरिस्टरी पढ़ने इंगलैण्ड गये। पहली पत्नीमें शिक्षा और संस्कृतिका अभाव-सा था। चेतसिंहका प्रेम एक अँग्रेज युवतीसे हो गया। दोनों पति-पत्नी बन कर भारत आये। जायसवालजीने सोचा था विवाहित तरुण वहाँ जानेपर प्रेमपाशमें नहीं बँधेगा, पर यह बात बहुधा गलत साबित हुई है। जायसवालजी स्वयं विवाहित थे, और वह भी बैरिस्टर होकर आते समय एक अँग्रेज महिलाके प्रणय-सूत्रमें बद्ध हो गये थे। हाँ, वह उसे भारत नहीं ले आये। चेतसिंह सबसे लायक पुत्र थे। उनके इस आचरणसे पिताको बहुत दुःख था। उन्होंने अपने पुत्रकी किसी प्रकारकी सहायता करनेसे इन्कार कर दिया था। पर, चेतसिंहको जाननेमें देर नहीं हुई, मैं सदा उनका प्रशंसक रहा। इसका सबूत जायसवालजीकी मृत्युके कई वर्षों बाद मिला। जायसवालजीकी कोठीपर उनके सभी पुत्र-पुत्रियों का अधिकार था। मध्यमा पुत्री—जो कि खुद बैरिस्टर हैं—ने मुकदमा कर दिया था। जायसवालजीके दो पुत्र चतुर्भुज और दीप उसी कोठीमें पिलानी होटल स्थापित करके अपनी जीविका चला रहे थे। बँगलेके बँटने-पर उनके लिये कोई अवलम्ब नहीं रह जाता। चेतसिंह—जो अपने परिवारके साथ अब मलायाके निवासी हो गये थे—ने बीस हजार रुपया देकर अपने भाइयोंकी रक्षा की। ऐसे भाई कहाँ मिलते हैं? पर, जिस समयकी मैं बात कर रहा हूँ, उस समय चेतसिंह नये-नये बैरिस्टर होकर आये थे। उन्हें किसी बड़े बैरिस्टरके हस्तावलम्बकी आवश्यकता थी, जिसे उनके पिता भी देने को तैयार नहीं थे। पुत्रने निश्चय किया, अपने साथ उस तरुणीको आफतमें नहीं डालेंगे जो उनके स्नेहसे बद्ध होकर भारत आई थी। उसे वह फिर विलायत ले गये और प्रबन्ध करके लौट आये।

जायसवाल विलायतमें रहते क्रान्तिकारी विचार रखते थे, वैसे ही वह लेख भी लिखते थे। विलायतसे हिन्दुस्तान लौटनेपर सन्देह था कि उन्हें गिरफ्तार कर लिया जायगा, इसीलिये वह सीधे न आकर पहले कोलम्बो गये। जब मालूम हुआ कि गिरफ्तारी नहीं होगी, तब वह भारत चले आये। उनके पुराने विचारोंने आगे बढ़नेमें हमेशा रुकावट

डाली। यदि उन्हें हाईकोर्टकी जजी मिल गई होती, तो वह सारी प्रतिभा और ज्ञानको इतिहास के अनुसन्धानमें लगा सकते।

एक सप्ताहके सहवाससे ही जायसवालजीकी प्रकृतिसे मैं परिचित हो गया। "न उनको बनावटी रूपमें अपनेको रखनेकी आवश्यकता थी, और न मैं अपनेको यथार्थ से अधिक दिखलाने की जरूरत समझता था।" हम अब अपने कार्योंमें एक दूसरेके सहयोगी हो गये।

उसी साल पता लगा था, गिलगित (कश्मीर रियासत)में कितने ही प्राचीन बौद्ध ग्रन्थ एवं स्तूप मिले हैं। प्रो० सिलवेन लेवीने उसके बारेमें अधूरी खबर पाई थी। उनका भी आग्रह था कि मैं कश्मीर और गिलगित जाकर उन हस्तलेखों के बारेमें विशेष जानकारी प्राप्त करूँ। गर्मियोंमें अब भारतमें रहना मेरे बसकी बात नहीं थी, इसलिये भी पहाड़ोंमें कहीं जाना था और वहाँ जाना एक पंथ दो काज होता था। मैंने गिलगित और कश्मीर जाने का निश्चय किया। गिलगित सीमान्ती इलाका था, जिसे अँग्रेजों ने पूरी तौरसे अपने हाथमें कर रक्खा था और अपने अत्यन्त विश्वास-पात्रको ही उधर जाने देते थे। मुझे उधर जानेकी इजाजत नहीं मिली और मैं काश्मीरसे लदाख चला गया।

यात्राओंमें मुझे आर्थिक कठिनाइयाँ रहा करती थीं। हस्तलिखित ग्रंथोंको देखनेसे काम तो नहीं चल सकता था, उनके फोटो लेनेकी भी जरूरत थी। जायसवालजीने एक केमरा, फोटो सामग्रीके साथ कुछ पैसे भी दिये, और मैं रवाना हो गया। लदाखमें रहते उन्होंने मुझे लिखा, कि दिसम्बरमें बड़ौदामें ओरियन्टल कान्फ्रेंस मेरे सभापतित्वमें हो रही है। उसके हिन्दी-विभागका अध्यक्ष होना आप स्वीकार करें। मैं आग्रहको कैसे टाल सकता था?

'मज्झिमनिकाय' के हिन्दी अनुवादको दिसम्बरसे पहले प्रकाशित करवानेके लिये मैं प्रयागमें पड़ा हुआ था। वहींसे २० दिसम्बरको जायसवालजीके साथ हमारी बड़ौदा-यात्रा शुरू हुई जो दफ़्तेसे अधिक रही। हमारी एक पूरी बरात थी, जिसमें जायसवाल-परिवारके अतिरिक्त पटना म्यूजियमके क्यूरेटर श्री मनोरंजन घोष, जाय-सवालजीके मित्र श्री क्षीरोदकुमार राय, फोटोग्राफर और दूसरे सहायक भी थे। हमें रास्तेमें अजन्ता, इलोरा, नासिककी पाँडवलेनी, कारला आदिके पुराने गुफा-विहार देखने थे। कारलेमें मैं शालाके भीतर देखनेमें लगा हुआ था। जायसवालजी बरांडेमें खड़े राय महाशयको कुछ नोट लिखवा रहे थे। मेरे निकलने पर उन्होंने बड़ी गम्भीरतासे कहा—"देखिये इस कालमें बुद्धमूर्ति बना करती थी।"

हम दोनोंमें अब बेतकल्लुफी आ चुकी थी, इसलिये मैंने बिना किसी झिझकके कहा—"यह हो नहीं सकता।" लेकिन वहाँ दीवारपर सचमुच बुद्धमूर्त्ति उत्कीर्ण थी। ध्यानसे देखनेपर मालूम हुआ, जहाँ बुद्धमूर्त्ति उत्कीर्ण है, वहाँ पहले एक वृक्ष था,

जिसका ऊपरी भाग वहाँ अब भी मौजूद था। मूर्ति साधारण तल के भीतर खोद कर बनाई गई थी। जायसवालजीको अपनी गलती मालूम हुई। उन्होंने नोट की हुई पंक्तियोंको कटवा दिया। जायसवालजी जिद्दी कहे जाते थे, लेकिन अपने मतका दृढ़तापूर्वक प्रतिपादन करनेके बाद भी यदि गलती मालूम होती, तो उसे छोड़ देते थे। बम्बईमें एक दिन ठहर कर हम २६ दिसम्बरको बड़ौदा पहुँचे। कान्फ्रेंसमें उन्होंने अपना विद्वत्तापूर्ण भाषण दिया। ब्राह्मण पंडितोंकी सभाने जायसवालजीको अपनी मण्डलीका सदस्य निर्वाचित करके सम्मान प्रदर्शित किया। अहमदाबाद, आबू, अजमेरके सभी प्राचीन स्थानोंको हमने घूम-घूम कर देखा। जायसवालजी चितौड़, उदयपुर, उज्जैन, भिलसा होकर साथ ही लौटनेवाले थे, लेकिन अजमेरमें किसी मुकदमेके सम्बन्धमें तार मिला और वह वहाँसे पटना चले गये।

मैं लौट कर प्रयागमें पं० उदयनारायण तिवारीके साथ ठहरा था। फरवरीमें वहीं भूकम्प आया। प्रयागको क्षति नहीं हुई। भूकम्पकी खबर मिलनेपर मैं सहायता करनेके ख्यालसे पटना पहुँचा। रातको जायसवालजी आये, छातीसे लगा कर मिले। वह दरभंगा किसी मुकदमेमें गये थे। खबर न मिलनेसे लोगोंने समझ लिया था, कि वह भूकम्पकी बलि हुए। पर बलिदानका दिन अभी तीन साल बाद आनेवाला था।

जायसवालजी गंभीर विद्वान, अद्भुत गवेषक और विचारक थे। इससे भी बढ़कर उनको यह लालसा रहती थी कि दूसरे विद्वानों और सहकर्मियोंको मदद पहुँचायें। १९३५ई० के जाड़ोंकी बात है। बाहरके संगमर्मरके चबूतरेके नीचे हरी घासपर एक ओर कुर्सीपर बैठे वह अपने मुवक्किलोंका काम देख रहे थे, दूसरी ओर मेरा लिखना-पढ़ना चल रहा था। इसी समय एक तरुण गेरुआधारी साधु राहुलजीसे मिलने आया। मैंने कहा—"मैं ही हूँ।" वह मेरे पास बैठकर संस्कृतमें बात करने लगा। इस समय पटनाके एक संस्कृतके एक प्रसिद्ध पंडित रंगनाथजी भी आ गये। आगन्तुकने उनसे शास्त्रार्थ छेड़ दिया : खंडन खंडखाद्य वस्तुतः बौद्ध दर्शनका ग्रंथ है। मंगलाचरणकी आस्तिकता और ग्रंथके विषयसे कोई सम्बन्ध नहीं। पंडितजी वेदान्तसे हटाकर न्याय, व्याकरणमें ले जाकर दबाना चाहते थे, किन्तु तरुण वहाँ भी कच्चा गोइयाँ नहीं दीख पड़ा। जायसवालजी मुवक्किलोंका कागज-पत्र देख रहे थे, किन्तु उनका मन इधरही था। थोड़ी देरमें पिण्ड छुड़ा कर वह भी पहुँचे। काफी समय तक प्रेमपूर्वक शास्त्र-चर्चा चलती रही। तरुण का नाम ब्रह्मचारी विज्ञानमार्त्तण्ड था। वह पालि पढ़नेकेलिये बाहर जाना चाहते थे। मैंने सिंहल या बर्मा जानेके लिये कहा। मार्तण्डजी एक सप्ताह तक मेरे साथ जायसवाल-भवनमें रहे। जायसवाल उस सीधे-सादे तरुणकी प्रतिभासे बहुत प्रभावित हुए। उन्होंने उनकेलिये कम्बल कपड़े मँगवा दिये। बैरिस्टरीसे काफी कमाते थे, किन्तु उनका हाथ बहुत खुला था।

बड़े परिवारका खर्च चलाना श्रीमती जायसवाल का काम था। एक दिन हाईकोर्टसे लौटनेपर उन्होंने कुछ रुपये लाकर चुपकेसे ब्रह्मचारीके हाथमें रख दिये। लंका या बर्माको जानेका खर्च। श्रीमती शायद उतना रुपया देना पसन्द न करतीं, किंतु जायसवाल तो मुग्ध थे उस सरस्वती-पुत्र पर।

वे अक्सर कहा करते थे—"मेरी बुद्धि और विद्या कानूनके लिये नहीं है, किन्तु क्या करूँ।" जायसवाल अपने ज्ञान और प्रतिभाका पूरा इस्तेमाल उस क्षेत्रमें नहीं कर पाते थे, जिसकेलिये वह बने थे। उन्होंने जो कुछ गवेषणा की, जो कुछ लिखा, वह उस समयमेंसे काट कर, जो कि उनके पास सोने या विश्राम करनेकेलिगे था, यह मैं कह चुका हूँ। अँग्रेज शासक खुशामद चाहते थे, किन्तु इस गुण या अवगुणका उनमें नितान्त अभाव था। कभी-कभी परिस्थिति समझौता करने के लिये मजबूर करती, पर स्वभाव अनजाने ही धोखा दे देता और सब किया-कराया चौपट हो जाता।

१९३५के दिसम्बरमें मैसूरमें ओरियेन्टल कान्फ्रेंस हो रही थी। पिछले साल वह उसके सभापति हुए थे, इसलिये इस साल उनका जाना आवश्यक था। २३ दिसम्बरको मुझे कुछ बुखार आ गया। उन्होंने कहा : "मैं रह जाऊँ"? मैंने कहा—"नहीं, आप जाइये। यह तो मामूली बुखार है। वह उसी दिन पत्नी-सहित मैसूरकेलिये रवाना हो गये, लेकिन वह मामूली बुखार नहीं, बल्कि टाइफाइड था जिससे ३० दिसम्बरसे ३ जनवरी तक मैं बेहोश रहा। बेहोशीके साथ पाखाना-पेशाबकी संज्ञा जाती रही। धूपनाथ खबर सुनते ही आ गये, और नर्स या मातासे भी बढ़ कर मेरी सेवा करते रहे। मैं जीवन और मृत्युके बीचमें झूल रहा था। ६ जनवरीको मनसे स्वस्थ हो गया था, बुखार भी नहीं था। उसी दिन जायसवालजी मैसूरसे लौटे। सुनतेही माँजीके साथ दौड़े-दौड़े अस्पताल पहुँचे। उनको बहुत दुःख हो रहा था—मैं क्यों चला गया। लेकिन उस समय किसको मालूम था कि टाइफाइड है।

१९३६ ई०में मैं तिब्बत जानेकेलिये नेपाल पहुँचा। जायसवालजी नेपाल देखना चाहते थे, इसलिये उनके आनेकेलिये मैंने राजगुरु प० हेमराज शर्माको कहा। उन्होंने आनेकेलिये राणा—सरकारपर जोर दिया। ६ मार्चको पता लगा, उनको आने देनेमें एक कठिनाई है—"साथमें उनकी धर्मपत्नी भी आयेंगी, शायद वह पशुपतिका दर्शन करना चाहें। उनके पति विलायत हो आये हैं। इसलिये पशुपतिका दर्शन नहीं हो सकता।" रास्तेकी कठिनाईको समझ कर श्रीमती स्वयं नहीं आईं। जायसवालजी अपने मित्र श्री श्यामबहादुर बैरिस्टर और अपने छोटे लड़के दीपके साथ नेपाल पहुँचे। वहाँके हरेक धार्मिक और ऐतिहासिका महत्वके स्थानोंको उन्होने देखा। स्वयंभू चैत्यमें जानेपर मैंने राजा जयार्जुन देवके उस शिलालेख को दिखलाया, जिसमें लिखा गया था, कि नेपाल संवत् ७७० (१३५० ई०)में बंग बंगालके "सुरत्राण शमसदीन भांगरा"ने आकर नेपालके देवालयोंको तोड़ा था। बहुत-सी ऐतिहासिक सामग्री लेकर

वह भारत लौटे। पत्रोंको वक्तव्य देते हुए इस बातका उल्लेख किया, और यह भी कि मैं नेपालकी राजवंशावलिपर कुछ लिखने जा रहा हूँ। नेपाल दरबारने उनका आतिथ्य किया था, इसलिये वह अपना अधिकार समझता था, कि उनकी मर्जीके खिलाफ कोई बात न लिखी जाय। जायसवाल अपनी ऐतिहासिक जिम्मेवारी को समझते थे। वह भला क्यों राणाओंकी बात मानते। उन्होंने अपने विचारोंके अनुसार वह पुस्तक लिखी।

१९३७ई०के आरम्भमें एसेम्बलीके नये निर्वाचन का परिणाम निकला। काँग्रेसकी विजयकी खबर आने लगी। जायसवालजीको आक्सफोर्ड में पढ़ते समय साम्यवादकी हवा लगी थी। उस समय वह इतने खतरनाक समझे गये थे और विश्वास नहीं था कि हिन्दुस्तानमें स्वतन्त्रतापूर्वक रह सकेंगे। धीरे-धीरे वह आग राखके नीचे दब गई। कुछ विद्याव्यसन और कुछ आरामके जीवनने उन्हें ऐसा करनेकेलिये मजबूर किया। तो भी वह अपनेको बिल्कुल दबा नहीं सके। दस दिन तक गौरांग प्रभुओंके सामने नम्रता दिखलाते, फिर कोई अनुचित बात देख उबल पड़ते। ऐसे आदमीका भला अँग्रेज क्यों विश्वास करने लगे? चुनावके समय बहुतसे लोकगीत बने थे। लोगोंने बड़े जोशके साथ काँग्रेसके उम्मीदवारोंको वोट दिया था। मैंने गीतोंमेंसे कुछको उन्हें सुनाया। उनको विश्वास हो चला था, कि अब वह अजेय शक्ति मैदानमें आ रही है, जिसमें क्रान्ति करनेकी क्षमता थी। उन्होंने "माडर्न रिव्यू" और एकाध और पत्रोंमें कुछ लेख लिखे, जिनमें बतलाया, कि अब पुरानी दुनिया नहीं रहेगी, युगोंसे शोषित-पीड़ित मूक जनता अँगड़ाई ले रही है। उसमें जमींदारों के खिलाफ भी लिखा गया था। बिहारमें जमींदारोंका बहुत जोर था। बाबू चन्द्रेश्वरप्रसाद नारायण सिंह सबसे बड़े जमींदार नहीं थे; पर सबसे बड़े जमींदार-नेता तथा अँग्रेजोंके नाकके बाल जरूर थे। जायसवालजीके छोटे भाई इंजीनियर उमेशप्रसाद मुजफ्फरपुरमें डिस्ट्रिक्ट इंजीनियर थे और शायद चन्द्रेश्वरप्रसाद डिस्ट्रिक्ट-बोर्डके चेयरमैन। उन्होंने भाईके द्वारा कहलवाकर धमकी दी कि यदि वह ऐसा लिखेंगे, तो हम जमींदार उनका बायकाट करेंगे और अपने मुकदमें नहीं देंगे। जायसवालजीने बहुत कड़ा जवाब लिखकर भेजा था—"किसीकी कृपासे मैं नहीं खड़ा हूँ। अपने बलपर अब तक मैं रहा।" कौन जानता था, कि इसी साल उन्हें महाप्रयाण करना है।

निर्भीकता के साथ रहते वह एकमात्र गुणके पक्षपाती थे। जात-पाँत या प्रांतीयता उन्हें छू नहीं गई थी। श्री क्षीरोदकुमार राय बड़े प्रतिभाशाली पुरुष थे। वे कलमके जबर्दस्त धनी थे और इसीके कारण देशबन्धुदासके अँग्रेजी दैनिकमें सम्पादक थे। इतिहास और पुरातत्वमें उनकी बड़ी गति थी। वे पटनामें परिवार-सहित रहते थे। कैसे काम चलाते थे, यह कहना बहुत मुश्किल है। जायसवालजीसे उनकी बहुत घनिष्ठता थी। प्रायः रोज वह उनके पास आते और ऐतिहासिक स्थानोंकी यात्राओंमें साथ रहते

थे। पटना म्यूज़ियमके क्यूरेटर बाबू मनोरंजन घोषका देहान्त हो गया था। क्षीरोद बाबूके समान उपयुक्त क्यूरेटर कहाँ मिल सकता था? जायसवालजीने उनके लिये जोर दिया। तुरन्त बंगाली-बिहारीका सवाल हो गया। बिहारी होते, तो शायद कायथ-भूमिहारका सवाल उठता। लोगोंने म्यूज़ियमके अध्यक्षकी बात नहीं मानी। क्षीरोद बाबू क्यूरेटर नहीं हो सके। इसकेलिये जायसवालको बहुत दुःख हुआ।

१९३६ ई०के अन्तसे ही मैं देख रहा था, जायसवालजी अपने समयका अधिकसे अधिक उपयोग ऐतिहासिक अनुसन्धानमें लगा रहे हैं। वह चाहते थे, बैरिस्टरी छोड़ दें। १ दिसम्बरको उन्होंने बड़ी गंभीरताके साथ सलाह करनी शुरू की—चलकर बिलकुल साधारण तौरसे बनारसमें रहूँ। उन्होंने हिन्दू विश्वविद्यालयको भी इन विचारोंको लिखा और कई और मित्रोंको भी।

जायसवालजी एक ओर प्रखर बुद्धिवादी थे, अपने अनुसन्धानोंमें उनका दृष्टिकोण पूर्ण तौरसे वैज्ञानिक होता, पर दूसरी ओर हस्तरेखा और जोतिसपर भी उनका विश्वास था। शायद इसका कारण आर्थिक कठिनाइयाँ थीं। वह जानते थे, मैं इन खुराफातोंको सुननेकेलिये भी तैयार नहीं था। १० अप्रैल (१९३७ ई०)को डा० बीरबल साहनीने पुरा-वनस्पति-शास्त्रपर पटनाके साइन्स कालेजमें व्याख्यान दिया, जिसमें उन्होंने प्राप्त सामग्रीके स्लाइड भी दिखलाये। उनका कहना था, कश्मीर-उपत्यकामें पुरापाषाण-युगके हथियार मिले हैं, और वैसे ही हिमालयके पार भी। उस वक्त हिमालय शायद इतना ऊँचा नहीं था। संभव है, पुरापाषाणयुगीन मानव हिमालयके इस पारसे उस पार जाता रहा। व्याख्यान समाप्त हुआ। जायसवालजीने किसी पुराणका नाम लेकर बतलाया, इस बातका संकेत वहाँ मिलता है। मैंने कहा कि मनुष्यकी भाषा उस समय इतनी विकसित नहीं थी, कि वह अपनी इन यात्राओंका वर्णन अगली पीढ़ियोंके पास पहुँचाता। डा० साहनी भोजनकेलिये हमारे साथ ही जायसवालजीके घर जा रहे थे। पूछनेपर उन्होंने भी मेरी बातका समर्थन किया।

एकदिन पुरा-लिपियोंके पढ़नेकी बात चली। अपने अनुसन्धानोंके समय उनका चित्त अत्यन्त एकाग्र हो जाता था, इसीलिये दुष्पाठ्य ब्राह्मी अभिलेखोंको भी वह पढ़ डालते थे। मैंने इसके खतरेको दिखलाते हुए कहा कि चित्तकी एकाग्रता बड़ी अच्छी चीज है, लेकिन उससे हानि भी पहुँच सकती है। आप किसी पुराने शिलालेखको पढ़ रहे हैं। वहाँ कोई अक्षर बिलकुल मिट गया हो। चित्तपर आप बहुत जोर दे रहे हैं, फिर मन अपनेसे एक अक्षर बनाकर आपके सामने रख देता।

२१ अप्रैलको मैंने पटनासे कुल्लू-लाहुलकेलिये प्रस्थान किया। उस समय जायसवालजी बिल्कुल स्वस्थ थे, सिर्फ गर्दनके पीछे जरा-सी फुन्सी थी, जिसपर वह पानीकी पट्टी बाँधे हुए थे। जिसका फलित जोतिस पर विश्वास हो, उसका मन्त्र-तन्त्र और होमेयोपैथी-नेचरोपेथी पर भी विश्वास हो सकता है कि उन्हें वर्षों से डायबेटीज

थी। बहुत दवाइयाँ कीं किन्तु बेकार। पुस्तकोंको पढ़ते, तो उन्हें मालूम हो जाता, कि इस रोगकी कोई दवाई नहीं है। बस, इन्सुलिनका रोज इंजेक्शन लीजिये। वह कभी इन्सुलिनका व्यवहार नहीं करते। रसगुल्लेसे उनको बहुत प्रेम था। पत्नी बाधा डालतीं। मित्रोंको चायपर बुलाते। पत्नी कैसे रोकतीं? वह आधुनिक ढंगकी नहीं थीं। पर्दा नहीं करती थीं, लेकिन बाहर मेहमानोंमें भी नहीं आती थीं। पिन्तोके रसगुल्ले सेर-सेर आते और जायसवालजी भी खूब छूट कर गप्पे लगाते। जब पत्नी शिकायत करतीं, तो कहते—"भाभी, तुमको यों ही किसीने कह दिया।" वह अपनी पत्नीको मजाकिया तौरपर भाभी कहा करते थे। उन्होंने डायबेटीज़केलिये कभी ठीक तौरसे संयम नहीं किया।

जायसवालजीका बचपन बहुत तकलीफमें बीता था। उनके पिता बाबू महादेव-प्रसाद अभी चपड़ेके लखपती व्यापारी नहीं हुए थे। उन्होंने अपने बड़े लड़के काशी-प्रसादको उसकी माँके साथ ससुरालमें उपेक्षित छोड़ दिया था। ननिहाल बहुत गरीब था। लड़कोंकी देखादेखी वह भी मिठाई माँगते। उन्हें चनेके सत्तूमें गुड़ मिलाकर छोटी-छोटी गोलियाँ बना लड्डूके नामसे देते। जायसवालजी जब प्रसिद्ध बेरिस्टर और पक्के साहेब हो गये, उनके यहाँ बैरा-खानसामा खाना बनाकर मेज सजाते, तब भी गुड़ मिले चनेके सत्तूवाला लड्डू नहीं भूलता था। कितनी ही बार वह उसे बड़ी रुचिसे खाते। कहते थे—"मुझे बचपनका स्वाद याद आता है, और यह बहुत मीठा लगता है।"

उनका मिजाज कड़ा था और हठी भी। यद्यपि मैंने अपने सम्बन्धमें उनके इस रूपको कभी नहीं देखा। एक बार उनका नेपाली रसोइया लछमन खाना पकानेमें कुछ गलती कर बैठा। जायसवालजी बहुत गुस्सा हुए। खूब फटकारा। सब लोग जान गये, आज लछमनकी साहेब खुशामद करेंगे। सचमुच उन्होंने सिर्फ आँखोंसे आँसू नहीं बहाया नहीं तो इस आचरणसे बहुत दुःखी हुए। लछमनको बुलाकर कहा—"देखो लछमन, मैंने बहुत बुरा किया, तुम मुझे माफ कर दो', और इनाम दिया।

जाड़ेकी रातमें वह कभी-कभी चौबन्दी पहन लेते थे और जमीनपर आसन बिछा पालथी मारकर बैठ जाते। कथा शुरू होती, जिसमें जुमई मेहतरसे लेकर घर भरके सभी नौकर शामिल होते। कभी भूतोंकी कथा शुरू करते और अपने बगीचेके हरेक वृक्षके भूतका हुलिया बतलाते। नौकरोंको भूतका विश्वास तो था ही, अँधेरे-धुँधेरेमें किसीको भय होना स्वाभाविक था। वह अपनी आँखदेखी बात करता। जायसवालजी उसमें और चार जोड़ते। फिर उस रात कितनोंको आँख खोलनी मुश्किल हो जाती। जुमई को एक दिन आसमानमें एक सफेद दाढ़ीवाले पुरुषकी बात बतला रहे थे। जुमईने कहा—"हाँ भैया मैंने देखा था। चाँदी जैसी सफेद लम्बी-लम्बी दाढ़ी, आग-सा चमकता चेहरा।" जायसवालजीने बड़ी गम्भीरतासे कहा—"बस, बस, जुमई, वह

दूसरा कोई नहीं, अल्लामियाँ ही थे।" बचपनसे ही वह भूतोंके बारेमें निर्भीक थे। मिर्जापुरमें उनके घरके पास लोग जोग-टोना करके मिठाई, बकरा छोड़ आते। बालक काशीप्रसाद मिठाई हाथमें ले लेते और बकरेपर चढ़कर उसी रातको लड़कोंकी पलटन बटोर मिठाई बाँट कर खाते।

मैं कुल्लू गया, कुल्लूसे फिर बारह-तेरह हजार फुट ऊँचे रटंग जोत्को पारकर लाहुल केलङ्गसे और आगे २५ मईसे ६ जून तक ठाकुर मंगलचन्दके यहाँ कोलनमें ठहरा। इससे पहले नारायण (जायसवाल-पुत्र) के पत्रसे मालूम हो गया था, कि फोड़ेका आपरेशन हुआ है। ३० अप्रैलके पत्रसे पता लगा, वह अच्छे हैं, पर बुखार नहीं छोड़ रहा है। कोलनमें यह चिट्ठी पाकर मुझे कुछ घबराहट हुई। ६ जूनको धूपनाथकी चिट्ठी पाकर मैं विकल हो गया। उन्होंने जायसवालजीके पास कुछ दिनों रहकर लिखा था—शायद अब साहबकी अमृतवाणी सुननेको न मिलेगी। जीवन-शक्ति धीरे-धीरे नष्ट होती जा रही है। मैं तो निराश होकर आज घर लौटा जा रहा हूँ। शायद एक-दो दिनके बाद सूचना आपको मिल जाय, तो कोई आश्चर्य नहीं। धूपनाथजीने तेरह दिन पहलेकी अवस्था देखकर यह पँक्तियाँ लिखी थीं। मैं ऐसी जगह था, जहाँसे जल्दी करनेपर भी बारह दिनसे पहले पटना नहीं पहुँच सकता था। मैं अगले ही दिन कोलनसे रवाना हुआ। केलङ्ग से पटना तार भी भेज दिया। नग्गर (कुल्लू) में नारायणकी चिट्ठी मिली कि घाव भर रहा है, लेकिन बुखार अब भी है। कुछ ढारस हुआ। २५ जूनको चेतसिंहका तार मिला—अवस्था नहीं बदली, आपकी उपस्थिति जरूरी है। २६ जूनकोमैं चला और २९को सवेरे ५ बजे पटना पहुँचा। एक महीना—३० जुलाई—तक पटनामें रहा। डाक्टरोंकी अक्ल काम नहीं कर रही थी। इन्सुलिन और ग्लुकोजका इंजेक्शन दिया जा रहा था, साथ-ही होमियोपेथी दवा भी खिलाई जा रही थी। मेरे आनेसे पहले उनका सारा मुँह भयंकर रूपसे सूज गया था। अब सूजन हट गई थी। घाव थोड़ा भरा था और बुखार सौ डिग्री था। लेकिन मस्तिष्क विकृत हो चुका था, मानसिक वृत्तियाँ विशृँखलित थीं। स्मरण-शक्ति पूरी तौरसे साथ नहीं देती थी। घावमें पीब ज्यादा थी। अर्ध-प्रमत्त अवस्थामें बोलते अधिक थे, बड़ी निर्बलता थी।

काँग्रेसने एसेम्बलीका चुनाव जीता था। जायसवालजी बराबर उसके बारेमें पूछते थे। ७ जुलाईको समाचार मिला, बिहारमें कांग्रेसने मंत्रीपद स्वीकार कर लिया। खबर सुनकर बड़े प्रसन्न हुए। ६ जुलाईको दिन भर यही धुन रही, मुझे काँग्रेसके जलूसमें ले चलो। खादीका अचकन और पायजामा पहन हमें मजबूर किया, कि उनकी चारपाई उठाकर बरसातीमें ले चलें। दिन भर वहीं पड़े रहे। कमजोरी बढ़ती जा रही थी, और वह बराबर बोलते रहते थे। वह मस्तिष्क जो गँभीरता और सूक्ष्म चिन्तनमें लासानी था, अब पाँच वर्षके बच्चोंकी तरहका हो गया था। मैंने उनके जीवनपर एक दृष्टि डालते हुए १२ जुलाईको लिखा था—जायसवाल विद्यामें, लिखने-बोलनेमें प्रवीण

रहे, वह राजनीतिसे अलग रहे। इतना होते हुए भी वह हाईकोर्ट-जज या किसी दूसरे पदपर क्यों नहीं गये? किसी समय वह अधिकारियोंको भले ही प्रसन्न करना चाहते हों, किन्तु खुशामद उनके स्वाभावमें नहीं थी? स्वाभिमानकी मात्रा बहुत अधिक है। गर्म मिजाज हैं। अच्छी प्रेक्टिस होनेपर भी रुपया नहीं जमा कर पाये, क्योंकि मितव्ययिता जानते ही नहीं। घरपर, घरके सामानपर, लड़कोंपर, यार दोस्तोंपर आँख मूँदकर खर्च करते रहे।

महामहोपाध्याय पं०रामावतार शर्माका (जन्म१८७० ई०) देहान्त ३ अप्रैल १९२९को हुआ। जीवित रहते समय उनसे "संस्कृत कोश" को जहाँ-तहाँसे सुना था। २१ जुलाई (१९२९ ई०)को उनके घरपर गया। उनको दिवंगत हुए आठ वर्ष हो गये थे। उनकी यह मुख्य कृति ऐसी ही पड़ी रही। कोशका कलेवर छः हजार श्लोकोंमें समाप्त था, व्याख्या पूरी नहीं हुई थी। उन्होंने कोशकी कारिकाओं को समाप्त करते हुए लिखा था—

श्रीदेवनारायणशर्मणः श्रीगोविन्ददेव्याश्च महामहिम्नौ,
प्रणम्य पित्रोश्चरणाम्बुजाते आचार्यगंगाधरशास्त्रिणश्च।
रामेण सारंगभवोद्भवेन काश्यां यदारम्भि महाभिधानम्,
समापितं तत् किल विश्वविद्यासर्वस्वमेतत् कुसुमाख्यपुर्याम् ॥

बराबर लेटे रहनेके कारण पीठमें भी फोड़े दिखाई देने लगे। एक फोड़े ने ही प्राणोंको संकटमें डाल दिया था। अब क्या आशा की जा सकती थी? ३० जुलाईको मित्रका तार आ गया, मुझे सारनाथ और लखनऊ जाना पड़ा। लखनऊसे चलकर ५ अगस्तको पौने ५ बजे सबेरे पटना उतरा। सामान उठवाकर जायसवालजीके बँगलेपर पहुँचा, जो स्टेशनसे बहुत दूर नहीं था। कुलीने बरसातीके बाहर कुछ देखकर कहा—यहाँ तो अर्थी है। देखते ही दिल सन्न हो गया। मालूम हुआ, ४ अगस्त के सवा ६ बजे शामको जायसवालजीने महाप्रयाण कर दिया। लोग बतला रहे थे, अन्त तक स्मृति कायम रही, लेकिन वह स्मृति वही रही होगी, जिसे मैं देख गया था। ५ अगस्तकी डायरीमें मैंने लिखा था—"हा मित्र! हा बंधु! हा गुरो! अब तुम मना करनेवाले नहीं हो, इसलिये हमें ऐसा संबोधन करने से कौन रोक सकता है? हो सकता है, तुम कहते—हमने भी तो आपसे सीखा है, किन्तु तुम नहीं जानते (कि) मैंने कितना तुमसे सीखा है। इतनी जल्दी प्रयाण। अभी तो अवसर आया था, अभी तो तुम्हारी सेवाओंकी इस अभागे देशको बहुत जरूरत थी। आह! सभी आशाएँ खाकमें मिल गईं! जायसवाल! ओः ऐसा! दुनिया के लिये (कुछ) करना ही होगा, तुम्हारे बहुतसे स्नेहभाजन थे, मैं भी उनमें एक था। समय दूसरोंके दिलसे वियोगके दुःखको क्षीण भले ही करता जायगा, किन्तु स्मृति

उसे दिनपर दिन ताजी करती जायगी। तुम्हारा वह सांगोपांग भारतका इतिहास तैयार करने और साम्यवादकेलिये मैदानमें कूदनेका ख्याल !!! हा, वंचित श्रमिकवर्ग, सहृदय मानव ! निर्भीक अप्रतिभ मनीषी, दुनियाने तुम्हारी कदर न की !!!

५ अगस्तको साढ़े आठ बजे श्मशान-यात्रा आरम्भ हुई। राजेन्द्र बाबू, कांग्रेसके मंत्रिगण—डा० महमूद, अनुग्रह बाबू आदि कितने ही हाईकोर्टके जज श्मशान तक गये। गंगाके किनारे चिता चिनी गई। साढ़े ११ बजे तक शरीर जलकर राख हो गया। राख गंगामें बहा दी गई।

मैंने जायसवालजीकी जीवनी लिखनी चाही। इसके लिये मिर्जापुरमें उनके घर गया, उनके बन्धु-बान्धवों, परिचितों और क-ख आरम्भ करानेवाले बूढ़े गुरुसे मिला। बहुतसी सामग्री जमा की, लेकिन रेलमें पोर्टफैलको भूल गया, जिसके साथ सारी सामग्री चली गई। फिर उतना परिश्रम करनेकेलिये समय नहीं मिला।

जायसवालजीका जन्म मिर्जापुरमें १८८०ई०के आस-पास हुआ। जैसा कि पहले बतलाया, उनके पिताने माँ-बेटेको उपेक्षित कर दिया था और बचपन उनका ननिहालमें बड़ी गरीबीमें बीता। उनकी अपनी माँसे दो लड़के थे, जिनमें बड़े वह और छोटे चाईबासा-की तरफ कहीं कोई काम करते थे। छोटी माँसे शायद तीन लड़के थे, जिनमें बड़े उमेशसिंह इंजीनियर थे। मैट्रिक पास करनेके बाद जायसवालने पढ़ाई छोड़ दी थी। पिता का चपड़े (लाख) का व्यापार चमका हुआ था, लाखों की आमदनी थी। मिर्जापुरके व्यापारियोंने चपड़ा-कमीटी कायम की थी। बातचीतमें जायसवालजीको अधिक बहस करते देखकर किसीने ताना मारा—बड़े बैरिस्टर बने हुए हैं। बात लग गई—अब मुझे बैरिस्टर बनना होगा। पिताने पुत्रकी इच्छा पूर्ण करनी चाही, लेकिन विलायतमें जाकर वह खाने-पीनेमें छुआछूत कैसे निबाहेंगे, उनके साथ ब्राह्मण रसोइया कर दिया गया। खानेकी बहुत-सी चीजें दाल-चावल, मसाला आदि घरसे भेजी जातीं। जायसवालजी चाहते, तो बैरिस्टरी पासकर लौट आते, पर उनमें ज्ञानकी पिपासा थी। वह आक्सफोर्डमें भर्ती हुए। एम० ए० किया। बैरिस्टरी पास की। इतिहासके अतिरिक्त उन्होंने चीनी भाषा जैसे कठिन पाठ्य विषयको चुना था, जिससे मालूम होगा, कि वह सस्ती डिग्री लेकर आनेकेलिये तैयार नहीं थे। वहाँ उनका सम्पर्क लाला हरदयाल और दूसरे भारतीय क्रान्तिकारियोंके साथ हुआ। वह भी उसी रंगमें रँग गये। वहाँसे हिन्दी पत्रोंमें गर्मागर्म लेख भेजते, जिसे अँग्रेजोंकी खुफिया पुलिस देखा करती। उनको और घर भरको डर था, कि भारत लौटनेपर पकड़ लिये जायँगे। थाह लगानेके लिये वह लंका आये। मालूम हुआ कि कोई वैसी बात नहीं, फिर भारत आये। पहले कलकत्ता हाईकोर्टमें प्रेक्टिस करने लगे, वहीं उन्होंने मनु और याज्ञवल्क्यपर यूनिवर्सिटीमें लेक्चर दिये, जो पीछे पुस्तकके रूपमें प्रकाशित हो बहुत प्रसिद्ध हुए। "हिन्दू राजनीति" (हिन्दू पालटी)ने उनकी ऐतिहासिक विद्वताकी धाक विद्वानोंके ऊपर बैठाई। बिहार

बंगालसे अलग हो गया और पटनामें हाईकोर्ट स्थापित हुआ। अब वह यहाँ चले आये। बिहार-उड़ीसा रिसर्च सोसाइटी और उसके जर्नलके वह संस्थापक और प्राण थे। इस शोध प्रत्रिकामें उनके लेख बराबर निकला करते थे, जिसके कारण वह अन्तर्राष्ट्रीय जगत्में प्रसिद्ध हो गई।

५७ वर्षकी उमरमें ही उनका देहान्त हुआ। उनको बहुत करना था और उसके लिये पूरा संकल्प कर चुके थे। जिस साल मृत्यु हुई, उसी साल उन्होंने बनारस जानेका निश्चय कर लिया था। हिन्दू यूनिवर्सिटीमें अध्यापनका काम भी करने वाले थे, जिसको उन्होंने अपनी पुस्तकें संकल्प कर दी थीं।

३२. पं० भागवताचार्य

पं० भागवताचार्य उन गम्भीर विद्वानोंमें थे, जिनके स्नेह और प्रेरणाने विद्यामें आगे बढ़नेमें मेरी सहायता की। वह उत्तरी भारतके रहनेवाले थे। उनके गुरु बलरामाचार्यका मठ अयोध्यामें था। भागवताचार्य ने न्याय और दूसरे शास्त्रोंका अध्ययन वृन्दावनके महान पण्डित बड़े सुदर्शनाचार्यके चरणोंमें बैठ कर किया था। विद्या समाप्त करके वह उत्तर हीमें रहना चाहते थे, किन्तु उनको दमाका रोग हो गया था। उत्तरमें रहना, उनके लिये सासत थी, इसीलिये वह सदाके लिये दक्षिण चले गये। भूमध्य रेखाके नजदीक होनेसे द्राविड़ देशमें कभी सर्दी नहीं होती। वहाँकी आबोहवा दमाके रोगोंके अनुकूल है, यह बात पं० भागवताचार्यसे मालूम हुई। आचार्य श्रीरंगममें रहते थे। कभी-कभी तिरुमिशी और दूसरे उत्तरार्धी मठोंमें भी जाते थे। पहली बार (१९१३ ई०)में जब मैं तिरुमिशीमें रहा था, उसी वक्त मुझे उनके दर्शन हुए। उनकी विद्वत्ताके साथ स्नेहको पाकर मैंने उससे लाभ उठाना चाहा। उन्हींके कहने पर मैंने हरिप्रपन्न स्वामीकी शिष्यता स्वीकार की। दक्षिणमें आकर वह दमाके आक्रमणसे जरूर बचे हुए थे, पर वह दुबले-पतले और अस्वस्थ तो थे ही। मुझे इस बातका खेद होता था कि यहाँ उनकी विद्वत्ताका कोई उपयोग नहीं था; दक्षिणी एक उत्तरार्धीको क्यों अपना गुरु मानने लगे। रामानुजी होनेसे वह समझते थे, कि उत्तरवाले सभी हमारे घरके चेले हैं, वह हमें क्या सिखलायेंगे। अद्वैती होनेपर केरलवाले यही भाव हमारे प्रति अपने मनमें रखते थे। वेदान्त (अपने धार्मिक दर्शन)के सम्बन्धमें उत्तर दाक्षिणात्योंका शिष्य है, यह तो साफ ही है। इसीसे वहाँवालोंकी अहम्मन्यता जरूरतसे ज्यादा बढ़ गई थी। अपनी दूसरी यात्रामें मैं खुलकर उसपर प्रहार करता था, जिससे कभी-कभी मेरे द्रविड़ मित्र तिलमिला जाते थे।

पहली यात्रामें भी थोड़े ही समय पं० भागवताचार्यका साहचर्य मुझे मिला था। वह बराबर मेरी प्रगतिका ख्याल रखते थे। दूसरी बार ११२० ई०में जब मैं तिरुमिशी पहुँचा, तो वह बड़े प्रसन्न हुए। उन्हींके कहनेपर श्री श्रीनिवासाचार्यने मुझे रामानुज-भाष्य पढ़ाना स्वीकार किया। उन्हें श्रीरंगम अधिक अनुकूल पड़ता था। वहाँ जाता, तो अवश्य उनकी विद्यासे अधिक लाभ उठानेका अवसर मिलता; पर तिरुमिशी छोड़ना मेरेलिये मुश्किल था। उनके वहाँ होनेसे एक लाभ तो हम उत्तरार्धियोंको यह जरूर था, कि दक्षिणवाले कूपमण्डूक पण्डित भी जानने लगे, कि उत्तरार्धी भी पण्डित होते हैं।

पं० भागवताचार्य कहाँ पैदा हुए, इसका मैंने कभी पता नहीं लगाया। पहली यात्रासे लौटने पर अयोध्याके आचारी उनसे परिचित मालूम होते थे। बीमारी की यातनाके मारे उन्होंने दाक्षिणका आजीवन स्वीकार किया। वहाँ वह केवल जीवनके लिये जी रहे थे और अपना कोई उपयोग न देख खिन्न थे। वह अच्छे विद्वान् और उससे भी अच्छे अध्यापक थे, किन्तु वहाँ बेकार था। लिखनेका न अभ्यास था, न प्रवृत्ति। न यही जानते थे, कि लिखने की चीजें हैं। वह अपने समकालीन पंजाबी सुदर्शनाचार्यके उदाहरण से देख सकते थे कि संस्कृतमें भी ऐसे ग्रन्थ जिनसे शास्त्रोंका अध्ययन-अध्यापन सुगम हो सके लिखनेकी आवश्यकता है।

भागवताचार्य इसी तरह अपने समयको दक्षिणमें बिताते, अन्तमें वहीं गुमनाम रह कर सदाकेलिये चल बसे।

३३. बालाजीके फक्कड़ बाबा

बालाजीके फक्कड़ बाबा यह उनका नाम नहीं था। बालाजी (तिरुपति, आन्ध्र) के स्थायी निवासी-से बन गये थे। वहीं मुझे उनके दर्शन और सम्पर्क में आनेका मौका मिला। वह रहनेवाले शायद मुरादाबाद या आस-पासकी ऐसी जगहके थे, जहाँ-की मातृभाषा हिन्दी थी। उनकी बातें और भाषा सुननेमें बड़ा आनन्द आता था। वह स्वरके साथ गाते "चारों युगोंमें नाम तुम्हारा, कृष्ण-कन्हैया तुम्हीं तो हो।" जो सुननेमें बड़ा मधुर मालूम होता था। भारतमें कहाँ-कहाँ घूमे थे, मैं पता नहीं लगा सका। शायद, चारों धाम वह जरूर हो आये थे, और अब पहाड़के ऊपर बालाजीके हाथीराम मठमें स्थायी तौरसे रह रहे हैं। १६१३में मैं पहले-पहल बालाजीमें जाकर आगन्तुक साधुओंके ठहरनेकी बाहरी कोठरियोंमें से एकमें ठहरा। मेरा वेष सफेदपोश साधुओंका था, जो आगकी धुनीके पास डेरा डालने लायक नहीं था। आगकी धुनी सेनेवाले तपसी लोग मूँजका डाँडा और लगोंटी बाँधते, एकाध टुकड़ा सूती कपड़ेका रखते हैं, बिछाने-ओढ़नेके लिये मृगछाला या बाघम्बर उनके पास होता है। मैं तपसी वेषसे आकृष्ट नहीं हो सकता था, पर बेसरोसामानी की जिन्दगी मुझे पसन्द थी। यद्यपि उस समय मेरे पास समय कम होनेकी शिकायत नहीं थी, लेकिन उसके व्ययमें बिना सीमाकी सार्खर्ची भी नहीं कर सकता था। दिनोंकी अवधि न हो, पर महीनोंकी अवधि तो जरूर होती थी।

तिरुपति और बालाजी दोनोंमें हाथीरामबाबाका विशाल वैरागी मठ था। कहते हैं किसी स्थानीय राजाने अपना सारा राज-पाट हाथीराम बाबाको अर्पण कर दिया था। तेलगू, तमिल, मलयालम, कन्नड़भाषी प्रदेशोंमें वैरागी साधुओं का नितान्त अभाव-सा है। वहाँके ब्राह्मण इन फक्कड़ 'जाँत-पाँत पूछे नहीं कोई' माननेवाले साधुओंको फूटी आँख भी नहीं देख सकते थे। इसमें शास्त्र का विरोध कारण नहीं था, बल्कि वह देखते थे, कि इनके विचित्र विरक्त जीवन को देखकर यदि गृहस्थ आकृष्ट हो गये, तो हमको कोई नहीं पूछेगा। दूसरी दिक्कत यह भी थी, कि इन चारों भाषाओंके क्षेत्रोंमें उत्तरके साधुओंको भाषाकी बड़ी दिक्कत थी, जिसे वर्षों रह कर ही दूर किया जा सकता था। हाथीराम बाबाकी सिद्धाईका मैं कायल था, उन्होंने आन्ध्रके इस अंचलमें आकर वैरागयोंका सबसे धनाढ्य मठ स्थापित किया। कुछही वर्षों बाद देवोत्तर सम्पत्ति कानून द्वारा इस सम्पत्तिपर सरकारी अधिकार हो गया, और इसमें शक नहीं उसकी १४-१५ लाख सालाना आमदनीका सदुपयोग होने लगा। आज

वहाँ उसी धनसे एक संस्कृत विश्वविद्यालय और अनुसन्धान प्रतिष्ठान चल रहा है। हाथीराम बाबा उत्तरसे आये थे। उनके बाद यह परिपाटी चल गई, कि महन्त उत्तरका ही हो। जिस समयकी बात मैं कर रहा हूँ, उस समय मठाधीश महन्त प्रयागदास थे, जिनका जन्म मारवाड़का था। सारी सम्पत्तिपर उत्तरार्धियों का अधिकार था। रामानन्दने शिष्य बनानेमें जाति या प्रदेशका कोई भेद नहीं माना। उनके शिष्य कबीर मुसलमान (जुलाहे) थे और रविदास चमार; फिर आन्ध्र देशोंमें वैरागी भेद-भाव मानेंगे, इसकी संभावना नहीं हो सकती थी। पर मैं देखता था, वहाँ कोई दक्षिणी वैरागी नहीं था। उधरके ब्राह्मणोंने तो वैरागी शब्दका अर्थ ही अछूत मान लिया था।

फक्कड़ बाबाके साथ एक ही दो दिन बाद मेरा ऐसा परिचय हो गया, जैसे हम वर्षोंसे एक साथ रहते हों। उनकी नागरिक शुद्ध हिन्दी भाषाने मुझे पहले आकृष्ट किया इसके बाद फक्कड़पनकी बातोंने। तिरुपति में महन्त प्रयागदास स्वयं और बालाजीमें उनके गुरुभाई अधिकारीके रूपमें रहते थे। अधिकारीकी भी लाखोंकी सम्पत्ति थी। वैरागी साधुओंमें स्थान-स्थानके रीति-रवाज हैं। परसामें न कोई साधु गाँजा पीता था, न तम्बाकू। यहाँ उस तरहका कोई निर्बंध नहीं था। अधिकारी स्वयं गाँजा पीते थे। फक्कड़ बाबा खुशामदी मुसाहिब नहीं थे, न दरबारी बननेकी उनमें क्षमता थी। कोई बात बिना भूमिका बाँधे कहते थे। गाँजा खतम होनेपर अधिकारीजीके पास जाते, और उनके मुँहसे शब्द निकलते ही अधिकारीजी एक-दो तोला गाँजा दे देते थे। उनके पूर्वाह्नके क्रिया-कलापका मुझे कुछ याद नहीं। शायद स्नान पूजाके बाद गाँजेकी एकाध दम लगा कुछ देश-कालकी चर्चा चलती थी। भोजनोपरान्तके तीन-चार घन्टे भी इसी तरह बिताकर चार बजेके बाद फक्कड़बाबा दियासलाई-गाँजा-साफी-चिलमवाली झोली लटकाते, हाथमें शायद फरसा लगा हुआ डंडा लेते। फिर बस्ती छोड़ कर निकल पड़ते। रोज एकही ओर जाना उनके नियम के विरुद्ध था। परिचय होतेही मैं भी उनके साथ अपराह्न-यात्रामें सम्मिलित होने लगा। बालाजी का मन्दिर ऐसे पहाड़के ऊपर है, जो जंगल से ढँका हुआ है। उस समय मैंने उसके ऊपर कहीं खेती होते नहीं देखी। जंगलमें बाघ भी रहते हैं, यह मालूम था। पर फक्कड़ बाबा कहते थे, बाघ आदमी को नहीं छेड़ता। इसी विश्वास पर वह रातके आठ-आठ, नौ-नौ बजे जंगलसे लौटते। जिस तरफ जाते उसके बारे में यह जरूर देख लेते, कि वहाँ कोई झरना या छोटा-मोटा जलाशय है। मेरा उनका साथ कुछही दिनों का था, इसलिये उनकी कथाओंकी समाप्ति नहीं हो सकती थी। कथाएँ चलती रहतीं, बीच-बीचमें गाँजेकी चिलम चढ़ती। चिलममें जब तक तीन-चार आदमी शामिल न हों, तब तक आनन्द नहीं आता। शायद मैंने वहीं गांजा पीना शुरू कर दिया। कम-से-कम एक महीना मैं जरूर गाँजा पीता रहा और रामेश्वरके फक्कड़ ब्रह्मचारीके साथ रहते समय तो चिलमों का अखण्ड ताँता लगा रहता था।

फक्कड़ बाबाने अपनी यात्राओंसे मेरे भौगोलिक ज्ञान की वृद्धिकी हो, यह बात नहीं थी; पर उनका जीवन जरूर मेरे लिये आकर्षक मालूम हुआ। तजर्बा आदमी को स्वयं रास्ता बतला देता है। मैं बहुत थोड़ा-सा सामान—दो धोती, दो लङ्गोटी, एक अँगोछा, दो-तीन पुस्तकों के साथ मठ छोड़ कर निकला था। बल्कि लोटा लेनेमें दूसरोंके जान लेनेका डर लगा, इसलिये उसे मैंने रास्ते में खरीदा था। दक्षिणकी तरफ सर्दीका कोई डर नहीं था, इसलिये ओढ़नेकी भी जरूरत नहीं थी। हल्के सामानसे मुझे बहुत प्रसन्नता थी। फक्कड़ बाबा भी इसी को पसन्द करते थे। जिस देशमें अपनी भाषा बोलनेवाले न हों और न जहाँ अपने सम्प्रदायके भक्त हों, वहाँ फक्कड़ बाबाकी रहन-सहन बहुत लाभदायक नहीं हो सकती थी। वह एक बड़े मठमें रह रहे थे, इसलिये किसी बातकी चिन्ता नहीं थी। बालाजी पर्वतके आस-पासके चार-पाँच मीलके भीतर पड़नेवाले हरेक रमणीय स्थानपर मैं फक्कड़ बाबा (कृष्णकन्हैया) के साथ घूमता रहा। जिसे वैराग्य-रस कहते हैं, उसे चखने का यहाँ सुअवसर मिला था।

३४. भदन्त आनन्द कौसल्यायन

श्री हरिनामदाससे मेरी मुलाकात सबसे पहले ९२६ ई०की जनवरीमें मेरठमें हुई। मेरे मित्र श्री बलदेव चौबे लोक-सेवक समाजकी ओरसे मेरठमें कुमार आश्रम स्थापित कर अछूत उद्धारका काम कर रहे थे। कानपुर-कांग्रेससे मैं उनके साथ वहाँ चला गया और कुछ दिनों वहीं ठहरा हुआ था। वहीं तरुण हरिनामदास मिले। हरिनामदासने अम्बालामें मैट्रिक पासकर कालेजमें नाम लिखाया था। इसी समय असहयोगका बिगुल बजा और वह कालेज छोड़कर चले आये। कुछ दिनों तक कांग्रेस-की स्वयंसेवकी करते रहे, उमर बहुत थोड़ी थी। फिर, लाला लाजपतराय द्वारा स्थापित लाहोरके कौमी महाविद्यालयमें दाखिल हो वहाँके ग्रेजुयेट बने। इसी समय बलदेव चौबे उनके सहपाठी थे। उसदिन भी मैंने उनको दुबला-पतला ही देखा था। पर, स्वच्छ-न्दताका आभास उस समय भी मिलता था। उन्होंने कोई आदर्श वाक्य लिखनेके लिये कहा। मैंने लिख दिया—"असिना गीतया चैव जयिष्ये भुवनत्रयम्।" (तलवार और गीतासे मैं तीनों लोकोंको जीतूँगा।) गाँधीजीके अहिंसात्मक असहयोग और कांग्रेस-आन्दोलनमें पाँच वर्ष बितानेके बाद भी असिपरसे मेरा विश्वास नहीं उठा था।

उस समय क्या पता था कि नदी-नाव संयोगसे मेरठमें हुई वह मुलाकात आजीवनके संबंधमें परिणत हो जायगी। उसी सालके अन्तमें कौंसिलोंका चुनाव हो रहा था। कांग्रेस सीधे भाग ले रही थी। स्वामी सत्यदेव परिव्राजकके विचार हमेशा ही उग्र रहे। वह कांग्रेसके पक्षमें प्रचार करनेकेलिये निकले। आंखोंसे मजबूर थे, किसीकी सहायताकी अवश्यकता थी। तरुण हरिनामदास अन्धेकी लकड़ी बनकर उसके साथ हुए। एक बार फिर छपरामें भी स्वामीजीके व्याख्यानके समय मुलाकात हो चुकी थी। अब उनका नाम ब्रह्मचारी विश्वनाथ था। इसके बाद दिसम्बरमें गौहाटीके कांग्रेस में मिले।

हरेक आदमी चाहता है, दूसरे भी अपने ही तरह बन जायँ। मैं राजनीतिक फकीर था, चाहता था कि और भी सहायक मिलें। छपरा जिलेमें कांग्रेसका मैं सबसे बड़ा नेता था, इसलिये सारे जिलेकी जिम्मेवारी भी अपने ऊपर मानता था। कटया थानामें राजापुर मठके महन्तने कई बार कहा था कि कोई चेला दीजिये, जो स्थानका काम सँभाले। मैंने सोचा, ब्रह्मचारी विश्वनाथ उसकेलिये बहुत उपयुक्त होंगे। उनसे बात-चीत की, कहा—"देख लेनेमें क्या हरज है।" उन्होंने भी स्वीकार किया। लेकिन

राजापुरमें वह तीन-चार महीनेसे अधिक नहीं रह सके। महन्तजी बहुत मानते थे, किन्तु उस अटट दीहातमें बौद्धिक और सांस्कृतिक जीवनका अत्यन्त अभाव था। ब्रह्मचारीकेलिये दिन काटना मुश्किल हो गया। ६-८ फरवरी (१९२७)को हम दोनों महंतजीके हाथीपर चढ़कर बुद्ध-निर्वाण स्थान कसेयाके दर्शनकेलिये गये। कुछ ही दूर जानेपर हमें हाथीकी करामात मालूम हुई और उसका नाम समय-संहारक-यंत्र रख दिया। ब्रह्मचारी विश्वनाथने बहुत कोशिश की, कि मनको स्थानके अनुकूल बनायें, लेकिन वह नहीं हो सका। २ मार्चको मैं उन्हें साथ लिये एकमा आया। घुमक्कड़ीका आचार्य नहीं, अध्यापक होने तो लायक हो ही चुका था। मैंने भविष्यका प्रोग्राम बनाते हुए परामर्श दिया—"कपड़ोंको पीले रंगसे रंगकर कमंडलु ले कुछ दिन घुमक्कड़ीकी जिन्दगी बिताओ।" एकमामें ही उन्होंने कपड़े रंग लिये। मैंने उन्हें बौद्ध धर्म और इतिहासके महत्वपूर्ण स्थानोंकी एक तालिका बना दी, जिसके अनुसार उन्होंने अपनी यात्रा आरम्भ की।

मेरा भी मन अब विद्याके कामकी ओर आकृष्ट हुआ और मैं १६ मई १९२७को लङ्का पहुँच गया। विद्यालङ्कार विहारमें रहनेका प्रबन्ध हो गया था। मैं वहाँ भिक्षुओंको संस्कृत पढ़ाने और स्वयं पालि पढ़नेमें व्यस्त हो गया। पहला लङ्का-प्रवास अठारह महीनेका रहा। विद्यालङ्कार परिवेण लङ्काके दो सबसे बड़े विहारोंमें था। वहाँके प्रधानाचार्य श्री धम्मानन्द नायक महास्थविर बड़े कोमल स्वभावके गम्भीर विद्वान् थे। पालि व्याकरणके वह श्रेष्ठ पंडित माने जाते थे।

उन्होंने यात्रामें बोधगया, नालन्दा, राजगिर, वैशाली, कुसिनारा, लुम्बिनी, जैतवन, कौशाम्बी, संकाश्य, मथुरा, ग्वालियर, साँची, अजन्ता, एलौरा, पूना, बंगलौर आदि देखे थे। यदि पैसेके बलपर यात्रा करनी होती, तो उनके बसकी बात नहीं थी; लेकिन दो पैसेके पीले रंगने सारा काम पूरा करा दिया और बराबर पत्र लिखते रहे। वह १९२७ ई०के मद्रास-कांग्रेसमें पहुँचे। मैंने लिख दिया था, वहाँसे सीधे लंका चले आयें। ७ जनवरीको आखिर लङ्का पहुँच गये। मंडपम्में लङ्का सरकार देख-भाल ज्यादा करती थी, उसके लिये मैंने म्युनिसिपैलिटीका पर्मिट भिजवा दिया था। मेरी वजह से उन्हें लङ्का और विद्यालङ्कार परिवेण अजनबी नहीं मालूम हुए। उनके पठन-पाठनके बारेमें भी मैंने काफी सोच लिया था। मैं स्वयं पालि, संस्कृत पढ़ाने लगा। रोज शामको घंटे-डेढ़-घंटे टहलनेकेलिये हम बाहर जाया करते। इसकेलिये अनुकूल रेलकी पटरी थी, यद्यपि उसमें डर था, कहीं आगेसे ट्रेन न आ जाय। हमारा यह टहलना केवल पैरों से होता था। मन और वाणी मानसिक समस्याओंके सुलझानेमें लगे रहते थे। मैं भी पहले सोचता था, आर्यसमाजके निराकार ईश्वर और बुद्धको साथ रखूँ। पर, मेरा मन भवितव्यताकेलिये अपने दर्शनके अध्ययनके कारण पहले हीसे कुछ तैयार था। यहाँ आनेपर बहुत देर नहीं लगी, ईश्वरसे मेरा पिंड छूट गया। इस समय ब्रह्मचारी

विश्वनाथको ईश्वर बहुत परेशान कर रहा था। पर, मेरे तजर्बे के कारण उन्हें भी ज्यादा दिन भटकनेकी जरूरत नहीं पड़ी। कुछ दिनों बाद पीला चीवर पहन वह नायक महास्थविर श्री धम्मानन्दके श्रामणेर शिष्य हो गये। नाम पड़ा आनन्द, गोत्र कोसल होनेसे कौसल्यायन भी जुड़ गया। मेरे सांकृत्यायन नाम पड़नेसे दो वर्ष पहलेही उन्होंने यह उपाधि धारण की थी। मैं भी भिक्षु बननेकी इच्छा रखता था, पर मुझे तिब्बत जाना था, जिसकेलिये भेस भी बदलना पड़ता, इसलिये मैंने उस समय दीक्षा नहीं ली।

आनन्द और मैं दोनों एक साथ विद्यालङ्कार विहारमें रहने लगे, लेकिन एक सालसे कम ही तक, जिसका उपयोग उन्होंने भी अच्छी तरह किया। मैं तो हमेशा संस्कृतमें ही पढ़ाता, बातचीत करता था। बिहारसे बाहर जानेका अवसर कम मिलता था, इसलिये सिंहल भाषाका उपयोग मेरे लिये आवश्यक नहीं था। सिंहली भाषा हिन्दीकी भगिनी है, बीचकी द्रविड़ भाषाओंकी नहीं। उसे मैं आसानीसे सीख सकता था, लेकिन जब अवश्यकता नहीं, तो कौन उसे सीखे। आनन्दजीने बड़ी जल्दी प्रगति की। वह उसमें भाषण देने लगे। १ दिसम्बर १६२८को भारतकेलिये प्रस्थान करनेसे पहलेही मेरा परिचय कर्नाटकके एक ब्राह्मण तरुण अनन्तराम भट्टसे हो गया था। मैंने उन्हें विहारसे अपने स्थानपर रखनेका इन्तिजाम कर दिया। इस प्रकार आनन्दजीका आगे संस्कृतकी पढ़ाईका प्रबन्ध हो गया।

भारत होकर मैं तिब्बत पहुँचा। सवा वर्ष तक हमारी मुलाकात पत्रों द्वारा होती रही। आनन्दजी हर तरहसे मेरी सहायताकेलिये तैयार थे। उनकी अपनी प्रगति जारी रही।

डेढ़ वर्ष बाद २० जून (१६३० ई०)को मैं लङ्का लौटा। मेरे रहते समय ही वह श्रामणेरसे भिक्षु हो चुके थे। इसी साल मैं भिक्षु बनकर राहुल सांकृत्यायन हो गया। १६३० ई०में भारतमें सत्याग्रह शुरू हुआ। हम दोनोंके दिलोंमें खलबली मच गयी। इस युद्धसे अलग रहना हमारेलिये मुश्किल हो गया। आनन्दजी पहले भारत गये और मैं १५ दिसम्बर (१६३० ई०)को भारतकेलिये रवाना हुआ। आनन्दजीने विहारमें काम किया, जेल भी गये लेकिन हवालातीके तौरपर ही। १६३१ ई०की कराची-काँग्रेसमें हम दोनों पहुँचे थे, जहाँसे आनन्दजी लङ्का की तरफ रवाना हुए और मैं फिर बनारसकी तरफ लौटा। गाँधी-इर्विन-समझौतेके कारण आन्दोलनने साधारण रूप ले लिया और मुझे अब उसमें समय देनेकी जरूरत नहीं रही। लङ्कामें रहकर लिखी हुई अपनी पुस्तकों—"बुद्धचर्या" "अभिधर्मकोश-टीका"—को छपवाने लगा। काम समाप्त होनेके बाद सारनाथमें मूलगंध-कुटी-विहारके निर्माणकी समाप्ति पर नवम्बरमें उद्घाटन-महोत्सव बड़े धूम-धामसे हुआ। हमारे गुरु श्रीधम्मानन्द महास्थविर भी आये थे। उन्हींके साथ मैं भी लङ्का चला गया। लङ्का रहते अब आनन्दजीको पाँच

वर्त हो गये थे। उनके उपदेशों और व्याख्यानोंकी बड़ी माँग थी। सिंहल और अँग्रेजी दोनोंमें बोल लेते थे।

महाबोधि सभाने लन्दनमें विहार स्थापित किया था और वहाँ धर्म-प्रचारके लिये भिक्षु भेजे थे। पहली टोलीके लौट आनेपर दूसरोंको भेजना था। ट्रस्टके प्रधान श्री डी० बी० जयतिलक हमारे विहारके शिष्य और अनुरक्त भक्त थे। उनकी दृष्टि आनन्दजीके ऊपर गई; लेकिन आनन्दजीने कहा—"यदि राहुलजी भी चलें, तो मैं जाऊँगा।" मैं अँग्रेजोंकी दृष्टिमें अधिक अपराधी था, इसलिये मेरी स्वीकृति देनेपर भी पासपोर्टका मिलना आसान नहीं हुआ। पर डी० बी० श्री जयतिलक सरकार के मुख्य-मंत्री, और साथ-ही अंग्रेजोंके भक्त भी थे। उनके बीचमें पड़नेपर पासपोर्ट मिल गया।

५ जुलाईको हम कोलम्बो बन्दरगाहमें फ्रेंच जहाज "दार्तेना"पर सवार हुए। यूरोप जानेवाले लोग कोट-पैंट पहने थे और हम दोनों का पीला चीवर वहाँ हरेक की दृष्टि आकृष्ट करता था। जहाज रातको किसी समय चला। मैं सर्वभक्षी था, आनन्दजी निरामिषाहारी थे और हमेशा रहे। पर, भोजनके बारेमें अगले दिन कोई समस्या नहीं खड़ी हुई; क्योंकि रातके वक्त समुद्रकी उत्तुंग लहरोंके कारण जहाज भूला बन गया। आनन्दजी सामुद्रिक बीमारी से पीड़ित थे। वह खानेका नाम भी नहीं ले सकते थे। मुझे यह विचित्रता कुछ घड़ियों तक ही परेशान करती रही। सवेरे ८ बजे मक्खन-पावरोटीके साथ मैंने चाय पी। ११ बजे चावल, मांस, पावरोटी, मक्खन और आमपर हाथ साफ किया। आनन्दजीका बुरा हाल था। छः दिन तक अरब समुद्र वैसा ही क्षुब्ध रहा। धीरे-धीरे आनन्दजीकी परेशानी दूर हो पाई। फलाहारी भोजनकेलिये कोई दिक्कत नहीं थी। रोटी-मक्खन, उबले साग, तले आलू, फल, चाय जितना चाहें उतना मिल सकता था। तले आलूको आनन्दजी बड़े प्रेमसे खाते थे। मैं जानता था, यह किसमें तला हुआ है। मैंने आनन्दजीके फलाहारकी प्रशंसा करते एक दिन कहा—"जानते हैं, आलू किसमें तला गया है।" उन्होंने कहा—"क्या इसे भी छुड़ाना चाहते हैं?" "सचमुच ही बुरा होता। मक्खनमें तला हुआ है, यही समझ लेना अच्छा था। खैर, खानेकी कोई दिक्कत नहीं हुई। लाल सागर, स्वेज नहर और भूमध्यसागरमें होते हम मारसेईके बन्दरगाहपर उतरे। पेरिसमें एकाध दिन ठहर कर इंगलिश चैनल पार हो २७ जुलाई (१९३२ ई०)को लन्दन पहुँच गये। तबसे १४ नवम्बर तक हम एक ही साथ इंगलैण्डमें रहे। प्रचारका काम आनन्दजीके जिम्मे था। मैं तो उनका साथ देनेके लिये आया था। इस समयका उपयोग मैंने वहाँकी शिक्षण-संस्थाओंको देखनेमें किया। ब्रिटिश म्यूजियमके पुस्तकालयमें भी जाता रहा।

इंगलैण्डमें मैं विद्यार्थी ही बननेकेलिये नहीं गया था। मैंने जो लङ्कामें तैयारीकी थी, उसके उपयोगका अब समय आया था; इसलिये मुझे भारत लौटना था। आनन्दजीको वहाँ दो वर्ष या ऊपर रहना था। वहाँ रहते समय दूसरी तरहकी पुस्तकोंके

पढ़नेके अतिरिक्त मैंने रूस और साम्यवादपर काफी पढ़ा। इच्छा थी, कुछ दिनोंकेलिये रूस हो आऊँ। पर, बर्लिनमें जब मैंने इसकी कोशिश की, तो जाड़ों के कारण यात्री-मण्डली का भेजना बन्द हो गया था। आनन्दजीके सीधे-सादे जीवनसे अँग्रेज भक्त प्रसन्न थे। हर सप्ताह उनका उपदेश होता। पीछे वह इंगलैण्ड, आयर्लैंड, फ्रांस और जर्मनीके भिन्न-भिन्न भागोंमें भी गये।

१६ जनवरी (१६३३ ई०)को मैं कोलम्बो लौटा। २० जनवरीको वहाँसे भारत केलिये रवाना हो गया। अब मेरे जाड़े भारतमें बीतते और गर्मी तथा बरसात तिब्बत या किसी और देशमें। आनन्दजीसे पत्रों द्वारा ही मुलाकात होती। अपनी यात्राओंके भिन्न-भिन्न स्थानोंसे मैं बार-बार उनके पास लम्बे-लम्बे पत्र लिखता था, जिनमेंसे कितने ही पुस्तकाकार भी छपे। इसके बाद मैं फिर लङ्का नहीं गया। आनन्दजी यूरोपसे लौट कर लङ्का आये। उनका भारत और लङ्काके बीच जाना-आना बराबर जारी रहा। लङ्काके भिक्षुओं और गृहस्थोंसे उनका बहुत सन्निकटका सम्बन्ध स्थापित हुआ, जिसके कारण हमारे दोनों देशोंका प्राचीन मधुर सम्पर्क फिरसे जाग्रत हुआ। भारत और लङ्काके-बीचकी कशमकश उस वक्त भी थी। लङ्काके व्यापारी भारतीय सेठियोंका मुकाबिला नहीं कर सकते थे, इसलिये वह उनको फूटी आँखों नहीं देखते थे। जीवन-स्तर ऊँचा होनेके कारण लङ्काके मजूर-मजूरी अधिक माँगते थे और भारतीय मजूर आधी तनखाहपर भी रात-दिन एक पैरपर खड़े रहनेकेलिये तैयार थे। इसके कारण भारतीयोंके खिलाफ जहर-उगलने वाले भी अपने घरों में भारतीय नौकर रखते। एक और भी विचित्र बात थी। लङ्काके लोग भारतको दो भागोंमें विभक्त करते हैं। तमिल भाषा-भाषी प्रदेश उनके लिये इंडिया, और उत्तरी भारत "दम्बदिव" (जम्बू द्वीप) है। जम्बू द्वीप बुद्धकी जन्मभूमि है अतः उसके निवासी उनके श्रद्धा और सम्मानके भाजन थे। पर, "इंडिया-कार" (तमिल) लोगोंसे उनको चिढ़ थी। उनके मारे चाय और रबड़के बगीचोंमें सिंहल मजूर पहुँच नहीं सकते थे। छोटीसे बड़ी दूकानों तकमें इंडिया-कारकी प्रतिस्पर्धासे उनका बुरा हाल था। सारे झगड़ेका कारण आर्थिक था। लङ्काके आर्थिक विकासमें भारतीय श्रम और पूँजीने—श्रमने विशेष तौरसे—जरूर बड़ा काम किया, पर स्थानीय सन्तानों-को वंचित करके। आज भारत भी स्वतन्त्र है और लङ्का भी। दोनों देशोंका धर्म, संस्कृति और रक्तका घनिष्ठ संबन्ध है। यदि भारतका जीवन-स्तर ऊँचा होता, तो यह समस्या ही उठने नहीं पाती। फिर प्रवासियोंकी धाराका रुख लङ्काकी ओर नहीं, भारत-की ओर मुड़ जाता। खैर, इसका समाधान तो होना ही है, और वह स्नेह तथा सद्भाव पूर्वक जल्दी हो जायगा, इसमें सन्देह नहीं। आनन्दजीने दोनों देशोंके सम्बन्धको अपने-अपने सीमित क्षेत्रमें मधुर बनानेका प्रयत्न किया है। वह हालके युगमें पहले भारतीय थे, जो लङ्कामें भिक्षु हुए। उसके बाद भारत और नेपालके कितने ही तरुण वहाँ बौद्ध पंडित और भिक्षु बने।

आनन्दजी अब अधिकतर भारतमें रहने लगे थे। मेरा एक पैर भारतमें और दूसरा पैर बाहर रहता था। यात्राके समय भी मैंने अपनी लेखनीको जारी रक्खा और पालिके कई ग्रंथोंको हिन्दीमें अनुवाद किया। उसी समय मैंने आनन्दजीसे वचन लिया कि आप सिर्फ एक पुस्तकके अनुवादका भार ले लीजिये—जातकका। यह एक पुस्तक नहीं, सात मोटे-मोटे जिल्दोंवाला पोथा था। आनन्दजीने उसे स्वीकार किया। उसके कुछ फार्म पहले बड़ी श्रद्धाके साथ डा० लक्ष्मण स्वरूपने लाहौरमें छापे, पर नैया आगे नहीं चली। फिर साहित्य सम्मेलनने भार उठाया और कितने वर्षोंकी लगनके बाद आनन्दजी इस महान् ग्रंथको हिन्दीमें लानेमें सफल हुए। इससे पहले ही पालिके बहुमूल्य इतिहास ग्रंथ, 'महावंस' का उन्होंने हिन्दीमें अनुवाद किया। मेरी तरह न राजनीतिमें वह उग्र विचारमें बहते, और न काममें सरपट दौड़ते; पर उनके कदम नपे-तुले और लगातार चलते रहते हैं। इसलिये वह बड़े-बड़े कामोंको करनेमें सफल हुए। वर्धाकी राष्ट्रभाषा प्रचार समितिको गाँधीवादी अपने हाथकी कठपुतली बना उसे हिन्दी-विरोध का अड्डा बनाना चाहते थे। श्रीपुरुषोत्तमदास टंडनने आनन्दजीको यह भार उठानेकेलिये कहा। वर्धामें आनन्दजी बिल्कुल "दसननमें जीभ बिचारी" की तरह थे। आठ-सात रुपये महीनेकी कोठरीमें समितिका दफ्तर था। उन्होंने वर्षोंके अपने संगठनके कौशल और एकान्त निष्ठासे समितिको एक विशाल संस्थाके रूपमें परिणत कर दिया। उसकी परिक्षाओंमें लाखों बैठने लगे। लाखोंकी इमारत खड़ी हो गई। आज अहिन्दीभाषी भारतके बहुत भागोंमें हिन्दी-प्रचारका बहुत बड़ा काम समितिकी ओरसे हो रहा है।

संस्थाओंमें वैमनष्य होना दूसरे देशोंमें भी देखा जाता है। किन्तु जहाँकी सांस्कृतिक परम्परा सुदृढ़ और सुपुष्ट है, वहाँ आपसके झगड़ेसे संस्थाका अनिष्ट नहीं किया जाता। हमारे यहाँ व्यक्तिसे पहले संस्था पर ही प्रहार होने लगता है। आनन्दजीके पूछने पर मैंने कहा था—"अब वहाँ आपके रहनेकी अवश्यकता नहीं है।" वह समितिसे अलग हो गये। उनका जीवन अब विशाल क्षेत्रका हो गया। उनकी लेखनीमें कुछ अपनी विशेषताएँ हैं। और लिखने का ढंग उनका बहुत सरल होता है। किसी वाक्य को वह अपने बड़प्पन या पांडित्यको प्रदर्शन करनेकेलिये नहीं लिखते। वही लिखते हैं, जो उनको पसन्द है, और ऐसे लिखते हैं, जिसके समझनेमें पाठकको कोई दिक्कत न हो। उन्होंने छोटे-छोटे कई ग्रंथ लिखे हैं, और भी लिखनेकी आशा है। वर्धासे छूटनेके बाद देशमें ही नहीं देशके बाहर तक उनकी दौड़ रहती है। जापान दो बार हो आये। जावाके बोरोबुदूर और कम्बोजके अंकोरवातको देखनेकी मेरी लालसा कभी पूरी नहीं हुई, वह उन्हें भी देख आये। अभी-अभी चीन गये। भिक्षु होनेका फल उनका पूरा हो रहा है। नामकेलिये वह कलिम्पोंगके भिक्षु हो गये हैं, पर उनके पैरोंमें हर वक्त चक्कर बँधा रहता है।

३५. नायकपाद

सत्याग्रहकी खबर सुन कर मैंने लङ्कासे भारत आनेके बारेमें आज्ञा माँगी तो वह फूट-फूट कर रो पड़े। जब तिब्बतकेलिये लङ्कासे प्रस्थान करने लगा, तो उनकी आँखोंमें छल-छल आँसू बहने लगे थे। कितना वात्सल्य श्री धम्मानन्द महास्थविर नायकपादका मेरे ऊपर था।

उन्हें हम नायकपाद कहा करते थे। सिंहलीमें 'नायक हामुदुरु' का ही यह अनुवाद है। बौद्ध-धर्मकी तीव्र जिज्ञासाकी पूर्तिकेलिये १६ मई १६२७को मैं लङ्का पहुँचा। नायकपादके शिष्य श्री धर्मरत्न पहले हीसे भारतमें रहते थे। उनसे गुरुने कह रक्खा था—संस्कृतके किसी पंडितको वहाँसे भेजो। मेरी पालि पढ़नेकी इच्छा हुई और उधरसे अध्यापककी माँग। मैं सीधे लङ्काके विद्यालङ्कार परिवेण (विहार) में पहुँचा। यह परिवेण लङ्काके धार्मिक और सांस्कृतिक नवजागरण का प्रतीक था। नायकपादके दादागुरु श्रीधम्मालोक महास्थविरने इसकी नींव डाली थी। बौद्ध भिक्षु हमेशासे स्थान ढूँढ़नेमें कमाल करते रहे हैं। चाहे जापानके कोयासांगको देखिये, अथवा कोरियाके वज्रपर्वतको, या भारतकी अजन्ताको। सभी जगह प्रकृतिके सबसे सुन्दरतम भूभागको उन्होंने चुना। विद्यालङ्कार विहार भी ऐसे स्थानमें स्थापित किया गया। कोलम्बोसे बाहर केलनिय स्टेशनसे नातिदूर एक काफी विस्तृत हरा-भरा भूखण्ड था, जो बरसातके महीनोंमें चारों ओर पानी भर जानेसे द्वीपका रूप ले लेता था। शायद १६वीं सदीके द्वितीयार्द्धमें यहाँ नारियलोंका उद्यान नहीं रहा होगा, पर दूसरे वृक्ष-लता जरूर रहे होंगे। ऐसे स्थान को स्थविर धम्मालोकने विहारकेलिये चुना। उनके शिष्य श्री धम्माराम नायकपाद अपने समयके सिंहलके अद्वितीय बौद्ध पण्डित थे। कुमारदासके महाकाव्य 'जानकीहरण' का नाम हमारे यहाँ सुना जाता था। सिंहल टीकाके आधारपर उसके पुनरुद्धार करनेका श्रेय श्री धम्मारामको ही है। पालिके तो वह महावैयाकरण थे। उन्हींके शिष्य-उत्तराधिकारी हमारे नायकपाद थे। पालि व्याकरण—विशेषकर मौद्गल्यायन—के महत्वपूर्ण टीका-ग्रन्थों का उद्धार तथा संपादन उन्होंने बड़ी योग्यतासे किया। उनके जीवनमें विद्यार्थियों और विद्या दोनोंके ख्यालसे विद्यालङ्कार विहार और भी उन्नत हुआ।

मैं भारतमें साधुओंका जीवन बिता चुका था। पर, हमारे यहाँके साधुओं और लङ्काके भिक्षुओंमें बहुत अन्तर है। हमारे नाना पंथोंमें बहुत थोड़ेसे पढ़े-लिखे साधु

मिलते हैं, और विद्यामें तीव्र रुचि रखनेवालों की संख्या और भी कम है। सिंहलके बौद्ध भिक्षु सभी साक्षर और संस्कृत होते हैं। हमारे चुने हुए साधुओं की तरह पांडित्य और विद्याभ्यासमें तत्परता चाहे न हो, पर वहाँ ऐसी रुचि रखने वालों की संख्या बहुत अधिक है। ऐसाही वातावरण विद्यालङ्कारमें जाकर मुझे मिला। मैं भारत-की सीमासे पहले-पहल बाहर गया था। सिंहल भाषा नहीं समझता था, नायकपाद अँग्रेजी नहीं जानते थे, इसलिये हमारे वार्तालाप का माध्यम संस्कृत हुई। संस्कृत उन्होंने पढ़ा था। बोलने का अभ्यास चाहे न हो, पर जो पालिमें अच्छी तरह बोल सकता है, उसकेलिये दिक्कतकी बात नहीं थी। उच्चारणको बदल और व्याकरण को जरा सरल करके संस्कृतकी सहायतासे ही मैं भी पालि बोलता था।

मेरे सामने था, कि जल्दी-से-जल्दी पालि त्रिपिटक और उसकी अट्ठकथाओं को पढ़ डालूँ। मेरी उमर ३४वर्षकी थी। समझता था कि मुझे यह काम पहले शुरू करना चाहिये था। जब शुरू किया है, तो इसे जल्दी पूरा करना चाहिये। मेरी उत्कट इच्छाको देखकर नायकपादने 'एवमस्तु' कहा। वह रोज कई घंटे मुझे पढ़ाते। विद्या-लङ्कारके हरेक अध्यापक और ज्येष्ठ विद्यार्थी मेरी सहायताकेलिये तैयार थे।

पढ़ने का सुभीता इतना अच्छा होगा, इसकी मुझे आशा नहीं थी। विचारों-की भी अनुकूलता थी। मैं उत्तर भारतसे गया था। खान-पानमें पहले कुछ असुविधा होनेकी संभावना थी। मैं वर्षोंसे निरामिषाहारी रहा था। वहाँ देख रहा था, सभी भिक्षु मांस-मछली खाते हैं। पर, पहले मैंने उसमें शामिल होना नहीं चाहा। मेरे-लिये निरामिषाहार का प्रबन्ध नायकपादने किया। सबेरे पावरोटी, मक्खन और दूध मिलता। उसके साथ कुछ सब्जी भी खासतौरसे बनाई जाती। एक रस्सेदार सब्जी मेरे मुँह लग गई। रस्से की तलछट में हल्दीके कुछ टुकड़े मिलते, पर खानेमें उनका स्वाद हल्दी-सा नहीं मालूम होता। कई महीने बाद मैंने पूछा, तो मालूम हुआ, वह हल्दीके टुकड़े नहीं, उम्मलकडके टुकड़े हैं। उम्मलकड एक मछली होती है, जो सुखाने पर सूखे काठकी तरह हो जाती है। वह काफी महँगी मिलती है। लङ्कामें और शायद और जगहोंमें भी उसे मसालेके तौरपर इस्तेमाल किया जाता है। कई महीने उम्मलकड खा लेनेके बाद मैंने सोचा निरामिषाहारी रहना निरी मूर्खता है। और मैं खाने लगा। पर, मिर्चे की अधिकतासे बुरी हालत थी।

नायकपादका मेरे ऊपर बड़ा स्नेह था। भारतमें रहते मैं जो साहित्यिक कार्य कर रहा था, उससे वह बहुत खुश होते थे। मैं तिब्बतमें था। १९२९ ई०के अन्तमें नेपाल और तिब्बतमें युद्ध छिड़ने की नौबत आ गई थी। खबर पाते नायकपाद बहुत चिंतित हो गये। उन्होंने आनन्दजीसे पूछा—"ल्हासा हवाईजहाज जा सकता है?" भला ल्हासा हवाई जहाज? उसके पीछे एक ब्रिटिश पोलिटिकल एजेन्ट वहाँ मरणान्त बीमार हो गया। अँग्रेजोंने बहुत चाहा, कि हवाई जहाज भेज कर उसे बुलाया जाय,

लेकिन तिब्बत सरकारने इजाजत नहीं दी। नायकपाद जोर देने लगे कि वहाँसे अपेक्षित पुस्तकें जमा करके यहाँ चले आओ। उन्होंने तीन-चार हजार रुपये भिजवाये, जिनसे मैं बीस-बाईस खच्चर पुस्तकें और चित्र अपने साथ लाया, जो अब पटना म्यूजियममें रक्खे हुए हैं।

उनके पास जानेपर मन वहाँसे हटनेका नहीं करता। पर, कामोंके मारे विद्यालङ्कारमें सदा रहना कहाँ सम्भव था? १९३३ की जनवरीमें अन्तिम बार नायकपादका दर्शन हुआ। १९४५ या १९४६ ई०में रूसमें रहते, पढ़ा, मेरे कृपाल गुरु अब नहीं रहे। सिंहल फिर जानेका जो सबसे बड़ा आकर्षण था, वह खतम हो गया। जब-तब अब भी नायकपादकी याद आती है।

३६. डा० अनन्तराम भट्ट

कोडावुरू श्री अनन्तराम भट्ट का प्रथम दर्शन १६२८ई०में कोलम्बोमें हुआ। एक वृद्ध विद्वान-भिक्षुने कहा—हमारे यहाँ भी एक जम्बूद्वीपीय पंडित रहते हैं। यह सुनकर मैं वहाँ पहुँचा और एक बीस वर्षके तरुणसे मुलाकात हुई—अनन्तरामका जन्म ७ फरवरी १६०८को हुआ था। वह संस्कृत मातृभाषाकी तरह बोलते थे। इसके बाद मिलना-जुलना शुरू हुआ, जो घनिष्ठ मित्रताके रूपमें परिणत हो गया।

अनन्तराम मद्रास के दक्षिणी कनारा जिलेके उडुपी गाँवके पासके रहनेवाले थे। उनकी मातृभाषा कन्नड़ थी। धर्मसे माध्व सम्प्रदायके वैष्णव ब्राह्मण थे। उन्होंने बचपनसे संस्कृत पढ़ी, साहित्यमें विशेष योग्यता प्राप्त की। मैसूरमें शिक्षा प्राप्त करनेके बाद देखा, संस्कृतके विद्वानका बाजारमें कोई मूल्य नहीं। अँग्रेजी पढ़नेपर मूल्य बढ़ जाता है। अँग्रेजी पढ़ कर मैट्रिककी परीक्षा दी, पर सफल नहीं हुए। संस्कृतके विद्यार्थी होनेके कारण स्कूलमें पढ़ाये जानेवाले सारे विषय तैयार नहीं हो सके। समझा, अगले साल भी वही गति होगी। सुना सीलोन (लङ्का)में सीधे लन्दन यूनिवर्सिटीकी परीक्षा होती है, जिनका मूल्य भारतीय डिग्रियोंसे अधिक है। वह वहाँ पहुँचे। कोलम्बो महास्थविर धर्मस्कंध (?)से मुलाकात हो गई। वह उन्हें अपने स्थानपर ले गये। महा-स्थविरका एक छोटा-सा विहार था जिसमें दो-चार भिक्षु रहते थे। भट्टकी विद्याका वहाँ पूरा उपयोग नहीं हो सकता था। लेकिन, वहाँ रहने और भोजनकी निश्चिन्तता प्राप्त हुई। महास्थविर जब-तब चार पेजका संस्कृतमें एक पत्र निकालते। भट्ट लेखनीसे उसमें योगदान देने लगे।

१६२८ ई०के अन्तमें मैं तिब्बतकेलिये प्रस्थान करने लगा। मुझे ख्याल आया, भट्टजी यदि विद्यालङ्कार विहारमें आ जायँ, तो संस्कृत पठन-पाठनका जो सिल-सिला शुरू हुआ है, वह ठीकसे चलता रहेगा। पूछने पर मालूम हुआ, वह स्वावलम्बी होकर पढ़नेकेलिये यहाँ आये हैं, और अभी स्थायी काम नहीं मिला है। विद्यालङ्कार-में रहने और वेतनका प्रबन्ध हो गया। मैंने कह दिया मैट्रिक और लन्दनकी परीक्षाओंके चक्करमें मत पड़ो। रास्तेकेलिये थोड़ा पैसा जमा कर, जर्मनीमें जाकर दो-तीन वर्षमें तुम पीएच० डी० हो जाओगे, जिसका मूल्य लन्दनके बी० ए०से कहीं ज्यादा है। वह विद्यालङ्कार विहारमें चले आये।

उस समय मुझे आशा नहीं थी कि इतनी जल्दी तिब्बतसे लौट आऊँगा।

मैं जून (१९३०)के तीसरे सप्ताहमें लङ्का पहुँच गया। भट्टजी इस बीचमें पढ़ाते रहे। उनकी उपस्थितिका आनन्दजीने भी पूरा लाभ उठाया था। मैं लौटतेही भिक्षु हो गया, अध्यापकी करनेकी अवश्यकता थी। भट्टजी अब भी अध्यापनका काम कर सकते थे। लेकिन, मैं चाहता था, कि वह परीक्षाकी फिक्र छोड़ें। उन्होंने इस साल लन्दनकी मैट्रिक परीक्षा दी थी, जिसमें असफल रहे। इसलिये मेरी सलाह ज्यादा कान लगाकर सुनने लगे। मेरे जर्मनीमें कुछ मित्र थे। मारबुर्गके संस्कृतके अध्यापक रुडाल्फ ओटोसे लङ्कामें भेंट हुई थी। हम दोनोंका सम्पर्क घनिष्ठ हो गया था। मैंने उनको लिखा: यह संस्कृतके बहुत अच्छे विद्वान् हैं, जर्मनीमें विशेष अध्ययनकेलिये आना चाहते हैं। क्या वहाँ अपनी विद्यासे गुजारे भरका इन्तिजाम हो सकता है? उन्होंने अपने मित्रोंसे पूछा। टुबिंगनके संस्कृताध्यापकने बतलाया कि हम फीस माफ करा देंगे, और ७०-८० मार्क मासिकका भी प्रबन्ध कर देंगे। २२ वर्षके अनन्तरामके लिये जर्मनीमें स्थान तो हो गया, किन्तु लङ्कासे जर्मनी पहुँचें कैसे? उनके मामा—जो दक्षिणी प्रथाके अनुसार ससुर भी थे—कुछ पैसा दे सकते थे। भट्टजीको पासपोर्ट लेनेकेलिये भारत जाना अवश्यक था। वह देश गये। पासपोर्ट पानेमें सफलता हुई। कर्मनिष्ठ मामा दामादको समुद्रपार भेजकर जाति-बहिष्कृत करना अपनी पुत्रीका अनिष्ट क्यों करते? कुछ महीनों बाद भट्टजी लौट आये।

जर्मनी पहुँचनेकेलिये उनके पास पूरे पैसे नहीं थे। इसी समय मेरे पास डेढ़ सौ रुपये आये थे, उन्हें भी मिलाकर मैं भट्टजीको पम्प करने लगा। लन्दनकी डिग्री बहुत दूरकी बात रह गई थी। जर्मनीका प्रस्ताव बहुत आकर्षक जरूर था; लेकिन, समुद्र पार जाकर धर्म से पतित होनेका भय था। लङ्कामें भी समुद्र पार आये थे, लेकिन यह घर-द्वार जैसा था। विदेशमें अभी गये नहीं थे। संस्कृतके विद्यार्थी होनेसे कूपमंडूकता ज्यादा थी। पराये देशमें बिना लक्ष्मीके अवलम्बसे जाना खतरा मोल लेना था। अपनी घुमक्कड़ी अपनी सारी अभिज्ञताओं का मैंने प्रयोग करते कहा—"अगर आदमी समुद्रमें भी गिर जाय, तो हजारमें ९९९ के बचानेवाले कहीं न कहींसे आ जाते हैं। आप अपनेको हजारवाँ क्यों समझते हैं? फिर आप समुद्र या निर्जन मरुकान्तारमें नहीं जा रहे हैं। ऐसी जगह जा रहे हैं, जहाँ मानव हैं। मानवता हर जगह आदमीकी रक्षा करनेके लिये तैयार रहती है।" मैं यूरोप जानेकेलिये कह रहा था, जिसको अभी तक मैंने देखा नहीं था। धीरे-धीरे उनके भीतर आत्मविश्वास पैदा हुआ।

खान-पानका ख्याल आया। अगर आदमीके पास पैसेका पूरा जोर हो, तो वह कहीं पर भी अपने निरामिषाहारको कायम रख सकता है; लेकिन भट्टजीकी परिस्थितिके आदमीकेलिये यह खटराग अच्छा नहीं था। मैंने कहा—"वहाँ जाकर अपने वैष्णव पनके फेरेमें न पड़ना, मांस खाने लगना। अण्डेको यहींसे शुरू करदो।" शायद उन्होंने शुरू भी कर दिया। दो साल बाद १९३२ ई०में जब मैं इंगलैण्डमें था, तो पत्रोंसे

मालूम होता था, कि अण्डेको तो वह "पत्नीको बेंचकर भी" खानेकेलिये तैयार थे, पर शायद अभी मांस तक नहीं पहुँचे थे। यूरोप जानेकेलिये कपड़ोंकी भी जरूरत थी। उनके पास कुर्त्ता-धोती था। सूट बनानेमें डेढ़ सौ रुपये लग जाते। मैं अपने साथ तिब्बतसे एक बहुत मूल्यवान् पट्टू लाया था। पट्टूका अर्ज एक बित्तेका होता है। उसमें बिना जोड़ डाले कोट-पेन्ट नहीं बन सकता था। भट्टजीको इतनी परख नहीं थी, और परख होनेपर भी फैशनके बारेमें ख्याल करनेका समय नहीं था। उसे ठीकसे रँगवाकर कोलम्बोके दर्जी से कोट-पेन्ट बनवा दिया और कहा—"देखनेमें चाहे उतना अच्छा न हो, लेकिन यह सूट बीस वर्ष तक चल सकता है और जर्मनीकी बर्फानी सर्दीमें भी जितनी सहायता यह दे सकता है, उतना चार सौका सूट भी नहीं दे सकता।" एक फ्रेंच जहाजकम्पनीसे दो-ढाई सौ रुपयेमें मारसेईका टिकट मिल गया। थोड़े से रुपये जेबमें थे, जिनसे वह तुबिंगन पहुँचकर बहुत किफायत करनेपर एक महीना भी गुजारा न कर सकते थे।

आखिर मैंने अनन्तरामको समुद्रमें ढकेल दिया। वह तुबिंगमें जाकर अपने प्रोफेसर मित्रकी संस्कृत-अनुसन्धानमें सहायता देने और खुद डाक्टरेटकी तैयारी करने लगे। जहाजमें ही शायद उन्होंने जर्मन भाषाका क-ख पढ़ा। प्रोफेसरसे वह संस्कृतमें ही बोल सकते थे, जिसका प्रभाव उनके ऊपर और ज्यादा पड़ा। १६३२ ई०में लन्दनमें मिले उनके पत्रसे मालूम हुआ कि उन्होंने डाक्टरेटकेलिये ऐसा विषय चुना है, जो दस वर्षमें भी शायद ठीकसे तैयार न हो। मैंने लिखा—"यह क्या किया? कोई ऐसा विषय लेते जिसमें दो-ढाई वर्षमें पीएच० डी० हो जाते। अनुसन्धानका काम तो जीवन भरका है, उसे पीछे करते।" खैर, भट्टजी तुबिंगनके पीएच० डी० हुए। भाषा सीखनेकी ओर उनकी स्वाभाविक प्रवृत्ति थी इसलिये जर्मन भाषापर अधिकार होते देर नहीं लगी। फिर उन्होंने अर्थशास्त्रकी डीएस० सी० की डिग्री प्राप्त की। उनके परिचितोंकी संख्या बढ़ी, योग्यताका पता लगा और, भट्टजी बर्लिन यूनिवर्सिटीमें भारतीय शास्त्रके प्रोफेसर हो गये। उनका जौहर एक दूसरे क्षेत्रमें भी खुला। वह भाषणके साथ-साथ जर्मन भाषामें अच्छे लेख लिख लेते थे। भारतके परिचयके सम्बन्धमें आँकड़ोंसे भरी उनकी एक पुस्तकके लाखोंके संस्करण निकले। धन और नाम दोनों उनके कदमोंमें लोटने लगे।

हिटलर की जर्मनीमें दुहाई फिरी। भारतसे जाते समय वह राजनीतिसे कोरे थे। अधिकसे अधिक यही कह सकते हैं, कि अपने देशकी परतन्त्रता उन्हें पसन्द नहीं थी। यहाँ रहते समझते थे, उदयसे अस्त तक अँग्रेजोंका ही राज है। अँग्रेजोंके सामने दुनियाके सभी राष्ट्र तिनके जैसे हैं। अपने सामने उन्होंने लेटे जर्मनीको खड़े होते देखा, उनके विशाल शरीरके सामने अँग्रेज बौने मालूम होने लगे। पद-पदपर हिटलर उनको ठोकरें लगाता और अँग्रेज पूँछ दबाकर चीं-चीं करते थे।

भट्टजीको भी अपने परतंत्र देशका ख्याल आने लगा, उनपर भी देशभक्तिका नशा चढ़ा।

द्वितीय महायुद्ध छिड़ गया। जर्मनी विजयवाहिनीने सारे यूरोपको रौंद डाला। भट्ट इस समय प्रोफेसर ही नहीं, एक कुशल पत्रकार भी बन चुके थे, यद्यपि पत्रकारिता उनका व्यवसाय नहीं था। नेताजी (सुभाषचन्द्र बोस) कलकत्तामें अपने घरसे अन्तर्धान हुए और सरको हथेलीपर रखकर जर्मनी पहुँच गये। हिटलर अँग्रेजोंके खिलाफ हरेक अस्त्रको इस्तेमाल करनेकेलिये तैयार था। उसने नेताजीको भारतका फूरेर (सर्वेसर्वा नेता) स्वीकार किया। उसीके अनुरूप उन्हें मान-मर्यादा दी। नेताजीने बर्लिनसे अपने विचारोंके प्रचारकेलिये एक पत्र निकालना चाहा जिसके लिये ऐसे सम्पादककी अवश्यकता थी, जो अँग्रेजीके साथ जर्मन भाषापर पूरा अधिकार रखता हो। उस समय कोडावुरू अनन्तराम भट्टका नाम उनके कानोंमें पड़ा। वह पत्रके मुख्य सम्पादक बनाये गये। इसे कहनेकी अवश्यकता नहीं, कि भट्ट अब नेताजीके अत्यन्त समीपी बन गये। उन्होंने पत्र ("आजाद हिन्द") का बड़ी योग्यतासे सम्पादन किया। बर्लिनके बिटेन्बेर्ग प्लाज २, iiiके विशाल मकानमें प्रोफेसर और सम्पादक के० ए० भट्टका दफ्तर था।

समय आया, जब नेताजीकी जरूरत पूर्वमें हुई। जिस चमत्कारिक ढंगसे वह भारतसे अन्तर्धान होकर बर्लिन पहुँचे थे, उसी तरह बर्लिनसे अन्तर्धान हो वह मलाया पहुँच गये। भट्ट बर्लिनमें रहते उनका काम सँभाले रहे। ३० जून १९४३ "डी हौप्ट शिफ्ट लाइटुंग "आजाद हिन्द" बर्लिन व ८५, लिखटेनस्टाइनोली २" की मुहर बतलाती है, कि उस समय भट्ट एक सम्मानित सम्पादकके तौरपर बर्लिनमें रहते थे।

उस समय किसको आशा थी कि जर्मनीकी पूर्ण पराजय होगी। हिटलर पागल सियारके गाँवकी तरफ भागनेकी तरह इसकी ओर दौड़ा, अन्तमें उसका सर्वनाश हुआ। भट्ट जर्मनीके हथियार डालनेके समय वहीं पर थे। वह "आजाद हिन्द" से सम्बन्ध रखते, मित्रशक्तियोंके खिलाफ बहुत लिखते। अतः वह उन्हें क्षमा करनेकेलिये तैयार नहीं हो सकते थे। पर, भट्ट अब पुराने संस्कृतके पंडित नहीं थे, १७ वर्षसे जर्मनीमें रहते राजनीतिक दाँव-पेंचको अच्छी तरह समझते, यूरोपके देशोंका पूरा ज्ञान रखते थे। अब अपनी रक्षाका कोई इन्तिजाम करना था। वह बर्लिनसे दूर दक्षिणी जर्मनीके बवेरिया प्रदेशमें चले गये और वहाँ अपनेको जिप्सी (रोमनी) कहकर एक किसानके नौकर हो गये। आदमी अपने ज्ञानको ढँककर अज्ञानीका रूप ले सकता है, क्योंकि वह पहले अज्ञानी रह चुका है। लेकिन, अज्ञानी ज्ञानी होनेका ढोंग नहीं रच सकता—हाँ, धार्मिक क्षेत्रमें इसके अपवाद जरूर मिलते हैं। भट्ट नाटे कदके स्वस्थ पर शरीरसे अस्थूल थे। गाँववाले उनको जिप्सी मान सकते थे; क्योंकि यूरोपके मुकाबिलेमें उनका रंग काला था,

हमारी दृष्टिमें गेहुँआँ। जिप्सी कई शताब्दियों पहले भारतसे यूरोपकी ओर गये थे। शताब्दियोंका असर इतना जरूर हुआ है कि हम भारतीय जिसे साँवला कहते हैं, वैसे भी उनमें कोई नहीं है। यहाँ आनेपर हम उन्हें गोरा कहते, लेकिन यूरोपमें वह काले ही माने जाते हैं। जिप्सी तरुणियाँ अपने सौन्दर्यके लिये वहाँ बहुत प्रख्यात ही हैं, किन्तु उनके बाल हमेशा कोयलेकी तरह काले होते हैं। बवेरियाके गाँवमें किसीको स्वप्नमें भी नहीं ख्याल हुआ, कि यह ३६ वर्षका पुरुष जिप्सी नहीं कोई दूसरा हो सकता है। अंग्रेजों और अमेरिकनोंको अपने दुश्मनको शरण देनेका यदि पता लगता, तो मालिकोंपर कहर ढाते।

भट्ट कहाँ अण्डा शुरू करनेसे काँपते थे और कहाँ अब भोजनमें अपने ऋग्वेदिक पूर्वजोंका पूरी तौरसे अनुकरण करते थे। पीढ़ियोंसे उनके माध्व वैष्णव परिवारने शराबको देखा भी नहीं होगा; लेकिन, अब वह उनकेलिये साधारण पेय थी। अपने मालिकके पास उन्होंने अपने संस्कृत व्यक्तित्वको कैसे छिपाया होगा, यह अचरज-की बात है। पर जिसके सिरपर मृत्यु नाच रही हो, वह किसी भी अभिनयको आधे दिलसे नहीं कर सकता। इसीलिये भट्ट जिप्सीकी पूरी भूमिका अदा कर रहे थे। उडुपीमें उन्होंने घोड़ा तो जरूर देखा होगा, लेकिन वह मुट्ठी भरके रहे होंगे और उनके पास भी वह कभी नहीं जानेकी हिम्मत करते रहे होंगे। यहाँ किसानोंके पोरिसा-पोरिसा भरके बड़े-बड़े घोड़े थे। उन्हें बाँधना, छोड़ना, चराना, हलमें नाधना सारा काम वह करते थे। सवारी करना शायद इससे पहले ही सीख गये थे, क्योंकि उन्हें युद्धकेलिये अपनेको तैयार करना था। चार वर्षके करीब वह जिप्सी बनकर उस या दूसरे गाँवमें रहे। घोड़ा दौड़ाते वक्त कभी गिर गये थे, जिसके कारण उनके कलेजेपर कुछ आघात आया था और पीछे कलेजेकी बीमारी उनके लग गई। इसको भी वह भुगत लेते, पर १९४७ई०के अगस्तके मध्यमें अंग्रेजोंके भारत छोड़कर जानेकी खबर उन्होंने पढ़ी। जर्मनीके किसान हमारे यहाँकी तरह अनपढ़ किसान नहीं थे। वह सुशिक्षित और सुसंस्कृत होते थे कलेजेके दर्दके साथ अब दूसरा दर्द शुरू हो गया। अपने स्वतन्त्र देशमें मुझे जाना चाहिये। "आजाद हिन्द"के मुख्य सम्पादककी अब नींद हराम हो गई थी। वह यही सोचने लगे, कि कैसे यहाँसे निकला जाय। चारों ओर अमेरिकन फौजें पड़ी हुई थीं गाँवसे निकलनेपर किसी अमेरिकन सैनिकके हाथमें पड़ जाते और कहीं उसे शक हो जाता, कि यह जिप्सीके भेसमें रहनेवाला कोई दूसरा ही आदमी है, तो फिर यमदंष्ट्रसे उन्हें कौन बचा सकता?

पर, उनकी दोनों प्रकारकी हृदयकी बीमारियोंकी दवाइयाँ एक ही दिशामें मिल सकती थीं। जर्मनीमें लोगोंके स्वास्थ्यकी कौन पर्वाह करने लगा? लाखों मरे थे, कुछ हजार बीमारीसे मर गये थे। उनकी कलेजेकी बीमारीको दवाकी नितान्त अवश्यकता थी। बवेरियाकी सीमा स्वीजर्लैण्डसे मिलती है। दवाकेलिये वह उस सीमान्तकी तरफ

बढ़े और एक दिन जानपर खेलकर दोनों दवाइयोंको इकट्ठा प्राप्त करनेके लिये सीमान्त पार हो गये। स्विस सिपाहीने पकड़ा। कह दिया—"मैं भारतीय हूँ। मुझे भारतीय दूतावासके पास ले चलो।" शायद यह नहीं। वह सीमान्त पार करके किसी भले डाक्टरके पास पहुँचे थे, उसने उनकी भयानक बीमारीको देखा। पैसा फीस देनेकेलिये कहा था। सहृदय डाक्टरने दवाई भी की। उनसे बातचीत करनेके बाद वह और भी प्रभावित हुआ। भट्टने अपना किस्सा सुनाया और कहा कि अब मेरा देश आजाद हो गया, मैं वहाँ जाना चाहता हूँ। भट्टकी सूचना स्विस अधिकारियों और अ-भारतीय कौंसिल-जेनरलको दी गई। कौंसिल-जनरलके पास जाकर वह अपना परिचय बड़ी आसानीसे दे सकते थे। वहाँ कुछ दिन रहे।

उन्हें क्या मालूम था कि उनकी चिकित्सा जितनी अच्छी तरह स्वीजलैंडमें हो सकती थी, उतनी भारतमें भी नहीं हो सकती। संस्कृतके ऐसे दिग्गज विद्वानके लिये कोई काम मिलना स्वीजलैंडमें मुश्किल नहीं था। लेकिन, वह तो आजाद हिन्दके पागल थे। उन्होंने कौंसिल-जनरलसे कहा, मुझे भारत भेज दें। उनके पास कागज-पत्र थे, जिससे सिद्ध होता था; लाखों मार्क जर्मन बैंकमें उनके जमा थे और इसे मित्रशक्तियोंसे प्राप्त करनेका उनको अधिकार था; लेकिन इस वक्त तो वह मार्क्स केवल कागज थे। कौंसिल-जनरलने भारत सरकारके खर्चपर उन्हें भारत भेज दिया।

प्रथम विश्व-युद्धसे पहले देशसे बाहर जानेकेलिये किसी पासपोर्टकी जरूरत नहीं थी, आप चाहे जहाँ जा सकते थे। उसके बाद अँग्रेजोंने सारे भारतको जेलखानेके रूपमें परिणत कर दिया और उनकी आज्ञा बिना कोई जेलखानेसे बाहर नहीं जा सकता था। इसी आज्ञाका नाम था पासपोर्ट। अँग्रेजों के सारे शासनमें पासपोर्ट मिलनेमें दिक्कत थी। पुलिससे छान-बीन करके वह देखना चाहते थे, कि यह हमारे शासनका विरोधी तो नहीं है। १५ अगस्त १९४७में अङ्ग्रेज भारत छोड़ कर चले गये। उम्मीद थी, चारों तरफ खड़ी की गई जेलकी चहारदीवारी गिर जायगी, लेकिन गिरनेकी जगह उसे चार हाथ और ऊँचा किया गया। आज पासपोर्टकेलिये पुलिस की रिपोर्ट पहले हीकी तरह अवश्यक है। पुलिसकी रिपोर्ट अनुकूल होनेपर भी आप तब तक पासपोर्ट नहीं पा सकते, जब तक आप किसी ऐसे प्रामाणिक धनी आदमी से बारह रुपयेके कागजपर जमानतनामा नहीं लिखवा कर देते, कि विदेशमें सरकारकी ओरसे होनेवाले खर्चका जिम्मेवार वह है। १९४७-४८ नहीं, १९४५ की बात है। मैंने पासपोर्टकी दरखास्त दी। पुलिस और खुपिया-पुलिसने जाँच की। अङ्ग्रेजोंके समयकी मेरे खिलाफ जो फाइल थी, वह सब मौजूद थी। आजाद-भारतमें भी खुपिया पुलिस बराबर मेरा पीछा करती नजर रखती है, हरेक चिट्ठी उसकी नजरसे गुजरनेके बाद ही मिलती है। मसूरीमें नियुक्त सेंसर साहब कभी दो-दो, तीन-तीन दिन चिट्ठी देखनेकी फुर्सत नहीं पाते। यदि कोई चिट्ठी गुम भी हो जाय, तो उनकी बलासे। भला ऐसी पुलिससे अनुकूल

रिपोर्ट की कहाँ आशा हो सकती थी ! दूसरी बार आशा दी गई कि पासपोर्ट मिल जायगा, इसलिये फिर दरखास्त दी। बारह रुपयेके स्टाम्पपर जमानत लिखवा कर भेजी। कई महीनों बाद पत्र आया जिसमें पूछा गया कि क्या सबूत है, जमानत देनेवालेके पास इतनी सम्पत्ति है, कि वह विदेशके खर्चकी जिम्मेवारी ले सके। विदेशोंमें आम तौरपर जिस खर्चका डर सरकारको रहता है, वह है अन्त्येष्ठि-क्रिया का। छ महीने बीत गये। कभी कुछ पता नहीं लगा कि पासपोर्ट मिलेगा या नहीं।

आजाद हिन्दकी खबर सुन कर भट्टजीकी आँखें चौंधिया गईं। २० साल बहुत होते हैं। २२ वर्षके तरुण थे, जब उन्होंने अपनी मातृभूमि छोड़ी और अब ४० वर्षके हो गये थे। देश लौटनेकेलिये उतावले थे। खर्च लौटानेका कागज लिख कर स्वीजलैंण्ड से भारत आये।

८ नवम्बर १६४८को मुझे दिल्लीमें एक सभामें भाषण देना था। इसकी सूचना दिल्लीके अङ्गरेजी पत्रोंमें भी निकली। मैं मंचपर बैठा था, उसी समय कोट-पेन्ट पहने एक प्रौढ़ पुरुष मेरे पास आये। संस्कृत सुनते ही मुझे अनन्तराम भट्टका ख्याल आया। हाँ, वही थे। अठारह वर्ष बाद अपने मित्रसे मिलनेपर कितनी प्रसन्नता हुई, इसे कहनेकी अवश्यकता नहीं। अपने निवासस्थानको बतलाया। दूसरे दिन फिर भट्टजी आये। महायुद्धसे बहुत पहले ही हमारा पत्र-व्यवहार बन्द हो गया था। उन्होंने अपनी जीवन-गाथा संक्षेपमें सुनाई और यह भी कहा कि कई महीनेसे काम ढूँढ़ रहा हूँ, लेकिन बिना सिफारसके कहीं ठिकाना नहीं। वह एक होटलमें ठहरे थे, जिसका खर्च महीनोंसे दे नहीं पाये थे। होटल साधारण था, पर रहने-खाने पर तब भी तो खर्च काफी पड़ता था। होटल का मालिक कोई सहृदय पुरुष था, इसीलिये अब भी उसने भट्टजीके सामानको लेकर उन्हें सड़क पर नहीं ढकेला। भट्टजीकेलिये पहली समस्या थी, कहीं खाने-पीने का कोई प्रबन्ध हो। मेरी भी सिफारिश बड़े लोगों तक नहीं पहुँच सकती थी, इसलिये काम दिलानेके बारेमें कुछ करना सम्भव नहीं था। उस समय हिन्दी साहित्य सम्मेलन की ओरसे परिभाषाओंके निर्माण का काम मैंने अपने ऊपर उठाया था। मुझे ख्याल आया कि भट्ट उसकेलिये बहुत उपयुक्त हो सकते हैं। उनका संस्कृत और जर्मन का गम्भीर ज्ञान मानों परिभाषा-निर्माणकेलिये ही था। लेकिन, मैं उनकी योग्यताके मुताबिक वेतनकेलिये नहीं कह सकता था। मैंने उस समय इतना ही कहा, और भी कोशिश कीजिये। यदि कोई काम न मिले, तो परिभाषा का काम हमारे पास है; लेकिन उसमें तीन सौ रुपये मासिकसे अधिक हम नहीं दे सकेंगे।

जर्मनीमें अठारह वर्ष रहकर उन्होंने बहुतसे अवगुण सीखे थे। गुणोंमें केवल अर्थशास्त्र, भारतीय साहित्य और इतिहासकी ही विशेषज्ञता उनमें नहीं थी, बल्कि यहाँके आर्काइव (प्राचीन अभिलेखालय)को देखकर वह कह रहे थे, मैं तीन-

चार महीनेमें इसको ऐसा संगठित कर सकता हूँ कि दो मिनटके भीतर दसियों हजारके जंगलमेंसे आप अपनी चीज पा सकते हैं। लेकिन, भारतके आजाद होनेके बाद तो खुशामदका राज्य कायम हो गया। गुणीको कौन देखता है? भट्टजीको कोई काम न मिला, वह मार्च तक इधर-से-उधर भटकते रहे। होटल वाले का ऋण उनके ऊपर चढ़ता गया। अन्तमें एक अप्रैल (१६४६ ई०)को परिभाषाके कार्यमें सम्मिलित होनेके लिये दिल्लीसे प्रयाग पहुँच गये।

भट्टजीने जो अवगुण सीखे थे, वह यूरोप और जर्मनी का दोष नहीं था। पहले भारतीयताके वह बिल्कुल साकार मूर्ति थे। यूरोपमें जाकर भारत-भक्ति उनकी ओर बढ़ी, पर वह आधुनिकताके रंगमें पूरी तौरसे रंग गये। हर चीजमें वह सफाई और व्यवस्था चाहते थे, लेकिन भारत का सहस्राब्दियोंका कूड़ा इतनी जल्दी साफ थोड़े ही हो सकता था? फिर उन्हें घृणा होने लगी। किसी समय जर्मनीसे उन्होंने कन्नड पत्रोंमें लेख भी लिखे, लेकिन जब लाखोंमें छपनेवाले जर्मन पत्रोंमें उनके लेख निकलने लगे, तो हजार-दो-हजार की संख्यामें छपनेवाले कन्नड पत्रों का मूल्य उनकी दृष्टिमें नहीं रह गया। उन्होंने नहीं समझा कि चाहे कितनी ही कम संख्यामें निकलते हों लेकिन कन्नड पत्रोंके द्वारा ही मैं अपने लोगोंमें पहुँच सकता हूँ। यूरोपमें रहते वह अपनेको केवल भारतीय नागरिक मानने लगे थे। उन्होंने यह नहीं सोचा कि भारतकी किसी भूमि पर जब तक पैर न हो, तब तक कोई भारतीय नहीं हो सकता। कर्नाटककी भूमि उनके पैरको अपनी गोदमें लेनेकेलिये तैयार थी, लेकिन प्रांतीयताका नाम सुनते ही वह नाक-भौं सिकोड़ने लगते थे। मैंने उनसे कहा भी कि यदि कर्नाटक को आप फिर अपनायें तो सारे रास्ते साफ हो सकते हैं। कन्नड भाषाके पत्रों में अपनी जर्मन-जीवनीके बारेमें लेख शुरू कर दीजिये; लेकिन यह बात उनके मनमें नहीं बैठी। श्री शरतबोसने अपना दैनिक पत्र निकाला। उस समय भट्टने अपना सन्देश भेजते हुए अपने और नेताजीके सम्बन्ध का उल्लेख किया। शरत बाबूने बहुत-बहुत धन्यवाद के साथ उनके पास पत्र भेजा। ऐसी बातोंसे भट्टजीको प्रसन्नता होती थी।

गाँव और घरकी बात करने पर कहते थे—"उनसे मेरा क्या वास्ता? उन्होंने तो पतित और मरा समझ कर मेरा श्राद्ध भी कर डाला।" उनके मामाने भले ही श्राद्ध कर डाला हो, लेकिन, पत्नी कैसे श्राद्ध कर सकती थीं? कर्नाट-भूमि अपने इस योग्य पुत्र को कैसे जीते ही मरा समझ सकती? यह अवगुण था, जिसे वह अठारह वर्ष बाद देश लौटते वक्त अपने साथ लाये थे।

३ अप्रैल १६४६ को भट्ट हमारे साथ कलिम्पोंगकेलिये रवाना हो गये। कलेजेकी बीमारी बहुत बुरी होती है। उन्हें बराबर औषधिके सहारे रहना पड़ता था। कभी-कभी दर्द भी बढ़ जाता था। सारा समय परिभाषाके काममें लगाते थे। हमारे

यहाँके महाकूपमंडूक समझते हैं कि अँग्रेजी ही एकमात्र अन्तर्राष्ट्रीय भाषा है और अँग्रेजी की परिभाषाएँ ही अन्तर्राष्ट्रीय परिभाषाएँ हैं। डा० भट्ट को यह बात सुनकर हँसी आती। जर्मन जाति साइन्समें किसीसे पीछे नहीं है। साइन्समें उसकी देन अद्भुत है। उसने हजारों नहीं, लाखों की तादादमें अपनी परिभाषाएँ बनाईं। ऐसी परिभाषाएँ, जिनको लोग आसानीसे समझ सकें। 'साइन्स' या "सियांस" कहनेसे एक जर्मनके (और भारतीयके भी) पल्ले कुछ नहीं पड़ता। "विजेन शाफ्ट" या विज्ञान को वह समझ लेता है। इसीलिये जर्मनोंने अपनी भाषामें परिभाषाएँ गढ़ीं। परिभाषाके काममें उन्होंने बड़ी सहायता की। खेद है, सम्मेलनके अधिकारियों की शिथिलताके कारण उस समय काम को आगे नहीं बढ़ा सके। यदि सहयोग मिला होता, तो अब तक परिभाषाओंकी ओरसे हिन्दी और भारत की दूसरी भाषाएँ निश्चिन्त हो गई होतीं। डा० भट्ट की तरह ही एक दूसरे प्रतिभाशाली पुरुष श्री सुरेशचन्द्र सेनगुप्त भी इस कामकेलिये मिले थे। यह कहना मुश्किल होगा कि साइन्सके किस क्षेत्रमें वह पूरी या पर्याप्त अभिज्ञता नहीं रखते। हमारी प्रकृतिमें चाहे कितनाही अन्तर रहा हो, पर हरेक एक दूसरेके भावों का ख्याल करनेकेलिये तैयार था। कलिम्पोंगके प्रायः एक वर्षके निवासमें ६० हजारसे ऊपर परिभाषाएँ (बहुत कुछ अन्तिम रूपमें) तैयार कर लीं।

२२ फरवरी को सारा सामान लिये-दिये डा० भट्ट और श्री सेनगुप्तके साथ हम प्रयागकेलिये रवाना हुए। कटिहार में गाड़ी बदलनी थी। वहाँके एक सहृदय व्यवसायी श्री महावीरप्रसाद मावंडिमासे परिचय हो गया था। उन्होंने बड़ा सत्कार किया और हमने एक ट्रेन छोड़ दी। अगले दिन मावंडियाजी कार ड्राइव करते हमें स्टेशन पर ले गये। रेलवे लाइन पार करते समय सेनगुप्तजीने भट्टको देखकर कहा—"अच्छा सोना चाहते हैं, सो जाइये।" स्टेशन पर कार खड़ी हुई। देखा भट्टजी सोये नहीं बेहोश हैं। सेकेण्ड क्लास की सीट रिजर्व थी, वहाँ ले गये। उनकी अवस्था देखकर मन घबरा उठा। मावंडियाजी दौड़कर डा० राम प्रसाद सूद को ले आये। सूद साहब ने कहा—"इस ट्रेनसे इन्हें आगे नहीं ले जाया जा सकता।" रेलवे अस्पताल में ले गये। थोड़ी ही देर में पहले तो वह खूब हँस-बोल रहे थे, और अब वह संज्ञाहीन थे। उनकी स्थिति देखकर दिल काँप उठा। कई बार कै हुई। डाक्टरने कई इंजेक्शन दिये। अस्पताल में दवाएँ भी तो नहीं थीं। डाक्टरने बतलाया—"इन्हें लकवा मार गया है।" हृदय की बीमारी तो थी ही। हम कटिहारमें ठहरनेकेलिये मजबूर हुए। अगले दिन भी भट्टजीकी अवस्था वैसी ही रही। आँखें बहुत कम खोलते। कभी होशमें रहते कभी बेहोशमें। इस अवस्था को देखकर मेरा हृदय विह्वल हो जाता। ख्याल करता सन् १९३० ई० का, जब कि यह तरुण जहाज पर चढ़ा था। फिर ख्याल आता, पिछले अठारह वर्षों में कितना ज्ञान और

तजर्बा उसने प्राप्त किया, जिनकी उसके देश को अत्यन्त अवश्यकता थी। क्या, सब कुछ वह अपने साथ लेता चला जायगा ?

२५ फरवरीको डा० सूद और डा० कुण्डूने भट्टजीको देखा। कटिहारमें उनका टीकसे उपचार नहीं हो सकता था, इसलिये हम उन्हें प्रयाग लाना चाहते थे। दोनों डाक्टरोंने दवाई लिख दी और कहा—"किसी डाक्टरको साथ लेकर आप सफर कर सकते हैं।" कटिहारके तरुण डाक्टर श्री कालिप्रसाद दास खुशीसे हमारे साथ चलनेके लिये तैयार हो गये। कटिहारमें रहनेपर भी तो हालतमें कोई सुधार होनेकी सम्भावना नहीं थी। पहले दिन तीन बार सन्तरेका रस दिया और तीनों बार उन्होंने वमन कर दिया। केवल ग्लूकोजके इंजेक्शनसे ही उनके शरीरमें शक्ति कायम रक्खी जा सकी। २६ फरवरीकी शामको अँधेरा हो गया था, जब हम प्रयाग पहुँचे। पहले ही तार दे दिया था। रामबाग स्टेशनपर अस्पतालकी एम्बुलेन्स कार आई हुई थी। उन्हें मोतीलाल मेमोरियल अस्पतालमें ले गये। डा० पाठकने अच्छी तरह परीक्षा की। अच्छे अस्पताल, अच्छे डाक्टर और अच्छी नर्स के हाथमें देकर हमें सन्तोष हुआ। पर, भट्टजीकी स्थिति अब भी चिन्ताजनक थी। कई दिनों बाद वह मृत्युके जबड़ेसे निकल पाये, लेकिन जो लकवेका प्रभाव हुआ था वह साल भर बाद हटा।

मैं प्रयाग बराबर नहीं रह सका। सम्मेलनके अधिकारी, विशेष तौरसे श्री टण्डनजी, राय रामचरणलाल, डा० उदयनारायण तिवारी उनका ध्यान रखते रहे। कुछ महीनों बाद अस्पतालवालोंने कहना शुरू किया कि अब हम इनको अपने यहाँ नहीं रख सकते। खतरेसे बाहर हो गये हैं और शक्ति लाभ करनेमें महीनोंकी अवश्यकता होगी, जिसके लिये हमारा अस्पताल नहीं है। बड़ी चिन्ता पैदा हुई। भट्टजीको कहाँ ले जायँ ? मैं मसूरीमें रहने लगा था। मसूरी साढ़े छ हजार फुटकी ऊँचाईपर है, जो उनकी बीमारीकेलिये प्रतिकूल कही जाती थी। इसीलिये मित्रको अपने साथ नहीं रख सकता था। टंडनजीने मन्त्रीको लिखा, तब भट्टजी रह पाये।

अगले साल (१९५१ ई०)में कभी-कभी उनकी खबर मित्रोंसे मिल जाती थी। साहित्य सम्मेलन भी बराबर बिना कामके वेतन नहीं दे सकता था। मैं छटपटाता रहा। रेडियो उस समय जिस मन्त्रीके हाथमें था, वह भट्टजीके प्रदेश के ही थे। उनसे कहा कि दुनियाके बहुत से देशोंके विश्वविद्यालयोंमें संस्कृत पढ़ाई जाती है। भारतमें संस्कृत कैसे बोली जाती है, इसे जाननेकेलिये वहाँके लोग इच्छुक रहते हैं। आप रेडियोमें संस्कृतका प्रोग्राम रखिये। साथ ही यह भी बतलाया कि इस कामकेलिये भट्टजीकी योग्यताके बारेमें कहकर मैंने आशा की थी, कि वह कुछ करेंगे; पर, भट्टजी-जैसे अनर्घ रत्नका हमारे स्वतन्त्र देशमें मूल्य कौड़ीका भी नहीं रह गया है। फिर भट्टजी न जाने कहाँ गये। वर्षोंसे उनका पता नहीं। रह-रहकर दिलमें एक टीस उठती है।

३७. आचार्य नरेन्द्रदेव

आचार्य नरेन्द्रदेवजीसे घनिष्ठता मेरी १६२६में हुई, पर उनके घरका परिचय उससे पन्द्रह वर्ष पहले प्रथम विश्व-युद्धके प्रथम वर्षमें हुआ था। अयोध्यामें वैरागी साधु होकर रहते समय कितने ही जोशीले वैष्णवोंके साथ अयोध्या-फैजाबादकी सड़कसे कुछ हटकर एक प्रसिद्ध देवी-स्थानमें एक ब्रह्मचारी द्वारा प्रेरित होकर मैं भी पशु-बलि रोकनेकेलिये गया था। पराडोंका उसमें नुकसान था, इसलिये वह क्यों इसे पसन्द करने लगे? उन्होंने दो-चारको पीटा भी, उनपर मुकदमा चलनेको हुआ। इसी सम्बन्धमें हम नरेन्द्रदेवजीके पिताके पास पहुँचे थे। वस्तुतः साक्षात्कार उनके बड़े भाई श्री महेन्द्रदेवसे उस वक्त हुआ था, पर मुझे ख्याल था, कि वही नरेन्द्रदेवजी हैं। यह गल्ती पीछे मालूम हुई। मैं श्रीलङ्कामें दो साल रहकर इस ख्यालसे भारत लौटा था कि बौद्ध-धर्मके और अध्ययनकेलिये तिब्बत जाऊँ। लम्बा प्रोग्राम था। लेकिन, सवा वर्षके बाद ही मुझे लौट आना पड़ा। उसी समय नरेन्द्रदेवजीने मेरे ग्रंथोंके प्रकाशनमें सहायता की। वह उस समय तो आर्थिक सहायता नहीं करा सके, पर जब "करतल-भिक्षा तरुतल वास"के बलपर मैं तिब्बत पहुँच गया, तो उसका प्रबन्ध उन्होंने किया था, पर मैं उससे लाभ नहीं उठा सका। १६३१में तो महीनों मैं उनका अतिथि होकर काशी विद्यापीठमें रहा। इस समय मेरे पास भी काफी समय था और उनके पास भी संकोच नहीं था।

इतनी एक समान बातें संयोगसे ही कहनी चाहिये। मैं बौद्ध-धर्म और दर्शनका विद्यार्थी था, उसके साहित्यको भारतमें फिर लौटानेकी कोशिश कर रहा था। आचार्यजीकी प्रतिभा बहुमुखी न थी, इसलिये सिर्फ बौद्ध-धर्म तक ही उसको सीमित कहना युक्त नहीं है। तो भी यह कहना ही पड़ेगा, कि उनकी रुचि बौद्ध साहित्यमें खींच ले गई। बराबर यह शिकायत रही और उनसे भी मैं कहता था कि आपकी सबल लेखनीको आलसी नहीं बनना चाहिये। यह उस समयकी बात मैं कर रहा हूँ, जबकि वस्तुतः उनके पास समयका अकाल नहीं था। इस व्यस्त जीवनमें भी उन्होंने अपनी लेखनी चलायी। "अभिधर्मकोश भाष्य" और बौद्ध दर्शन की एक विशाल पुस्तक—दोनों हिन्दीमें—इसके प्रमाण हैं। आचार्यजीका अँग्रेजीपर भी असाधारण अधिकार था, पर हमारे यहाँके कितने ही नारदमोहमें पड़े लोगोंकी तरह यह माननेकेलिये तैयार नहीं थे, कि अँग्रेजीमें चलकर ही हमारी लेखनी सफल बन सकती

है। बौद्ध दर्शनके सम्बन्धमें उनकी लिखी यह पुस्तक बहुत वर्षों तक अपना स्थान बनाये रक्खेगी, इसमें शक नहीं।

आचार्यजी सुलेखक और सुवक्ता ही नहीं, बल्कि बातचीतमें सुन्दर और मधुर-भाषी थे। चुटकुलों और घटनाओंका इतना समावेश करते कि किसीको उससे तृप्ति नहीं हो सकती थी। मेरे ननिहालके पदमें परनाना श्री प्रयाग पाठक फैजाबादके गुप्तारघाटमें जाकर पण्डे हो गये थे। दो-एक सालमें वह अपने गाँव आते, तो और चीजोंके साथ बहुत-सी मिठाई लाते। मैं गाँवका नाती था और नाती-भान्जेको खिलानेमें बहुत पुण्य होता इसलिये गुप्तारघाटकी मिठाइयाँ मुझे जरूर मिलतीं। पाठकजी आचार्य-जीके घरसे काफी सम्बन्ध रखते थे, लेकिन उस वक्त मुझे क्या मालूम था? उनकी भी कितनी ही बातें सुनाते। वह युग—जो आजसे आधी शताब्दी पहले मौजूद था—आर्थिक, सामाजिक, राजनीतिक थपेड़ोंके कारण अब लुप्तप्राय हो गया है। उस समय थोड़ी या बहुत प्रभुता सम्पत्ति रखनेवाले घरोंमें छोटा-मोटा दरबार लगता था। और स्वामीके अनुरूप दरबारी भी वहाँ रहते थे। खाली समयको काटने में वह बड़ी सहायता करते थे। मुझे तो पूरा याद नहीं, लेकिन किसीको उस्ताद कह कर वह ऐसी बातें बतलाते, कि हँसी आये बिना नहीं रहती थी। तारीफ यह, कि चाहे कितनी ही हँसानेकी बात करते हों, लेकिन उनकी हँसी ओठोंके बाद आँखोंके कोर तक ही सीमित रहती थी।

मेरे एक मित्र छपराके वकील बाबू जानकीशरण साही उनके साथ इलाहाबादमें पढ़ते थे। वह सुनाते थे। उस समय आर्यसमाज, राधास्वामी, थियोसोफी और दूसरे कितनेही पंथोंका जोर था। नरेन्द्रदेवजी बुद्धिवादी थे और आखीर तक बुद्धिवादी रहे। कितनों ही के ऊपर बुढ़ापेमें दूसरा रंग चढ़ा है, पर उनके ऊपर कभी नहीं। इसी कारण उन्हें भूदानपर कभी विश्वास नहीं हुआ और न मार्क्सके पथको छोड़कर कुटिया में समाधि लगाने की इच्छा हुई। अपने कालेज-जीवनमें वही बुद्धिवाद उनके साथ था। पंथाइयोंपर व्यंग करते एक गोष्ठी बना कर उन्होंने भी एक पंथ स्थापित किया, जिसका नाम रक्खा "चोंच पंथ।" हमारे हिन्दीके प्रसिद्ध हास्य लेखक चोंचजी को शायद उससे प्रेरणा नहीं मिली, क्योंकि वह काफी पीछे अपने कार्यक्षेत्रमें आये। चोंच पंथके पैगम्बर आचार्यजी थे, लेकिन इस पंथमें पैगम्बर और अनुयायियों में सौ-पचास गज तो दूर दो इंचका भी अन्तर नहीं था। सभी हमजोली और समवयस्क थे। जब वह मिलते, तो दाहिने हाथकी हथेलीको चोंचके रूपमें बना कर "जय चोंच भगवान्" कह कर परस्पर अभिवादन करते। वह इस बातको शास्त्रों और युक्तियोंसे सिद्ध करनेकेलिये तैयार थे, कि सभी पंथ अर्वाचीन तथा दो कौड़ीके हैं। सबसे प्राचीन और महान् पंथ चोंच पंथ है। चोंच गुरुड़ हैं, जिनकी सहायता न हो तो संसारके पालन करनेवाले विष्णु पंगु हो जायँ। चोंच भगवानके बिना न वह द्रौपदीका रची

बढ़ा सकते थे, न गजको उबारनेकेलिये पहुँच सकते थे। "चोंच पंथ" शायद अपने पैगम्बर और उनके सहकारियोंके कालेज-जीवनके समाप्त होते ही समाप्त हो गया। जवानीके जोशमें ऐसा अभिनय खेला जा सकता था, लेकिन अब एक विद्यापीठके आचार्य और देशके नेता होनेके बाद वह कैसे चोंच पंथको जीवित रख सकते थे ? इससे मालूम होगा कि स्वभावमें वह कितने विनोदप्रिय थे। दमा उनका पैतृक रोग था। जब दौरा होता, तो बड़ी बुरी हालत हो जाती। वह शरीरसे हमेशा कृश रहे। इस रोगने उन्हें और भी कृश कर दिया था। इतनेपर भी वह जितना प्रसन्न रह काम करते, उसे देखकर आश्चर्य होता।

आचार्य नरेन्द्रदेव विद्वान्, गम्भीर चिन्तक, विनोदी होनेके साथ-साथ आदर्श-वादी थे। वह समझते थे कि बहुजनका हित-सुख समाजवादसे ही हो सकता है, इसीलिये वह इसकी तरफ आकृष्ट हुए। मार्क्सने उनको बहुत प्रभावित किया और हमेशा मार्क्सवादी समाजवादी रहे। इसमें हम दोनों एकमत थे। यद्यपि मुझे कम्युनिज्मने आकृष्ट किया, और वह सोशलिस्ट थे। दोनों पार्टियोंके सम्बन्ध अच्छे नहीं रहे, तो भी हमारे वैयक्तिक सम्बन्धमें कोई अन्तर नहीं आया। उनकी और मेरी दोनोंकी इच्छा थी कि एक दूसरेके पास कुछ अधिक रहें। बुढ़ापेमें इसकी अधिक अवश्यकता होती है, पर उस वक्त काम इतने आ जाते हैं, कि आदमी लालसा भर ही मनमें रख सकता है। नमक सत्याग्रहके समयमें मैं काशी विद्यापीठमें था। सलाह हुई, कि मार्क्सकी "कम्युनिस्ट घोषणा" का हिन्दीमें अनुवाद किया जाय। दोनोंने मिलकर अनुवाद किया। उसके कुछ फार्म प्रेमचन्दजी के प्रेसमें छपे भी, पर आगे सत्याग्रहके तूफान और दूसरी मजबूरियोंने उसे बढ़ने नहीं दिया, और "घोषणा" छपकर पाठकोंके सामने नहीं पहुँची।

नरेन्द्रदेवजीके व्यक्तित्वमें एक विचित्र आकर्षण था। जो भी उनके सम्पर्कमें आया, हो नहीं सकता कि वह उससे प्रभावित हुए बिना रहे और उस सम्बन्धको सदा स्नेहके साथ स्मरण न करे। विद्यापीठमें भारत और बाहरके हजारों विद्यार्थी उनके सम्पर्कमें आये। लंका और दूसरे देशोंके विद्यार्थियोंका उनके प्रति विशेष स्नेह और सम्मान था। भारतीय संस्कृति अपने व्यापक अर्थोंमें उनके रूपमें साकार थी। उनमें विचारोंके प्रति अपार सहिष्णुता थी, पर इसका यह अर्थ नहीं, कि वह सत्य कहनेसे बाज आ सकते थे। वह एक संस्था थे, जिससे हजारों ने लाभ उठाया। नरेन्द्रदेवजी हिन्दीके इतने सुन्दर वक्ता थे कि आजके युगमें कुछ भाषणोंका स्थायी रूपमें रेकार्ड न होना खटकनेकी बात है। अध्ययनका उन्हें भारी व्यसन था और न जाने कितने विषयोंमें। उनके उस ज्ञानको कागजपर उतरनेका बहुत कम अवसर मिला। मैं तो डरता था कि बौद्ध विचारधाराका उनका गम्भीर अध्ययन भी कहीं उनके साथ ही न लोप जाय, पर उन्होंने एक विशाल ग्रन्थके रूपमें लेखबद्ध कर दिया। यह

सौभाग्यकी बात है। खेद यही है, कि उस ग्रन्थको अपने सामने प्रकाशित हुआ उन्होंने नहीं देखा।

नरेन्द्रदेव हमारी पीढ़ीके एक अनर्घ रत्न थे। "थे" कहते दिलको ठेस लगती है। उनको इतनी जल्दी महाप्रयाण नहीं करना चाहिये था। शीलमें वह अत्यन्त सरल और स्मितपूर्वाभिभाषी थे। चिन्तनकी वह साकार मूर्ति थे, प्रज्ञाके बारेमें क्या कहना! बौद्ध विचारोंके अनुसार वह शील-समाधि (चिन्तन)-प्रज्ञा तीनों स्कन्धोंमें पूर्ण थे। यद्यपि आज वह नहीं रहे, पर काशी विद्यापीठ, उनकी कृतियाँ और कार्य हमेशा उनका स्मरण दिलायेंगे।

३८. धर्मा साहु

पहली बार तिब्बतके भीतर घुसनेकेलिये १६२६ ई०के आरम्भमें नैपालमें पहुँच कर मुझे अज्ञातवास करना पड़ा था। लेकिन, वह अज्ञातवास ऐसा नहीं था कि मैं नैपालके हरेक व्यक्तिसे अपनेको छिपाऊँ। वहाँके कुछ बौद्ध गृहस्थोंको पता लग गया कि मैं बौद्ध धर्मके अध्ययन और अनुसन्धानकेलिये तिब्बत जा रहा हूँ। उन्होंने मेरी सहायता की, जिनमें धर्ममान साहुकी सहायता सबसे बड़ी थी। धर्ममान साहु काठमाण्डू-के आसनटोल मोहल्लेमें रहनेवाले एक लखपति सार्थवाह थे। सौ-डेढ़-सौ वर्ष हो गये थे, जब कि उनके परिवारने तिब्बतकी राजधानी ल्हासामें अपनी कोठी—छु-शिङ्-श्या—स्थापित की। १६२६से वहाँके वह सबसे बड़े व्यापारी थे।

धर्ममान साहुकी आयु उस समय ६०से ऊपर रही होगी, अर्थात् उनका जन्म १८७०-८० वाले दशकमें हुआ था। वह अभी पूरी तौरसे होश नहीं सँभाल पाये थे कि उनके पिता मर गये। ऐसी स्थितिमें कर्जखोरोंसे कुछ मिलनेकी आशा नहीं रह गई और कर्जदार सिरपर सवार थे। धर्ममान साहुने परिवारकी जिम्मेवारी अपने ऊपर ली, तिब्बतके व्यापारको सँभाला और कुछ वर्षोंमें अपने कर्जको ही अदा नहीं कर दिया, बल्कि तिब्बतमें प्रमुख नेपाली व्यापारी हो गये। धर्ममान साहु पहले हीसे अपने धर्म—बौद्ध धर्म—में बड़ी आस्था रखते थे। तिब्बतमें रहते समय सतसङ्ग बढ़ा, उनके दान-पुण्यकी ख्याति हो गई। वहाँके लामा उनपर बहुत स्नेह रखते थे। पीछे वह इतने पूजा-ध्यानमें रहने लगे कि लोग उन्हें भी लामा समझने लगे।

उमरके कुछ ढल जानेपर उनके तीन लड़के पैदा हुए—त्रिरत्नमान, ज्ञानमान और पूर्णमान। दोनों बड़े लड़कोंने कार-बारको सँभाल लिया और धर्ममान साहु काठमाण्डूके अपने घरमें रह ज्ञान-ध्यानमें लगे।

मेरे अज्ञातवासके बारेमें धर्ममान साहुको पता लगा। उन्होंने बहुत आग्रह करके अपने यहाँ बुलवाया। तिब्बती लामाके वेषमें एक दिन शामको मैं उनके घर पहुँचा। उन्होंने स्वागत-सत्कार करते हुए कहा—"ल्हासामें आपको कोई कष्ट नहीं होगा। मैं अपने पुत्रोंको लिख देता हूँ।" मेरे पास दो-सौ रुपये थे। पचास रुपये रख कर बाकीको मैंने उनके पास जमा कर दिया। ल्हासा पहुँचनेपर उतने रुपयोंसे मैं कितने दिनों रह सकता था? धर्मा साहुकी चिट्ठी पाकर उनके दोनों पुत्रोंने मेरे रहनेका ऐसा निश्चिन्त प्रबन्ध कर दिया, कि मेरे लिये अगर चिन्ता हो सकती थी, तो यही कि मैं ब्लकी

उदारताके भारसे दबने लगा। दो बार ल्हासामें मैं महीनों रहा—पहली बार तो प्रायः एक वर्ष तक। इस समय सारा खाने-पीनेका भार छूशिङ्-श्याने उठाया।

तिब्बतमें पहलेपहल जानेपर मुझे वहाँके प्रभावशाली लोगों की सहायताकी अवश्यकता थी। पिछले सौ वर्षोंमें अङ्गरेजोंका गुप्तचर बन कर गये भारतीयोंने हमारे देशको बहुत बदनाम कर दिया था। कौन जानता है, मैं भी उन्हीं में हूँ। इस सन्देहको दूर करनेमें धर्मासाहुके परिचय और उनके दोनों योग्य पुत्रोंकी सहायताने बड़ी मदद दी। तिब्बतकी यात्रासे आते-जाते मुझे जब-जब नेपालमें जाना पड़ा, साहुका घर मेरा घर बना। उन्हें नेपाल और तिब्बतके बारेमें बहुत मालूम था। वह बात बहुत कम करते थे; लेकिन मेरे लिये इस नियमको शिथिल कर दिया था। अन्तिम बार ११३६ई०में धर्मा-साहुका दर्शन उनके घरपर हुआ। अब वह बहुत बृद्ध हो गये थे। हवा और धूप खानेके लिये भी वह घरसे बाहर नहीं निकलते थे। उनका मकान शायद पंजमंजिला था। उसके ऊपर सीमेन्टका छोटासा चबूतरा बनवाया था, जिसके ऊपर बैठकर वह कभी-कभी काठमाण्डूका परिदर्शन करते थे।

महायान बौधिसत्व-जीवनको सबसे अधिक महत्व देता है, जिसके अनुसार अपने रक्त-मांसको भी अदेय समझता है। धर्मासाहु जरूरतसे ज्यादा साखर्च थे। काठमाण्डूमें उनका घर तिब्बतके हरेक सन्त और लामाकेलिये खुला हुआ था। वह वहाँ पखवारों और महीनों रहते थे। इससे भी कुछ नहीं बिगड़ता। पर, उन्होंने स्तूपों और विहारोंकी मरम्मतमें अपने धनको लगाना शुरू किया। किसी विहारमें ७५ हजार रुपया खर्च कर दिया। व्यापारमें लगी पूँजीको इस तरह व्यय करना खतरेकी बात थी। उनके लड़के बड़े संकोची थे—मझले ज्ञानमान साहु बहुत दिनों तक जीते नहीं रहे। पूँजीकी इस बर्बादीने छूशिङ्-श्याको बहुत नुकसान पहुँचाया। द्वितीय महायुद्धमें जहाँ नये व्यापारी दसियों लाखके मालिक हो गये, वहाँ छूशिङ्-श्या पूँजीके अभावमें अपनी पहली स्थितिको भी कायम नहीं रख सका। परिवारकेलिये धर्ममानसाहुकी साखर्ची बड़े घाटेका सौदा रहा; लेकिन धार्मिक जगत्में अब भी उनका नाम है।

३६. शास्त्री महाशय

जनवरी १६५६में मैं महामहोपाध्यायजीके दर्शन करनेकेलिये कलकत्तासे उनके घर गया। आसनपर बैठे किसी पुस्तकका प्रूफ देख रहे थे। ८० वर्षसे ऊपरके हो गये, शरीरमें अस्थि और चर्मके अतिरिक्त यदि किसी चीजका पता लगता था, तो नसोंका। अब भी वह बिना चश्मेके पढ़ रहे थे। मेरा नाम सुनते और पास आते देख-कर उठे। यह सम्मान मुझे दुःखद लगा। बृद्ध शरीरको हिलाने-डुलानेमें भी उन्हें जरूर तकलीफ होती थी, पर वह न माने। हमेशासे मेरे प्रति वह ऐसा ही अनुराग दिखलाते आये। इस आयुमें स्मृतिका क्षीण होना स्वाभाविक है, पर, उत्साहमें कोई कमी नहीं थी। पिछली बार मिलनेपर भी निराशा प्रकट कर रहे थे। बीस साल पहले चीनी और तिब्बतीमें अनुवादित पर संस्कृतमें सदाकेलिये लुप्त समझे जानेवाली असंगकी कृति "योगचर्याभूमि"को तिब्बतमें मैंने प्राप्त किया और दसवीं शताब्दीके आस-पासकी तालपोथीसे अपने हाथसे उसे उतारा। महामहोपाध्यायने उसे सम्पादित करनेका भार अपने ऊपर लिया था। बारह वर्षसे अधिक हो गये, वह कबकी छप गई होती, किन्तु प्रेसकी गति इतनी धीमी थी कि पिछली बार भी अपने जीवनमें उसे समाप्त करनेसे वह निराश थे और अबकी तो कह रहे थे—"जल्दी ही इसे मैं आपके पास भेज दूँगा। आपहीके हाथसे यह नैया पार होगी।" पिछली बारसे उनका स्वास्थ्य और भी गिर गया था। इस शारीरिक स्थितिमें अत्यहितकी किसी समय भी आशंका हो सकती है, वह इसको जानते थे, इसलिये अपने जीवनके एक-एक क्षणका उपयोग करना चाहते थे।

उन्हें बहुधा लोग शास्त्री महाशयके नामसे याद किया करते थे। जहाँ वह प्राचीन प्रणालीके अनुसार संस्कृतके गम्भीर पंडित थे, वहाँ आधुनिक अनुसन्धानके ढंगमें पारंगत थे। बनारसमें अपने विद्यार्थी-जीवनके कई साल उन्होंने बिताये। उनकी विद्वत्ताको देखकर कवीन्द्र रवीन्द्र आकृष्ट हुए और उन्हें वह विश्व-भारती (शान्तिनिकेतन) ले गये। शान्तिनिकेतनमें जहाँ नन्दलाल दे जैसे भारतके महान् चित्रकार रहते थे, वहाँ हमारे शास्त्रोंके यह अद्भुत विद्वान् भी गये। रवीन्द्र अपने परिमित साधनोंके रहते भी देश और विदेशकी प्रतिभाओंको एकत्रित करना चाहते थे। उन्होंने शान्तिनिकेतनको शिक्षा और संस्कृतिका एक महान् केन्द्र बना दिया था। शास्त्री महाशय महाकविके शान्तिनिकेतनमें प्रायः जीवन भर ही रहे। यदि अनुकूल परिस्थिति होती, तो वह

कलकत्ता विश्वविद्यालयके संस्कृत-विभागके अध्यक्ष होनेकेलिये भी विश्व-भारती छोड़कर न आते।

शास्त्री महाशयका नाम मैं पहले ही सुन चुका था, लेकिन सबसे पहले उनका दर्शन नवम्बर १९२१में सारनाथमें हुआ। मूलगंधकुटी विहारके उद्घाटनके उत्सवमें लंका और भारतके बहुतसे विद्वान् और गण्यमान्य पुरुष आये थे। शास्त्री महाशय भी उसमें शामिल हुए थे। मैं समझता था, वह मुझसे अपरिचित होंगे, लेकिन उन्होंने कहा—"मैं आपके लेख 'भारतमें बौद्ध धर्मका उत्थान और पतन' पढ़ चुका हूँ, मैंने उसपर निशान भी कर रक्खे हैं।" वह लेख पहले-पहल "गंगा" नामक एक गुमनाम-सी हिन्दी पत्रिकामें निकला था। इसी लेख द्वारा उनसे परिचय प्राप्त करनेका मुझे सौभाग्य प्राप्त हुआ। उसके बाद तो दर्शन वर्षों बाद ही होने, लेकिन हमारा सम्बन्ध अधिक नजदीकका होता गया।

कलकत्ता विश्वविद्यालयमें रहते समय अँग्रेज सरकारने "महामहोपाध्याय" की उपाधि प्रदान की। इस उपाधिकेलिये उनसे योग्य व्यक्ति नहीं मिल सकता था। बंगालके गवर्नरका दरबार होनेवाला था, जिसमें उपाधिका मेडल मिलता। अगर विश्व-विद्यालयमें नौकर न होते, तो शायद दरबारमें न जाते। लेकिन, अब दरबारमें जाना अनिवार्य था। धोती चद्दरमें नंगे सिर देखकर किसीने कहा—"शास्त्री महाशय! दरबार-जाना है। इस पोशाकमें कैसे जायँगे।"

उन्होंने अकृत्रिम हँसी हँसते हुए कहा—"मैं तो यही पोशाक पहनता आया हूँ। दरबारमें भी इसीमें जाऊँगा।"

दूसरेने कहा—"भीतर घुसने ही नहीं देंगे।" बिना वाक्यपर जोर देते उन्होंने कहा—"नहीं जाने देंगे, तो न जाऊँगा।"

महामहोपाध्याय विधुशेखर भट्टाचार्यको देखते हुए किसी प्राचीन ऋषिका स्मरण हो आता। हाँ, अपने रोबको बढ़ानेकेलिये उन्होंने दाढ़ी नहीं बढ़ाई। संस्कृतके पंडितोंमें भी अपने क्षेत्रमें तीव्र जिज्ञासा होती है और उसमें वह हर तरहके कष्ट सहनेकेलिये तैयार रहते। महामहोपाध्याय बालकृष्ण मिश्र अपने समय भारत और काशीके सार्वभौम महापण्डित थे। उन्हें बौद्ध दर्शन जाननेकी उत्कट जिज्ञासा थी, पर "सर्वदर्शन संग्रह" के एक परिच्छेद तथा धर्मकीर्तिके "न्यायबिन्दु"के अतिरिक्त बौद्धदर्शनके वही अंश उपलभ्य थे, जिन्हें ब्राह्मण दार्शनिकोंने खण्डन करनेकेलिये पूर्व पक्षके रूपमें उद्धृत किया था। "तत्व संग्रह"में जितना पर पक्ष का खण्डन था, उतना अपने बौद्ध दर्शन-का मण्डन नहीं। मिश्रजीने बहुतसे ग्रन्थोंके पूर्वपक्ष एकत्रित किये थे और उनसे बौद्ध दर्शनको समझनेकी कोशिश करते थे। लेकिन, यह तो प्यासेको तिनकेके बूँदोंसे तृप्त करना था। इससे यह तो मालूम होता है कि हमारे प्राचीन पण्डितोंका मूर्धन्य पुरुष कितनी तीव्र जिज्ञासा रखता था। शास्त्री मोशाय भी पहले संस्कृतके पण्डित थे। उनकी

जिज्ञासाओंने मजबूर किया कि दूसरी भाषाओंका भी सहारा लें। उन्होंने अँग्रेजी और फ्रेंच ही नहीं, बल्कि तिब्बती, चीनी भाषाओंको भी सीखा। संस्कृतमें भारतसे विलुप्त आर्य देवके "शतक"का उन्होंने उद्धार किया। गौड़पादकी मंडूककारिकाका जो संपादन उन्होंने किया है, उससे शंकर वेदान्तके उद्गमका, साथ ही शास्त्री मोशायका गम्भीर ज्ञान और चिन्तनका भी, पता लगता है।

अध्ययन और अध्यवसायवाला पुरुष कण-कण जमा करके अपने जीवनमें कितनी ज्ञान-राशि जमा कर लेता है। ६०-७०से ऊपर होनेपर स्मृतिकी क्षीणता उस ज्ञान-राशिमें घुनसी लगने लगती है, तो भी अध्यापन या सम्पादन जैसे कार्यमें उसका महत्व खतम नहीं होता। लेकिन, जब उस ज्ञान-राशिको लिये चल देता है, तो कितनी क्षति होती है। पर, यह तो प्रकृतिका नियम है। हरेक पीढ़ीको नये सिरेसे तैयारी करनी पड़ती है।

आज हमारे सामने संस्कृतकी गम्भीर विद्वत्ताकी रक्षा करनेका सवाल पैदा हो गया है। देशके स्वतन्त्र होनेके बाद शिक्षाका प्रसार तेजीसे होने लगा है। अँग्रेज एक सीमा तक ही शिक्षाका प्रचार चाहते थे। जब उन्होंने देखा कि स्कूलों और कालेजोंसे पढ़कर जितनी संख्यामें स्नातक निकलते हैं, उतनी संख्यामें हमारे पास नौकरियाँ नहीं हैं, तो उन्होंने परीक्षाओंकी कड़ाईके द्वारा रुकावटें डालनी शुरू कीं। लेकिन, उसके कारण शिक्षाका प्रसार रुका नहीं। अँग्रेजोंके जाते-जाते लोगोंकी रुचि शिक्षामें इतनी बढ़ी कि गाँव-गाँवमें स्कूल खुलने लगे। प्राइमरी स्कूलोंकी फिर मिडिल स्कूलोंकी संख्या बढ़ी। अँग्रेजोंने विधान बनाया था, कि किसी स्थान पर एक स्कूलके रहते उसके इर्द-गिर्द पाँच मीलके दायरेमें दूसरा स्कूल नहीं खुलना चाहिये, लेकिन उनका नियम ताक-पर ही रह गया और दो-दो तीन-तीन मीलकी दूरीपर ही स्कूल कायम हुए। शिक्षितोंकी बेकारी देखकर आज फिर कुछ लोग सोच रहे हैं कि स्कूलोंकी संख्या कम करनेका कोई तरीका निकाला जाय। लेकिन, अब यह असम्भव है। शिक्षा-प्रसार घटेगा नहीं बढ़ता ही जायगा।

शिक्षाके प्रचारमें संस्कृतका प्रश्न बड़े महत्वका है। हमारे देशकी बहुसंख्यक भाषाओंका संस्कृतसे घनिष्ठ सम्बन्ध है। वही बहुतोंकी जननी है। अधुना हर एक नये शब्दकेलिये हम संस्कृतकी ही ओर नजर दौड़ाते हैं। विज्ञानकी परिभाषाएँ सभी संस्कृतसे बनाई जा रही हैं। हिन्दी, बँगला, उड़ियाका ही नहीं, तेलुगू, कन्नड़ और मलयालमका भी अच्छा विद्वान् होनेकेलिये संस्कृतके सामान्य ज्ञानकी अवश्यकता सभी जगह अनुभव की जा रही है। हाई स्कूलोंमें संस्कृत द्वितीय भाषाके रूपमें ली जा रही है और कितने ही प्रदेशोंमें वह अनिवार्य भी है। इससे साफ है, कि माध्यमिक शिक्षाके साथ संस्कृत-का भी प्रचार बढ़ेगा। जैसे-जैसे समय बीतता जायगा, वैसे-वैसे संस्कृतका साधारण ज्ञान रखनेवाले लोग अधिकाधिक मिलेंगे।

संस्कृतके साधारण ज्ञान या साधारण पठन-पाठनका जहाँ तक सम्बन्ध है, उसके लिये भविष्य अनुकूल है, पर यही बात संस्कृतके गम्भीर पांडित्यकेलिये नहीं कही जा सकती। उसका बड़ी तेजीसे ह्रास हो रहा है। अभी ही उच्च कोटिके विद्वानोंका स्थान लेनेवाले बिरले होते जा रहे हैं। यद्यपि इस शताब्दीके गत ४० वर्षोंमें संस्कृतकी उच्च परीक्षाओं द्वारा संस्कृतके पंडित काफी संख्यामें पैदा होते रहे, तथापि परीक्षा गम्भीर पंडितोंको पैदा करनेमें सर्वथा सफल नहीं रही। अब संस्कृतकी परीक्षाओंमें बैठनेवाले विद्यार्थियों की संख्या बड़ी तेजीसे गिर रही है। उसके कारणोंमेंसे निम्नलिखित उल्लेखनीय हैं :

१. पहले छात्रवृत्तियाँ और क्षेत्र राजाओं और जमींदारोंकी तरफसे बहुत-से थे, जो अब खतम हो गये हैं। सेठोंके क्षेत्र अब भी चल रहे हैं, लेकिन पहले जिन क्षेत्रोंमें चालीस छात्रोंको भोजन मिलता था, उनमें अब, हर चीज महँगी हो जानेके कारण, दसको भी मिलना मुश्किल है। इसलिये साधन-हीन छात्रोंको संस्कृत पढ़नेका जो सुभीता था, वह अब कम हो गया।

२. पहले जो लड़के सौभाग्यशाली घरोंमें उत्पन्न नहीं होते थे, वे अँग्रेजीकी शिक्षा प्राप्त करनेमें असमर्थ रहते थे; क्योंकि एक तो अँग्रेजी शिक्षा यों ही महँगी पड़ती थी, दूसरे अँग्रेजी स्कूल भी दूर-दूर शहरोंमें होते थे; जहाँका खर्च साधारण परिवार नहीं उठा सकता था। इस कारण अधिक ब्राह्मण बालक अँग्रेजी शिक्षाकी ओर नहीं जाते थे और घरपर रह कर संस्कृत पढ़ते थे। अब हाई स्कूल इतने नजदीक-नजदीक हो गये हैं, कि लड़के घरपर ही रह कर अँग्रेजीकी पढ़ाई कर सकते हैं। स्कूली शिक्षा का मूल्य अब भी कम नहीं है, इसलिये संस्कृत पाठशालाओं और विद्यालयोंमें जानेवाले लड़के हाई स्कूलका रास्ता लेते हैं।

३. पहले शिक्षाका माध्यम अँग्रेजी था, जिसे बचपनसे ही अभ्यास करनेपर हस्तगत किया जा सकता था। अब शिक्षाका माध्यम हिन्दी या प्रादेशिक भाषा हो चुका है, जिससे स्कूली शिक्षा सुगम हो गई है। इस कारण भी विद्यार्थी उधर आकृष्ट होते हैं।

४. संस्कृतकी उच्च शिक्षाके लिये २०-२५ वर्षसे भी अधिक समय चाहिये, जब कि आदमी १५-१६ वर्षकी पढ़ाई में एम० ए० हो जाता है। चाहिये तो यह था कि विद्याके अर्जन में जितना समय लगता है, उसके अनुसार वेतन मिले। लेकिन, वेतन आचार्यका नहीं, एम० ए० का अधिक होता है। फिर कोई आचार्यत्वकेलिये क्यों प्रयत्न करेगा?

ये और ऐसे ही दूसरे कारण हैं, जिनकी वजहसे संस्कृतके गंभीर अध्ययन-अध्यापनकी प्रथाको धक्का लग रहा है। मालूम हो रहा है, कि एक ही दो पीढ़ीमें संस्कृतके गम्भीर विद्वान् कहीं देखनेमें न आयेंगे।

यह भी ख्याल रखना चाहिये कि संस्कृतकी गम्भीर विद्वत्ताको कुछ शाखाओं-में फिरसे प्रयत्न करके नये तौरपर स्थापित किया जाय। व्याकरणके साथ-साथ न्याय की परिष्कार-प्रणाली आज तक बराबर चलती आई, लेकिन पदार्थ या प्रमेयका बोध करानेवाली प्रणालीका लोप हो गया था। प्राचीन न्यायके पढ़ने-पढ़ानेवाले तो कहीं मिलते ही नहीं थे। बड़े-बड़े पंडित भी उसके बारेमें अपनी असमर्थता स्वीकार करते थे, लेकिन पिछले ३०-४० वर्षोंके प्रयत्नसे उन्होंने फिर प्रमेय शास्त्रोंके पढ़ने-पढ़ानेका रास्ता प्रशस्त कर दिया है। बौद्ध दर्शन बड़ा दुरूह समझा जाता था और उसके ग्रंथ भी अप्राप्त थे, पर इधर उसके पढ़ने-पढ़ानेवाले पैदा हो गये हैं।

यह सब होनेपर भी ऐसा दीख रहा है, कि परिष्कार और प्रमेय दोनोंका शताब्दियोंसे अर्जित पांडित्य खतम होने जा रहा है। इसकी रक्षाका एक मात्र उपाय यह है कि संस्कृत-पांडित्यका पुरस्कार सबसे अधिक हो। संस्कृतके आचार्योंका वेतन किसी हालतमें भी एम्० ए० पास लोगोंसे कम नहीं होना चाहिये। भारतके सर्वश्रेष्ठ संस्कृत पण्डितोंकी एक परिषद् (अकादमी) होनी चाहिये, जिसके सदस्य देशके सर्वश्रेष्ठ विद्वान् हों। पहले ऐसे सदस्योंके निर्वाचन में कोई दूसरा तरीका भी स्वीकार किया जा सकता है, पर जब परिषद्के १५-२० सदस्य हो जायँ, तो निर्वाचनका काम इसी परिषद्को सुपुर्द कर देना चाहिये। आरंभमें इसके दस सदस्य मनोनीत किये जायँ, लेकिन मनोनयनमें बड़ी सावधानी करनी चाहिये। परिषद्के सदस्योंकी संख्या नियत रहे और खाली हो जानेपर ही उसके स्थानपर कोई दूसरा प्रकांड पण्डित लिया जाय। परिषद्के हर एक सदस्यको, निर्वाचित होनेके साथ ही, एक हजार रुपया मासिककी वृत्ति आजीवन दी जाय। रूसकी अकादमीका जो सदस्य होता है, उसे निर्वाचित होते ही छ हजार रूबल (१ रूबल = १।=)) मिलना शुरू हो जाता है और उसके मरनेके बाद उसकी स्त्री भी जन्म भर उतनी रकम पाती रहती है। इस तरहके पुरस्कार द्वारा यदि हम संस्कृतके गम्भीर पाण्डित्यकी रक्षा कर सकें, तो यह महँगा सौदा नहीं होगा। इसकेलिये सालमें यदि दस लाख रुपया खर्च करना पड़े, तो सस्ता ही है।

बालकृष्ण मिश्र और विधुशेखर भट्टाचार्य जैसे पण्डितसे भारतभूमि रिक्त नहीं होनी चाहिये, इसका ध्यान हमारी आजकी पीढ़ीको ही करना पड़ेगा। यद्यपि शास्त्री महाशयसे मेरा परिचय उस समय नहीं हुआ, जब कि मैं अपने सामने पांडित्य और अनुसन्धानका आदर्श रख रहा था, किन्तु परिचयके बाद उनसे बहुत प्रेरणा मिली, इसमें सन्देह नहीं।

४०. आचार्य सेलवेल लेवी

नाम बहुत सुन चुका था और उनकी कितनी ही कृतियोंको भी पढ़ चुका था; लेकिन आचार्य लेवीके प्रथम दर्शनका सौभाग्य नवम्बर १६३२में पेरिसमें हुआ। भारतीय संस्कृतिके वह दुनियामें सर्वश्रेष्ठ विद्वान् थे। १६ नवम्बरको मैं उनके घरपर मिला। ७० वर्षके हो गये थे। सारे बाल सफेद थे। इस अवस्थासे बहुत पहले ही भारतीय विद्वान् अपनेको बूढ़ा समझ कामको छोड़ बैठते हैं। महामहोपाध्याय विधुशेखर शास्त्री जैसे उस नियमके कुछ अपवाद जरूर हैं। इस उमरमें लेवी दिनमें दस-दस, बारह-बारह घंटा अनुसन्धानका काम करते थे और उसके लिये दुनियाके किसी भी कोनेमें जानेकेलिये तैयार थे। कमरेमें चारों ओर पुस्तकें ही पुस्तकें दिखाई पड़तीं, जिनमें आधुनिक यूरोपीय भाषाओंके अतिरिक्त चीनी, पालि, संस्कृत, तिब्बतीकी पुस्तकोंकी संख्या ज्यादा थी। एक टूटी हुई काले पत्थरकी मूर्ति दिखला कर उन्होंने कहा—"इसे मैंने नालन्दामें पाया था।" उस दिन चार घन्टे तक हमारी बात होती रही। ज्ञानके उस अगाध समुद्रमें डुबकी लगानेसे मैं तृप्त कैसे हो सकता था? तिब्बती राजवंशावलिकी कुछ समस्याओंके बारेमें भी बात आई। मध्य-एसियामें प्राप्त तिब्बती अभिलेखोंमें एक अपरिचित-से राजकुमारका नाम आया था। सौभाग्यसे मेरे पास अपनी नोटबुक मौजूद थी। देखा तो वह नाम मिल गया। आचार्यको बड़ी खुशी हुई। हाल हीमें गिलगितमें कितने ही हस्तलेख एक ध्वस्त स्तूपके भीतरसे निकले थे। उन्होंने कहा—"आप वहाँ जरूर जाइये और उन पुस्तकोंके बारेमें लिखिये।"

अपने शिष्योंपर उनका स्नेह असाधारण होता था, इसका पता मुझे इस समय साक्षात् मिला। डा० प्रबोधचन्द्र बागची उनके बड़े योग्य तथा प्रिय शिष्य थे। उन्हींकी तरह चीनी और दूसरी भाषाओंका उन्होंने अध्ययन किया था। डा० बागचीके दुबले-पतले और शान्त चेहरेको देखकर कोई आकृष्ट नहीं हो सकता था। इसलिये इस अपूर्व विद्वान्को लोगोंने बहुत वर्षों तक नहीं पहचाना। बागची बहुत एकान्त अनुभव करते थे। शायद इसका पता उनके गुरुको भी था। बातचीत और "जर्नल आसियातिक"केलिये मेरे दो लेखोंसे आचार्य लेवीका विशेष पक्षपात मेरे प्रति हो गया और वह बराबर मुझे पत्र लिखा करते थे, किसी-किसीको तो संस्कृतमें भी। उन्होंने चलते वक्त दो बातोंकेलिये आग्रह किया था—१. बागची बड़ा विद्वान् तरुण है, वह बहुत एकान्त अनुभव करता है, उसके साथ आप सम्पर्क बढ़ायें। २. मालवीयजीने कुछ समयकेलिये मुझे हिन्दू

विश्वविद्यालयमें आनेकेलिये कहा था, उसका उन्हें याद दिलायें। बागचीके गुणोंको आखिर लोगोंने पहचाना और वह जीवनके अन्तिम समयमें विश्वभारती के कुलपति रहे। मालवीयजी जैसे नेता सभीको निमन्त्रण दे देते हैं और विद्वान् उस निमन्त्रणपर अपनी योजना बना लेते हैं। लेकिन नेताओंकी याददाश्त तो बहुत कमजोर होती है। आचार्य लेवी समझते थे कि वाराणसीमें अगर स्काध वर्ष रहनेका मौका मिला, तो वहाँके विद्वानोंके साथ सम्पर्क होगा। स्वदेश या विदेशसे पीएच० डी० और डी० लिट्० हमारे नवशिक्षित हमारे पुराने ढंगके महान् पंडितोंको किसी गिनतीमें नहीं गिनते। वह समझते हैं, अनुसन्धानका वैज्ञानिक ढंग हमारे पास है, यूरोपकी समुन्नत भाषा हम समझते हैं—दुर्भाग्यसे वह ऐसी समुन्नत भाषाओंमें सिर्फ अँग्रेजीका ज्ञान रखते हैं, जो कि हमारी संस्कृतिके अनुसन्धानके सम्बन्धमें जर्मन और फ्रेंच भाषाओंसे बहुत पीछे हैं। आचार्य लेवी और आचार्य श्चेर्वात्स्की जैसे महान् विद्वान् हमारे प्राचीन प्रणालीसे पढ़े विद्वानोंकी बड़ी इज्जत करते। वह समझते कि हमारा ज्ञान तब तक उथला रहेगा, जब तक उसका सम्पर्क उनके गम्भीर ज्ञानसे नहीं हो जाता।

डा० बागचीके दर्शन बड़ौदा ओरियेन्टल कान्फ्रेंसमें १६३३में हुए। हम दोनों अँग्रेजीको माध्यम नहीं बनाना चाहते थे। मैं हिन्दीमें बोलता था, वह बंगलामें। दोनोंके समझनेमें कोई दिक्कत नहीं थी। कई बातोंमें हमारी रुचि एक-सी थी। बौद्ध-साहित्य और संस्कृतिके इतिहासके बारेमें हम एक ही भूमिपर चले। सरहपादके दोहाकोशोंको शुद्ध रूपमें लानेका श्रेय उनको प्राप्त था। मैंने सारी सरह-कवितावलिको मूल या अनुवादके रूपमें हिन्दीनागरीमें लानेकेलिये तैयार किया और उसके कई फार्मों के प्रूफ डा० बागचीके पास भेजा। उन्होंने वचन दिया था कि इनको देखकर मैं अपने सुझाव दूँगा। पर, वह प्रूफ ही देखकर हमसे सदाकेलिये बिछुड़ गये।

अपने योग्य शिष्यों ही नहीं, कम योग्य शिष्योंपर भी लेवीका विशेष ममत्व रहता था। शायद प्राचीन भारतके गुरु-शिष्योंके सम्बन्धको देखनेके कारण ही सिलवेन लेवी और श्चेर्वात्स्की जैसे आचार्यों में ऐसा भाव था। उनकी एक भारतीय शिष्या देश लौटकर आईं, तो उन्होंने मुझसे मिलनेकेलिये कहा। पर, उस साल जब वह श्रीनगर(कश्मीर) पहुँचीं, तो मैं लदाख चला गया था।

प्राचीन भारतका ज्ञान करानेमें आचार्य लेवीका बहुत बड़ा हाथ है। तिब्बती, चीनी, पालि ही नहीं जावा और बालीमें हमारे साहित्यकी क्या-क्या अनमोल निधियाँ मौजूद हैं, इसका परिचय हमें उनके ग्रंथोंसे हुआ।

अफसोस है, वही उनका अन्तिम दर्शन सिद्ध हुआ।

४१. आचार्य श्चेर्बात्स्की

आचार्यका अन्तिम पत्र निम्न प्रकार था—

लेनिनग्राद
वास्त्रोव्रोव
७वीं गली, २, घर ३१
२२ अप्रैल ४१

अतिप्रिय राहुल,

अन्तमें हमें पहिली अक्टूबर और १६ सितम्बरवाले तुम्हारे पत्र मिले। दोनों ही १६ अप्रैलको आये। मेरे पतेपर भेजे तुम्हारे पत्र बिल्कुल ही नहीं आये, तो भी सम्भव है, उनमेंसे कोई अब भी आवे, तब हम तुम्हें सूचित करेंगे। लेकिन तुम अब भी जेलमें हो! क्या तुम्हें सूचना दी गई है, कि तुम कब तक पकड़े रखे जाओगे। तुम्हारा स्वास्थ्य कैसा है? ये दोनों पत्र जो हमारे पास आये हैं, उनमें तुम्हारे स्वास्थ्यके बारेमें एक भी शब्द नहीं है। आगे क्या होने जा रहा है, इसका कोई जवाब जरूर मिलना चाहिये। क्या यह वस्तुतः सम्भव है, कि आगेके बारेमें तुम्हें कुछ भी सूचित नहीं किया गया। तुमने पूछा—तुमने इसकेलिये जोर दिया, कि आगेके बारेमें तुम्हें सूचित किया जाय।

मेरे बारेमें जहाँ तक व्यक्तिका सम्बन्ध है, मेरा (स्वास्थ्य) बहुत बुरा नहीं है। हेमन्त बहुत ठंडा है, मेरे जँगलोंके सामने नदीका बर्फ अभी गला नहीं। मेरे वैज्ञानिक कार्यकी गति बहुत मन्द है। इस सारे जाड़ेमें मैं बहुत काम नहीं कर सका। मैं आशा करता हूँ, आगे बेहतर होगा। वसन्तके आनेकी प्रतीक्षा कर रहा हूँ। तब शायद मैं फिर काम करूँगा।

इन पंक्तियोंसे मेरा और आचार्य श्चेर्बात्स्की का सम्बन्ध मालूम होगा।

शायद यह अत्युक्ति नहीं, यदि मैं कहूँ कि पश्चिममें आज तक भारतीय दर्शन और संस्कृत भाषा का इतना बड़ा पण्डित कोई नहीं हुआ। १९२६ ई०में भारतीय पुरालिपिके महान् विद्वान् बर्लिनके प्रोफेसर ल्यूडरसे लङ्कामें मुलाकात हुई। मैंने भारतीय, विशेषकर बौद्ध दर्शनके यूरोपके सबसे बड़े पंडितका नाम पूछा, तो उन्होंने एक क्षण को भी देर किये बिना कहा—"डा० श्चेर्बात्स्की।" १९३२ में आचार्य लेवीसे भी उनके बारेमें यही बात सुनी। ११३२ ई०में मैंने अपनी पुस्तक "अभिधर्मकोश टीका"

उनके पास भेज दी थी, जिसके द्वारा हमारी अदृष्ट मैत्री स्थापित हो गई। तिब्बतमें बौद्ध न्याय और दर्शनके जो अनमोल ग्रन्थ मुझे मिले, उनकी सूचना उनको समय-समयपर मिलती थी, जिससे उनकी प्रसन्नता का ठिकाना नहीं था। एक बार तो बिहार-उड़ीसा रिसर्च सोसायटीको उन्होंने लिखा कि इन बहुमूल्य ग्रन्थोंके सम्बन्धमें एक अन्तर्राष्ट्रीय कान्फ्रेंस बुलानी चाहिये। १९३५ ई०में मैं जापानसे मास्को होता भारत लौटा। मास्कोसे लेनिनग्राद जानेकी इजाजत नहीं मिली, यह जानकर उन्हें बहुत दुःख हुआ था। १९३७ ई०में सोवियत साइन्स एकेडमी द्वारा मुझे उन्होंने निमंत्रित करवाया और १६ नवम्बर १९३७को इस पहलेपहल विद्वानके दर्शनका सौभाग्य प्राप्त हुआ। पैरमें चोट आ गई थी, इसलिये प्लास्तर लगा हुआ था। चारपाईपर लेटे-लेटे उन्होंने मजबूरी बतलाते हुए संस्कृतमें कहा—"आगम्यतां इदं आसनम्।" १६ नवम्बरसे १३ जनवरी १९३८ दो महीनेसे कम—का हमारा साथ रहा, पर इतनेमें ही मैंने उनके गम्भीर पांडित्यका परिचय पा लिया। धर्म कीर्तिके छोटेसे ग्रन्थ "न्यायबिन्दु"का उनका अध्ययन चिरस्मरणीय वस्तु है। अब तो धर्मकीर्त्तिका मुख्य ग्रन्थ "प्रमाणवार्त्तिक" टीकाओं और भाष्योंके साथ मिल गया था। उनकी बड़ी इच्छा थी कि हम दोनों मिल कर उसका अनुवाद करें।

श्चेर्वात्स्की सौहार्द्र और सौजन्य की मूर्ति थे। स्नेह, भक्ति, वात्सल्य उनमें था। माँ की आज्ञा उनकेलिये ब्रह्मवाक्य थी। वह ६३ वर्षके थे, जब माँ मरीं, श्चेर्वात्स्कीके आँसू सप्ताहों बन्द नहीं हुए। अपने शिष्यों को पुत्रवत् नहीं आत्मवत् प्रेम करते थे। उनके सुयोग्य शिष्य व्लादिमिर्त्सेव सबसे तरुण अवस्थामें अकदमी-सदस्य निर्वाचित हुए। वे संस्कृत-तिब्बती-मंगोल भाषाओंके अद्वितीय विद्वान् थे। वे चालीस साल की अवस्था हीमें जब मर गये, तो श्चेर्वात्स्कीको भारी शोक हुआ और जब शिष्य-पत्नी मिलने आईं, तो उसे अंकमें ले फूट-फूट कर रोने लगे। उन्हें कोई सन्तान न थी। ब्याह उन्होंने ७४ साल की उम्रमें अपनी रसोइया वृद्धासे इस ख्यालसे किया, कि उनके न रहने पर वह पेंशन पा सके और उसको दुःख न सहना पड़े। किन्तु, संतति स्नेहसे वह वंचित न थे। सौभाग्यसे उन्हें रोजनबर्ग, ओबरमिलर, वोस्त्रीकोफ, तुबियालकी जैसे एक-से-एक मेधावी शिष्य मिले थे। यद्यपि "हसरत उन गुंचों पर है जो बिन खुले मुरझा गये"के अनुसार अन्तमें अधिकांश उन्हें विषण्ण छोड़ गये। उन्होंने हर एकके वियोग पर आँसुओंसे शोक को धोना चाहा। वह अपने शिष्योंके प्रति यूनिवर्सिटी प्रोफेसर नहीं प्राचीन भारतके गुरु जैसे थे और उनका घर गुरुकुल था। पति-पत्नीसे विवाद होनेपर पत्नी उलहनासे आचार्यके पास पहुँचती, और वह बीचमें पड़ते। शिष्योंके लिये उनके विद्या-भंडार का द्वार ही नहीं खुला रहता था, बल्कि उनके सामने वह रुपये-पैसे को कुछ नहीं समझते थे। उनके एक शिष्य को छात्रवृत्ति न मिलने से उसकी एम० ए० की पढ़ाई रुकने जा रही थी, वह पाँच सौ

रुपये मासिक देने लगे। उनकी आहार-पान गोष्ठीमें तो सदा ही शिष्य-शिष्या निमंत्रित रहते—यह उस समय भी, जब कि क्रांतिके बाद वह अपनी विशाल जमींदारीके स्वामी न थे और खान-पानकी वस्तुएँ बहुत मँहगी हो चुकी थीं।

ब्यूलर, याकोबी और मैथिल पंडित (जिनसे उन्होंने बम्बईमें अध्ययन किया था) अपने इन तीन गुरुओंके प्रति उनकी अगाध श्रद्धा थी। हिन्दुओं की कृतियोंके गम्भीर अध्ययनमें उन्होंने सारा जीवन बिताया था; अश्वघोष, कालीदास, दण्डीके मधुर काव्यरसका आस्वादन किया था; दिङ्नाग और धर्मकीर्तिके रूपमें हिन्दकी प्रतिभा जो दार्शनिक विकासके उच्चतम शिखरपर पहुँची थी, उसे उन्होंने प्रत्यक्ष किया था—(इनकी प्रायः सारी कृतियाँ तिब्बती अनुवादोंमें ही सुलभ थीं)। ऐसे प्रत्यक्षदर्शी हालकी सदियोंमें यह प्रथम थे। वह कहा करते थे, "हिन्दू सबसे प्रतिभाशाली जाति है।" "है"की जगह "थे" कहना चाहिये। अपने पूर्वजोंको योग्य सन्तान सिद्ध करनेकेलिये अभी हमने बहुत कम कर पाया है।

फेदोर (थ्योदोर) इप्पोलित-पुत्र श्चेर्बात्स्कीका जन्म १९ सितम्बर १८६६ में पोलैंडके केल्स नगरमें हुआ था, जहाँ उनके पिता एक उच्च सरकारी अधिकारी थे। उनकी माँ ग्रीस-कुमारी थीं। उनका परिवार सुशिक्षित, सुसंकृत और धनाढ्य था। बड़ी जमींदारी थी, वह पुराने उपाधिकारी सामन्त थे। फेदोर बचपन हीमें अपनी मातृभाषा रूसीके अतिरिक्त जर्मन, फ्रेंच, और अँग्रेजी दाइयोंसे सीख गये थे। १८८४ ई०में उन्होंने जार्स्कोसेलोके कुमार स्कूल (जम्नासिया)की पढ़ाई समाप्त की, और सेंट पीतरबर्ग (लेनिनग्राद्) विश्वविद्यालयके भाषातत्व विभागमें दाखिल हुए। भाषातत्वमें उन्हें रस आने लगा। मिनयेफ उनके संस्कृतके गुरु थे, जो एकसे अधिक बार भारत, लङ्का, बर्माकी यात्रा कर चुके थे। प्रोफेसर ब्राउनसे उन्होंने गाथ, प्राचीन स्कंडेनेवियन, प्राचीन जर्मन, एंग्लो-सेक्सन भाषाओंका परिचय प्राप्त किया। प्राचीन स्लाव्यान और सेर्बोक्रोस भाषाएँ उन्होंने यागिच्से सीखीं। किन्तु, सबसे ज्यादा उन्हें अपनी ओर खींचा संस्कृतने—उसका भण्डार उन्हें अत्यन्त उच्च, गम्भीर, विशाल, सुन्दर और सम्पन्न मालूम हुआ। उसके अन्दर मिनयेफ उन्हें खींच ले गये। यूनिवर्सिटीके प्रथम वर्षमें ही उन्होंने अपना पथ निर्धारित कर लिया था। उन्हें अपना जीवन अपने गुरु मिनयेफकी तरह संस्कृत और भारतको देना है। १८८९ ई०में श्चेर्बात्स्कीने यूनिवर्सिटी परीक्षा बड़ी योग्यतासे पास की और डाक्टरकी उपाधिकेलिये तैयारी करने लगे। उनके अध्यापकोंने उनकी असाधारण प्रतिभाको देखा। विशेष अध्ययनकेलिये उन्हें वीना भेजा गया, जहाँ उन्होंने डाक्टर ब्युलरसे विशेषतः संस्कृत काव्य पढ़े। इसके परिणाम थे "हैहयेन्द्रचरित"का जर्मन अनुवाद और "भारतीय काव्य सिद्धान्त" जो दोनोंही ब्युलरके मृत्युके बाद समाप्त हुए। काव्योंके अतिरिक्त श्चेर्बात्स्कीने ब्यूलरसे पुरालिपि, धर्मशास्त्र और पाणिनीय-व्याकरण पढ़ा। पुरालिपिमें उन्होंने

शीलादित्य द्वितीय (सप्तम सदी)के अभिलेखपर लेख लिखा। इस कालमें उन्होंने स्लाव भाषाओं, रोमन भाषाओं तथा वैदिक भाषाका, फ्रेड्रिक मुलरसे, विशेष अध्ययन किया। वीनासे शिक्षा समाप्त कर श्चेर्वात्स्की १८६३ ई०में स्वदेश लौटे।

लेकिन, अगले छः साल उन्हें युनिवर्सिटी नहीं अपनी तालुकदारीमें लगाने पड़े। तालुकदारीका प्रबन्ध करते उन्हें रूसके हरे-भरे प्रकृति-सौंदर्यपूर्ण गाँवोंमें रहना ज्यादा पसन्द आया। लेकिन, इसका यह अर्थ नहीं कि उन्होंने स्वाध्यायको छोड़ दिया। हर रोज सबेरे चार बजे (ब्राह्म-मुहूर्त)में उठ सात-आठ बजे तक पढ़ना उनकी आदतमें शामिल हो गया था।

१८६६ ई०में रोमकी प्राच्य काँग्रेसके साथ फिर उन्होंने प्राच्य विद्यामें पैर रखा। अब उनका ध्यान भारतीय दर्शनकी ओर था। वह इसके लिये बोन (जर्मनी) में प्रोफेसर याकोबीके पास पहुँचे। सिर्फ भाषा और इतिहासकी दृष्टिसे संस्कृत साहित्यके अध्ययनसे याकोबी भी संतुष्ट न थे। उन्होंने यही बात अपने इस प्रतिभाशाली रूसी तत्वजिज्ञासुमें देखी। श्चेर्वात्स्कीने याकोबीसे भारतीय दर्शन पढ़े।

१६०० ई०में रूस लौट कर श्चेर्वात्स्की अपनी यूनिवर्सिटीमें संस्कृतके उप-प्रोफेसर (प्रीवत-दोत्सन्त) नियुक्त हुए। नई सदीके आरम्भके साथ पूर्वी मध्य-एशिया (चीनी तुर्किस्तान)में भारतीय पुरातत्वकी बहुमूल्य सामग्री उद्घाटित होने लगी, जिसमें पश्चिमी देशोंके विद्वानोंने भाग लिया। ओल्देनबुर्ग दो बार अभियान लेकर गये। वहाँ बहुतसे बहुमूल्य बौद्ध ग्रन्थ संस्कृत, तिब्बती और दूसरी भाषाओंमें मिले, बहुतसे चित्र और कलाकी चीजें भी प्राप्त हुईं। इससे उत्तरी बौद्ध धर्मके अध्ययनको जोर मिला। श्चेर्वात्स्की हिन्दू दर्शनोंके अध्ययन द्वारा साधन-सम्पन्न हो चुके थे, उन्होंने अब बौद्ध दर्शनकी ओर ध्यान दिया। १६०० ई०में ही वह कुछ समयकेलिये मंगोलिया गये और वहाँ एक मंगोल विद्वान् भिक्षुसे उन्होंने तिब्बती भाषा और बौद्ध न्याय ग्रन्थ "न्यायबिन्दु" पढ़ा। धर्मकीर्तिके इस छोटे-से ग्रन्थके पढ़ते ही उन्होंने "जगदभिबधीर धीमान् धर्मकीर्ति" की प्रतिभा और शैलीका लोहा मान लिया। वह धर्मकीर्तिको "भारत-का कान्ट" कहा करते थे।

श्चेर्बात्स्की यूनिवर्सिटीमें जहाँ अपने छात्रोंको संस्कृत व्याकरण (ब्युलर) मेघदूत, शकुन्तला, दशकुमारचरित, शिशुपालबध और तर्कभाषा पढ़ाते, भविष्यके गवेषक पंडितों-के लिए तैरा करते, वहाँ बाकी समयमें अपने स्वाध्याय और लेखनमें लगे रहते। छुट्टियोंको मंगोलियाके बौद्ध विहारों या किसी दूसरी जगह गम्भीर अध्ययनमें बिताते और अपने गवेषणापूर्ण निबन्धोंको प्रकाशित करते। १६१० तक पहुँचते-पहुँचते रूसी विज्ञान अकदमी (सर्वोच्च विद्वत्परिषद्)के वह उप-सदस्य निर्वाचित हुए। इस साल उनकी भारत जानेकी अभिलाषा पूर्ण हुई। वह पल्लवग्राही पांडित्यके पक्षपाती न थे और १६१०-११ ई०के भारत-प्रवासको उन्होंने भारतीय दर्शन—ब्राह्मण, जैन बौद्ध दर्शन—के अध्ययनमें

बिताया। वह उत्तरी भारतमें भी घूमे, हिमालयमें दार्जिलिंग तक गये, जहाँ उन्होंने दलाई लामासे भेंट की; किन्तु ज्यादा समय बम्बईमें दरभंगाके एक दार्शनिक विद्वान्से पढ़नेमें बीता। उन्होंने इसके बारेमें लिखा—"हम बिल्कुल भारती मुहल्लेमें रहते, जहाँ एक भी यूरोपियन न था। हमारा वार्तालाप होता था केवल संस्कृतमें। पूर्णमासी और अमावस्याके दो अनध्यायोंको छोड़ बाकी सारे दिनों सबेरेसे शाम तक दर्शनका अध्ययन और चर्चा रहती।" अपने गुरु मैथिल पंडितके गम्भीर ज्ञान और सौजन्यको वह सदा बहुत आदरसे स्मरण किया करते।

१६१७ ई०की फर्वरी आई, जारका मुकुट जमीनपर लोटने लगा, फिर ७ नवम्बरकी महाप्रलय आई, जिसने कलके सारे प्रभुवर्गको खतम कर दिया—श्चेर्बात्स्कीकी ताल्लुकदारी भी उड़ गई। लेकिन, वह सरस्वतीके वरपुत्र थे। "विद्वान् सर्वत्र नहि सर्वदा पूज्यते।" २ नवम्बर १६१८को श्चेर्बात्स्की अकदमीके सदस्य चुने गये—यह वह पद है, जिसके लिये रूसी विद्वान् सिहाते थे और एक समय मुश्किलसे सौ तक मौजूद रहते थे।

अगले चौबीस साल उन्होंने एक कर्मठ मनीषीका जीवन बिताया। "बौद्ध न्याय"की दो बड़ी-बड़ी जिल्दें १६३० ई०के पास प्रकाशित कीं। "बौद्ध मूल विचार", "बौद्ध निर्वाण विचार" जैसे गम्भीर निबन्ध लिखे, "दशकुमारचरित"का सुन्दर अनुवाद किया।

१६३६ ई०की मेरी तिब्बतकी यात्राके बारेमें जब उन्हें मालूम हुआ, कि वहाँ मैंने धर्मकीर्ति और दूसरे कितने ही बौद्ध दार्शनिकोंके संस्कृत मूल ग्रन्थ खोज निकाले हैं, तो उनकी प्रसन्नताकी सीमा न रही। उनके कहनेपर अकदमीने मुझे १६३७ ई०में निमन्त्रित किया; किन्तु कई कारणोंसे मैं लेनिनग्रादमें आकर भी ज्यादा समय न रह सका। उनकी बड़ी इच्छा थी, धर्मकीर्तिके मुख्य ग्रन्थ "प्रमाणवार्तिक"का अनुवाद करनेकी, और यह भी, कि हम दोनों मिल कर बौद्ध दर्शन ग्रन्थोंपर काम करें। वह इसके लिये कोशिश कर ही रहे थे, कि महायुद्ध छिड़ गया।

जब जर्मन-सेनाएँ लेनिनग्रादकी तरफ बढ़ने लगीं और राष्ट्रकी बहुमूल्य वस्तुओंको विमानों और दूसरे साधनों द्वारा हटाया जाने लगा, तो इस महान् विद्वान्को भी विमानपर चढ़ पूर्वकी तरफ उड़ना पड़ा। उन्होंने अन्तिम बार अपने प्रिय नगरको देखा। शायद उनको अब भी आशा थी कि लौट कर फिर वहाँ अपने कार्यको करेंगे, लेकिन वह पूरी न हो सकी। १८ मार्च १६४२को ७६ वर्षकी उम्रमें उन्होंने बरोवा (उत्तरी कजाकस्तान प्रजातंत्र)में निर्वाण लाभ किया। आज भी उस पार्वत्य भूमिमें देवदारोंसे आच्छादित सदाहरित एक भूखण्डमें यह महान् प्रतिभा अनन्त निद्रामें विलीन है।

४२. डा० बद्रीनाथ प्रसाद

उनका जन्म मेरे अपने जिले नहीं, बल्कि अपने पितृग्रामसे चार-पाँच कोस हीपर हुआ था; लेकिन उनका परिचय अपने देशमें नहीं, बल्कि फ्रांसमें मिला। १९३२की जुलाईमें मैं पेरिसमें पहुँचा। पढ़नेकेलिये मैंने अपने काम भरकी फ्रेंच भाषा सीख ली थी। वहाँ मुझे कुछ पुस्तकें लेनी थीं। हमारे यहाँ, और दूसरे भी कितने ही देशोंमें एक पुस्तक-विक्रेताके पास कई विषयोंकी पुस्तकें मिल जाती हैं, पर पेरिसमें मैंने देखा, साइन्सके पुस्तक-विक्रेताके पास कला सम्बन्धी पुस्तकें नहीं मिलतीं और कला-सम्बन्धी पुस्तक-विक्रेताके पास साइन्स-सम्बन्धी नहीं मिलतीं। मुझे साइन्सकी पुस्तकें अपेक्षित नहीं थीं। मैं हेरमान कम्पनीकी दूकानमें गया। कम्पनीके मालिक गेशिये फ्रेमानसे मिला, जिनका व्यवसाय साइन्स-सम्बन्धी पुस्तकोंके प्रकाशनका था। वह मुख्यतः मेक्सिकोके रहनेवाले थे और भारतमें भी वर्ष-डेढ़ वर्ष रह आये थे। इसलिये भारतसे विशेष सहानुभूति रखते थे। फ्रेमान महाशयने मुझे डा० बद्रीनाथ प्रसादके उस निबन्धकी एक प्रति दी, जिसपर उन्हें फ्रेंच सरकारकी डी०एससी०की उपाधि मिली थी—हाँ, फ्रांसमें राज्यका डी०एससी० होना बहुत मुश्किल है। श्री फ्रेमानने उन्हें इलाहाबाद निवासी बतलाया और सिर्फ अपने ही प्रशंसा नहीं की, बल्कि उसी समय डा० प्रसादके गुरु तथा विश्वके एक महान् गणितज्ञ आ गये, जिन्होंने भी कहा—हमें इस तरुणसे बड़ी आशा है।

उस समय मुझे क्या मालूम था कि प्रसाद मुहमदाबाद (जिला आजमगढ़)में पैदा हुए और १९१५-१६ ई०में मैं उनके घरपर हो आया था। उनके ज्येष्ठ भ्राता श्री बैजनाथ प्रसाद वकीलसे बातें कर आया था। (यह परिचय ज्यादा दिन तक नहीं रहा। बैजनाथ बाबू तरुण ही चल बसे।)

१९३३ ई०के आरम्भमें मैं लदाखकी यात्रापर जाते प्रयागसे गुजरा। डा० हीरालाल भी उसी ट्रेनसे प्रयाग उतरे, जिनको लेनेके लिये डा० प्रसाद आये थे। उसी समय डा० हीरालालने मेरा उनसे परिचय कराया। डा० प्रसादने अपने यहाँ आनेका निमन्त्रण दिया। पर, शायद उस समय भी मुझे नहीं मालूम हो सका कि ये आजमगढ़ के हैं।

इसके बाद जाड़ोंमें पटनाके बाद मुझे सबसे अधिक जहाँ रहना पड़ता था, वह प्रयाग था और वहाँ भी अधिकतर डा० प्रसादके घरमें। हाँ, अभी जार्जटौनरे

उनका घर "लक्ष्मीनिवास" नहीं बना था। कभी किरायेके घरमें रहते और कभी किसी छात्रालयके सुपरिंटेंडेंट बन कर पासके बँगलेमें रहते थे। जहाँ तक याद है, पहली बार मैं उनके यहाँ १९३५के अक्तूबरमें गया था। उस वक्त पता लगा—डा० बद्रीनाथ मुहमदाबादके हैं और उनकी पत्नी श्रीमती लक्ष्मीदेवी सीवान (छपरा) की। दोनों पति-पत्नी मेरी जन्मभूमि और कर्मभूमिके स्वजन निकले। दोनोंका स्वभाव सरल और मधुर था। उस समय डाक्टर साहबकी सबसे बड़ी सन्तान प्रकाश छोटा था और इन्द्र प्रभा तथा अरुणा तो और भी छोटी थीं। बच्चोंने भी आत्मीयता जल्दी स्थापित कर ली। अरुणा कहानियोंकी बड़ी शौकीन थी। बचपनमें मैं भी कहानियाँ बड़े चावसे सुनता रहता था और वह याद भी हो जाती थीं, पर जब तीसियों वर्ष उनके दोहरानेकी अवश्यकता नहीं पड़े, तो वह कैसे याद रह सकती थीं? मुझे कहानियाँ सुनानेकेलिये मजबूर होना पड़ता था। आखिर मैंने कहानियाँ भी लिखी थीं, इसलिये अरुणाकेलिये बना-बनाकर कहानियाँ सुनाता।

डा० बद्रीनाथ अपने समयके भारतके चोटीके आधे दर्जन महागणितज्ञोंमें हैं। उनके अनुसन्धानकी ख्याति भारतसे बाहरके उसी महान् देशोंमें है। उनका जन्म १२ जनवरी १८९९ ई०में महमदाबाद कस्बेमें हुआ था। वह डा० गणेशप्रसादके प्रिय शिष्य थे और गणितमें एम० एस० सी० करनेके बाद २३ वर्षकी उमरमें ही हिन्दू यूनिवर्सिटीमें सहायक-प्रोफेसर नियुक्त हो गये। उनके अनुसन्धान-सम्बन्धी पत्र इंगलैण्ड, फ्रांस, जर्मनी, इताली, अमेरिका, जापानमें छपे। इसे कहनेकी अवश्यकता नहीं, कि उन्होंने गणितके सम्बन्धमें अपने देशका मुख उज्ज्वल किया और अपने कुछ ऐसे शिष्य पैदा किये, जो अपने गुरु-परम्पराको आगे ले जानेकेलिये तैयार हैं।

मेरे भी विद्यार्थी जीवनमें गणित बहुत प्रिय विषय था, पर मेरा वह जीवन तो मिडल उर्दू तक ही समाप्त हो गया। १९२३-२५ ई०के जेल-जीवनमें गणितकी सुषुप्त भूख फिर जगी, जब वहाँ साल भर जगद्गुरु शंकराचार्य श्री भारतीकृष्ण तीर्थके साथ रहनेका सौभाग्य प्राप्त हुआ। उन्होंने बी० ए० तकका गणित मुझे पढ़ा दिया। पर, अब भी मैं ऐसी स्थितिमें नहीं था, कि डा० प्रसादके विषयको जान सकता और उनके अनुसन्धानोंमें सीधे दिलचस्पी ले सकता।

विशेषज्ञ महान् पण्डितोंमें कुछ विचित्र तरहकी सरलता मालूम होती है। वह अपने इस सारल्यको नहीं समझते और जब-तब अपने विषयसे बाहर जब हाथ डालते हैं, तो [illegible]डीकी तरह ही। डा० बद्रीनाथने यह अच्छा किया, जो अपनी विद्या और अनुसन्धान तकही अपनेको सीमित रक्खा। हमारे देशमें आर्थिक संघर्षने कई बुरे रूप लिये हैं, जिसमें साम्प्रदायिकता और जात-पाँतकी बीमारी भी है। विश्वविद्यालय जैसे शिक्षण-संस्थाओंमें भी यह बीमारी बड़े जोरसे घुसी हुई है। कहीं कायस्थ, अ-कायस्थका सवाल उठ उठा होता है तो कहीं कायस्थ-भूमिहारका। डा० प्रसाद ऐसी पार्टीबन्दीमें

शामिल होनेकी योग्यता नहीं रखते थे इसीलिये किसीका उनपर विश्वास नहीं हो सकता। आजकलके जमानेमें खुशामद सबसे बड़ी चीज है। छोटे से बड़े तक इस कलाका बड़े यत्नके साथ अभ्यास करते उसका व्यवहार करते हैं। पं० जवाहरलाल नेहरू और राजेन्द्र बाबूको ही इसकी जरूरत नहीं रह गई है, नहीं तो किसीके बारेमें "कोउ बड़-छोट कहत बड़ दोषू।" अपनी खुशामद सुनते-सुनते लोगोंकी समझ इतनी भोथी हो गई है, कि वह समझ ही नहीं पाते, कि जिस अभिनयको वह गद्गद् होकर देख-सुन रहे हैं, वह उनके परिहासका रूपान्तर भी हो सकता है।

१९३६ ई०में डा० जायसवाल नेपाल गये थे। वह किसी राणासे घरपर मिलने गये। वहाँ राजगुरु भी मौजूद थे। संयोग से जायसवालजीके वहाँ पहुँचते समयही राणा-कुमार राजगुरुके सामने उपस्थित हुए और प्रथाके अनुसार राजगुरुने अपने चरणकमलको कुमारके सिरपर रख दिया। यह देख जायसवालके देहमें आग लग गई। उन्होंने पीछे मुझसे कहा—"इस देशका उद्धार नहीं हो सकता।" यह राजकुमार राणा-वंशके प्रथम एम० ए० थे। आज इस तरहके अभिनय दिल्ली और हरेक प्रदेशमें होते रहते हैं। जो भी मन्त्री ६०-७० वर्षका हो गया है, वह भृगुकी तरह विष्णुकी छातीमें लात मारनेका अधिकार रखता है। डा० प्रसादको बहुत कह-सुनकर पटना यूनिवर्सिटी ले गये और वहाँ गणित-विभागका अध्यक्ष बना दिया। डा० प्रसाद आधे बिहारी और आधे उत्तरप्रदेशी हैं। जन्म उनका उत्तरप्रदेशमें हुआ, लेकिन स्कूली शिक्षा उन्होंने सीवान (जिला छपरा में पाई। भोजपुरी भाषाके ख्यालसे भी बिहारके साथ उनकी एकता है। इसी लोभके कारण उन्होंने पटना जाना स्वीकार किया। एक साल रहे। देखा, वहाँ तो हरेक मन्त्री, हरेक उत्तराधिकारी खुशामदका आदी है। न करनेपर चुगली करनेवाले तैयार हो जाते हैं और महाप्रभुकी त्यौरी बदल जाती है। प्रयाग विश्वविद्यालयमें भी कई तरहके तिकड़म होते थे, लेकिन हालत यहाँ तक नहीं पहुँची थी। डा० प्रसाद मुश्किलसे एक साल वहाँ रह पाये और फिर पटना छोड़ कर प्रयाग चले आये।

डा० प्रसादका घर आर्यसमाजी था। इसीलिये विचारोंमें उदारता होनी स्वाभाविक थी। अपने अध्ययन और विदेश-यात्रासे वह और भी अधिक उदार हो गये। अपने पुत्र-पुत्रियोंको उच्च शिक्षा दिलवाई और उन्होंने प्रांत और जात-पाँतकी रूढ़ियों को तोड़ फेंका। इससे पिता को अफसोस नहीं, वरन् बड़ी प्रसन्नता हुई।

सबसे पिछली बार अगस्त ११५६में उनके यहाँ रहा। मेरे पास मौलवी इस्माईल मेरठीकी "कुल्लियात" थी। बचपनमें मौलवी ईस्माईलकी उर्दूकी पुस्तकें मदरसोंमें पढ़ाई जाती थीं। मुझे उनकी कवितायें बहुत पसन्द आई थीं और उनमेंसे कितनी ही याद भी थीं। उसी याददाश्तको ताजा करनेकेलिये मैं "कुल्लियात" पढ़ रहा था। डा० प्रसाद मुझसे छ वर्ष छोटे हैं, पर उनके समयमें ईस्माईलकी पुस्तकें

प्राइमरीमें चलती थीं, और उन्हें मुझसे भी ज्यादा उनकी सरल और चुभती हुई कविताएँ याद थीं। कुल्लियातको देख उन्हें फिर अपना बचपन याद आ गया और बड़े रसके साथ अपनी याद की हुई कविताओंको सुनाने लगे। उन्हें अपना जन्मग्राम याद आता है। एक बार सोच रहे थे, वहाँ एक छोटा-सा बँगला बनवायें। लेकिन, बँगला बनवानेसे क्या महमदाबादके साथ सम्बन्ध स्थापित हो सकता है? उन्हें प्रयागमें काम करना है। उनकी विद्यासे लाभ उठानेवाले तरुण यहाँ ही मिल सकते हैं। यदि मान भी लें, कि सालमें पाँच-सात दिन वह महमदाबादके बँगलेमें जाकर ठहर सकते हैं, तो भी उस बँगलेसे उनके पुत्र-पुत्रियोंको क्या वास्ता? वह तो प्रयागमें पैदा हुए, आजमगढ़की भोजपुरी उनके लिये पराई भाषा है।

उनकी पत्नी लक्ष्मीदेवी व्याहके समय मैट्रिक पास थीं, पीछे परिवारको सँभालते हुए बी० ए० भी कर लिया। बच्चोंकी शिक्षा-दीक्षा और पर्वरिश का काम सिरपर था। डा० प्रसादके मित्रोंकी संख्या कम नहीं थी और गृहस्थीका सँभालना बड़ा काम था। आदमीके जीवनमें उसका मूल्य पूरी तौरसे नहीं मालूम होता। पर, उसके न रहनेपर अभाव बुरी तरहसे खटकता है। लक्ष्मीदेवीका देहान्त हो जानेपर डा० प्रसादको अपने भीतर और बाहर एक तरहकी शून्यताका अनुभव होता है। लड़कियाँ व्याह कर अपने पतियोंके साथ चली गईं। पुत्र अपने कामपर बम्बई रहता है। अपनी परिमार्जित सुरुचिका उपयोग करके उन्होंने एक बहुत सुन्दर बँगला बनवाया, जिसमें अकेले रहनेमें वह खोये-खोये-से मालूम होते हैं। यद्यपि उनके योग्य विद्यार्थी अपने गुरुके पास अधिक समय रहते हैं, पर खाने-पीनेकी हरेक चीजकेलिये रोज-रोज बैरा-खानसामाको कहना, नून-तेल-लकड़ीकी फिकर करना, यह बड़ी कुढ़नवाली बातें हैं। अब मालूम होता है, कि इस अवस्थामें जीवन-संगिनी की जरूरत पड़ती है।

हम दोनोंकी विद्या-सम्बन्धी रुचि भिन्न-भिन्न क्षेत्रोंमें है, जिनके कारण एक दूसरेको लाभ नहीं पहुँचा सके, पर मधुर सम्बन्धसे अवश्य कुछ समयकेलिये प्रसन्नता होती है।

४३. गेशे धर्मबर्धन

तिब्बती गेशेका शब्दार्थ कल्याणमित्र (धर्मभाई) है। तिब्बतमें न जाने क्यों यह उसी अर्थमें प्रयुक्त होता है, जिसमें हमारे यहाँ शास्त्री या पण्डितका शब्द। गेशेका नाम था गेन्-दुन् छोम्फेल अर्थात् संघधर्मबर्द्धन। संक्षेपमें हम उन्हें धर्मबर्द्धन या गेशे कहेंगे। वस्तुतः मैं उन्हें गेशे कह करके ही सम्बोधित करता था।

गेशेसे पहलेपहल मेरा परिचय १६३४ ई०की गर्मियोंमें ल्हासामें हुआ। वह तिब्बतके सबसे बड़े बिहार डेपुङ्के सबसे बड़े पण्डित गेशे शेरब्के शिष्य थे। गेशे दर्शनके महापण्डित थे। उनका विद्यार्थी दर्शनका विद्यार्थी ही हो सकता था। पर हमारे गेशे केवल दर्शनके विद्यार्थी ही नहीं थे। वह तिब्बती भाषाके एक सुन्दर कवि थे, इस बातको थोड़े ही आदमी जानते थे। पर, उनके चित्रोंके कौशलको जाननेवाले और भी अधिक थे। उन्होंने परम्परासे चली आई तिब्बती चित्रकलाको सीखा था और उसपर अधिकार प्राप्त किया था। नई चित्रकलाको भी सीखनेमें उनको देर नहीं लगती थी। एक कुशल चित्रकार होनेके कारण ल्हासामें उनका जीवन बड़े आरामसे कटता था। बड़े-बड़े सामन्त चित्र बनानेकेलिये उनकी खुशामद करते थे। पर, गेशे धर्मधर्धनने सुखी जीवनको कभी वरण नहीं किया।

उनका जन्म इस शताब्दीके आरम्भमें अम्दोमें हुआ था, जो तिब्बतका सबसे उत्तरी भाग है। और जो प्रायः सदा सीधे चीनके भीतर रहता आया। अम्दो-जाति भाषाके लिहाजसे यद्यपि तिब्बती जातिके साथ घनिष्ठ सम्बन्ध रखती है, लेकिन अपने तंगुत् नामसे वह इतिहासमें तिब्बतसे पहले हीसे प्रसिद्ध चली आई। उसका मुख्य स्थान पूर्वी सिङक्याङ्में ह्वाङ्-हो नदीकी उपत्यका थी। चौथी-पाँचवीं सदीमें ही यह जाति काफी संस्कृत हो गई थी और उसमें बौद्ध धर्मका अच्छी तरह प्रवेश हो गया था। तिब्बतमें इसके तीन सौ वर्ष बाद बौद्ध धर्म गया, ल्हासा राजधानी स्थापित हुई और तिब्बती लोगोंने उच्च संस्कृतिका क-ख सीखा। अम्दो लोग आज भी अपनी वीरता विद्वता और प्रतिभाकेलिये सारे तिब्बतमें प्रख्यात हैं। टशील्हुन्पोके महान् लामा पणछेन् रिम्पोछे अपने विहारके गौरव बढ़ाने तथा विद्वत्ताको तीव्र करनेकेलिये अम्दोसे तीन-चार पण्डित अपने साथ लाये थे। मेरी यात्राओंमें उनमेंसे सिर्फ एक समलो-गेशे रह गये थे। देखादेखी तत्कालीन दलाई लामाने भी अम्दोसे विद्वान् बुलाये, जिनमें गेशे शेरब् रह गये थे। गेशे शेरब्से मेरी बहुत बातचीत होती थी। वह सिर्फ शास्त्रोंके ही पण्डित

नहीं थे, बल्कि दुनियाकी बातोंको भी समझते थे। चीनमें माओ चे-तुंग और कम्युनिस्ट पार्टीकी सफलताओंका स्वागत पहलेपहल उन्होंने ही किया और तिब्बत नये युगका स्वागत करे, इसकेलिये पहलेसे ही कोशिश करते रहे। आजके पणछेन् लामा और दलाई लामा दोनों ही अम्दो-पुत्र हैं।

इससे मालूम होगा, कि गेशे धर्मवर्धन जिस तंगुत जातिमें पैदा हुए थे, वह अपनी एक बहुत पुरानी भव्य परम्परा रखती है। सभी धर्मोंमें प्रायः साधु और मठ पाये जाते हैं। गृहस्थोंका उत्तराधिकारी पुत्र-पौत्र होते हैं, लेकिन साधुओंके उत्तराधिकारी उनके शिष्य माने जाते हैं। इस बारेमें तिब्बतने "तीनों लोकसे मथुरा न्यारी"की कहावतका अनुगमन किया है। वहाँ साधुका उत्तराधिकारी शिष्य नहीं, बल्कि उसका अवतार होता है। लामाका तिब्बती भाषामें अर्थ गुरु या महन्त है—हरेक तिब्बतीको हमारे लोग लामा कह कर अपना उपहास कराते हैं। दलाई लामा या पणछेन् लामा जब मर जाते हैं, तो तलाशकी जाती है, कि उनका अवतार—जन्म—कहाँ हुआ। फिर उस अवतारी बालकको ढूँढ़ कर उसे गद्दीपर बैठाते हैं। अवतार होना सरासर झूठी बात है और उत्तराधिकारकी संपत्तिके अनुसार बालकोंके चुनावमें धोखा-धड़ीसे भी अधिक काम लिया जाता है। तिब्बतमें हजारके करीब ऐसे लामा हैं, जिनका उत्तराधिकार अवतार द्वारा एक पीढ़ीसे दूसरी पीढ़ीमें जाता है। यह अवतार-परम्परा वहाँके चारों बौद्ध-सम्प्रदायों—जिग्मपा, कर्ग्युदपा, साक्यापा, गेलुग्पा—में प्रचलित है। गेशे धर्मवर्धन जिग्मा सम्प्रदायके एक अवतारी लामा थे। अम्दोमें उनका मठ बहुत धनी नहीं था, तो भी उसमें काफी संपत्ति थी। वह आरामसे अपनी जिन्दगी बिता सकते थे, लेकिन विद्याके प्रेमने उन्हें वहाँ चैनसे नहीं रहने दिया। काफी पढ़नेके बाद वह वहाँसे ल्हासा चले आये। जिग्मापा तिब्बतका सबसे पुराना बौद्ध-संप्रदाय है और गेलुग्पा सबसे पिछला। दलाई लामा, पणछेन लामा और तिब्बतके डेपुङ्, सेरा, गन्दन्, टशील्हुन्पो जैसे महान् विहार भी गेलुग्पा-संप्रदायके हैं, जिनमें पठन-पाठनकी प्रणाली व्यवस्थित रूपसे चलती है। गेशे धर्मवर्धनने इस बातकी प्रवाह नहीं की कि गेलुग्पा मठमें जाकर विद्यार्थी बननेसे उनके जिग्मापा संप्रदायवाले क्या कहेंगे। वह गेशे शेरब्के शिष्य हो गये और उनके पास दर्शन और लक्षणशास्त्र पढ़ते रहे। जब उनकी चित्रकलाकी बात लोगोंको मालूम हुई, तो उनकी आव-भगत बढ़ गई।

१९३४ ई०में मैं दूसरी बार ल्हासा गया, तो गेशे शेरब्के यहाँ धर्मवर्धनसे मुलाकात हुई, परिचय बढ़ा। ऐसे विद्वान् और साथ ही साथ कलाकारसे पुराने हस्तलेखों और चित्रों-सम्बन्धी मेरे अनुसन्धानमें बहुत सहायता मिल सकती थी, इसलिये मेरा ध्यान उनकी तरफ आकृष्ट हुआ। वह भी मेरे साथ भारतमें आकर कुछ देखना-सीखना चाहते थे। हम दोनों उसी वक्त साथी बन गये। अगस्तके शुरूमें ल्हासासे उत्तरके प्रदेशोंमें अवस्थित पुराने बौद्ध-विहारोंमें मुझे जाना था। गेशे मेरे साथ चले। उनके

लिये वह कोई उतनी तकलीफ और खतरेकी यात्रा नहीं हो सकती थी, क्योंकि उनकी जन्मभूमि ही थी। जहाँसे महीनों-डेढ़-महीनोंमें ल्हासा आना पड़ता और रास्तेमें डाकुओंका हर वक्त खतरा रहता। आज वह रास्ता और खतरा स्वप्नकी बात हो गई है और अम्दोसे डेढ़ महीनेकी यात्रा दो-चार दिनमें मोटर द्वारा बड़े आरामसे हो जाती है। हम कई मठोंमें होते अन्तमें ११वीं शताब्दीमें स्थापित रेडिङ् मठमें गये। बरसात तिब्बतमें होती ही कम है। उसी समय प्राचीन चित्रपट हवा और गर्मी दिखानेकेलिये बाहर टाँगे गये थे। गेशेने देखा, तो उनका दिल फड़क उठा। भारतीय कलमके चित्र थे और बहुत सम्भव है, भारतसे ही ले जाये गये थे। उन्होंने चाहा, जल्दी-जल्दी रंगोंके संकेतके साथ पेन्सिलसे कापी कर लें, लेकिन रत्नकी ढेरीपर साँप बैठे हुए थे, उन्होंने विघ्न डाल दिया।

ल्हासाके कामको खतम कर हम दोनों भारतकी तरफ चले। रास्तेमें कई तरहके कड़वे-मीठे अनुभव होते रहे। कहीं स्वागत होता और कहीं तिरस्कार। पर, प्राचीन तालपोथियोंके पीछे इतने पागल थे कि हमें मान-अपमानका कोई ख्याल नहीं था। कितने ही मान-अपमानके बाद जब एक तालपोथी दिखलाई पड़ जाती, तो निहाल हो जाते। गेशे संस्कृत नहीं जानते थे, तालपोथियोंके महत्वको नहीं समझते थे, पर हमारे दर्शन-ग्रंथोंको उन्होंने तिब्बती भाषामें पढ़ा था और मुझसे यह भी सुन लिया था कि यह ग्रंथ अब मूल संस्कृतमें नहीं मिलते। इनकी भारतकेलिये बड़ी आवश्यकता है। मेरी आँखों और हृदयसे वह भी उन चीजोंको देखते। उसी ल्हुन्पोंमें उनके प्रदेशवासी समलो गेशे मिले। मैं अपने बुद्धिवादी स्वभावसे मजबूर था। इसलिये वैसी बातें मुँहसे निकल ही आती थीं। सम्लो गेशेके सामने पृथिवीके गोल होनेकी बात चली आई। हमारे देशकी बहुत पुरानी परम्परा इसे मानती नहीं थी। सम्लो गेशेका आक्षेप उचित था—मैं एक आस्तिक बौद्ध होते कैसे बुद्धवचनके खिलाफ बोल रहा था। आस्तिक-नास्तिकमें सामंजस्य स्थापित करनेकेलिये मैं तैयार था। गेशे धर्मवर्धन और कनौरके भिक्षु रघुवर छोंजेला भी साथ रहते इन बातोंको सुनते थे और उनके ऊपर भी असर पड़ा था। रघुवर मेरी पहली तिब्बत-यात्रा हीमें मिले थे। अपनी जन्मभूमिसे आकर दस-बारह वर्ष वह यहाँ पढ़ते रहे और लौट कर अपने यहाँ काम करनेकी बड़ी-बड़ी उमंगें बाँधे हुए थे; किन्तु देशमें पहुँचनेके बाद वह ज्यादा दिन नहीं रहे।

मेरी तिब्बत यात्रा हमेशा कड़वी-मीठी रहती रही। कड़वी भी होती तो चरम सीमाकी और मीठी होती, तो वह भी हद दर्जेकी। कहीं हम दोनोंको सवारीकेलिये घोड़े मिलते, गृहपतिका हार्दिक स्वागत प्राप्त होता और कहीं पैदल चलनेपर भी सामान उठा ले चलनेवाला कोई न मिलता; घरमें तीन हाथ जगह मिलनी मुश्किल हो जाती। लेकिन, यह दूसरी तिब्बत-यात्रा अत्यन्त सफल रही। कई दर्जन प्राचीन तालपोथियाँ (संस्कृत) मैंने देखीं। उनमेंसे कितनोंका फोटो लिया, कितनोंको अपने हाथसे उतारा। मैं

इस तरह अपने काममें लगा रहता और समय बीतते देर नहीं लगती। गेशेको उतना काम नहीं था, लेकिन वह भी कभी उकताये नहीं। अपरिचित जगहोंमें उनके जैसे सुशिक्षित-सुसंस्कृत भिक्षुसे बहुत सहायता मिलती थी। शेर साक्या आदि होते हम नेपालके रास्ते भारत लौटनेवाले थे। तिब्बतमें "प्रमाणवार्तिक" की कोई पूरी पुस्तक नहीं मिली, सिर्फ तीन परिच्छेदोंके भाष्यमें पूरी कारिकाएँ प्राप्त हुईं। नेपालमें माहिला गुरु (पं० हेमराज शर्मा) को प्राप्त हुई "प्रमाणवार्तिक" की तालपोथीके फोटो मिले। उनमें पृष्ठोंके स्थान जीर्ण-शीर्ण होकर खतम हो गये थे। इस समय गेशेके ज्ञानका हमें लाभ हुआ। संस्कृतकी एक पाँतीका तिब्बतीमें अनुवाद करनेपर वह तिब्बती प्रतिसे उस कारिकाको निकाल कर रख देते। हमें पृष्ठोंको क्रमसे लगानेमें बड़ी आसानी हुई। दस पत्रे लुप्त थे, पर तो भी यह सफलता कम नहीं थी। लुप्त अंश भी दूसरी जगहसे मिल गये और कुछको मैंने तिब्बतीसे संस्कृतमें करके जोड़ दिया। हम भारत आये। सुदूर ह्वाङ्-हो नदीकी उपत्यकाके पण्डित और कलाकार गेशे बुद्धकी भूमिको देखनेकेलिये बहुत लालायित थे। गेशेका वर्षोंका सपना सफल हुआ। मैं उन्हें अपने साथ भारतके सभी मुख्य-मुख्य बौद्ध-तीर्थों में ले गया। उन्हें संस्कृत पढ़ाना शुरू किया, किन्तु उसकी तरफ उनकी स्वाभाविक प्रवृत्ति नहीं थी। वह जहाँ जाते—विशेषकर बुद्धके जीवन-सम्बन्धी स्थानोंमें—उसका काव्यमय वर्णन करते। कुछ चित्र भी बनाते। कालिदासकी अमर कृति "अभिज्ञानशाकुन्तल" का उन्होंने तिब्बतीमें अनुवाद करना शुरू किया, लेकिन उसे पूरा नहीं कर पाये।

अब मेरी स्थिति डाँवाडोल हो गई। फिर राजनीतिमें प्रवेश करके किसान-सत्याग्रहका नेतृत्व करने लगा। यह काँग्रेस-सरकारसे मुठभेड़ थी। १९३९ ई०के आरम्भसे ही मैं जेल आने-जाने लगा, लेकिन, इस बीच गेशेका परिचय भारतसे हो गया। गर्मियोंमें वह दार्जिलिंग चले गये। उन्हें निरीह होनेकी अवश्यकता नहीं थी। विद्याकी न भी पूछ हो चित्रकलासे कहीं भी जाकर वह निश्चिन्त तौरसे रह सकते थे। उन्होंने दार्जिलिंगमें रहते किसीसे सहायता लेकर गीताके कुछ भागका तिब्बतीमें अनुवाद किया और वह छपा भी। फिर रोयरिक-परिवारसे परिचय हुआ और वह कितने ही समय तक नगर (कुल्लू) में जाकर रहे। उनसे लिखा-पढ़ी करनी उनकेलिये अच्छी न होती, क्योंकि वह विदेशी थे, और मैं सरकारका कोपभाजन। बहुत वर्षों बाद उनका एक पत्र २९ दिसम्बर (१९४३)को नगरसे आया, जिसमें लिखा था "मैं दो साल तक लङ्कामें घूमता रहा। अमेरिका जानेका निमंत्रण आया था, लेकिन युद्धके कारण नहीं जा सका।" गेशेने अब अँग्रेजी काफी सीख ली थी और नगरमें रह कर डा० जार्ज रोयरिकके अनुसन्धान-कार्यमें सहायता दे रहे थे। १९४४के अक्तूबरमें भारतसे मैं चला गया और रूसमें २५ मास रह कर सितम्बर १९४५में भारत लौटा। पता लगा, गेशे तिब्बत चले गये।

तिब्बतमें उनको बड़ी सख्त सहनी पड़ी। वह साम्यवादके पक्षपाती हो गये थे, उनकी लेखनी इसे छिपानेमें समर्थ नहीं थी। पिछले बारह-तेरह वर्षोंमें वह कितनी ही चीजें लिखते रहे। उनके परिपक्व ज्ञानसे उनका देश लाभ उठावे, इस ख्यालसे ल्हासा में उनकी कोई पुस्तक छपी। उनके विचार वहाँके अधिकारियोंको मालूम हुए। चीनमें कम्युनिस्टों और च्यांग-काइशकका संघर्ष चल रहा था। गेशेको लाल (कम्युनिस्ट) समझकर जेलमें डाल दिया गया, ऊपर कोड़े पड़ते रहे। ल्हासाकी उस समयकी जेल-यातना यम-यातनासे कम न थी। ऐसी कोठरीमें कैदियोंको बन्द किया जाता, जिसमें कभी सूर्य की रोशनी नहीं पहुँच सकती थी, हवा भी छोटे दरवाजेके रास्ते कुछ चली जाती थी। ऊपरसे समुद्र तलसे ग्यारह हजार फुटसे अधिक ऊँचे स्थानकी सर्दी। गेशे शरीरसे यद्यपि स्वस्थ थे, पर थे दुबले-पतले। यह खबर मिलने पर मुझे बड़ी चिंता हुई। १९४९ ई०के आरम्भमें ल्हासा सरकारके एक प्रभावशाली मन्त्री—शोगङ् शाबेके अनुज भारतमें किसी कामसे आये। उनसे मुलाकात होने पर मैंने समझाया, "गेशे ऐसा विद्वान् मिलना मुश्कल है। उनसे आप तिब्बतका इतिहास लिखवाइये। उनके साथ अच्छा बर्ताव करनेका फल आपकेलिये भी अच्छा होगा। कम्युनिज्मको चीनसे तिब्बतमें पहुँचनेसे कोई नहीं रोक सकता। उस वक्त इस आदमीकी मित्रता काम आयेगी।"

१९४९ ई०के प्रायः सारे साल मैं कलिम्पोंगमें तिब्बतके दरवाजे पर रहा। जेनरल शोगाङ् से अक्सर मुलाकात होती रही। उन्होंने कहा—"गेशे अब जेलमें नहीं हैं।" यह भी मालूम हुआ, कि उन्हें इतिहास लिखनेका काम सौंपा गया है, हाँ, नजरबन्द रहते वह ल्हासासे बाहर नहीं जा सकते। डा० जार्ज रोयरिक भी अब कलिम्पोंग-में रहने लगे थे। उन्हें भी बड़ी प्रसन्नता हुई; पर हमारी प्रसन्नता देर तक नहीं रही। कुछ ही महीनों बाद मालूम हुआ, कि वह अद्भुत विद्वान् और कुशल कलाकार, सुन्दर कवि और साम्यवादका समर्थक अपने सारे अरमानोंको लिये इतनी कम उमरमें चल बसा।

गेशेका काम करनेका समय अब आया था। कुछ ही महीनों बाद कम्युनिस्ट तिब्बतमें पहुँचनेवाले थे। उस वक्त गेशेकी लेखनी और वाणी अपने देशके पुनरुज्जीवन में कितनी सहायक होती!

४४. डो-नीर-छेन्-पो

डो-नीर-छेन-पोका अर्थ है महासचिव। कुबले खानने तिब्बतका राज्य अपने गुरु फग्-फाको प्रदान किया था, जो कि साक्याके महन्तराज थे। १३ वीं सदीके मध्यसे प्रायः सौ साल तक साक्याके महन्तराज तिब्बतके प्रभु हुआ करते थे। फिर समय बदला और राज्यशक्ति दूसरेके हाथमें चली गई, पर साक्याके महन्तराज केवल शासक ही नहीं, बल्कि एक प्रभावशाली बौद्ध सम्प्रदायके पोप भी थे। इसलिये उनका प्रभाव खतम नहीं हुआ। आज भी दलाई लामा पणछेन लामाके बाद उनका सम्मान सबसे ज्यादा है। साक्याने भारतीय ग्रन्थोंके तिब्बतीमें अनुवाद करनेका बहुत बड़ा काम किया और मुझे तिब्बतमें जो संस्कृतकी तालपोथियाँ मिलीं, वह सब साक्याकी थीं और करीब-करीब बराबर-बराबर शलु, ङोर और साक्याके मठोंमें बँटी हुई थीं। एक सम्प्रदायके पोप होनेके साथ-साथ शाक्याके पास बहुत बड़ी जागीर थी, जिसे हमारे यहाँकी देशी रियासत जैसा समझना चाहिये। उसके अपने मन्त्री थे और महासचिव तथा दूसरे अफसर भी थे। मेरे मित्र महासचिव थे। इसीसे वह डो-नीर-छेन-पोके नामसे प्रसिद्ध हैं। साक्यासे डेढ़ दिनके रास्तेपर उनका गाँव चाङ-गो-वा था। उसके कारण उन्हें चाङ्-गो-वा भी कहते थे।

मेरी तिब्बतकी दूसरी यात्रा तालपोथियोंकी खोजकेलिये हुई थी। पता लगा था, साक्यामें बहुत-सी पुस्तकें हैं, इसलिये मैं वहाँ जानेका संकल्प कर चुका था। ङोरमें तालपोथियाँ हैं, इसका पता वहाँके एक लामासे १९२६ ई०में लदाखमें मिल चुका था। उनके पास किसी पोथीके कुछ पत्रे थे, जिन्हें उन्होंने मुझसे पढ़ाना चाहा था और बताया था कि हमारे मठमें बहुत-सी तालपोथियाँ हैं। उन्होंने अपने मठका नाम एवं बतलाया था, ङोर एवंके नामसे प्रसिद्ध नहीं है। इसलिये कोशिश करने पर भी मैं मठ-का पता नहीं लगा सका। किसीने ङोरमें तालपोथियोंके होनेकी सूचना दी। इस प्रकार लदाखकी सूचनासे बिना लाभ उठाये मैं ङोर पहुँचा। ङोरमें हम आशा-निराशाके झूले-में झूलते रहे। तालपोथियाँ जिस कोठरीमें थीं, उसकी चाबी एक महानिकम्मे आदमीके हाथमें थी, जो तरह-तरहके बहाना करता था। खैर, किसी तरह कुफ्र टूटा, कुफ्ल (ताला) खुला और इकट्ठा तालपत्रके ३०-३५ बण्डलोंको देखकर मेरी आँखें चौंधिया गईं। पहली बार इतनी तालपोथियोंका दर्शन नहीं हुआ था। इससे कुछ ही दिनों पहले वहाँ-से एक दिनके रास्तेपर मैं शलू की पोथियाँ देख चुका था।

ङोरमें कुछ लामाओंसे परिचय और घनिष्ठता बढ़ी। रहनेकेलिये कोई दिक्कत नहीं थी, पर सबसे कठिनाई ईंधनकी होती थी। वहाँ इसका सदा अकाल रहता है।" तिब्बतके पहाड़ वृक्ष-वनस्पतिसे रहित बिल्कुल नंगे होते हैं, उनसे ईंधन मिल नहीं सकता। वहाँ सिर्फ कण्डे ईंधनका काम देते हैं। ङोर काफी बड़ा मठ था। इसलिये शायद पर्याप्त कण्डे उसको नहीं मिलते थे, और जिनके पास होते, वह उसे सोनेकी तरह हिफाजत करके रखते।

पुस्तकोंके देखनेसे यद्यपि हम कृतकृत्य थे, पर ङोरमें जिस कठिनाईसे रहना पड़ा, उसके कारण दूधके जलेको छाछकी बास याद आती थी। वहाँसे किसीने साक्याकी ङोनीर छेन-पोकेलिये पत्र लिख दिया था, तोभी हमारे मनको संतोप नहीं था। गेशे गेनदुन छोय-फेल और मैं ११ अक्टूबर (१६३४ ई०)के अपराह्नमें साक्योमें डो० नीर छेन्-पोके दरवाजेपर पहुँचे। भालूकी तरह विशाल बँधे हुये कुत्तेने "हाउ-हाउ" करके हमारा स्वागत किया। आदमीने आकर कुत्तेको पकड़ा और हम ऊपर कोठेपर डो०नीर छेन-पोके पास गये। चिट्ठी पढ़नेसे पहले ही उन्होंने दिल खोल कर हमारा स्वागत किया। पीछे दो बार और मुझे साक्या जाना पड़ा और अन्तिम बार और कहीं छोड़कर उन्हींके घरमें ठहरा। डोनीर छेन-पो उसी तरह खुलकर स्वागत करते और हर तरहकी सहायता करनेकेलिये तैयार रहते।

तिब्बतमें शताब्दियाँ महीनों जैसी मालूम होती हैं। पीढ़ियोंसे एक घरका दो घर नहीं बनने पाता—बहुपति-विवाहका यह बरदान है। इसके कारण घर बहुत कम बिगड़ते हैं, और सात पीढ़ी पहलेकी मूल्यवान् या स्मारक वस्तुएँ घरमें पड़ी रहती हैं। मिट्टीकी छत और मिट्टी-पत्थरकी दीवारके घर जीर्ण होते हैं और नये बनते रहते हैं। लेकिन, घरकी सामग्री फिर पूर्ववत् रख दी जाती है। हर पीढ़ी, जो कुछ नवनिर्माण करती है, वह भी साथमें ही आगे चलता रहता है। डो-नीर छेन्-पोका अपना विशाल मकान चाड-गोबा गाँवमें था, लेकिन यहाँपर भी दो आँगनकी तिमंजिला इमारत थी। कुछ चौरियाँ और गायें दूध देनेकेलिये रहती थीं। कई नौकर-चाकर थे। बिचली मंजिलपर कंजूर-ल्हाखङ था। ल्हाखङ-का मतलब देवालय या मन्दिर है। इसमें बुद्धवचन समझी जानेवाली १०३ पोथियाँ—कंजूर—रक्खी हुई थीं, इसलिये इसका यह नाम पड़ा था। कंजुरकी पोथियोंके अतिरिक्त बुद्ध और बोधिसत्वकी मूर्तियाँ भी वहाँ मौजूद थीं। काफी लम्बा-चौड़ा कमरा था। उसीमें हम दोनोंको आसन दिया गया। चिट्ठी यदि न भी होती, तो भी हमारा इसी तरह स्वागत होता, यह विश्वास हो गया। वह बड़े शुशिक्षित और सुसंस्कृत व्यक्ति थे। तिब्बती-साहित्यका अच्छा ज्ञान रखते थे। गेशेसे बातचीत होते ही वह उनके भक्त हो गये और मुझे भारतीय विद्वान लामा होनेकी वजहसे उनके हार्दिक सम्मानके पानेमें देरी नहीं हुई। वह साक्या रियासतके सर्वोच्च अफसर थे। वस्तुतः मन्त्री (शाबे) बनानेका प्रस्ताव कई बार महन्तराजने

किया था, पर उन्होंने उसे स्वीकार नहीं किया। इस प्रकार स्पष्ट है कि साक्याके वह बहुत प्रभावशाली व्यक्ति थे। वह वैद्यक भी जानते थे और रोगियोंकी मुफ्त दवा करते थे। इस समय उनकी आयु ६०के करीब रही होगी। उनकी पत्नी छेरिङ-पलमो (दीर्घायुश्री) भी बड़ी संस्कृत और सादर महिला थीं। दोनोंको कोई सन्तान नहीं हुई। उन्होंने अपने सालेको उत्तराधिकारी बनाकर दोनों घरोंको एक कर लिया था, पर सालेकी भी कोई सन्तान नहीं थी।

मेरे आनेका उद्देश्य मालूम होनेपर उन्हें और भी हर्ष हुआ, और बोले—"हां, यहाँ तालकी पोथियाँ बहुत हैं।" हमने उस समय विश्वास कर लिया।

साक्या विहारकी स्थापना १०७३ ई०में हुई थी, वहाँकी सबसे पुरानी इमारतें बारहवीं-तेरहवीं सदी तक हमें ले जाती थीं। यह बतला चुके हैं कि तेरहवीं-चौदहवीं सदीमें साक्या तिब्बतकी राजधानी रही। पहाड़की जड़में साक्या नदी बहती है, जिसके दाहिने किनारे मठ और बस्ती है, बाँये किनारे थोड़ा हटकर कुबले खानके गुरु फगफा का बनवाया विशाल विहार (ल्हखङ छेन्मो) उसकी प्रभुता और क्षमताके अनुरूप था। साक्याका वैभव तेरहवीं सदीके आरम्भमें बढ़ना शुरू हुआ, जबकि नालन्दा और विक्रमशिलाके ध्वस्त होनेपर भारतके संघराज शाक्या श्रीभद्र अपने कुछ अनुगामी पण्डितोंके साथ वहाँके सामन्तके निमन्त्रणपर साक्या पहुँचे और सामन्तके ज्येष्ठ पुत्र आनन्दगर्भ उनके भिक्षु शिष्य बने। आनन्दगर्भ साक्या पणछेन (साक्या महापण्डित) के नामसे ज्यादा प्रसिद्ध हैं। वह तिब्बतके दो-तीन सबसे बड़े पण्डितोंमें थे। अपने भारतीय गुरुसे उन्होंने संस्कृतका अध्ययन किया था। उनके शिष्य और भतीजे लामा फग-फा थे, जिनके प्रभावमें आकर कुबले खानने बौद्ध धर्म स्वीकार किया था। कितने ही दिनों तक साक्याकी गद्दीपर भिक्षु बैठते रहे जो साक्या पणछेन के रक्तसम्बन्धी ही होते थे। पर, पीछे कोई महन्त गृहस्थ हो गया, इसलिये गद्दी गृहस्थकी हो गई। कुछ समय बाद दो भाई अलग-अलग हो गये और उनके दो प्रासाद—डोलमा फोटाङ्, फुनछोग फोटाङ्—बन गये। अब नियम बन गया कि महन्तराजके मरनेपर वह बारी-बारीसे गद्दीपर बैठें। इस समय गद्दीपर डोलमा फोटाङ् (तारा प्रासाद) के थे, जिनके साथ डो-नीर छेनपोकी बहुत पटती थी।

डो-नीर छेन-पोने, मेरी ओरसे महन्तराजको एक अर्जी लिखकर तैयार की, जिसमें आनेका उद्देश्य तथा पुस्तकालयोंके देखनेकी आज्ञा माँगी गई थी। वह खुद हमारे साथ महन्तराजके पास गये। महन्त ६३ सालके थे। अपने सबसे प्रभावशाली अधिकारीकी सिफारिशको वह वैसे भी मानते पर वह थे भी बहुत अच्छे आदमी। उन्होंने पुस्तकोंके देखनेका सारा सुभीता कर दिया।

डो-नीर छेन-पो और दूसरे अधिकारी जो विहारको भारतीय पोथियोंकी खान समझते थे, वह गलत साबित हुए। यह उक्त विहारमें भारतीय संघराज अपने साक्या-

निवासके समय ठहरे थे और यहाँ आनन्दध्वजने उनके चरणोंमें बैठकर अध्ययन किया था। अँधेरे बड़े-से कमरेमें जानेपर देखा कि दीयारके सहारे ईंटकी छल्लियोंकी तरह हाथकी लिखी पुस्तकें रक्खी हैं। कुछ ऊपर रक्खी काठकी पट्टियोंपर कुण्डली बनाई हुई बहुत-सी चीनी पुस्तकें थीं। इन्हींके कारण भारतीय पुस्तकोंके होनेका भ्रम हुआ था। तिब्बती भाषामें ग्यगर (भारत) और ग्यनक (चीन) दोनोका संक्षेप होता है, और पोत् पोथीका बिगड़ा रूप है। ग्यपोत् असलमें चीनी पोथीकेलिये था, पर लोग उसे ग्यगरपोत् समझने लगे। अँधेरे कमरेमें चिरागकी रोशनीसे हम गौरसे उन पोथियोंको देख रहे थे। बहुत-सी पोथियोंके बीचमें एक तालकी पोथी मिली। कुछ आशा बढ़ी पर और कोई तालपोथी नहीं मिली। गेशेने ऐसी ही एक पोथीको निकाला, तो वह "प्रमाणवार्तिक भाष्य" का आधा भाग मिला, जिसे शाक्य श्रीभद्रके शिष्य विभूतिचन्द्रने अपने हाथसे लिखा था। साक्या आना निष्फल नहीं हुआ, यद्यपि उस समय उस निधिका पता नहीं लग सका, जिसे तीसरी यात्रामें हमने देखा।

हमारे पास केमरा था, लेकिन न उसकेलिये पूरी सामग्री थी, न फोटो खींचनेमें हमने निपुणता प्राप्त की। फोटो खींचकर जब तक वहीं धोकर देख न लिया जाय, तब तक विश्वास नहीं किया जा सकता था। यदि एक प्लेट भी ठीक नहीं उतरती, तो पुस्तक खण्डित होती। हमने निश्चय कर लिया, कि भाष्यके कुछ अंशको उतार करके यहाँसे चलना चाहिये और सत्रह दिनकेलिये हम वहीं डट गये। डो-नी छेन्-पो और उनकी चाम कुशो (रानी)ने हम लोगोंका अच्छी तरह रहनेका प्रबन्ध किया। उतारनेके समयके अतिरिक्त बीच-बीचमें हम साक्याके भिन्न-भिन्न विहारोंमें जाते रहे। सात-आठ शताब्दियोंके इस धर्मपीठमें बहुतसे विहार हैं। पहले और भी रहे होंगे, इसमें शक नहीं। चिदोङ् प्रासादमें ग्यगर ल्हाखङ् (भारतीय मन्दिर)में छठी सदीसे बारहवीं सदीकी काँसे-पत्थरकी भारतीय मूर्तियोंकी प्रदर्शनी-सी मालूम होती थी—२८ मूर्तियाँ संगमर्मरकी थीं। वहाँ संवत् ११९२ (११३५ ई०)की एक जैन मूर्ति भी देखी।

चाम कुशो अपने नौकर-नौकरानियोंपर नहीं विश्वास करती थीं और हमारे खाने-पीनेका विशेष ध्यान रखती थीं। वह पूजा-पाठमें बहुत लीन रहती थीं। हमारे रहते समय उन्होंने तीन दिनका अवलोकितेश्वर व्रत (न्यूने) रक्खा। इस व्रतमें पहले दिन मध्यान्हके बाद भोजन त्याग करना होता है, दूसरे दिन निराहार रह तीसरे दिन भोजन ग्रहण करते हैं। २० अक्तूबरको चाम् कुशोका पारण था। वह पारण करके हमारे पास आकर बैठीं। मैं पुस्तक लिखनेमें लगा था और बीच-बीचमें कोई दिलचस्प बात मिलती, तो मैं गेशेको सुनाता। कोई बात सुनकर गेशे हँस पड़े। चङ चाम् कुशोने पूछ दिया—"क्या बात है? मैंने कहा—"पोथीकी बात है, अर्थात् उसे सुननेमें कोई दिलचस्पी नहीं हो सकती।" लेकिन, वह कहीं छोड़नेवाली थीं, वह मूढ़ नहीं चतुर स्त्री थीं। उनके आग्रहको हम ठुकरा नहीं सकते थे, लेकिन प्रज्ञाकर गुप्तकी

दार्शनिक भाषाको उल्था करनेसे पल्ले कुछ नहीं पड़ता, इसलिये मैंने कहना शुरू किया—"इसमें लिखा है, कि पूजा-पाठ करना लड़कोंका खेल है, निस्सार है। चाम् कुशो बेचारी अभी-अभी व्रत करके उठी थीं। उन्हें यह बात रुचिकर कैसे मालूम होती? मैंने कहना शुरू किया—"उदाहरणके लिये देखिये। मालकिनने तीन दिनका न्यूने व्रत रक्खा। आज पारणका दिन था। नौकरानीने सूप बनाकर मालकिनके सामने रक्खा। शायद सूप फीका था या मालकिनका मिजाज ही झँझलाया था। मालकिनने सूपके प्यालेको फेंक दिया और नौकरानीको चार चपत लगाई। कहिये, उस व्रत का क्या पुण्य हुआ?"

चाम् कुशो एकाएक बोल उठीं—"मैंने मारा नहीं, सिर्फ थोड़ा गुस्सा हुई।"

मुझे घटनाका कुछ भी पता नहीं था, यह बिल्कुल संयोग था, कि बात उन्हीं पर घट गई। मैं पुजारिनोंका मजाक करना चाहता था। मुझे यह भी सन्देह था कि शायद उनको यह बात पसन्द न आये; किन्तु दस दिन रहते-रहते इतनी बेतकल्लुफी हो गई थी, कि मैंने उसे कह दिया। उन्होंने भारतके लामाओंकी दिव्य दृष्टि और दिव्य शक्ति के बारेमें बहुत सुन रक्खा था और अब वह उसे प्रत्यक्ष देख रही थीं।

साक्यामें दूसरे प्रासाद (फुन छौग्‌क फोटाङ्)के लामाके पास हम दोनों स्वयं गये। डो-नीर छेन्-पोसे पटती नहीं थी, इसलिये उन्होंने जाना न पसन्द किया। गद्दीधर लामासेभी ज्यादा घनिष्ठता हुई। वह बराबर कहते रहे, मैंने सुना है कि यहाँ तालपोथियाँ हैं। पर, वह यह नहीं बता सकते थे, कि पचीसों देवालयों और पुस्तकागारोंमेंसे किसमें तालपोथियाँ हैं।

एक साल पहले सिक्किममें अवस्थित अँग्रेज पौलिटिकल एजेन्ट विलियमसन अपनी पत्नीके साथ साक्या गये थे। डो-नी-छेन्-पोकी चाम् कुशो कह रही थीं—"क्या है, अँग्रेज चाम् कुशो भिखमंगिनकी तरह आई थी। न उसके कानमें आभूषण थे, न कण्ठमें, न हाथ हीमें। और पुरुषकी तरह अपने ही कूदकर घोड़े पर चढ़ जाती थी। चाम् कुशोका यह कहना बिलकुल ठीक था। तिब्बतमें स्थान-स्थानके अनुसार आभूषणोंमें भेद होता है। साक्या और टशी ल्हुन्पो चाङ् प्रदेशमें है, जहाँ की स्त्रियाँ अपने सिरपर धनुषके आकारका अभूषण धारण करती हैं। चाम् कुशोके शिरोभूषणमें २५-३० हजारकी मोतियाँ, फीरोजे आदि लगे हुए थे।

अक्तूबरका अन्त नजदीक आ रहा था। जाड़ोंके लिए हमें भारत लौटना था। देर करनेपर डाँडोंपर बर्फ ज्यादा पड़ जाती और फिर उनको पार करना आसान नहीं था। मैं भाग्यको पूरा उतार नहीं सका। फिर आनेकी आशासे २७ अक्तूबरको हम दोनों साक्यासे रवाना हुए। डोङ्ला पार करनेपर चाम् कुशोके भाईका गाँव मब्जा था, जहाँसे हमारे साथ चलनेकेलिए चार घोड़े मिल गये। साले-बहनोई दोनोंही खातिर करनेमें एक दूसरेकी होड़ लगाये हुए थे।

अधूरे कामको पूरा करनेकेलिए १९३६की ६ मई को मैं फिर साक्या पहुँचा। चाम् कुशो पूजा-पाठ करनेके लिए एक दिनके रास्तेपर किसी दूसरे विहारमें गईं थीं। डो-नी-छेन्-पो उनकी दूसरी पत्नी दिकिला और साले डोनीर् ला वहाँ मौजूद थे। मैंने पिछले साल जापानमें गर्मियाँ बिताई थीं और वहाँसे कितने ही चित्र भेजे थे। मेरी चिट्ठी और चित्रावली डो-नीर-छेन् पोको मिल गये थे। अबकी कंजुर ल्हाखङ्में नहीं, बल्कि ऊपरी तलपर अपने रहनेके कमरेके पासके कमरेमें हमें जगह मिली। पुराने गद्दीधर मर गये थे और हमारे कृपालु फुनछोकग् फोटाङ्के लामा अब गद्दीपर बैठनेवाले थे। अभी सिंहासनपर बैठने में देर थी और प्रबन्ध तारा प्रासादके दोनों लड़कों और उनकी माताके हाथमें था। "प्रमाणवार्तिक भाष्य" का अवशिष्ट भाग लिखना तो निश्चित था। पर, उस दिन यह नहीं मालूम था, कि यहाँ पोथियोंकी ऐसी निधि मिल जायगी कि मुझे २२ जुलाई तक ढाई महीने यहीं रह जाना पड़ेगा।

साक्यासे तिब्बतके कुछ और मठोंमें जाकर ५ या ६ अक्तूबरको मैं फिर साक्या लौटा। असंगकी महान् कृति "योगचर्याभूमि"के फोटोपर मैं विश्वास नहीं कर सकता था, इसलिए वहीं बैठ कर उतारने लगा। प्रतिदिन प्रायः ५०० श्लोक ग्रन्थ लिख डालता था। १४ अक्तूबरको सर्दी काफी पड़ गई थी। रातको पाला मारनेके डरसे फूलोंके गमलोंको घरके भीतर रक्खा जाने लगा। तिब्बतके मध्य और उच्च वर्गकी कलाके प्रति स्वाभाविक रुचि होती है, जो डो-नी-छेन्-पोमें भी। उन्हें फूलों और चित्रोंका शौक था। २० अक्तूबरको देखा, पासके पहाड़ोंपर बर्फ पड़ गई है। जिन डाँडों को पार करके हमें भारत जाना पड़ता, वह इससे बहुत ऊँचे थे, इसलिए डर मालूम होने लगा। २१ अक्तूबरको "योगचर्याभूमि"को हमने उतार कर खतम कर दिया।

अँग्रेज चामोलुङ्मा (एवरेस्ट) पर चढ़नेके लिये प्रयत्न कर रहे थे। पिछले साल भी वह इसकेलिये गये थे। तिब्बतकी तरफसे चामोलुङ्मा पर चढ़नेमें कुछ सुविधा थी, अंग्रेजोंका प्रभाव दलाई लामाके ऊपर था, इसलिये उन्होंने उस तरफसे चढ़नेकी आज्ञा ले ली थी। कुलियोंकी पल्टन सारा सामान लेकर एवरेस्टकी ओर जाती। बीच-बीचमें कोई कुली गुम भी हो जाता और उसके पीठकी चीजें लोगोंके पास पहुँचतीं। इन्हीं चीजोंमें एक बड़े शीशेभर लन्दनका सिर्केमें बना प्याज, खीरे आदिका अचार था। चाम्‌कुशोने शीशेको दिखलाकर कहा—"यह क्या है?" मैंने खोलकर उसमेंसे एक टुकड़ा खाते हुए बतलाया, कि यह बहुत बढ़िया अचार है। लेकिन, चाम्‌कुशोके या घरके किसी आदमीको अँग्रेजोंके अचारपर विश्वास नहीं हुआ और उन्होंने उसे जीभसे नहीं छुवाया। चाम्‌कुशोको शीशा बहुत पसन्द था। वह उसकी फिकरमें थीं और अचारको मैंने ही खाकर सार्थक किया, शायद वह पूरा समाप्त नहीं हो पाया। चीजोंमें इंजेक्शनके-एम्पुलों-की एक पेटी भी थी। डो-नी-छेन् पोने उसके बारेमें पूछा, मैंने कहा—"यह बीमारीमें इंजेक्शन देनेकेलिये हैं।" उनके वैद्यका मन मचल पड़ा और पूछने लगे कि मैं अपने

रोगियोंपर क्यों न इसका प्रयोग करूँ। मैंने कहा—"इसके देनेके लिये एक खास तरहकी सूई होती है, वह यहाँ नहीं है और होनेपर भी बिना डाक्टरकी देख-रेखके देना खतरेसे खाली नहीं है। डो-नी-छेन् पोको बहुत अफसोस हुआ। यह तीसरी यात्रा पहली दो यात्राओंसे भी अधिक सफल निकली और डो-नी-छेन्-पोके सौहार्दसे उऋण होनेकी कोई आशा न रख करके मैं भारत लौटा।

अपनी चौथी तिब्बत-यात्रामें १६३८ ई०में १–१५ सितम्बर तक मैं साक्यामें रहा। अब दूसरे लामा गद्दीधर हो गये थे, जिनका सम्बन्ध डो-नी-छेन्-पोसे अच्छा नहीं था, इसीलिये हम लामाके प्रासादमें ठहरे। डो-नी-छेन् पो उस समय मञ्जा गये हुए थे। चाम्-कुशो घरपर ही थीं। उनको मेरे वहाँ न ठहरनेका क्षोभ होना ही चाहिये था, पर मैंने अपनी दिक्कत बतलाई। १५ सितम्बरको डो-नी-छेन पो भी आ गये। मैं उनसे मिलने गया। मुझे अब फिर तिब्बत आनेकी आशा नहीं रह गई थी। मेरे मेहरबान मेजबान भी इतने बूढ़े हो गये थे कि फिर उनसे मिलनेकी आशा नहीं थी। यह जान कर प्रसन्नता हुई कि अब उनके घरमें एक पौने दो वर्षकी लड़की आ गई थी, अर्थात् घरका नाम मिटनेवाला नहीं था। डो-नी-छेन् पो नये शासनसे बहुत सन्तुष्ट नहीं थे। अब वह विश्राम लेना चाहते थे, लेकिन नये महन्तराज वैसा करने दें, तब ना? कह रहे थे—"न मुझे जानेकी स्वतन्त्रता मिलती है और न कोई काम ही मिलता है।" मैंने भारत आनेके लिये कहा, तो उन्होंने बड़े करुण स्वरसे कहा—"मुझे भारतके तीर्थोंके दर्शन करनेकी बड़ी लालसा है, लेकिन छुट्टी कहाँ मिलती है?"

१५ सितम्बरको मैंने अपने सहृदय और परम उपकारी मित्रसे छुट्टी ली। आज उसको अठारह वर्ष हो गये। सालों पहले वह महाप्रस्थान कर चुके हैं, पर उनका उपकार और मधुर स्मृति कभी भूलनेकी नहीं।

४५. साक्या दग्छेन्

दग्छेन्का शब्दार्थ है महात्मा। महात्मा गाँधीसे बहुत पहले यह उपाधि साक्या-के लामाओंकी प्रसिद्ध हुई। शायद जब वह भिक्षुसे गृहस्थ हो गये, तो उन्हें महात्मा कहा जाने लगा था। जिन साक्या दग्छेन्का मैं जिक्र कर रहा हूँ, वह फुन्छोग् फोटाङ् के स्वामी थे। उनका दर्शन पहले-पहल १६३४के अक्तूबर १४ को हुआ। उस समय तारा प्रासाद (डोल्मा फोटाङ्)के स्वामी साक्याकी गद्दीपर थे। उनके बाद हमारे दग्छेन् रिन्पोछेके गद्दीपर बैठनेकी बारी आनेवाली थी। वह अधिकारारूढ़ नहीं थे, और हमारी पुस्तकोंकी खोजमें अधिक सहायता नहीं कर सकते थे, पर पहले दिनसे ही उन्होंने असाधारण सौहार्द्र दिखलाना शुरू किया। उनकी बड़ी इच्छा रहती थी कि मैं उनके यहाँ आता रहूँ। दो ही एक दिनके बाद दरबार गृहमें नहीं, बल्कि अन्तःपुरमें मेरी खातिर होने लगी। अच्छासे अच्छा भोजन तैयार करवाते। दामों (महन्तरानी) अपने पतिकी तरह ही खातिर करनेमें लगी रहतीं। यह तिब्बतके ऐसे धर्मगुरु थे, जिसके सामने मंगोलिया तकके बड़े-बड़े सामन्त और पंडित भी साष्टांग दण्डवत् करते थे और उनके सामने बहुत नीचे आसनपर बैठनेमें गौरव मानते थे। पर उनका बर्ताव बहुत ही आत्मीय था। वह परेशान होते थे, कैसे भारतीय भिक्षुका सम्मान किया जाय। उनका स्वभाव बालकोंकी तरह सरल था। दामो बड़ी व्यवहारकुशल थीं और एक तरह कह सकते हैं, कि प्रासादकी सारी जिम्मेदारी उनके ऊपर थी। अधिकारारूढ़ तारा प्रासादके स्वामीने भी मेरे काममें सहायता की और उनकी दामो तथा दोनों पुत्रोंसे भी आत्मीयता स्थापित हो गई थी, पर इसमें शक नहीं, कि फुन्-छोग्-फोटाङ्के स्वामी मुझे अपना खास मित्र समझते थे। मुझे बीच-बीचमें समय निकालकर उनके पास जाना ही पड़ता था। वह कभी-कभी सूखा मांस, बढ़िया सत्तू, मक्खन और दूसरी चीजें हमारे निवासस्थानपर भेजते। जानेपर देश-देशान्तरकी बातें पूछते। वह बराबर कहते रहे कि साक्या में बहुत-सी भारतीय पोथियाँ हैं, पर पहली यात्रामें बहुत ढूँढ़नेपर भी सिर्फ प्रमाण-वार्तिक भाष्य" का आधा भाग और दो-तीन मामूली-सी पोथियाँ देखनेको मिलीं।

दो साल बाद १६३६ ई०की ६ मईको मैं अपनी तीसरी यात्रामें पहले तिब्बतके भीतर साक्याके महाविहारमें पहुँचा। पिछले गद्दीधरका अब देहान्त हो गया था। पर, अब भी प्रबन्ध उन्हींके परिवारमें था। मैं उनके यहाँ गया। बुढ्ढा दामो (महन्तरानी) और उनकी बहूने बहुत खातिर की और सब तरहकी सहायता

देनेकी इच्छा प्रकट की। गद्दी पर बैठने वाले दग्छेन रिन्पोछे इस समय संघराज फग्फाके बनवाये ल्हाखङ्-छेन्मोमें गये हुए थे। जाने पर उसी तरह हँसते हुए उन्होंने स्वागत किया। ल्हाखङ-छेन्मोमें उस वक्त बहुतसे भिक्षु पाठ-पूजा कर रहे थे। ले जाकर वहाँ दिखलाया। लौट कर मैं भाष्यके अवशिष्ट भाग को उतारने में लग गया।

मेरे मेजबान डोनीर छेन्पोके नये महन्तराजसे अनबन होनेका कारण यह था कि दगूछेन् रिन्पोछेके छोटे भाईने अपनी सम्मिलित पत्नीसे रुष्ट होकर अलग व्याह कर लिया। दोनों प्रासादोंमें प्रतिद्वंद्विता रहती ही थी। डोनिर छेन्पो तारा प्रासादके अधिकारारूढ़ महन्तराजके विरुद्ध नहीं जा सकते थे। तारा प्रासादवाले छोटे भाईका समर्थन करते थे। तिब्बती कानूनके मुताबिक राजा हो या रंक, किसीको अलग पत्नी करने का अधिकार नहीं है, और सब भाइयोंको सम्मिलित होना अवश्यक है। यदि कोई इस नियम को तोड़ता है, तो उसे पैतृक सम्पत्तिमें कोई अधिकार नहीं मिल सकता, और व्याह करतेही उसे बाटका भिखारी होनेकेलिए तैयार रहना चाहिये। लेकिन यह छोटा भाई भी साक्याके महन्तोंके पवित्र खून का था। जिस पवित्र खून को अपनी लड़कियाँ देनेके वास्ते तिब्बतके बड़े-से-बड़े सामन्त तैयार रहते हैं। छोटे भाई का सब काम गुनाह बेलज्जत साबित हुआ। थोड़े समय बाद वह मर गया—मेरे साक्यामें पहली बार पहुँचनेसे भी पहले। उसकी दामो अब भी जीवित थीं और अपनी सौत या जेठानीके नीचे सिर झुकानेकेलिये तैयार नहीं थीं। रियासतसे उन्हें वृत्ति बँधी हुई थी, वह अलग मकानमें रहती थीं। फुन्-छोग् फोटाङ् के दगूछेन रिन् पोछे और उनकी पत्नी इस षड्यन्त्रमें डो-नी-छेन्पोको भी सम्मिलित मानते थे; इसीलिये वह उन्हें फूटी आँखों भी देखना नहीं चाहते थे। मेरी विचित्र स्थिति थी। मैं डो-नी-छेन्पोका भी स्नेहपात्र था और दगूछेन् रिन्पोछेका भी।

मेरे लिये एक-एक क्षण का बहुत मूल्य था। मैं यह सोच पहले साक्या आया था कि यहाँ "प्रमाणवार्तिक भाष्य" को उतार कर दूसरे मठोंमें जाऊँ। एक दिन भी न जानेपर दगूछेन् रिन्पोछेके आदमी दौड़ने लगते थे, जब जाता तो चार-पाँच घंटेसे पहले छुट्टी कहाँ मिलती? पहुँचते ही प्रतिहारी मुझे श्री गर्भमें ले जाती। दगूछेन् रिन्-पोछे और दामोंमें रिन्योछे वहीं कुर्सी मँगवाते। दोनों पुत्रियाँ—जेचुनमा (भट्टारिकाएँ) चाय और खाने-पीनेकी चीजोंके लानेमें देर क्यों हो रही है, इसकेलिये नौकरानियोंको ताकीद करनेमें लग जातीं—प्रासादोंकी कुमारियोंको जेचुनुमा (भट्टारिका, महाराजकुमारी) कह करके पुकारा जाता है। कुबले खानके गुरु का यह वंश इतना पवित्र माना जाता है, कि इस कुलकी कन्या को कोई व्याहनेकी हिम्मत नहीं करता और जेचुन्माओंको आजन्म कुमारी रहना पड़ता। बचपनमें ही उनके केश काट दिये जाते हैं, और वह भिक्षुणीके वेषमें रहने लगतीं। माँ-बापके समय तक

वह अपने प्रासादमें रहतीं, फिर उन्हें बँधानके साथ कोई छोटा महल मिल जाता। ऐसे महल साक्यामें बहुतसे थे। उनके पास नौकर-चाकर रहते, खाने-पीने का अच्छा प्रबन्ध होता। यह चिरकौमार्य सभीकेलिये निबाहनेकी बात नही है, पर, निबाहना पड़ता ही। दगछेन् रिन्पोछेकी दोनों लड़कियाँ उस समय दस-बारह वर्षकी थीं। उनका पुत्र बहिनोंसे छोटा था। शायद आज (१९५६ ई०)में वही साक्याकी गद्दीधर है।

पुस्तक उतारनेका काम समाप्त हो गया। मुझे अब ङोरकी पुस्तकोंकेलिये जाना था। २१ मईको महन्तराजसे प्रस्थानकी बात करने गया। उन्होंने कहा—"ङोर जानेकेलिये मैं घोड़े और आदमी दूँगा, तथा तिब्बतके सभी साक्या सम्प्रदायवाले विहारोंके लिये परिचय-पत्र भी।" महन्तराजने उस दिन बहुत जोर देकर कहा—साक्यामें बहुत-सी तालपोथियाँ हैं। मैंने जो अपने बड़ोंसे सुना है, वह झूठ नहीं हो सकता।" इसी सिलसिलेमें उन्होंने कहा कि एक बार आप ल्हाखङ्-छेन्मोके कोठेपर अवस्थित छग्पे ल्हाखङ् (श्री पुस्तक मन्दिर) को खुलवा कर देख लें। अब मुझे एक नाम मिल गया था, जिसे यों ही छोड़ना नहीं चाहता था।

लौट कर मैंने डो-नी-छेन्पोसे इसके बारेमें कहा। उन्होंने तारा प्रासादमें जाकर श्री पुस्तक मन्दिर खुलवानेकेलिये कहा। वर्षोंसे उसे खोलनेकी जरूरत नही पड़ी थी, इसीलिये कुंजीका पाना आसान नहीं था। पर, २५ मईको खुशखबरी आई—कुंजी मिल गई, अधिकारी खोलनेकेलिये तैयार हैं। ल्हाखङ् छेन्मोकी सभी चीजें बड़ी हैं। दुनियाके सबसे बड़े सम्राट् कुबले खानके महागुरुने जो इसे बनवाया था। मन्दिरके भीतर देवदारके विशाल खम्भे इतने मोटे हैं, जिनको एक आदमी अपनी अँकवारमें नहीं भर सकता और इतने ऊँचे, कि ऊपरकी ओर देखनेपर सिरकी टोपी गिर जाय। श्री पुस्तक मन्दिर इसकी छत पर था। सीढ़ी सीधी और बहुत ऊँची थी। उतरते वक्त नीचेकी ओर अगर आदमी देखे, तो उसका प्राण सूख जाय। पर, हाथ पकड़नेकेलिये वहाँ बाहियाँ मौजूद थीं। कोठे पर पहुँच दाहिनी ओर घूमने पर पहली हो कोठरी थी, जिसका नाम श्री पुस्तक मन्दिर था। बाहरसे देखने पर वह बिल्कुल मामूली मालूम होती थी। सैकड़ों वर्ष पुराना किवाड़ और चौखट विद्रूप-सा दिखाई देता था। तालेपर मुहर लगी थी। भिक्षु-अफसरने मुहर तोड़ दी, तालेपर लिपटे कपड़ेको अलग किया, कुँजी घुमाई, ताला खुल गया। किवाड़ोंको पीछेकी ओर ढकेला। न जाने कितने वर्षोंकी धूल जमी हुई थी। एक बार इतनी धूल उड़ी, कि कोठरीमें धुआँ-सा भर गया। जरा-सा ठहरकर हम भीतर घुसे। फर्शपर धूलकी मोटी तह पड़ी हुई थी, जिसपर पैरोंकी छाप उतर आई। सामने बरांडा नहीं था, इसलिये दरवाजेसे होकर काफी रोशनी भीतर जा रही थी। तितल्ले-चौतल्ले लकड़ीके कितने ही खुले रैक रक्खे हुए थे, जिनके ऊपर कपड़ेमें लिपटी या खुली हजारों पुस्तकें रक्खी हुई थीं। इनमें कितनी ही सात-सात, आठ-आठ शताब्दियाँ पुरानी ऐसी

पुस्तकें थीं; जिन्हें तिब्बतके ऐतिहासिक विद्वानोंने अपने हाथसे लिखा या पढ़ा था। तिब्बती साहित्य और इतिहासके ये अनमोल रत्न हैं। लेकिन, मुझे संस्कृतकी ताल-पोथियोंकी अवश्यकता थी। इधर-उधर हाथ मारा, वह तालपोथियों पर पड़ा। इनके ऊपर कपड़ा नहीं लिपटा था। दो लकड़ीकी तख्तियोंके बीचमें आर-पार छेदमें मोटे डोरे डाल कर बँधी यह पुस्तकें एक जगह मिलीं—एक, दो, तीन, चार...बीस पोथियाँ निकल आईं। कुछ तिब्बती पोथियोंके बीचसे भी निकलीं।

मैंने खोलकर देखना शुरू किया। मेरे आनन्दकी सीमा नहीं रही, जब देखा कि तालपत्र पर लिखा "प्रमाणवार्तिक भाष्य" सम्पूर्णमें यहाँ मौजूद है। "प्रमाणवार्तिक" के जिस परिच्छेद पर भाष्य नहीं, उसपर धर्मकीर्तिने स्वयं टीका लिखी थी। उस टीकाकी कर्णक गोमीकृत विशद् टीका भी वहाँ मौजूद थी। असंगकी अनमोल कृति तथा "योगाचार दर्शनकी मूल पुस्तक "योगचर्याभूमि" भी वहाँ थी। रंकने मानो निधि पाई। अब मुझे वहाँसे हटनेकी जल्दी नहीं रह गई। अबके नेपालसे मेरे साथ आये न्यायाचार्य श्री अभयसिंह परेरा भाष्यके उतारनेमें सहायता कर रहे थे, पर अब उन्हें आगे भेजना अवश्यक हो गया था।

दगछेन् रिन्पोचीके प्रति मैं शब्दों में कैसे अपनी कृतज्ञता प्रकट कर सकता था। उनका आग्रह न होता और पुस्तकालयका नाम उन्होंने न बतलाया होता, तो मैं साक्यासे चला गया होता। कौन जानता है, फिर इन पुस्तकोंको देखनेका मौका चौथी यात्रामें भी मिलता और वह देरसे ही सही, प्रकाशित होकर विद्वानोंके सामने आती? मैं डो-नीर-छेन्पोके निवासपर ठहरा था। दगछेन् रिन्पोछेका बहुत आग्रह हुआ कि हमारे यहाँ भी कुछ दिन ठहरें। मैं आज्ञाका पालन करते हुए २ जुलाईको उनके प्रासादमें चला गया और २२ जुलाई तक वहीं रहा। तालपोथियोंकी सूची बनाई। कुल २७ पोथियाँ निकलीं। पहले यहाँ सैकड़ों पोथियाँ रही होंगी, जिनमेंसे कितनी ही ङोर और शलूमें मैंने स्वयं देखी। हो सकता है, साक्यासे सम्बन्ध रखनेवाले अम्दो और खम्के सुदूर प्रदेशोंमें फैले हुए कुछ बिहारोंमें और भी पुस्तकें मिलें। "प्रमाण-वार्तिक भाष्य" का महाग्रन्थ जायसवाल रिसर्च इन्स्टिट्यूट (पटना)से प्रकाशित हो चुका है। उसकी महत्वपूर्ण अनुटीका प्रयागसे छप चुकी है। "योगचर्याभूमि"के कितने ही भागोंको महामहोपाध्याय विधुशेखर भट्टाचार्य सम्पादित करके छपवा चुके हैं।

साक्यासे ङोर जानेमें फिर रोआँ काँप रहा था। पिछली बार वहाँ ईंधन बिल्कुल दुर्लभ था। अबकी बार मैं अकेला जा रहा था, गेशे धर्मवर्धन मेरे साथ नहीं थे। लेकिन, दगछेन् रिन्पोछेने अपने तगड़े रसोइयेको तीन खच्चर देकर मेरे साथ रवाना किया। ङोर, शलू आदि बिहारोंमें अपना काम करके अक्तूबरके पहले सप्ताहमें मैं फिर साक्या लौटा। फिर दगछेन् रिन्पोछेका स्वागत-सत्कार प्राप्त करनेका सौभाग्य

प्राप्त हुआ। जाड़ोंके डरके मारे दो हफ्तेसे ज्यादा वहाँ ठहरना अच्छा नहीं था। ३० अक्तूबरको मैंने भारतकेलिये प्रस्थान किया। महन्तरानीने सर्दी से बचनेकेलिये एक ऊनी गुलूबन्द और बहुत-सी खानेकी चीजें दीं। सर्दीके जोरको देखकर तारा प्रासादके छोटे भाईने पोस्तीनका पायजामा जबर्दस्ती लेनेकेलिये मजबूर किया। अबकी तारा प्रासादने तीन खच्चर और अपना एक आदमी भारतकी सीमा तक पहुँचा देनेके लिये दिया था। मैं तिब्बत या कहींकी यात्रामें उसी रास्तेसे जाकर लौटना नहीं पसन्द करता, अबकी बार मुझे सिक्किमसे होकर लौटना था।

चौथी बार (१६३८ सितम्बर १ से १५)को तिब्बतसे लौटते वक्त साक्यामें मैं फुन्छोग् प्रासादमें ठहरा। दग्छेन् रिन्पोछे अब साक्याके महन्तराज थे और सारा प्रबन्ध उनके हाथमें था। यहाँ पुस्तकोंके आनेमें सुभीता थी और हमें उनका फोटो लेना था। दग्छेन रिन्पोछेने सब तरहका सुभीता प्रदान किया। वर्षों बाद इस प्रासादके हाथमें प्रभुता आई थी, इसलिये पुरानी इमारतोंकी मरम्मत और नये घरोंका निर्माण हो रहा था। बढ़ई, सोनार, चित्रकार काममें लगे हुए थे। सारे घर भरे हुए थे। तो भी हमारेलिये एक घर खाली करवा दिया। यही उनके अन्तिम दर्शन थे। वह भारतमें तीर्थयात्राकेलिये आये। आनेकी सूचना तार द्वारा दी। लेकिन, जब तक तार घूमता-घामता मेरे पास पहुँचे, तब तक वह लौट भी गये थे। मैं ऋणका कुछ मात्रामें भी प्रतिशोध नहीं कर सका।

४६, ४७. दो जापानी मित्र

४६. जुञ्जी सकाकिबारा—

सकाकिबारासे पहलेपहल मेरी मुलाकात जर्मनीमें १६३२के दिसम्बरमें हुई थी। मैं बर्लिनके पास फ्रोनोमें डा० पाल डालके द्वारा बड़ी साधसे बनवाये बौद्ध-विहारमें ठहरा था। सकाकिबारा भी जापानसे पढ़नेकेलिये आ यहीं ठहरे थे। बौद्ध धर्म और संस्कृतकी शिक्षा प्राप्त करनेकेलिये जापानसे एक बौद्ध जर्मनी आये, यह आश्चर्यकी बात नहीं थी। भारतने बौद्ध धर्मको अपने यहाँसे विसर्जित करके अपने उस अधिकारको खो दिया था। हमारे लोग जब यूरोप जानेकी सोचते, तो उनके सामने खर्चेकी समस्या उठ खड़ी होती है। जापान एक शक्तिशाली और स्वतन्त्र देश था। उसने यूरोपसे सीखनेकी बहुत-सी चीजें सीख ली थीं और अब अपने उद्योग-धन्धों द्वारा यूरोपके व्यापारका प्रतिद्वन्द्वी था। पर, जापानी लोगोंका रहन-सहन यूरोपकी तरह बहुत खर्चीला नहीं हुआ था। उद्योगपति प्रतिशत लाभ बढ़ानेकी जगह थोक बिक्रीपर अधिक लाभ ज्यादा पसन्द करते थे। वह स्वयं बड़े ऐश-ऐशकी जिन्दगी बसर करते थे, पर अपने मजदूरोंको वह उतना ही वेतन देते थे, जितना कि हमारे कारखानोंके मजदूर पाते थे। ऐसे निम्न जीवन स्तरमें रहनेवाले आदमीकेलिये यूरोपमें जाकर रहनेका स्वप्न देखना आसान बात नहीं थी। लेकिन, जापानी यूरोपमें जाकर भी सादगीसे रहनेकेलिये तैयार थे। सकाकिबाराको यह लाभ था कि वह बौद्ध विद्वान् थे, बर्लिनके पास एक जर्मन बौद्ध-बिहार था, जिसमें उन्हें एक कोठरी रहनेकेलिये मिल गई थी। वह अपना भोजन स्वयं बना लेते थे।

फ्रोनोसे एक दिन हम दोनों बर्लिन चले। मैं अपने भिक्षुओंके पीले चीवरमें था और न जाने क्यों उस दिन सकाकिबाराने अपना जापानी किमोनो पहन लिया था। लोगोंकी नजर हमारे ऊपर गड़ रही थी। एक जापानीको उसकी क्या पर्वाह हो सकती थी? जापानने २७ वर्ष पहले रूसको चारों खाने चित किया था और अब दुनियाकी महाशक्तियोंमें गिना जाता था। उस समय कुछ ही दिनों तक हम साथमें रहे। सकाकिबाराने बहुत कहा—"आप एक बार जापान आयें।" मैंने भी कह दिया—"आऊँगा।" पर, मेरा काम तो तिब्बतसे था। वहाँ जाने पर तृप्ति नहीं होती थी। तो भी तिब्बतकी दूसरी यात्रा समाप्त करनेके बाद १६३५की मईमें मुझे जापान जानेका सौभाग्य प्राप्त हुआ।

जापानमें भाषाका सुभीता नहीं था। मैं जापानी नहीं जानता था और जापानवाले अँग्रेजीसे अपरिचित थे। सकाकिबाराका पता (कोशियोजी मन्दिर, नाका-ओकाची-माची) मुझे मालूम था। योकोहामामें जहाजसे उतर कर रेल पकड़ टोकियो स्टेशनपर उतरा और सत्तरसेन (प्रायः नौ आन।) पर पूरी टेक्सी ले शहरके गर्भमें इस मन्दिरमें पहुँच गया। मैं सोचने लगा : इतना सस्ता तो बनारसमें एका भी नहीं मिल सकता। सकाकिबाराको चिट्ठी भेज दी थी, किन्तु किस दिन आ रहा हूँ, इसकी खबर नहीं मिली। मेरे मित्रने स्वागत करते हुए अपने घरमें ठहराया। उनकी माँ और भी ज्यादा स्नेह दिखलाती थीं।

बौद्ध धर्मने भारत और जापानके कितने ही शिष्टाचारोंमें एकता स्थापित की है। जापान बौद्ध देश है और परतन्त्र होनेपर भी बुद्धके देशके प्रति उसकी श्रद्धा अटूट है। जापानमें चटाईपर सोते हैं। कुर्सी, पलंग, मेजका वहाँ रवाज नहीं है। शरीर, घर या नगरकी सफाईमें उनका मुकाबिला दुनियाँमें कोई नहीं कर सकता। घर कितने हलके-फुलके होते हैं। दीवारोंकी जगह खम्भे रहते हैं, जिनको बाहरकी ओरसे खिसकाऊ लकड़ीके तख्ते रातको ढाँक देते। दिनमें भीतरकी ओर साफ कागजके मढ़े खिसकाऊ ढाँचे प्रकाशको न रोकनेवाली दीवारका काम देते हैं। जमीनपर एक बित्ता मोटी चटाइयाँ बिछी होती हैं, जिनके ऊपर सूती या रेशमी मगजी लगी सीतलपाटियाँ पड़ कर सौंदर्यकी वृद्धि करती हैं। ये चटाइयाँ निश्चित नापकी होती हैं, जिनकी गिनतीसे आप कमरेके बड़े-छोटे होनेका अंदाजा लगा सकते हैं। घरके भीतर बिछा हुआ चटाइयोंका फर्श देखने हीमें स्वच्छ और सुन्दर नहीं मालूम होता, बल्कि स्प्रिंगदार गद्देकी तरह उसपर बैठना-लेटना सुखद मालूम होता है। रहनेके कमरेको सामानसे भर रखना जापानमें पसन्द नहीं किया जाता। चित्र या फोटो भी एक-दोसे अधिक टाँगना सुरुचिके विरुद्ध माना जाता है। एक ही कमरा बैठक, भोजनशाला और शयनकक्षका काम देता है। दीवारमें ही कहीं जगह बनी रहती, जिसमें गद्दा-रजाई दिनमें डालकर छिपा दिये जाते हैं।

सकाकिबाराने अपने घरका मुझे एक सम्मानित सदस्य ही नहीं बना लिया, बल्कि जापानी जीवनको भीतरसे देखनेका मौका दिया। जापान (और चीनमें भी) हाथसे खाना पसन्द नहीं किया जाता। यूरोपकी तरह वहाँ काँटे चम्मचका नहीं, बल्कि पेन्सि पेन्सिलकी तरहकी दो लकड़ियोंका व्यवहार किया जाता है। "जैसा देश वैसा भेस" की कहावतको मैं मानता हूँ। भिक्षुके भेसको तो नहीं बदल सकता था, पर दूसरी बातोंमें मैंने पहले हीसे अपनेको तैयार कर लिया था। जापानी जहाजमें गया, इसलिये जहाज-परसे ही मैंने लकड़ियोंसे खाना सीख लिया था। पहले जापानी खाना कुछ फीका मालूम पड़ा, क्योंकि न उसमें तेल-घीका बघार होता, न मिर्च-मसाला ही। मछली नमक-के साथ उबली हुई थी। सागमें भी नमक-पानी छोड़ और कुछ नहीं था। सोयाके कई

तरहके पकवान थे; लेकिन सब प्रायः अपने प्राकृतिक रूपमें। चावल जापानका प्रधान भोजन है। वह बासमतीकी तरह बारीक या सुगंधित नहीं था, लेकिन मीठा था। भाप निकलते चावलको लकड़ीकी ढँकी बालटीमें लेकर गृहिणी परोसनेकेलिये सामने घुटने मोड़कर बैठ जाती। जापानमें एक अच्छत भी जूठा छोड़ना शिष्टाचारके विरुद्ध है। चीनीके कटोरेमें यदि कुछ चिपका रह जाता है, तो उसे भी गरम चायके पानीसे धोकर पी जाते हैं। एक-दो बार मुझसे कुछ चावल छूट गया, इसपर मेरे दोस्तने बड़ी नम्रतासे कहा—"हमने भारतसे यह शिष्टाचार सीखा है। यदि आप ही जूठा छोड़ेंगे, तो लोग क्या कहेंगे।" जापानी भोजनका फीकापन बहुत दिनों तक मालूम नहीं हुआ। फिर तो वह मुझे स्वादिष्ट मालूम होने लगा। चाय भी पहले कुछ कड़वेसे काढ़ेकी तरह मालूम हुई। जापानी लोग चीनी, दूध, मक्खन कुछ भी न मिलाकर केवल पत्तियोंको उबालकर पीते हैं। उसका स्वाद भी मुझे मिलने लगा। मैं १० मईसे २६ जून तक प्रायः तोकियो में सकाकिबाराका अतिथि रहा। सकाकिबारा कुछ अँग्रेजी और जर्मन जानते थे। उनके कारण मुझे भाषाकी दिक्कत नहीं हुई। अपने मन्दिरके वह पुरोहित थे। दूसरा कोई काम नहीं था। उन्होंने जापानकी राजधानीको देखनेमें निस्संकोच होकर मेरी मदद की। जब जापान छोड़ने लगा और मुझे कुछ और स्थानोंको देखनेकी जरूरत पड़ी, तो सकाकिबारा क्योतो आदि कई स्थानोंमें मुझे ले गये। मैं विहारोंमें ठहरता। कभी-कभी व्याख्यान देना पड़ता था, जिसका अनुवाद मेरे मित्र कर दिया करते। कई दिनों बाद ओसाका तक पहुँचा कर सकाकिबाराने मुझसे बिदाई ली। उस अकारण बंधुका मैं कृतज्ञ था। पर, क्या बदला दे सकता था।

४६. तुशिश्रो ब्योदो

जापानी और चीनी कायदेके मुताबिक उपनाम या गोत्र पहले आता है और निजी नाम पीछे। उसके अनुसार सकाकिबार जुँजी और ब्यौदो तुशियो कहना चाहिये। जीकेलिये जापानी शब्द सान् है। ब्यौदोसान् पिछले साल भारतमें रहे थे। मैं १९३४के अप्रैलमें अपनी दूसरी तिब्बत यात्राकेलिये कलिम्पोंग गया हुआ था। इसी समय ब्यौदोसान् कलिम्पोंग आये। मैं इससे अधिक उनकी सेवा नहीं कर सका कि उनके ठहरनेका इन्तिजाम किसी मित्रके यहाँ कर दिया। अगले साल मईमें मैं जापानमें था। चिट्ठी-पत्रीका सिलसिला जारी था। सकाकिबाराके यहाँ रहते मैंने उन्हें सूचना दे दी थी। ब्यौदोसान् संस्कृतज्ञ थे और अधिक शिक्षित थे। वह टोकियोमें आकर मिले और अपने विहारमें चलनेका आग्रह किया। पर, पहले टोकियोमें ही रह कर मैंने जापानकी राजधानी देखनी चाही। उनको वचन दे दिया, कि मैं आपके गाँवमें आऊँगा। २८ मईको ब्यौदोसानके साथ मैं उनके गाँव गया। इस बार सिर्फ गाँवको देखकर लौट आया। २ जूनको मैं डेढ़ महीनेकेलिये अब अपने मित्रके गाँव निसामुरामें गया। वह

टोकियोसे डेढ़ घंटेका रेलका रास्ता था। हम मोटर टेक्सीसे गये, और किराया १ रुपया १४ आना देना पड़ा। जापानके सस्तेपनपर विश्वास करना मुश्किल था।

नित्ताका अपना स्टेशन ढाई मीलपर था, जिसमें दो मील साधारण सड़क थी और आध मील पहाड़ीपर चढ़ना-उतरना। व्योदोसानका छ-सात सौ वर्ष पुराना मन्दिर पर्वत-पार्श्वपर था। व्योदो-परिवार पीढ़ियोंका बौद्ध-पुरोहित था। बौद्ध-पुरोहित कहना कितने ही देशोंमें विचित्र-सा मालूम होता है; पर, जापानमें बौद्ध धर्माचार्य भिक्षु और गृहस्थ दोनों ही मिलते हैं। पुरोहितकी आमदनीके अतिरिक्त परिवारके पास काफी खेत थे। गाँवोंमें भी बिजली लगी हुई थी, लेकिन उसका उपयोग रातको ही लिया जा सकता था।

नित्तामें मुझे अब ग्रामीण जीवनको नजदीकसे देखनेका मौका मिला। खेतोंमें जौ, गेहूँ, बकलाकी फसल लहलहा रही थी, कुछ पक भी चुकी थी। कितने ही खेतोंमें स्ट्राबरी लगी हुई थी। धानकी पौध (बेहन) अभी छ-छ अँगुल उगी हुई थी, खेतको रोपनेकेलिये तैयार किया जा रहा रहा था। जापान बर्फ पड़नेका देश है और वहाँकी प्रधान फसल चावल है। जापानी लोगोंका मुख्य भोजन भी चावल ही है। कई बातोंमें जापान को देख कर मुझे नेपाल और कश्मीर याद आ रहे थे। चावल वहाँका भी प्रधान खाद्य है। नेपालके गाँवोंके फूसकी छतवाले मकानों जैसे ही यहाँ भी मकान थे। पासमें बाँस, देवदार आदिसे ढँकी पहाड़ियाँ थीं। हमारे यहाँ बाँसका झुरमुट—कोठी—होती है, पर, यहाँ एक-एक बाँसको अलग लगाया जाता है। बीचमें निकलनेवाले करील उसको घना नहीं बना सकते, क्योंकि कोमल करीलोंको काट कर उसको साग-सब्जीके तौरपर खाते हैं, अचार मुरब्बा बनाते हैं। गाँव बहुत सुहावना था। फिर आकर डेढ़ महीने वहीं रहा।

२९ मईको मैं तोकियो लौट गया। राजधानीमें रहते दो-एक जापानी फिल्म देखे। जापानके साम्राज्यवादी फिल्मको भी अपने उद्देश्यकेलिये इस्तेमाल कर रहे थे। हरेक फिल्ममें लड़ाई और सैनिक अभियानके प्रदर्शन थे। जापानका इस समय सारी मंचूरियापर अधिकार था और उसके मन्सूबे इससे कहीं अधिक थे।

नित्ता—व्योदोसान संस्कृत अँग्रेजी भी जानते थे और सकाकिबारासे अधिक। घरमें उनके वृद्ध माता-पिता थे, जिनसे हमारी बात दुभाषिया द्वारा या इशारेसे हो सकती थी। मैंने जापानी अँग्रेजी स्वयं-शिक्षक ले लिया था, उससे भी मदद लेने लगा था। व्योदो दो भाई थे। दोनोंने अभी शादी नहीं की थी। उनके घरमें एक तरुण भिक्षुणी रहती थी, जिसे भिक्षुणीकी जगह ब्रह्मचारिणी कहना ज्यादा ठीक होगा—उसकी वेष-भूषामें दूसरी स्त्रियोंसे कोई अन्तर नहीं था। विहार बहुत ही शान्त और एकान्त स्थानमें था। विहारके पास ही घर था। और दोनोंके हातेमें एक छोटा-सा बाग, जिसमें देवदारके सुन्दर वृक्ष थे। जाड़ोंमें बर्फ पड़ जायगी, उस समय भी साग-तरकारी

उगानेकेलिये शीशेकी गरम कोठरियाँ बनी हुई थीं। आजकल पकी बिल्कुल सस्ती और ताजा स्ट्रावरी मिल रही थी। जापानी लोगोंको प्राकृतिक सौंदर्य से बहुत प्रेम है। वह अपने बगीचोंको भी बहुत-कुछ प्राकृतिक वनोंके नमूनोंपर बनाते हैं। देवदारके सौंदर्यपर वह मुग्ध हैं और हिमालयके देवदारको सौंदर्य-शिखामणि मानते हैं। जापानने बहुत प्रयत्नसे हिमालयके देवदार मँगवाये हैं, और उसके आठ-आठ, दस-दस हाथकी पौद चाहे जितनी ले सकते हैं। नित्ता छोड़नेसे पहले व्यौदोसानका आग्रह हुआ कि मैं अपनी स्मृतिकेलिये मन्दिरके सामने एक हिमालीय देवदार लगा दूँ। स्मृतिपर मुझे बहुत विश्वास नहीं है; लेकिन दो-चार पीढ़ियोंकेलिये एक सुन्दर वस्तु छोड़ जाना बुरा नहीं मानता।

हरी-भरी प्रकृतिकी गोदमें अवस्थित गाँवमें मैं जापानी ग्राम्य जीवनको देखनेकी प्यास बुझा रहा था। जापानी दैनिक पत्र हरेक घरकेलिये आवश्यक है और उसी तरह रातको रेडियोका चलना भी। पत्र तो मैं नहीं पढ़ सकता था और रेडियोमें कुछ मिनट अङ्गरेजीमें जो खबरें सुनाई जाती थीं, वही मेरे पल्ले पड़ती थीं। ३ जूनको रेडियोने बड़ी रोमहर्षक खबर सुनाई—"क्वेटामें भयङ्कर भूमम्प आया, जिसमें पचास हजारसे ऊपर आदमी मरे।" साल भर पहले बिहारमें जो हृदयद्रावक भूकम्प आया था, उसकी खण्डप्रलयको मैं अपनी आँखों देख चुका था।

मौसिम अच्छा था। हमारे यहाँ अब वर्षा शुरू होनेवाली होगी। यहाँ भी कभी-कभी वर्षा हो जाती थी। मच्छर काफी थे और दिनमें कुछ गर्मी भी मालूम होती थी। खाली समयमें जापानी सीखनेकी कोशिश करता था और व्यौदोसान मुझसे संस्कृत काव्य पढ़ते थे। मैं उनके साथ आसपासके गाँवों और कस्बोंमें भी जाता। किसानोंके फूसकी छतोंके छोटे-छोटे घर एक दूसरेसे अलग-अलग बसे थे। धनी किसान अपनी नौकरानियोंको कपड़ा, खाना और थोड़ा-सा पैसा देते थे। सब मिलाकर पाँच-छ रुपये मासिकसे अधिक खर्च नहीं पड़ता था। जापानी अपने खानेपर कितना कम खर्च करते हैं, यह इसीसे मालूम होगा कि विश्वविद्यालयके विद्यार्थीको भी इसके ऊपर चार-पाँच रुपया मासिकसे बेशी खर्च नहीं करना पड़ता। उनके भोजनमें दूध, मक्खन, तेल, मांस, मसाला शामिल नहीं है। माँस-मछली कभी-कभी खाते हैं।

व्यौदोसान एकबार अपने गुरु डा० नोगीहाराके पास लै गये। जापानमें वह संस्कृतके सबसे बड़े तथा वृद्ध पण्डित थे। लेवी और पेह्योकी तरह वह रात-दिन अपने काममें लगे रहते थे। उन्होंने जर्मनीमें शिक्षा पाई थी। आजकल थैसो विश्वविद्यालयमें अध्यापक थे और साथ ही एक बौद्ध मन्दिरके गृहस्थ पुरोहित भी। पहले यह मन्दिर शहरमें था। शहरकी भूमिका दाम बहुत बढ़ गया। जमीनको बेंचकर वह अपने मन्दिरको यहाँ ले आये। मन्दिरके आस-पास बहुत सुन्दर बाग था, जिसे बाग न कहकर मनोहर वन कहा जा सकता था। देर तक उनसे बातचीत होती रही। कह रहे थे—

"मैं ६८ वर्षका हो चुका हूँ। समझता हूँ जो करना है, उसे जल्दी कर लेना चाहिये।" कुछ ही समय बाद वोगीहाराका देहान्त हो गया।

जापानी लोगोंके देखनेसे यही मालूम हुआ कि जापानी बड़े ही मधुर स्वभावके होते हैं। बाहर गये जापानी व्यापारियोंके झूठ और धोखेबाजीको देखकर शायद लोग दूसरी ही धारणा करें, लेकिन वह गलत होगी। जापानी जनसाधारण बहुत ईमानदार, स्नेही और प्रेमी होते हैं। विदेशीको और भी सहृदय दीख पड़ते हैं। किसी भी गाँवमें जाने पर हरेक आदमी यात्रीकी सहायता करनेकेलिये उत्सुक दिखाई देता है। कष्ट सहनेकी उनमें अद्भुत शक्ति है। घरमें प्रियसे प्रिय सम्बन्धी मर गया हो, लेकिन आप उसके मुखकी मुस्कुराहट देखकर कभी समझ नहीं पायेंगे कि इसके दिलमें पीड़ा का तूफान उठा हुआ है। जापानी अपने दुःखसे दूसरेको दुःखी करना पसन्द नहीं करते। जापानी अपमानको नहीं सह सकते। दुनियामें मृत्युसे इतनी निर्भीक जाति बहुत कम है।

ब्यौदोसानमें अपनी जातिके सभी गुण मौजूद थे। वह बहुत सीधे-सादे, उदार विचारके पुरुष थे। वह एक महन्तके ज्येष्ठ पुत्र और उत्तराधिकारी थे। मैं जापानी जीवन और उसकी आर्थिक व्यवस्थाको बहुत नजदीकसे देखना चाहता था। इसीलिये आमदनी-खर्च, वेतन-मजदूरी सबकी छान-बीन करता था। ब्यौदोसानको ख्याल हो गया कि मैं कोई ऐसी पुस्तक लिखूँगा, जिसमें जापानका रूप काला चित्रित किया जायगा। वह हमें अपने गाँवका स्कूल दिखानेकेलिये ले गये। दोपहरमें काफी गर्मी थी, लेकिन उस धूपमें भी बच्चे सैनिक कवायद कर रहे थे—पाँच ही छः वर्ष बाद तो उन्हें विश्व-विजयकेलिये निकलना था। इसे कहनेकी अवश्यकता नहीं कि जापानके इस रूपको मैं बड़ी नफरतकी निगाहसे देखता था। मैंने स्कूलके लड़के-लड़कियोंकी पढ़ाई देखी, प्रधानाध्यापकने सभी बातें बताईं। जापानमें लड़के-लड़कियाँ दोनोंके लिये छः सालकी पढ़ाई अनिवार्य थी। इसके बाद चार सालकी पढ़ाईको मिडल कहते थे, जो हमारे यहाँके हाई स्कूलके बराबर थी। फिर तीन साल अर्थात् तेरह सालकी पढ़ाई के बाद हाई स्कूल पास करना पड़ता। विश्वविद्यालयमें तीन सालकी पढ़ाई थी और मेडिकल कालेजमें चार सालकी। सारे जापानमें आधे दर्जनसे अधिक लेडी डाक्टर नहीं थे। स्त्रियोंकी अवस्थामें जापानने बहुत कम परिवर्तन होने दिया। विवाहसे पूर्व उसका काम है शरीर तक भी बेचकर माँ-बापकी सेवा करना। लड़कोंकी तरह लड़कियोंकी भी आरम्भिक शिक्षा अनिवार्य थी; लेकिन वहाँके राष्ट्र-कर्णधार पूरी चेष्टा करते थे कि स्त्री अपने पैरोंपर खड़ी न होने पाये। इसीलिये पाठ्य-विषयमें भी अन्तर रक्खा गया। तोकियोसे काफी दूर सेनदाई विश्वविद्यालयको छोड़कर कहीं उन्हें विश्वविद्यालयकी शिक्षा प्राप्त करने की गुञ्जाइश नहीं थी।

स्कूलमें जो सवाल करके मैंने जानकारी प्राप्त करनी चाही, उससे एक बार ब्यौदोसान नाराज हो गये। कहने लगे—"मैं इसे नहीं बताऊँगा। इससे जापानकी

बदनामी होगी।" मैंने नर्मीसे समझाया—"दुनियामें कोई देश देवता नहीं है। कौन-सा देश है जहाँ दरिद्रता, मूर्खता और स्वार्थपरता न हो?

११ जुलाईको ५ बजकर २५ मिनटपर शामको निम्तामें भी भूकम्प आया, वह करीब आध मिनट तक रहा। सारा मकान हिल रहा था। बिजलीकी बत्तियाँ झूल रही थीं। ७ बजे रेडियोमें सुना कि सीजुओका नगरको काफी नुकसान पहुँचा, बहुतसे मकान गिर गये। भूकम्प जापानमें बहुत आया करते हैं—सालमें कई-कई बार। उसके आरम्भ होते ही लोग पहला काम करते हैं आगको दबा देना।

क्यौदोसानके छोटे भाई जेलमें रहकर निकले थे। वह अपने साम्यवादी विचारोंके कारण अधिकारियोंकी आँखोंमें चुभते थे। इस वक्त वह किसी पत्रिकाके सम्पादकीय विभागमें काम करते थे। जापानमें फासिज्मका जोर था जो कम्युनिस्ट सरकारके कोप-भाजन थे। क्यौदो-परिवारने डेढ़ महीने तक जिस स्नेहके साथ मुझे अपना अतिथि बनाया और जिस तरह जापान और वहाँके लोगोंके प्रति स्नेह और सम्मान करना सिखलाया, उसकेलिये मैं बहुत कृतज्ञ था। व्याहकी बात चलनेपर क्यौदोसानने कहा—"मेरे माता-पिताने भी बहुत प्रौढ़ावस्थामें व्याह किया था, मुझे भी जल्दी नहीं है।" उनके घरमें धर्म सीखनेवाली भिक्षुणीने अपने दीर्घ केशोंके बहुतसे भागको काट यह कहकर मुझे दिया, कि इसे बोधगयाकी क्यारीमें गाड़ देंगे। जापानमें बौद्ध धर्मके प्रति ऐसी श्रद्धा असाधारण चीज नहीं थी।

क्यौदोसानसे पीछे पत्र-व्यवहार होता रहा, जो लड़ाईके समय बन्द हो गया। युद्धके बाद मैं जानना चाहता था कि मेरे दोनों मित्र कैसे हैं। सकाकिबाराका फिर पता नहीं लगा किन्तु क्योदोसान पिछले साल (१९५५ ई०में) कलकत्ता तक आये। उन्हें मालूम था कि मैं मसूरीमें रहता हूँ। लेकिन, समयाभावकी शिकायत करते वह एक पत्र लिख कर स्वदेश लौट गये और मुझे सेवाका अवसर नहीं दिया।

४८. हाफिज जी

दो बार उनसे घनिष्ठ सम्पर्क हुआ, पर कभी उनका नाम याद नहीं कर सका, इसका अफसोस है। उनके नामके साथ हाफिज जरूर लगता था। हाफिज या तो सूरदास को कहते हैं या जिसे सारा कुरान याद हो। हमारे हाफिजजीमें ये दोनों बातें नहीं थीं। जान पड़ता है, यह उनकी खानदानी उपाधि थी। उनके साथ पहला परिचय तेहरानमें १९३५के सितम्बरमें हुआ था। वह उसी मेहमानखाना (होटल)में रहते थे, जिसमें मैं भी कुछ दिनों ठहरा था। १९३७के सितम्बरमें जब मैं दूसरी बार तेहरान पहुँचा, तब हाफिजजीसे अधिक घनिष्ठता हो गई। अबकी मैं मुसाफिरखाना वतन (स्वदेश होटल)में ठहरा था। सोवियत वीजाकी दिक्कतके कारण मुझे एक महीना वहीं ठहरना पड़ा, हाफिजजी मेरे सहवासी थे।

वह मक्खड़ (जिला केम्बैलपुर, पश्चिमी पाकिस्तान)के सौदागर थे। ईरानमें उनका व्यापार चलता था। मैं भोजन रेस्तोराँमें कर आता था, लेकिन हाफिज साहब अक्सर मसालेदार मांस स्टोवपर अपने ही बना लिया करते थे। उन्होंने बहुत आग्रह करके मुझे भी अपना सहभागी बना लिया। ५ नवम्बर (१९३७ ई०)को रमजानका पहला दिन था। ईरान कभी भी इस्लामका पूरा अनुयायी रहा, इसमें सन्देह है। पर, आजकल तो नई हवा चली थी, जिसमें हरेक ईरानी सब बातोंमें युरोपकी नकल करना चाहता था। होटलमें दो दर्जन आदमी तो जरूर रहे होंगे, लेकिन रोजा रखनेवाले सिर्फ हाफिज जी थे। उनकी यह बात लोगोंके मजाकका विषय हो गई। एक ने कहा—"भाई, रमजान आ गया है।" दूसरेने उत्तर दिया—"किरमानशाह जा रहे हो, उधर ही छोड़ आना।" हमारे होटलकी मालकिन कहने लगीं—"अजी, मर्द रोजा रक्खें, तो रक्खें, क्योंकि उन्हें ७० हूरें (अप्सरायें) मिलेंगी, पर औरतें क्यों रखें? क्या ६९ सौतें पानेके लिये।" एक सज्जन कहने लगे—"खुदाको चाहिये था, रोजोंको १२ महीनों में बाँट देता और दिनकी बजाय रात को रोजा रखवाता।" दस ही साल पहले रमजानके दिनोंमें तेहरानके सारे भोजनालय बन्द हो जाते थे। दिनमें यदि किसीके घर धुआँ निकलता दिखाई देता, तो सिपाही उसे पकड़ कर पीटते। लेकिन आज सारे रेस्तोराँ खुले थे, रोज जैसी चहल-पहल थी। बेचारे हाफिजजीकी मुश्किल थी। बारी-बारीसे सब उनके पास पूछने आते—"हाफिज, शुमा रोजादारी" (हाफिज, तुम रोजा धारे हो?) शामको हाफिज भाई ने मुझसे कहा—"मैं कलसे रोजा नहीं रखूँगा।"

लेकिन, अगले दिन मालकिनके दूसरे लड़केने हाफिज साहबसे कहा—"हाफिज, आज बड़े तड़के एक सफेद दाढ़ीवाला पुरुष हमारे होटलमें आया था। उसके चेहरेसे नूर बरस रहा था। उसके कन्धोंपर दो बड़े-बड़े पंख थे। हाँ, वह रोजेका हिसाब रखने-वाला फरिश्ता था। उसने पहले कमरेके दरवाजेपर दस्तक दी और दरवाजा खोलनेपर पूछा—शुमा रोजादारी? जवाब नहींमें मिला। दूसरे दरवाजेको भी खटखटाया, वहाँ भी जवाब नहींमें मिला। सात-आठ दरवाजोंको खटखटानेके बाद वह अपना रजिस्टर बगलमें दबाये लौट गया। हाफिज, तुम्हारा तो रोजा दर्ज ही नहीं हुआ। तुम्हें क्या ७० हूरें मिलेंगी? रोजा रखना था, तो पहले कमरेमें ठहरना चाहिये था?"

हाफिजजीकी उमर मेरे ही बराबर थी अर्थात् उस समय ४४-४५ के रहे होंगे। विदेशमें देशका कुत्ता भी प्यारा लगता है और वह तो बड़े ही सज्जन देशभाई थे। हम दोनोंकी मित्रता घष्ठि हो गई। हाफिजजी लाहोरके "एहसान" उर्दू पत्रको मँगाया करते थे। एक दिन किसी ईरानीने उठा कर देखा। उसके समझमें नहीं आया, पूछा—"यह कौन जबान है?" हाफिजने कहा—"हिन्दी।" हाँ, हिन्दुस्तानके बाहरके लोग खासकर पश्चिमी एसियामें हमें और हमारी भाषाको हिन्दी कहते हैं। भारतमें होता, तो उर्दू कहा जाता, लेकिन ईरानी उर्दूका अर्थ फौज समझते हैं।

हाफिज साहब जातिसे पराचा थे। पराचा प्राचीसे निकला है, जिसका अर्थ है पुरबिया। पंजाबमें पराचा मुसलमान बनियाको कहा जाता था, जिनका व्यापार ही पेशा था। हाफिजकी चिट्ठियाँ उर्दूमें नहीं, बल्कि मुड़िया अक्षरोंमें आती थीं और बहीखाता भी उन्हीं अक्षरोंमें रखते थे—अर्थात् उसी लिपिको वह स्तेमाल करते थे, जिसे पंजाबके दूसरे हिन्दू व्यापारी। कह रहे थे—"हमारे यहाँ यही रवाज है।"

मुझे सोवियत वीसा मिला और ६ नवम्बर (१९३७ ई०)को मैंने अपने मित्रसे विदाई ली। मैंने पौण्डमें मौजूद अपने मुसाफिरी चेकको भुनाना चाहा। बैंककी दर कम थी, जब कि दूसरी जगहोंपर रुपये या पौण्डका दाम ड्योढ़ा था। हाफिज भाई ने कहा—"चेक मत भुनवाइये। मैं पैसा देता हूँ।" मुझे अचरज हुआ, यद्यपि महीने भर साथ रहनेके कारण जितना होना चाहिये, उतना नहीं हुआ। हम हमनवाला थे, हम पियाला नहीं थे, क्योंकि ईरानमें अँगूरी शराबकी नहरोंके बहते रहने पर भी हम दोनों उससे वंचित थे। मुझे झिझक हुई। उन्होंने कहा—"आपको यह ख्याल है, कि मैं पाँच-सात सौ रुपये उधार देकर खतरेमें पड़ रहा हूँ।" मैंने अपने संकोचको संयत भाषामें बतलाना चाहा। उन्होंने कहा—ड्योढ़े सिक्केकी जगह आप इतना कम सरकारी बैंकसे क्यों लेंगे। आप मुझसे पैसे ले जाइये। भारत जानेपर अमुक पतेपर उसे भिजवा दीजियेगा।" उस समय यह भी पता नहीं था कि मैं कितने सालों बाद रूससे लौटूँगा। विज्ञान अकदमीने मुझे बुलाया था, जो आशा रखती थी कि मैं डा० श्चेर्वात्स्कीके साथ मिल कर कुछ समय काम

करूँगा। देश लौटनेपर मैंने मक्लड़ उतने रुपये भेज दिये। हाफिज भाईका पत्र उसके बाद भी दो-एक बार मिला। फिर वह चुप हो गये। वह मक्लडमें बराबर रहते नहीं थे, इसलिए पत्रोत्तर न मिलनेका कारण मैं उनकी अनुपस्थिति समझता था।

१९४४ ई०में तेहरानमें मुझे सात महीने रहने पड़े। उस समय मित्रोंसे मालूम हुआ कि हाफिजजीका काफी पहले देहान्त हो गया। उनके सीधे-सादे स्वभाव और स्नेहमयी मूर्तिको अब भी याद करता हूँ और साथ ही उनके उपकारोंको भी, जिनके लिए मैं कुछ नहीं कर सका।

४६. विज्ञानमार्तण्ड

अजमेरके किसी लड़केको विज्ञानमार्तण्ड जैसा नाम माँ-बाप नहीं दे सकते, यह निश्चित ही था। शायद इसे उन्होंने स्वयं चुना था और बिल्कुल उचित ही था।

१६३७का दिसम्बर था। मैं अपनी तीसरी तिब्बत-यात्रासे लौटकर आया था और पटनामें जायसवालजीकी घासकी लानमें कुर्सीपर बैठा कुछ लिखवा रहा था। इसी समय एक मझौले कदका गेरुआधारी दुबला-पतला पुरुष हाथमें कपड़ेका बेग लिये पास खड़ा हो गया और बोला—"मैं राहुलजीसे मिलना चाहता हूँ।" मैंने कहा—"मैं ही हूँ, बैठिये।" वह मुझे ढूँढ़ते बनारससे आये थे। उनकी सूरतसे विद्वत्ताका पता नहीं लग सकता था। आँखोंकी ज्योति इतनी क्षीण थी कि पुस्तकको दो अँगुल पर ले जाकर ही पढ़ सकते थे। उन्होंने अपने आनेका उद्देश्य यही बतलाया कि मैं पालि पढ़ना चाहता हूँ, उसके बारेमें आपसे कुछ जानना चाहता हूँ। उनके गुण उस समय भी मालूम हुए। दूसरे दिन जायसवालजीने पटनाके उस समयके बड़े विद्वान् पं० रंगनाथजीको बुलवाया। शास्त्र-चर्चा चल पड़ी। विज्ञानमार्तण्डने बमका गोला छोड़ते हुए कहा—"खंडन खंडखाद्य वेदान्तका नहीं, बौद्ध दर्शनका ग्रन्थ है।" रंगनाथजी या कोई भी पण्डित यह सुनकर अपने कानोंको विश्वास नहीं कर सकता था। सभी लोग जानते हैं कि शंकरके अद्वैत वेदान्तका यह सर्वश्रेष्ठ ग्रन्थ है। कहनेकेलिये यह खंडखाद्य (लड्डू) भले ही कहा जाय, लेकिन समझनेमें वह लोहेके चनेसे भी कड़ा है। बहुत कम विद्वान् वहाँ तक पहुँचते हैं। पं० रंगनाथ पढ़े हुए थे। २४-२५ वर्षका ब्रह्मचारी खाद्यको खिलाड़ीके गेंदकी तरह उछाल रहा था और एक-एक उद्धरण देकर बतला रहा था कि ये बातें वेदान्तकेलिये नहीं, बल्कि नागार्जुनके माध्यमिक दर्शनके अनुकूल हैं। रंगनाथजीने कहा—"लेकिन श्रीहर्षने इसके मंगलाचरण में रामकी स्तुति की है।" विज्ञानमार्तण्डने कहा—"उसे किसी दूसरेने चिपका दिया होगा, या ग्रन्थकर्त्ताने स्वयं अपने को छिपानेकेलिये यह चाल चली हो।"

पं० रंगनाथजी व्याकरण, न्याय और दूसरे शास्त्रोंके भी पण्डित थे। उन्होंने कभी व्याकरणमें ले जाकर दबाना चाहा, और कभी न्यायके परिष्कारोंमें। पर, विज्ञानमार्तण्ड कहीं नहीं झुके। गम्भीर शास्त्रार्थमें भी दोनोंमेंसे किसीने अपना सन्तुलन नहीं खोया। तरुण ब्रह्मचारीकी विद्वत्तापर जायसवालजी मुग्ध हो गये।

विज्ञानमार्तण्डका संस्कृत भाषण अप्रयास और बड़ा सुन्दर होता था। छन्दों

पर उनका पूरा अधिकार था। बड़े से बड़े छन्दोंमें सुन्दर रचना करनेमें उन्हें देर न लगती। उसी साल तिब्बतमें किस तरह अन्धी कोठरीमें तालपत्रोंकी रत्न-राशि मुझे मिली, इसे सुनकर उन्होंने एक बहुत सुन्दर श्लोक बनाया था। अफसोस है कि उसे हम रक्षित नहीं रख सके। उनके परिडतमित्र बराबर किसी न किसी विषयपर श्लोक बनाकर भेजनेका आग्रह किया करते थे।

विज्ञानमार्तण्डने पहले अध्ययन अजमेरमें किया था। फिर लाहौरमें जाकर पढ़े, जहाँ उन्होंने शास्त्री-परीक्षा पासकी। इसके बाद कई वर्षोंसे काशीमें एक बहुत बड़े पंडित संन्यासीके प्रिय शिष्य होकर पढ़ रहे थे। शास्त्र में पढ़ते वक्त बौद्धोंका खण्डन देखते थे। इसलिये अब वह बौद्ध दर्शन और बौद्ध ग्रन्थोंके पढ़नेकेलिये उत्सुक हुए। मैंने सिंहल या बर्मा जानेकी सलाह दी। परिचय-पत्र भी दे दिया, वह अन्तमें बर्मा गये।

जायसवालजी को विज्ञानमार्तण्डकी विद्वत्ता बड़ी चमत्कारिक मालूम हुई। विद्वान्‌केलिये तो वह अपना सर्वस्व अर्पण करनेकेलिये तैयार हो जाते थे, यदि उनकी चलने पाती। ब्रह्मचारीके पास कपड़ों का अभाव-सा था। एक दिन एक अच्छा कम्बल और दूसरे कपड़े अपने साथ खरीद कर लाये। फिर एक दिन कचहरीसे आने पर सौ-एक रुपये विज्ञानमार्तण्डके हाथमें दिये और कहा—बाहर जानेमें खर्चकी आवश्यकता होगी।

विज्ञानमार्तण्ड ब्राह्मणोंकी विचार-संकीर्णताको छोड़ चुके थे। आर्यसमाजकी भी बातें करते, किन्तु वह इतने विशाल थे कि आर्यसमाजमें वह समा नहीं सकते थे। वह वस्तुतः सर्वतंत्र स्वतन्त्र थे।

शायद उसी साल वह बर्मा चले गये। कुछ ही महीनोंमें पालि पर इतना अधिकार प्राप्त कर लिया, कि वह उसमें श्लोकबद्ध चिट्ठी मेरे पास भेजने लगे। यह कोई अचरजकी बात नहीं थी, पालि और संस्कृतका सम्बन्ध अत्यन्त समीप का है। जिस समय वह बर्मामें रहते थे, उसी समय मुसलमानों और बर्मियोंका दंगा हो गया। बर्मी वैसे बहुत शान्त होते हैं, लेकिन गुस्सा दिला देने पर बहुत खूँख्वार भी हो जाते हैं। इस खूनी झगड़ेको विज्ञानमार्तण्डने अपनी आँखों देखा था। बर्मा या पालि बौद्ध-साहित्यमें बौद्धदर्शनके पिछले चरमविकासकी सामग्री नहीं है। उसमें आरंभिक बौद्ध और ऐतिहासिक बुद्धके विचारोंकोही सुरक्षित रक्खा गया है। पालि-साहित्यका अवगाहन करनेमें उन्हें बहुत समय नहीं लगा। फिर वह भारतमें आ गये। एक दिन जाड़ोंके समय बनारस जानेपर मालूम हुआ कि वह यहीं आर्यसमाजमें ठहरे हुए थे। धर्मोंमें किसीके फन्देमें वह फँसनेवाले नहीं थे। पर, सबके साथ अच्छा सम्बन्ध रखते थे। आर्यसमाजी ऐसे विद्वान्‌की क्यों न कदर करते? इधर-उधर भी

उनके कितने ही परिचित गृहस्थ थे, जिनमें एक नेपाली परिवार भी था। वह वहाँ भी मुझे ले गये।

मैं चाहता था, अब उनकी विद्या का उपयोग हो। वह अब इतने साधन-सम्पन्न हो गये थे कि दर्शनके गम्भीर ग्रन्थों को पढ़ा सकते थे तथा उन्हें सरल और सुपाठ्य रूपमें संस्कृत या हिन्दीमें लिख सकते थे। बौद्ध-जैन-ब्राह्मण दर्शनोंका तुलनात्मक अध्ययन करके उनके क्रम-विकासपर कलम चला सकते थे। पर, विद्याकी गम्भीरताके साथ ही वह किसी बातमें स्थिर होकर काम करनेका स्वभाव नहीं रखते थे, यह उनमें बड़ा दोष था। कई वर्षों विज्ञानमार्तण्डका पता नहीं लगा। पीछे किसीने यह दुःखद घटना सुनाई कि वह देश-विभाजनके पहले कराँचीमें थे और वहीं कहीं मारे या स्वयं मर गये। विज्ञानमार्तण्ड की अद्भुत प्रतिभा और विद्वताका उपयोग नहीं हो सका। वह यदि काशीमें डटकर रहते, तो विद्यार्थियोंको पढ़ा कर अच्छे विद्वान् पैदा कर सकते थे। लेकिन, वह यह भी नहीं कर सके और न कोई अपनी कृति ही छोड़ गये। शायद उनके परिचितोंके पास उनके बनाये श्लोक हों, लेकिन क्या जानें मेरी तरह उन्होंने भी उन्हें खो दिया हो।

५०. साथी महमूद

पिछले साल देहरादून जानेपर जब मालूम हुआ कि साथी महमूद यहीं हैं, तो अपने मित्र श्री हरिनारायण मिश्र और दूसरे एक-दो बन्धुओंके साथ मैं उनके पास गया। उनकी अपनी कोठी शायद सरकारी दफ्तरकेलिये ले ली गई थी और वह अपने एक मित्रके बड़े बँगलेमें रहते थे। जाते ही खबर सुनकर वह बाहर निकल आये। किसी-किसी मुस्कुराहटका दाम अनमोल होता है, इसका उदाहरण महमूदकी मुस्कुराहट थी। किसी भी आगन्तुककेलिए वह सदा स्मितपूर्वाभिभाषी रहा करते थे, अपने घनिष्ठ मित्रोंके बारेमें तो कहना ही क्या। इस मुस्कुराहटसे ही आतिथ्य पूरा हो जाता था। हम लोग चाय पीकर गये थे, पर शामके पाँच बजे चायका समय था। ना-ना करनेपर भी उन्होंने अपने आदमीको आज्ञा देते कहा: "मैं चोकरकी पावरोटी खाता हूँ, देखिये आपको मक्खन और पनीरके साथ उसका टोस्ट खिलाता हूँ।" महमूदपर दो बार हृदय-पीड़ा हो चुका था; और बहुत खतरनाक रूपमें। डाक्टरने कहा था: यदि फिर ऐसा आक्रमण हुआ, तो बचनेकी सम्भावना नहीं। उस पुरुषके सिरपर मृत्युका वारण्ट था, पर उनकी बातों और खुशमिजाजीसे उसका कहीं पता नहीं लगता था। मैंने कहा—"शरीर देखनेमें तो ठीक मालूम होता है।"

उन्होंने बेपर्वाहीसे कहा—"यही तो बुरा है। मेरा वजन कम होना चाहिये, जिसमें हृदय-यन्त्रको कुछ आराम मिले। पर क्या करूँ, कम होता ही नहीं।"

हृदयके मरीजको ऊपर स्वस्थ देखकर कुछ नहीं कहा जा सकता। उसका भीतर खोखला रहता है। मैंने कहा—"अधिक विश्राम लीजिए।"

—"विश्राम तो ले रहा हूँ। तीन-चार महीनेसे कुछ नहीं हुआ है, इसलिए मन करता है, कि फिर कार्य-क्षेत्रमें उतरूँ।"

मैंने कहा—"कार्य-क्षेत्रमें उतरना किसी सोसायटीके संगठक या मन्त्रीके रूपमें ही नहीं होता।"

महमूद इधर इन्दो-सोवियत सांस्कृतिक सभाके मन्त्री और उसकी पत्रिकाके संचालक होते हुए बहुत काम कर रहे थे। शायद उनका ध्यान उसी तरफ था।

मैंने फिर कहा—"आप यहीं बैठे कुछ लिखिए, या डिक्टेट करके लिखवाइये, यह भी आपकेलिये कार्यक्षेत्र है।"

महमूदने फिर अपने आगेके सोचे हुए प्रोग्रामके बारेमें कहा—"मन करता है

कि एक उपन्यास लिखूँ। कहानी दिमागमें चक्कर लगा रही है। पर, अफसोस, मैं उर्दू या हिन्दीमें लिखनेमें असमर्थ हूँ, केवल अँग्रेजी हीमें लिख सकता हूँ।"

महमूद दूध पीते समय अँग्रेजी बोलनेवाली आयाकी गोदमें पले। फिर नैनीतालके एक युरोपियन स्कूलमें पढ़े। अन्तमें वर्षोंके लिए वह पढ़नेके वास्ते इंगलैंड भेज दिये गये। इस प्रकार अँग्रेजी उनकी मातृभाषा होगई थी, पर वह अँग्रेज कभी नहीं बने। वह पक्के हिन्दुस्तानी, और केवल हिन्दुस्तानी थे। आक्सफोर्डकी डिग्री लेकर देशकी सेवा करनेका संकल्प करके वह बम्बई उतरे। वहीं उन्होंने विलायती पोशाक उतारी और खद्दरका कुर्ता-धोती पहन लिया। इसी पोशाकमें जब वह अपने घरमें पहुँचे, तो बेगमोंमें कुहराम मच गया। यह उनकी सारी आशाओंपर पानी फेरना नहीं था, केवल जेलकी तैयारी ही नहीं थी, बल्कि नवाब नजीबुद्दौलाके पवित्र इस्लामिक पठान खूनपर बट्टा लगाना था। धोती-कुर्ता हिन्दुओंकी पोशाक थी। महमूद पहले कुछ नहीं समझ सके। उन्हें हिन्दू-मुसलमानके इस भेदका पता ही नहीं था, यह कभी कुछ जान पड़ता था, तो उसे वह निरी मूर्खता समझते। धोती-कुर्तेसे बढ़कर राष्ट्रीय पोशाक एक भारतीयकी क्या हो सकती है? इस घटनासे मालूम होगा कि महमूद भारतीय रंगसे कितने रँगे हुए थे। वह हिन्दी-उर्दू मिश्रित भाषा बोल लेते थे, अपने विचारोंको प्रकट कर सकते थे, पर लिखनेका अभ्यास कभी नहीं किया।

मैंने कहा—"अँग्रेजी हीमें लिख डालिए, उसका हिन्दीमें करना मुश्किल नहीं होगा। पर दूसरी ओर तत्परता दिखलानेका साहस मत कीजिए। मैं स्वयं हल्के हृदय-रोगका मरीज हूँ, पर, अपनी लेखनीके कार्यको ही कार्य समझ लेता हूँ, और कार्यक्षेत्रमें कूदनेसे विरत हो गया हूँ। उन्हें समझानेकी जरुरत भी नहीं थी। महमूद अपनी बीमारीको जानते थे।

बीमारीके कारण ही शायद उनकी डाक्टर बहिन उन्हें अपने पास अलीगढ़ ले गई थीं। २६ अगस्तके किसी अखबारमें पढ़ा—२४ अगस्तको अलीगढ़में महमूदका देहान्त हो गया। इस बुरी खबरके सुननेका हर वक्त डर बना रहता था, इसलिए उसपर आश्चर्य कैसे हो सकता था? पर, महमूदके घनिष्ठ सम्पर्कमें जो भी आदमी एक बार आ चुका हो, उसकेलिए यह खबर सचमुच ही हृदय-विदारक थी। अपने जीवनमें बहुतसे मित्रों-बन्धुओंके मरणकी खबर मुझे सुननेको मिली है, पर महमूदकी मृत्युका समाचार सबसे दुःखद मालूम हुआ। दूसरी मृत्युएँ काल पाकर भूली-सी हो जाती हैं, पर महमूदकी मृत्यु कभी नहीं भूली जा सकती। उन्हें जब मैंने देखा, मुस्कुराते देखा। उस मुस्कराते चेहरेकी हृदयपर इतनी जबर्दस्त छाप है कि याद आते ही वह आँखोंके सामने खड़ा हो जाता है। इतना विशाल हृदय, इतना सहृदय पुरुष कहाँ मिल सकता है? बचपनसे ही उसका सारा जीवन आराम-सुखकी गोदमें पला था। जवानीमें ही उन्होंने काँटोंका ताज अपने सिरपर रख लिया और किसी भी दुःख, जेल-यातनाको

सामने आनेपर हँसकर उसका स्वागत किया। महमूद और उनकी पत्नी डा० रशीदजहाँ दोनों एक-से विचारवाले और स्पष्टवादी थे। दोनों एक दूसरेके आदर्शोंके सहभागी थे। रशीदा वर्षों तक केन्सर (नासूर)के रोगमें घुलती रहीं। देशमें चिकित्सा करानेसे कोई लाभ नहीं हुआ। मेरे साथ तो रशीदाकी खास तौरसे शिकायत थी और अन्तिम बार यहाँ आईं, तो कहा—"राहुलजी, आप को बहुत लानत-मुलामत करनी है। आप उर्दू के विरोधी हैं।" वह कुछ घन्टोंकेलिये आईं थीं। मैंने कहा—"इतने समयमें लानत-मुलामत पूरी नहीं हो सकेगी। किसीने झूठ ही कहा है, कि मैं उर्दू का विरोधी हूँ। मैं हिन्दी-उर्दू दोनोंको एक ही भाषा मानता हूँ और दोनोंकी शैलीमें लिखे साहित्यको चिरस्थायी देखना चाहता हूँ।" रशीदाने वादा किया कि दूसरी बार मैं आकर यहाँ रहूँगी। पर, इस वादेको वह कभी वफा नहीं कर सकीं। महमूद साथ लेकर चिकित्सा करानेकेलिये उन्हें रूस ले गये और उन्हें गँवाकर अकेले लौटे। रशीदाका खोना उनकेलिये बहुत बड़ा आघात था, इसी आघातने उनके हृदय-रोगको जन्म दिया इसमें कोई सन्देह नहीं।

महमूद—पूरा नाम महमूदुज्जफर—का कुल इतिहास प्रसिद्ध है। औरंगजेबकी मृत्यु (१७६० ई०)के बाद मुगल सलतनत छिन्न-भिन्न होने लगी। उस समय दरबारमें मुसलमानोंके चार प्रभावशाली दल थे—मुलकी, पठान, ईरानी (शिया) और तूरानी। मुलकी अर्थात् भारतीय मुसलमानों (हिन्दुओंके भी)के नेता सैयद-बन्धु थे, जो दिल्लीमें कितने ही समय तक राजनिर्माता बने रहे। पठान दो भागोंमें विभक्त थे—रुहेले और बंगश। बंगश फर्रुखाबादसे इलाहाबाद तकके गंगाके दक्षिण ओरके बड़े भूभागके मालिक थे, और रुहेले मेरठ कमिश्नरीके अधिकांश तथा रुहेलखण्डके—उसी समय इस इलाकेका नाम रुहेलखण्ड पड़ा। ईरानी दल भी अवध और मुर्शिदाबादके नवाबोंके रूपमें दो भागोंमें बँटा था। तूरानी दलका मुखिया निजाम था, जिसने हैदराबादकी बड़ी रियासतका निर्माण किया। अवधके नवाब पठानोंसे बहुत परेशान थे। उन्होंने मराठोंको बुलाया, जिन्होंने बंगशोंकी ताकत खतम कर दी, पर रुहेलोंके पास तक पहुँचनेमें उनकी ताकत क्षीण हो गई। रुहेलोंके मुखिया पीछे रामपुरके नवाब हुये, पर पहले उनका सर्वमान्य नेता नजीबुद्दौला था। मराठोंकी शक्तिको खतम करनेके लिये कहते हैं, उसीकी शहपर अहमदशाह अब्दाली काबुलसे आया था। दोनों पठान थे, शायद इसीलिये यह कल्पना की गई। चाहे बुलाया न हो, पर बंगशोंकी शक्तिको समाप्त करनेवाले मराठोंको रुहेले अपना सबसे बड़ा दुश्मन समझते, इसमें सन्देह नहीं।

नजीबुद्दौलाके जमानेमें रुहेलोंकी खूब तपी। उसके नामकी छाप आज भी नजीबाबाद शहरके ऊपर है। नजीबुद्दौलाके बाद उसका उत्तराधिकारी पुत्र अब्दुल कादिर आधा सनकी था। पीछे और भी शक्ति कमजोर होती गई। १८५७के

स्वतन्त्रता-युद्धमें नजीबुद्दौलाके उत्तराधिकारी नजीबाबादके नवाब दुन्दूखाँने स्वतन्त्रता-युद्धमें भाग लिया, जिसके कारण उनकी रियासत अँग्रेजोंने छीन ली और उसमेंसे कुछ भाग रामपुरके नवाबको मिला। नजीबाबाद और रामपुरके नवाब रक्त-सम्बन्धी थे, जिस सम्बन्धको रामपुरने कभी नहीं भुलाया। आगे वह सम्बन्ध बराबर नये किये जाते रहे। इसलिये नवाबकी बेगमें महमूद जैसे अपने कम्युनिस्ट सम्बन्धी को बड़े स्नेहकी दृष्टिसे देखती थीं। रामपुरकी बेगमके साथ एक बार महमूद रानीखेतमें थे। पेशावर-काण्डके वीर चन्द्रसिंह गढ़वाली उस समय वहीं परिवार-सहित कष्टका जीवन काटते देश-सेवामें लगे हुए थे। संयोगसे महमूदने देख लिया और गढ़वाली मिले। बेगमने जब सुना तो गढ़वाली वीरके बच्चोंके लिये रेशमी तोशक, रेशमी रजाई और क्या-क्या कपड़े बनवाकर दिये। चन्द्रसिंह आदमीसे भेजनेकी जगह अपने ही ले गये और खुली गठरीमेंसे एक-एक चीज रास्तेमें गिरती गई। घर पहुँचनेपर एक ही दो चीज उनकेलिये रह गई।

दुन्दू खाँके साथ रियासत और नवाबी चली गई, लेकिन इस देशभक्तकी सन्तानोंको लोगोंने अपनी ओरसे "साहेबजादा" का खेताब दे रक्खा था। महमूदके पिता साहबजादा सैदुज्जफरने उच्च डाक्टरी शिक्षा प्राप्त की और कई जगह सिविल-सर्जन रहे। इसी अवस्थामें आगरामें महमूद पैदा हुए। बड़े लाड़-प्यारसे उनकी पर्वरिश हुई और अपने इकलौते पुत्रको उच्च शिक्षा दिलानेकेलिये पिताने कितना प्रयत्न किया, इसको हम बतला आये हैं। महमूदने उस शिक्षाको दुन्दूखाँके अपूर्ण कामको पूरा करनेमें लगाया। वह केवल देशकी आजादी ही नहीं चाहते थे, बल्कि देशमें गरीबीका नामोनिशान रह जाना भी वह पसन्द नहीं करते थे। इसीलिये इङ्गलैण्डमें रहते ही वह कम्युनिस्ट हो गये और मरे भी कम्युनिस्ट रहते ही। इसका उन्हें सन्तोष था कि देशसे अँग्रेजोंकी काली छाया उठ गई, पर अभी लक्ष्य अधूरा ही था।

महमूद नजीबुद्दौलाकी सर्वज्येष्ठ सन्तानके एकमात्र पुत्र थे। उनकी मृत्युके रूपमें नजीबुद्दौलाकी वह शाखा समाप्त हो गई।

यद्यपि महमूदके लम्बे-तगड़े शरीरको देखनेसे रोबीले पठानका प्रभाव आदमी के ऊपर पड़ता पर उनके केशहीन मुखपर सदा विराजती मधुर मुस्कान उनको दूसरे ही रूपमें पेश करती थी। उनके स्वस्थ शरीरको देखकर लोग ईर्ष्या करते थे, पर भीतर ही भीतर वह घुन गया था। मैंने पहलेपहल महमूदको देवली कैम्प जेलमें देखा था। वह ज्यादा बोलनेवाले नहीं थे, या यों कह लीजिये, काम पड़ने हीपर उनकी जबान खुलती थी। लेखनीमें शक्ति थी, पर उसका भी उपयोग वह बड़े संयमके साथ करते थे। भीतरसे वह शक्तिके पुञ्ज थे, लेकिन उस आगको इतना सँभाल कर रखते थे कि सहसा आदमीको उनके व्यक्तित्वके बारेमें धोखा हो जाता। हाँ, कुछ समय भी साथ

रह जानेवाला धोखेमें नहीं पड़ सकता था। देवली कैम्पमें रहते पुस्तक लिखनेकेलिए मुझे कुछ ऐसी पुस्तकोंकी अवश्यकता थी, जो हमारे बड़े-बड़े पुस्तकालयोंमें भी दुर्लभ थीं। महमूद उन्हें पढ़ चुके थे और उन्होंने पुस्तकें मेरे पास भेजीं। हम दोनों दो हातोंमें रहते थे और निश्चित समयपर ही कभी-कभी मिला करते थे। वहींसे महमूदकी छाप मेरे ऊपर पड़ी। यह सम्बन्ध आगे और घनिष्ठ होता चला गया। महमूद अत्यन्त मधुर थे। उनकी माधुर्यकी उपमा किसी चीजसे नहीं दी जा सकती। वह सर्वतोभद्र थे। चारों ओर उनकी नेकी और भलाई बरसती थी। वह कम्युनिस्ट थे, कम्युनिस्टका जैसा रूखा-सूखा चित्र लोगोंके सामने रक्खा जाता है, उसे देखकर कोई विश्वास भी न करता कि कम्युनिस्ट ऐसा हो सकता है। या यदि कम्युनिस्ट ऐसे हो सकते हैं, तो मीठे स्वभावका दूसरा आदमी कौन हो सकता है? महमूदके मित्रों और प्रशंसकोंकी संख्या अपनी पार्टी तक ही सीमित नहीं थी। दूसरे भी उनका बड़ा सम्मान और स्नेह करते थे। कितने ही समय तक वह पं० जवाहरलाल नेहरूके प्राइवेट सेक्रेटरी, कितने ही समय तक अमृतसरके एक अच्छे डिग्री कालेजके वाइस-प्रिंसिपल रहे। मान-सम्मान, प्रभुता-वैभव उनको अपनी तरफ खींच नहीं सकते थे। जहाँ अपने आदर्श और सिद्धान्तका सवाल आता, वहाँ वह जरा भी झुकनेकेलिये तैयार न थे।

ऐसे पुरुष-रत्नको इतनी जल्दी महाप्रस्थान नहीं करना चाहिये था, पर मृत्यु किसका मुलाहिजा करती है? महमूद सदाकेलिये हमें छोड़ कर चले गये। उनकी याद हमारी पीढ़ी कभी नहीं भुला सकती। मैं तो चाहता हूँ, वह कभी न भुलाई जाय। धार्मिक, सांस्कृतिक सभी तरहकी साम्प्रदायिकतासे ऊपर कैसे कए भारतीयको होना चाहिये, इसके वह पूरे नमूने थे।

५१. मिश्राजी

मिश्राजीकी खुशमिजाजी और जिन्दादिलीको देखकर आदमीको सहसा विश्वास नहीं हो सकता था कि वह गम्भीर अध्ययनशील व्यक्ति हैं। उनके जीवनका बहुत बड़ा भाग स्वाध्यायमें बीता। आखिरी उमरमें आँखों से मजबूर थे, लेकिन तब भी वह अपने छात्र-छात्राओंसे पुस्तकें पढ़ाकर सुना करते थे। जब कोई नहीं रहता, तो रेडियो खोलकर बैठ जाते और देश-देशान्तरकी खबरें, व्याख्यान तथा दूसरी चीजें सुनते। जवानीमें उनका स्वास्थ्य असाधारण अच्छा था। वे शिकारके शौकीन थे। जँगलों और पहाड़ोमें बाघ और हिंरनके पीछे फिरते थे। ऐसे स्वस्थ और कर्मठ आदमीका शरीर इतना दुर्बल हो जायगा, इसकी किसको आशा हो सकती थी ? पर, बुढ़ापा और उसके अनिवार्य आनेवाली व्याधियाँ फौलादी ढाँचोंको भी पिघला देती हैं।

देहरादूनके नागरिक जीवनके वह एक अनिवार्य अंग थे, जहाँ १६२३में वे आए। उनके मित्रोंकी संख्या बहुत अधिक है, जो मिश्राजीके अभावको अपने जीवन भर नहीं भूल सकते। हम दोनोंकी आयुमें पाँच सालका अन्तर था, लेकिन कितनी ही ऐसी एक समान बातें थीं, जिसकी वजहसे वह बराबर लालायित रहते थे कि मैं आऊँ। मैं भी उनकी मनोरञ्जक बातों और सुधरे हुए विचारोंके सुननेकी हर वक्त आकांक्षा रखता था।

मिश्रजी यद्यपि युनिवर्सिटीके ग्रेजुयेट नहीं हुए थे, लेकिन अध्ययनशीलताके कारण उनका अँग्रेजी साहित्य का ज्ञान बहुत ही गम्भीर था। विद्या-दान देनेमें वह कभी थकते नहीं थे। देहरादूनमें आजकल आधी संख्या पश्चिमी पंजाबसे आए शरणार्थियोंकी है, जो वस्तुतः पुरुषार्थी हैं। यदि सयाने अपने लिये नया आशियाना बनानेकेलिये रात-दिनको एक करते हैं, तो तरुण-तरुणियाँ भी अपने भविष्यके निर्माणमें पीछे रहना नहीं चाहते। मिश्रजीके पास हर साल कितने ही पढ़कर परीक्षाकी तैयारी करते। उनके पढ़ानेका ढँग ऐसा था कि उनके शिष्य जरूर कामयाबी हासिल करते। मिश्रजी केवल विद्या ही नहीं पढ़ाते, बल्कि उन्हें मार्ग-दर्शन करनेकी भी जिम्मेवारी अपने ऊपर समझते थे। एक ही महीनेकी तो बात है। उनकी एक छात्रा एफ० ए० पास कर विशेष ट्रेनिंग लेकर इलाहाबादसे आई थी। चाहती थी, कोई काम सँभाल लें। जिस विषयका उसने प्रशिक्षण लिया था, उसकी बहुत माँग थी। मिश्रजीका प्रभाव छात्राकेलिये हाजिर था। चलते वक्त लड़कीसे बोले—"अभी ब्याह न करना। अपने पैरोंपर खड़ी हो जाना, तब जो मर्जी हो सो करना।" ऐसे सहायक और आत्मीयता रखनेवाले पुरुषकेलिए किसी के हृदयमें स्नेह नहीं होगा ?

मिश्रजी उर्दूके कवि थे, यद्यपि उन्होंने अपनी कविताओंको हमेशा अपने आत्मीयों तक ही सीमित रक्खा। फारसीका उनका ज्ञान बहुत उच्चकोटि का था। उनके

पास तीन सौके करीब बहुत अच्छी-अच्छी फारसीकी पुस्तकें थीं। देखा कि घरमें इनका इस्तेमाल करनेवाला कोई नहीं है। आखिर बड़े यत्नसे एकत्रित किया था। उनकी उपयोगिताका ख्याल करके सारी पुस्तकोंको उन्होंने दिल्लीकी जामिया मिल्लियाको दान कर दिया। दो-तीन वर्ष पहले मैंने मिश्रजीसे कहा था, आप अपने फारसीके ऋणसे उऋण हो जायँ, हिन्दी अनुवादके साथ उसका अच्छा कविता-संग्रह कर दें। उन्होंने स्वीकार कर पाँच-छ महीने कोशिश भी की, लेकिन आँखोंसे पढ़ नहीं सकते थे, इसलिये बड़े अफसोसके साथ काम छोड़ना पड़ा।

पं०हरनारायण मिश्रका जन्म फरवरी १८८८में फर्रुखाबादमें हुआ था। उनके पिता पं० मुन्नालाल मिश्र वहाँ तहसीलदारीमें मामूली क्लर्क थे। मिश्रजीकी माता श्रीमती लाडलीजी भी एक साधारण महिला थीं। उन्होंने फर्रुखाबादके मिशन स्कूलमें पढ़ते मैट्रिक पास किया। कानपुरके क्राइस्ट चर्च कालेजमें भी पढ़े। शायद एफ० ए० पास हुए, पर घरकी आर्थिक स्थितिके कारण उन्हें काम ढूँढ़नेकी जरूरत पड़ी। पहले कानपुरके गुरुनारायण खत्री स्कूलमें फिर कुछ समय तक क्राइस्ट चर्च स्कूलमें पढ़ाते रहे। उनके विचार उदार थे। वे आर्यसमाजके प्रभावमें आये थे। १९२३की जुलाईमें वह देहरादूनके डी० ए० वी० हाई स्कूलमें आ गये। तबसे २७ वर्ष (जुलाई १९५०) तक यहीं वह अध्यापक रहे। पिछले छ सालोंसे स्कूलसे अवकाश ले वह अपने घरमें अनवरत विद्या-दान करते थे।

देहरादून उन्हें बहुत पसन्द आया था। यहाँकी आबोहवा गर्मियोंमें देह झुलसानेवाली नहीं थी। शिवालिक और हिमालयके जँगलोंमें शिकारका सुभीता था। छुट्टियोंमें मिश्रजी अपनी बन्दूक लेकर जरूर निकल जाते थे। उनके इस गुणको उनके एकमात्र तथा सुयोग्य पुत्र प्रो० रूपनारायण मिश्रने और भी अधिक मात्रामें अपनाया। उन्होंने बहुतसे बड़े-बड़े बाघोंके शिकार किये और उनसे भी अधिक संख्याका कटियारीके राजा साहबकेलिये प्रबन्ध किया, जिनके यहाँ वह कई सालों तक प्राइवेट सेक्रेटरी रहे। पं० हरनारायण मिश्र पक्के कनौजिया थे। साग-पातपर गुजारा करना उन्हें पसन्द नहीं था। रोज मांस चाहिये। आर्यसमाजका असर, मालूम होता है, चिकने घड़ेपर पानीकी तरह ही पड़ा था। सबसे अच्छा मांस उन्हें शिकारका पसन्द था, "अधिकस्याधिकं फलं", यदि शिकार अपने हाथका हो।

दूसरा व्यसन, जैसा कि मैं कह चुका हूँ, उनका था, अध्ययन और अध्यापन। शायद जीवनके अन्तिम तीन सप्ताह—जब कि चारपाई धर ली थी—छोड़कर उन्होंने कभी पढ़ना नहीं छोड़ा। एक साधारण हाई स्कूलके अध्यापककी आमदनी ही कितनी होती है। उसीमेंसे बचाकर अपनेलिये सेवक आश्रममें घर बनाया। सेवक आश्रमकी जमीन उस वक्त रिस्पनाकी कछार थी। रिस्पना एक सूखा नाला है, लेकिन पहाड़ी नाला है, जो पहाड़में जोरकी वर्षा होनेपर बड़ा भयंकर रूप ले लेता है। उस वक्त यहाँकी जमीन-

का कोई मोल नहीं था, तो भी उन्होंने और उनके मित्र प्रो० गया प्रसाद शुक्लने डरते-डरते कुछ जमीन ले ली। ऐसी जमीनपर मकान बनाना बालूकी भीत था। रिस्पना यदि इधर मुँह फेर दे, तो न सीमेन्टका कहीं पता लगता, न ईंटका। डरते-डरते दीवारें खड़ीकी गईं। जब देखा, उनके घरसे और आगे फर्लाङ्ग तक लोगोंने महल खड़े कर लिये तब अफसोस होने लगा कि थोड़ी जमीन और क्यों न ले ली। अब तो वह सोनेके मोल हो गई थी। लेकिन खाने-पहनने और मकान तक ही मिश्रजीका शौक सीमित नहीं था, वह पुस्तकोंके भी शौकीन थे। धीरे-धीरे उनके पुस्तकालय में साहित्य, यात्रा, शिकार, इतिहासकी हजारों पुस्तकें जमा हो गईं।

१८४०में एक अँग्रेज साहसी तरुण फ्रेडरिक विल्सन इधरके हिमालयमें आकर रहने लगा। उसीने पहले-पहल गढ़वालमें आलूकी खेती आरम्भ की। उसीने गंगासे देवदारकी लकड़ियाँ पहले-पहल नीचे बहाईं। मुझे जब उसका नाम मालूम हुआ, तो शिकारी विल्सनके बारेमें और जाननेकी इच्छा हुई। पीछे पड़ा तो आखीरमें मिश्रजीकी पुस्तकोंमें विल्सन द्वारा सम्पादित पुस्तक मिली, जो आजसे सौ वर्ष पहले छपी थी। पीछे शिकारी विल्सनकी बुढ़िया या पुत्रवधू भी देहरादूनमें मिल गई। पं० हरनारायण मिश्रके विद्या-प्रेमका यह एक उदाहरण है।

मिश्रजीका कार्यक्षेत्र केवल अध्ययन-अध्यापन तक ही सीमित नहीं था, वह सामाजिक और शैक्षणिक कार्यकर्त्ता भी थे। उत्तर-प्रदेशके माध्यमिक शिक्षा-संघ (सेकेण्डरी एजुकेशन एसोसियेशन)के वह संस्थापक मेम्बरोंमें थे और कई सालतक उसके जेनरल सेक्रेटरी रहे। देहरादून जिलेके शिक्षकोंके संगठनके भी वह कई साल तक सभापति रहे। यहाँके महिला कालेज—महादेवी कन्या पाठशाला—के भी वह कई साल संयुक्त मैनेजर रहे।

विचारोंमें वह हमेशा आगे-आगे रहते थे। देहरादूनमें आज आधी लाखके करीब पश्चिमी पंजाबके शरणार्थी आ बसे हैं। उनमेंसे कितने ही वृद्धोंने अपनी एक क्लब बना रक्खी है। शहरके बीचके मैदानमें सड़कके किनारे क्लबका सीमेन्टका चबूतरा खड़ा कर लिया गया है, जहाँ शाम-सबेरे वृद्ध मण्डली जमा हो जाती है, ताजी-ताजी खबरें सुनाई जाती हैं। राजनीतिक विषयों पर बहस और धर्म-चर्चा भी होती है। थोड़ा चन्दा करके कभी-कभी वह छोटा-मोटा भोज भी कर लेते हैं। वृद्धोंकेलिये समय काटना मुश्किल समस्या है। जिसकी तीसरी पीढ़ी सामने आ गई, उसके दोस्त और समवयस्क बहुत कम रह जाते हैं। अगर दूसरे शहरोंके भी वृद्ध देहरादूनके इन वृद्धों का अनुकरण करते अपनी वृद्ध-क्लब कायम कर लें, तो कितना अच्छा हो। मिश्रजीसे शामिल होनेको कहा, तो उन्होंने उत्तर दिया—मैं जीता फोसील बननेकेलिये तैयार नहीं हूँ। मिश्रजी वृद्ध थे। दुनियाको छोड़ते समय वह ६८ वर्ष ५ महीनेके थे। शरीरसे वृद्धापन को कौन रोक सकता था, लेकिन उनके विचार जवानों जैसे थे—

"कुनद हमजिन्स बा-हमजिन्स परवाज"
(समान जातिवाला समान जातिवालेके साथ उड़ता है।)

उनके हमजिन्स नौजवान थे। उनके पास बैठने-उठनेवालोंमें नौजवानोंको ही ज्यादा देखा जाता था। वह सदासे राजनीतिमें उग्र विचारोंके थे। कांग्रेसके पक्षपाती रहे। इधर कम्युनिज़्मसे बहुत प्रभावित थे। देहरादूनके कम्युनिस्ट तरुणोंके वह अपार श्रद्धाके भाजन थे और हर तरहसे उनकी सहायता करनेकेलिये तैयार रहते थे। पास आनेवाले छात्र-छात्राओंको वह साम्यवादकी बातें समझाते, रूस और चीनकी प्रगतिको बतलाते थे। कितनेही वर्षोंसे देहरादूनकी शान्ति कमेटीके वह सभापति रहे। ऐसे आदमीको बेकार रहनेका मौका कहाँ मिल सकता है? उनका सारा समय किसी-न-किसी उपयोगी काममें लगा रहता था।

सबसे पहले मेरा परिचय उनसे आजसे तेरह वर्ष पहले सन् १९४३ (जून)में हुआ था। मैं कुछ दिनोंकेलिये देहरादूनमें ठहरा था। मिश्रजीने मुझे और भिक्षु आनदजीको भोजनकेलिये निमंत्रित किया। भोजन करते वक्त बात चली। मैंने कह दिया कि मेरे भोजनकी सीमाके एक छोटेसे कोनेमें ही यह भोजन समा जाता है। उन्हें मालूम हुआ कि मैं मांसाहारी हूँ तो उन्हें अफसोस हुआ। निरामिषाहारी समझकर बड़े प्रयत्नसे फलाहारी पकवान तैयार किये गये थे। उस वक्त मेरी पुस्तक "वोल्गासे गंगा"के निकले बहुत दिन नहीं हुए थे, पर वह मिश्रजीके यहाँ पहुँच गई थी। अपनी पुत्री रूपकुमारी—उस समय हाई स्कूलमें पढ़ रही थी—को भी पढ़ाया था। मैंने पूछा: तुम्हें कौन-सी कहानी अधिक पसन्द आई। रूपकुमारीने बतलाया—"प्रभा"। मिश्रजीकी वह एक मात्र पुत्री है। पुत्री चिकित्सा डाक्टर है और पुत्र यहाँके डी० ए० वी० कालेजमें राजनीतिके अध्यापक।

मिश्रजीके दो पोते और एक पोती भी है। दोनों बड़े पोते-पोतियोंको पैसा जमा करनेका बड़ा शौक पैदा हो गया। मिश्रजीने कहा: तुम अपना-अपना गोलक ले पैसा जमा करके बैंकमें जमा कर दिया करो। रज्जन और मिन्नू पैसे गोलकमें भरते, फिर मनसाराम बैंकमें डाल आते। मनसाराम बैंकमें सूद कुछ ज्यादा मिलता था, इसी-लिये उसे अपनाया गया था। कुछ वर्षोंमें एक हजार रुपये बैंकमें जमा हो गये। दादाने रज्जनको कहा: एक साइकल लेलो। लेकिन रज्जन समझते थे: बाबूजी अपने पैसेसे साइकिल खरीद देंगे, बैंकसे निकालनेकी क्या जरूरत? एक दिन एकाएक खबर लगी, कि बैंकका दिवाला निकल गया। रज्जन और मिन्नूको बहुत अफसोस हुआ। धीरे-धीरे धक्का दिलसे हट गया। आखिरी बार २४-२५ जून १९५६को मैं देहरादूनमें था। मिश्रजी पेटकी बिमारीसे चारपाई पर पड़े हैं यह खबर मिल गई थी। लेकिन वह उठ गये थे। सूचना पाते ही वह मेरे पास चले आये। शामको उनसे बात हो रही थी। रज्जन और मिन्नूको देखकर उन्होंने हँसते हुए कहा—

बेचारोंने बड़ी मेहनतसे पैसा जमा किया, लेकिन इनके काम नहीं आया। रञ्जनने कहा—मैंने साइकिल ले ली होती, तो अच्छा रहता। देहरादूनमें पं० गया प्रसाद शुक्लके यहाँ मैं ठहरता हूँ। मिश्रजीका मकान भी पासमें ही है। दोनों कनौजिया हैं, लेकिन जहाँ शुक्लजीके यहाँ माँस-मछलीका नाम लेनेमें भी पाप लगता है, वहाँ मिश्रजीके यहाँ खुला दरबार है। मिश्रजीका हरबार ऋषि भोजनकेलिये आग्रह होता। २४ जूनको भी हुआ: कल भोजन हमारे यहाँ हो। उसी दिन मुझे ११ बजेकी ट्रेनसे जाना था। मिश्रजीने कहा: १० बजे भोजन तैयार रहेगा। २५ जूनको हमने साथ भोजन किया। यही आखिरी दर्शन और अन्तिम बातचीत थी।

पं० हरनारायण मिश्र को जैसा पुत्र और पुत्रवधू मिले थे, वैसे विरलोंहीको मिलेंगे। वह दूसरोंके भावों और तकलीफका बहुत ख्याल रखते थे, तो भी बुढ़ापेका कुछ असर तो होता ही है। उन्हें खानेका बहुत शौक था। एक ही दालको तीन-तीन बार बघाड़ कर लानेको कहते। उन्हें माँस और मिठाई बहुत पसन्द थी। पुत्र और पुत्रवधू उनकी हरेक फर्माइशको खुशीके साथ पूरा करते। कहा जा सकता है, वे एक टाँगपर खड़े रहते थे। इधर पेटका हाजमा पहले जैसा नहीं रह गया था। मिश्रजी खूब घी डाल-डाल कर साग बनवाते जो उनकेलिके हानिकारक था। लेकिन, अब उनका फलासफी था—यही तो अन्तिम जीवन है, अब क्या फिर हरनारायण मिश्र इसे खानेकेलिये दुनियामें आयेंगे। वह पूरे भौतिकवादी थे। ईश्वर-धर्मपर उनका कोई विश्वास नहीं था। बुढ़ापेमें लोग नीचेकी तरफ लुढ़कते हैं, और वह ऊपर चढ़ते गये। आखिरी बार मिलने पर मैंने कहा—ठीक है, कि अबके जाना बहुरि नहीं आना। जो चला गया, उसकेलिये फिर कोई चिन्ताकी बात नहीं रह जाती, लेकिन हमें अपने मित्रों और बन्धुओंका भी ख्याल करना चाहिये। अगर उनका साथ कुछ दिनों और रहे, तो क्या बुरा? मिश्रजी मेरी बातोंका जरूरतसे ज्यादा ख्याल करते थे। मैंने उनसे कहा—आप केवल घीसे परहेज कीजिये, नाम मात्र छौंकने-बघाड़नेकेलिये उसका इस्तेमाल करवाइये। बाकी जो चाहिये सो खाइये। उन्होंने स्वीकार किया परन्तु मालूम नहीं, उसका पालन कहाँ तक किया।

खाते-पीते बुद्धिजीवीकेलिये अनिवार्य डायबेटीजका रोग मिश्रजीको भी लग गया। इधर हृदयकी बीमारी भी खूनके दबावके बढ़ जानेसे हो गई। पर, वह रहते थे सदा प्रसन्न। तीन सप्ताह बीमार रहनेके बाद २३ जुलाईके ७ बजे सबेरे पं० हरनारायण मिश्रका देहान्त हो गया। बन्धु-मित्रों और उनसे भी अधिक शिष्योंको रुलाते वह चले गये। मिश्रजीके हँसमुख चेहरेको कौन भूल सकता है? और मेरेलिये तो वह ऐसी क्षति है, जिसकी कभी पूर्ति नहीं हो सकती।

५२. मिर्जा महमूद

१० नवम्बर १९४४से पहले मैं महमूदको नहीं जानता था। कलकत्ताके करोड़पति अस्फहानी भाइयोंका नाम सुन चुका था, विशेष कर १९४२ ई०में अनाजकी चोर-बाजारीसे करोड़ों रुपया कमानेवालोंमें वह भी एक थे। इसके कारण जो बँगालमें अकाल पड़ा था, उसमें लाखों आदमी कुत्तेकी मौत मरे थे। पर, उस लूटमें केवल अस्फहानीको ही दोष क्यों दिया जाय? अँग्रेज गवर्नर तकने लाखोंकी रिश्वत ली थी। महमूद इन्हीं अस्फहानी भाइयोंके चचेरे भाई थे।

मैं ८ नवम्बर १९४४को तेहरान पहुँचा था। आशा थी कि सोवियत वीजा तुरन्त मिल जायगा। और मैं दो-एक दिनमें लेनिनग्राड पहुँच जाऊँगा, जहाँ संस्कृतकी प्रोफेसरी प्रतीक्षा कर रही है। उस वक्त क्या मालूम था, कि मुझे तेहरानमें सात महीने रुक जाना पड़ेगा। वहाँ जानेपर मेरे पास इतना पैसा नहीं रह गया था कि जिससे मैं हफ्ते भर भी किसी साधारण होटलमें ठहर सकूँ। जो कुछ ईरानमें खर्च करनेकेलिये बच रहा था, उसका भी भारी भाग एक भारतीय मित्रने ऐंठ लिया—ऐंठनेका यह मतलब नहीं समझना चाहिये, कि मेरे उस दोस्तमें अच्छे गुण नहीं थे। आदमी अच्छे और बुरे गुणोंका अद्भुत सम्मिश्रण देखा जाता है। मेरे मित्र अब्बासी (अभयचरण बोस) कभी सोलह कलापूर्ण देवता बन जाते और कभी शैतानसे मालूम होते। उन्होंने ही एक सस्ता मकान रहनेकेलिये दिया; लेकिन दो-एक दिन बाद पता लगा कि मकानपर किराया बाकी है। और रहता, तो उसका भी देनदार होता। मेरे पास सौ पौण्डके चेक थे, पर उन्हें रूसमें ही भुनाया जा सकता था, लड़ाईका ऐसाही निर्बन्ध था। सस्ता पनीर और तन्दूरी रोटियाँ लाकर मैं गुजारा कर रहा था; लेकिन इसपर भी निश्चिन्त कैसे रह सकता था? जब कुछ ही दिनों बाद उन्हें भी न खरीद सकता।

वृद्ध श्री आगा अमीरअली दीमियादसे मेरा परिचय पहली ईरान-यात्रा (१९३५ ई०)में ही हो गया था। उनका घर पास हीमें था। मैं १० नवम्बरको सबेरे उनके पास गया। दीमियाद साहब अत्यन्त सरल मधुर थे और मिलनसारीके बारेमें क्या कहना? चार-पाँच पीढ़ीसे उनके पूर्वज भारतमें आकर बस गये थे। लेकिन घरमें अब भी ईरानीपनका जोर था—फारसी मातृभाषा थी। नवीन ईरानकी सुहावनी बातोंको सुनकर उनके पुत्र और पुत्री ईरान जानेकेलिये आतुर हो गये और दीमियाद साहब अपना सब-कुछ बेचकर ईरान चले गये। वह बड़े धर्मभीरू थे और वृद्धापनमें भी जब कि

उनकी शारीरिक शक्ति बिल्कुल क्षीण हो गई थी, पाँचबार नमाज पढ़े बिना नहीं रहते थे। मैं अनीश्वरवादी घोर नास्तिक था, इसे वह अच्छी तरह जानते थे; लेकिन वह मेरे साथ बहुत स्नेह रखते थे। उस दिन सबेरे जब मैं उनसे मिलने गया, तो वहाँ एक हँसमुख गोरे चेहरेवाले प्रौढ़ पुरुषको देखा। उसकी चमकीली आँखोंमें स्नेह और बुद्धि दोनोंका आभास मिलता था। यही मिर्जा महमूद अस्फहानी थे।

दो घन्टे तक वहीं हमारी बातचीत होती रही, और हृदयमें जो आर्थिक चिन्ताका शूल चुभ रहा था, उसे मैं भूल गया। फिर महमूदने कहा—"चलिये, आप तो हैदराबादमें रहे हैं, एक मुल्ला सैयद मुहम्मद अली "दाइउल-इस्लाम"से भेंट करायें।" सैयद साहबने बीसियों साल हैदराबादमें बिताये और फारसीका एक विशाल कोश "फरहंगे निजाम" लिखकर वहींसे छपवाया था। बहुत देर तक बात होती रही। मिर्जा महमूद के बच्चे कलकत्तामें अपनी नानीके पास थे, बीबी मर गई थी। वह ३५-३६ वर्षके स्वस्थ पुरुष थे, अब दूसरी शादी करना चाहते थे। "दाइउल-इस्लाम" की तीन अविवाहित लड़कियाँ थीं। बड़ी दोनोंमें, एक हैदराबादकी एम० ए० और दूसरी एम० एससी थी, छोटी जूनिअर केम्ब्रिज पास थी। दाइउल-इस्लाम यद्यपि हैदराबादमें रहे थे, उनकी लड़कियाँ वहाँके मुस्लिम-समाजमें शिक्षित-दीक्षित हुई थीं, पर उनको ईरानी होनेका बहुत अभिमान था और पुत्रियोंका व्याह ईरानीसे ही करना चाहते थे। मिर्जा महमूद ईरानी और हिन्दुस्तानी दोनों थे, इसलिये वह दामाद बनने योग्य थे। लेकिन, पिता अपनी सबसे बड़ी लड़कीका व्याह सबसे पहले करना चाहते थे, जिसे मिर्जा महमूद पूरी गाय कहते थे। वह सदा रोजा-नमाज रखनेवाली भोली-भाली लड़की थी। महमूद उसे क्यों पसन्द करने लगे? वह मझलीको पसन्द करते थे; किन्तु बाप तैयार नहीं था। अन्तमें बापको मझली लड़कीका ही व्याह करना पड़ा, लेकिन महमूदसे नहीं किसी दूसरेसे।

पहले ही दिन हम आठ-दस घन्टे साथ-साथ रहे। आदमीके पहचाननेकेलिये इतना समय काफी नहीं है, पर एक दूसरेके ऊपर विश्वास करनेकी भूमिका उसदिन जरूर तैयार हो गई।

महमूदके पिता आगा हाशिम और कलकत्तेके अस्फहानी ब्रादर्सके पिता सगे भाई थे। दोनोंका कारबार बहुत दिनों तक साझेमें रहा और वह भारतमें ही नहीं इङ्गलैण्ड तक फैला हुआ था। महमूदके पिता रुपया कमाने और उड़ाने दोनोंमें बड़े बहादुर थे। मदिरा, मदिरेक्षणाके अनन्य साधक थे कि जिसकेलिये अत्यन्त उपयुक्त स्थान समझकर वह बुढ़ापेमें तेहरानमें रहने लगे। उड़ाते-पड़ाते भी तेहरानमें मरते वक्त (१९४३ ई०) उन्होंने चार-पाँच लाखकी जायदाद छोड़ी थी। द्वितीय विश्व-युद्धके समय चीनीका भाव बहुत बढ़ गया था। ईरानमें तो वह सोनेकी मोल बिक रही थी। बूढ़े सौदागरको पहले ही भनक लग गई थी और उन्होंने दसियों हजार

बोरे चीनी हिन्दुस्तानसे मँगा ली, जिसमें १३-१४ लाख रूपयेका नफा हुआ। चीनीके बोरे हिन्दुस्तानके सीमान्त स्टेशन नोककुन्डीमें आकर अटक गये थे। उन्हें निकालनेके लिये पिताने कलकत्तेसे महमूदको बुला लिया। महमूद भी ताजिरके पुत्र थे। उन्होंने चीनी पार करा ली। कह रहे थे—"वह चीनी आज रहती, तो नफा एक करोड़का हुआ होता।" महमूदके तेहरान पहुँचनेके पाँच मास बाद पिता मर गये। जायदादमें अपना हिस्सा लेने और बेचनेकी समस्या महमूदके सामने थी। उनके सौतेले भाइयों और बहनोंकी संख्या काफी थी, जिनमेंसे कुछ भारतमें और कुछ ईरानमें थे।

एक हफ्तेमें हमारा परिचय घनिष्ठ मित्रताके रूपमें परिणत हो गया। महमूद समझदार और बड़े खुले दिलके थे। इसी बीचमें उन्हें मालूम हो गया कि मैं किस कठिनाई में पड़ा हूँ। मेरे पास दो-तीन तोले सोने तथा एकाध और चीजें थीं, जिनको बेचनेकी मैं सोच रहा था। इसी समय महमूदने बेतकल्लुफीसे कहा—"चलो फकीरोंकी झोपड़ीमें, संकोच मत करो।" उनके फक्कड़ स्वभावसे मैं परिचित हो गया था। तेहरान विश्वविद्यालयके पास ही तिमहलेपर उन्होंने दो कोठरियाँ ले रक्खी थीं। बहुत मामूली सामान थे। नौकरानी रुकैया खाना बना दिया करती थी। किसी ईरानी सौदागरके साथ उन्होंने कुछ कारबार शुरू कर लिया था, इसलिये ६ बजे वह दफ्तर चले जाते। मैं अपने वीजेकेलिये कभी ब्रिटिश और कभी सोवित दूतावासका चक्कर लगाता, या कहींसे कुछ पुस्तकें लाकर पढ़ता। महमूदके आनेपर कभी हम दीमियाद साहबके यहाँ जाते और कभी दाइउल्-इस्लामके यहाँ।

एक-दो सफ्ताह तक मुझे बहुत बुरा लगता रहा कि मैं क्यों अपने दोस्तपर अपना भार डाल रहा हूँ। पर, पीछे उनके स्वभावने मेरे मनसे इस संकोचको निकाल दिया।

महमूदको व्याहकेलिये कई लड़कियाँ थीं। दीमियाद साहबकी लड़की ताहिराको भी वह पसन्द करते, पर उसकी स्वतन्त्र-प्रकृतिसे समझ लिया कि उसके साथ ज्यादा समय तक नहीं निभेगी। दूसरी लड़कियोंमें सौतेली माँकी छोटी बहिन भी थी। बड़ी बहिनकी इच्छा थी कि महमूद व्याह कर लें, तो घरकी सम्पत्ति घरमें रह जायगी। एक समय तक जायदादकेलिये सौतेली माँसे महमूदकी अनबन थी। बापकी अचल सम्पत्तिपर अधिकार सौतेली माँका था। महमूद चाहते थे, कि भाई अपने हकसे वंचित न हों, लेकिन भाइयोंने उनसे चाल चलनी शुरू की। खानम (सौतेली माँ) महमूदकी होशियारीको जानती थीं और उनसे मेल करना चाहती थीं। दोनोंमें मेल हुआ और अब इस्मत खानमकी बहिन इज्जत खानमसे शादी होनेकी बात चलने लगी। महमूद मानते थे—"इज्जत सुन्दर तरुणी है। सुशिक्षित न होनेपर भी उसमें और गुण हो सकते हैं, किन्तु शीराजके इस खानदानपर मैं विश्वास नहीं कर सकता।"

लेकिन, उनके पिता आगा हाशिम अस्फहानी भी तो इसी खानदानमें शादी कर चुके थे।

दिसम्बरके अन्त तक मेरी आर्थिक चिन्ता दूर हो गई। मेरे मित्र सरदार पृथ्वीसिंहने किसी ईरानी सौदागरकी मार्फत एक हजार रुपये बम्बई से भेज दिये और पाँच सौ मेरे प्रकाशक (श्रीनिवास अग्रवाल)के यहाँसे भी आ गये थे। लड़ाईके कारण मुद्राके आने-जानेपर जबर्दस्त प्रतिबन्ध था, किन्तु व्यापारी उपाय निकाल ही लेते थे। जिनके व्यापार एकसे अधिक देशोंमें थे उनकी चिट्ठियाँ हुँडी, चेकका काम करती थीं। मेरे पास डेढ़ हजार रुपये आ चुके थे। इतनेसे छ महीने गुजारा कर सकता था, किन्तु महमूदको मेरा ऐसा करना बुरा लगता, इसलिये मेरी हिम्मत नहीं हुई।

इस्मत खानमसे समझौता हो जानेपर बहिनके साथ व्याह करनेकी बात तै होने लगी। अब वह जोर देने लगीं—"यहीं चले आओ। क्यों अलग रह कर अपना खर्च बढ़ाते हो।" महमूदको भी अन्तमें मानना पड़ा। १९ दिसम्बरको तेहरानमें चारों तरफ बर्फ फैली हुई थी, दिनके ८-९ बजे, अब भी हिमवर्षा जारी थी। इसी समय घोड़ागाड़ीपर सामान लदवा कर हम नाजिमुत्तुज्जार (जगतसेठ) आगा हाशिम अली अस्फहानीके घरपर चले गये। इसके बाद पाँच महीनेकेलिये यही मेरा भी निवास-स्थान बना। महमूद जब अकेले थे, तो उनके साथ रहनेमें संकोच नहीं था। लेकिन, अब अनिश्चित कालकेलिये खानमके मेहमान बननेका सवाल था। मेरे पास पैसा था, लेकिन भारतकी तरह यहाँ पर भी पेइंग गेस्ट (पैसा देनेवाले मेहमान)के रखनेका रवाज नहीं था।

थोड़े ही दिनोंमें यह घर भी मेरा अपना घर हो गया। गृहस्वामिनी बहुत ही सुसंस्कृत महिला थीं। उनके असाधारण सौन्दर्य ने ही "नाजिमुत्तुज्जार" का ध्यान उनकी ओर आकृष्ट किया था। उमर ३५-४०से कम थी, पर देखनेमें २५की मालूम होती थीं। वह बहुत सुन्दर सितार बजाती थीं। भोजनके बाद रातको प्रायः रोज उससे हमारा मनोरंजन करती थीं। इन पाँच महीनोंमें ईरानी उच्च मध्य वर्गके जीवनको बहुत नजदीकसे देखनेका मुझे मौका मिला। दिसम्बरके अन्तमें मुहर्रमका पवित्र महीना आ गया। ईरान शिया देश है। वहाँ इमाम हुसेनकी शहादत (वीरगति) का बहुत मातम मनाया जाता है। २५ दिसम्बरको हुसेनका "रोजेकत्ल" और ईसाका भी जन्मदिन था। नवीन ईरानमें मुहर्रमकेलिये स्त्रियोंका "गिरिया" (रोदन) और पुरुषोंकी "सीनाजनी" (छाती पीटना) बन्द कर दी गई थी, पर खानम उसे नहीं मानती थीं। एक दिन एक मुल्ला १५ मिनटकेलिये आया। उसने कुछ मर्सिया गाये। खानमने कपड़ेमें मुँह छिपा कर आँसू बहाये—ये आँसू पापको धो डालनेवाले आँसू थे।

जाड़ोंके दिन थे, तेहरानमें बर्फ पड़ा करती है। सर्दी में घूमने-घामने भी

कभी-कभी जाता था; लेकिन अधिक समय घरमें रहता। सबेरे सात-साढ़े-सात बजे उठ कर हाथ-मुँह धो सोनेके कमरेमें पनीर-मक्खन-रोटी और बिना दूधकी तीन गिलास मीठी चाय पीता। आठ-नौ बजेके करीब उस कमरेमें पहुँच जाता, जहाँ "कुर्सी" के नीचे परिवारके लोग बैठे रहते। सर्दीके कारण मकानको गरम करनेकी अवश्यकता होती है। मध्य-एसिया, अफगानिस्तान और ईरानमें लकड़ी दुर्लभ है, इसलिये लोगोंने "कुर्सी"का तरीका निकाला है। गज भर लम्बी गज भर चौड़ी हाथ भर ऊँची चौकीको "कुर्सी" कहते हैं, जिसके ऊपर चौकीसे दो-दो हाथ बाहर निकलनेवाली मोटी रजाई रख दी जाती है। चौकीके नीचे अँगीठीमें कोयलेकी आग रहती है, जिससे कुर्सी और रजाई गरम हो जाती हैं। लोग चौकीके चारों ओर मसनदके सहारे बैठे शरीरको छाती तक रजाई के नीचे डुबो देते। बहुत कम खर्च में गरम रखनेका यह सुन्दर तरीका था। बैठे-बैठे पढ़ना या गप्पें मारना ही हमारा काम था। मेरे लिये इन गप्पोंसे बहुत लाभ था; क्योंकि वहाँ केवल फारसीमें ही बात होती थी। एक बजे रसोईदारिन भोजन तैयार करके लाती, जिसमें तन्दूरकी मोटी रोटियाँ, चावल या पुलाव, गोश्त, भाजी, कुछ हरी पत्तियाँ, सिर्का और सिर्कावाली प्याज मुख्य तौरसे रहते। यदि बाहर जाना नहीं होता, तो मध्यान्ह-भोजनके बाद फिर वहीं पढ़ता, लेटता या बातें करता। तीन-चार बजे फिर दो-तीन गिलास मीठी चाय पीता। शामको सात-आठ बजे फिर रात्रि-भोजनमें, चावल, मांस, सब्जी, सिर्का, रोटी, कलबासा (सौसेज) मुख्यतौरसे रहते। भोजनके बाद फल आता। ग्यारह बजे रात तक संगीत या गप्पकी गोष्ठी होती।

मेरे नास्तिक विचारोंको इस्मत खानमके सामने कहनेकी न अवश्यकता थी और न उन्हें प्रकट करना अच्छा था। वह यह तो जानती थीं कि मैं मुसलमान नहीं बौद्ध हूँ। पर, बौद्ध काफिर होते हैं, यह ख्याल उनके मनमें नहीं था। फक्कड़ महमूदको नमाजकी क्या पड़ी थी? एक दिन खानम शिकायत कर रही थीं—"गुनाह अस्त, बराय हर मुसलमान नमाज फर्ज अस्त" (पाप है, हर एक मुसलमानकेलिये नमाज पढ़ना कर्तव्य है)। मेरे मुँहसे निकल गया—"हर कसे कि शराब न मीखुरद, बराय उन नमाज माफ अस्त।" (जो कोई शराब नहीं पीता, उसके लिये नमाज माफ है।) मुझे नहीं मालूम था कि मैं खानमके किसी मर्मस्थानपर चोट पहुँचा रहा हूँ। उन्होंने बड़े उत्तेजित स्वरमें कहा—"तू पैगम्बर हस्ती," (तुम पैगम्बर हो?) उस वक्त सुन्दरीका तमतमाता चेहरा देखने लायक था। अभी सवेरेकी चायका वक्त था। ओठोंपर अधर-राग नहीं चढ़ा था, न गालोंपर पौडर और रूजने अपना रंग जमाया था। गरम लोहेसे घुँघराले बनाये बालोंमें कंघी नहीं फिरी थी और न मोतीकी दुलड़ी तथा हीरेकी गुच्छेदार सेफ्टी पिन सीनेपर रक्खी गई थी। खानमकी बड़ी-बड़ी आँखोंमें गुस्सेसे सुर्खी उतर आई थी। उनके उत्तेजित स्वरसे क्रोधका भी आभास मिल रहा था। लेकिन, जल्दी ही अपने ऊपर संयम करके कहने लगीं—"दुनियामें इस्लाम सबसे अच्छा और अन्तिम मजहब

है।" फिर खुदा और इस्लामपर उपदेश देने लगीं। मैंने "चश्म" (हाँजी) कह कर सिर झुकाया। वह जानती थीं, मैं शराब नहीं पिता छैलछबीली इस्मत खानम शराबकी बहुत शौकीन थीं, किन्तु रोज एक-दो बार नमाज पढ़ लेती थीं। वैसे वह बड़े कोमल हृदयकी महिला थीं। अन्तिम दिनोंमें मैं दूसरी जगह चला गया और जब उन्हें मालूम हुआ कि मुझे बुखार है, तो बहुत चिंतित हो गईं।

मिर्जा महमूद तेहरानमें मुझे अकारण बन्धु मिले थे, जिनके उपकारको किसी तरह मैं चुका नहीं सकता। खानम और महमूदके सम्बन्धको अच्छा बनाये रखनेकी मैंने कोशिश जरूर की। महमूदका मन कभी-कभी इस व्याहसे उचट जाता। मैं समझाता कि व्याह करना है, तो जिस किसी लड़कीमें भी कुछ दोष हो ही सकते हैं।" बीच-बीचमें बहिन जेवर और दूसरी बातोंकी कुछ शर्तें रख देतीं, जिसको महमूद जकड़बन्दी समझते। सब होते-हवाते ६ मार्च १९४२को व्याहका दिन निश्चित हो गया। निमंत्रण-पत्र भी छपवा कर भेज दिये गये। लेकिन उस दिन ४ बजे शामको घूम कर लौटा, तो मालूम हुआ, व्याह टूट गया। दो कड़ी शर्तें रक्खी थीं—इज्जतको दूसरे मुल्क (हिन्दुस्तान)में नहीं ले जायँगे और छः महीने तक खर्च न देनेपर विवाह-विच्छेदका बहूको अधिकार होगा। महमूद भारतमें पैदा हुए, भारतीय माँकी सन्तान थे। वह अपने देशको छोड़नेकेलिये तैयार नहीं थे। वह अड़ गये, खानमको नीचे उतरना पड़ा और शर्त यह ठहराई गई कि इज्जतकी मर्जीके बिना हिन्दुस्तान नहीं ले जायेंगे। १३ मार्चको जाड़ा समाप्त नहीं हुआ था। यही विवाहका दिन निश्चित हुआ था। पहले हीसे विवाहके मङ्गलगीत और दूसरे रीति मंगलाचार होने लगे। मुझे भी वरका भाई होकर ईरानी विवाह देखनेका मौका मिला।

एकाध हफ्ते पहले मैं दूसरी जगह चला गया था, पर वहाँ रोज आता रहता था। विवाहके दिनोंमें वहीं था। मेरे पास घड़ी, सोनेकी जंजीर आदि तीन-चार सौकी चीजें थीं, मैंने उन्हें बहूको भेंटके तौरपर अर्पित किया। पर, इससे उस परिवार और मिर्जा महमूदके ऋणसे मैं उऋण नहीं हो सकता था।

मईके प्रथम सप्ताहमें महमूदसे बिदाई ले, मैं रूस चला गया। वहाँ पच्चीस महीने रहनेके बाद भारत लौटा। पहले ही पहल सितम्बर १९४७में कलकत्ता जानेपर मिर्जा महमूदका पता लगानेकी बहुत कोशिश की। पाकिस्तान बन जानेपर सन्देह था कि वह भी अपने चचेरे भाइयोंकी तरह वहाँ चले गये होंगे। बहुत पूछ-ताछ करनेपर मालूम हुआ कि वह अपनी पत्नी (इज्जत खानम)के साथ भारत आये थे, लेकिन फिर ईरान लौट गये। रूसमें रहते उनकी चिट्ठियाँ मिलती रहीं। यहाँसे जब-तब मैंने चिट्ठियाँ लिखीं, पर उनका उत्तर कभी नहीं मिला।

५३. पं० गयाप्रसाद शुक्ल

शुक्लजी सर्वमित्र हैं, इसलिये अपना विशेष मित्र कहनेमें संकोच होता है। किसीका कोई काम हो और उनके पास पहुँच जाय, तो वह उसकी सहायता करना अपना कर्त्तव्य समझते हैं। ऐसे कामोंमें उनका इतना समय जाता है कि बाज वक्त ख्याल आता है, यह समयका अत्यन्त अपव्यय है। पर, यह उनके स्वभावमें दाखिल हो गया है, और स्वभाव दुरतिक्रमः। संस्कृत और हिन्दीका उनका गम्भीर ज्ञान कागजपर भी किसी पुस्तकके रूपमें उतरना चाहिये, इसके लिये मैं कुछ सालों तक प्रयत्नशील रहा। कृष्णकाव्यके उद्‌गम और विकासको भी चुन लिया गया। शुक्लजीने मंजूर किया—"देहरादूनमें रहते तो मैं समय नहीं निकाल सकूँगा, इसलिये कुछ समयके लिये मसूरी चला आया करूँगा।" पर, उनके कामोंने इसकेलिये कभी समय नहीं दिया। सेवक आश्रममें उनके घरपर अगर कोई मिलने जाय, तो कालेजके समय वह जरूर अपनी कक्षामें होंगे, बाकी समय १२ बजे रात तक भी ठिकाना नहीं कि वह किस समय घर आयेंगे। वह बहुधन्धी हैं, लेकिन यह बहुधन्धा अपने लिये नहीं, दूसरोंके आग्रह और सहायताके लिये है।

शुक्लजी बनारसमें पैदा हुये कनौजिया ब्राह्मण हैं। निरालाजीकी सुनी परम्पराके अनुसार मांस खाना कनौजियोंका धर्म है—कान्यकुब्ज वंशावलिमें ऐसा ही लिखा हुआ है। इसका समर्थन शुक्लजीके पासमें रहनेवाले उनके जातिभाई पं० हरिनारायण मिश्र करते थे। शायद यह परिवारके काशीमें बसनेका प्रभाव हो या संस्कृत पढ़नेका।

शुक्लजीसे देखादेखी पहले भी कभी हुई थी, किन्तु वह मेरे सुपरिचित १९५० ई० में हुये जब कि मसूरी मेरा घर बन गया। फिर तो जब भी पहाड़से नीचे उतरकर कहीं जाना पड़ता, तो जाते या लौटते एक पड़ाव शुक्लजीके यहाँ जरूरी पड़ता था। शुक्लाइनजीको अपने हाथसे पकवान बनाना बहुत पसन्द है। पुराने परिवारके बहूको यह करना ही पड़ता है, और वह उनका अब भी नहीं छूटा है। उनकी स्वादिष्ट सब्जी और पकवानसे जीभको तो बड़ी तृप्ति होती है, पर संकोच करते-करते भी दो कौर अधिक खा लेनेका परिणाम पेटके लिये अच्छा नहीं होता। उनके इकलौते पुत्र श्री विश्वनाथ शुक्ल बी० ए० करके रोडवेजमें नौकरी कर रहे थे। उन्होंने कवि-हृदय पाया है और पढ़ाई में भी चुस्त हैं। रोडवेजकी नौकरी उनके अनुकूल नहीं हो सकती थी और कुछ ही समय बाद प्रथम श्रेणीमें एम० ए० करके उन्होंने कालेजमें

अध्यापकी करनी शुरू की।" चना-चबेना गंगजल, जो पुरवै करतार। कासी कभी न छोड़िये, विश्वनाथ दरबार। साहित्यिकोंकेलिये विश्वनाथ-दरबार शिक्षण-संस्थाएँ ही हैं।

बीस वर्षसे अधिक हुए, जब शुक्लजी देहरादूनमें आकर अध्यापक बने। तब कालेज नहीं, डी० ए० वी० स्कूल था। देहरादून भी इतना बढ़ा नहीं था, विशेषकर उनका मुहल्ला तो सुनसान जंगल था। काशीवास छोड़ यहीं उन्होंने अपने लिये घर बनवाया और स्कूलकी उन्नतिके साथ-साथ शुक्लजीका व्यक्तित्व भी विकसित हुआ। वह एक कुशल सहृदय अध्यापक हैं, इसलिये उनके विद्यार्थी उन्हें पढ़नेके बाद भी नहीं भूल सकते। उनका शिष्य-परिवार बहुत बड़ा है।

पहले हीसे उनके पास कामोंकी कमी नहीं थी। काँग्रेसवालोंने नगरपालिकामें खड़ा कर दिया और चुने जानेपर शिक्षा-समितिका अध्यक्ष बना दिया। अब समय कहाँसे रहे। उन्होंने जिन्दगीमें एक और गलती की, बाइसिकल चढ़ना नहीं सीखा। देहरादूनकी नगरपालिका राजपुर तक फैली हुई है, अर्थात् उनका कार्य-क्षेत्र कई मील तक चला गया है। सवारी मोटर और तांगा छोड़कर और कोई नहीं है। रोज-रोजकेलिये ऐसी खर्चीली सवारी ली नहीं जा सकती। परिणाम यह होता है कि उन्हें सब जगह पैदल जाना पड़ता है। इतनी लम्बी चहलकदमी करनेका यह फल तो जरूर मिलेगा कि उन्हें पचास वर्षके बाद अब डायबेटिजका डर नहीं है, पर शरीर कभी-कभी हड़ताल करना चाहता है। मसूरी मोटरके रास्तेसे यद्यपि देहरादूनसे बाईस मील है, लेकिन शुक्लजी पहाड़पर मोटरकी सवारीसे वंचित हैं। उन्हें कै होने लगती है। जब भी आते हैं, पैदल ही आते हैं।

शुक्लजी के माता-पिता अभी भी जीवित हैं। पिताकी उमर ८०से ऊपर है। शुक्लजीके बेटे और बेटीकी भी सन्तानें अर्थात् उन्होंने सब मिलाकर अपनी चार पीढ़ियाँ देख लीं। इसीके साथ जमाना भी बदलते देखा। बनारसके सभी सम्पन्न घरोंमें जमींदारी होना जरूरी था। शुक्लजीकी भी जमींदारी थी। पहले ही सोचते थे, इसे निकाल दें, लेकिन भाई कहते थे—जमींदारीसे इज्जत और शोभा है, अभी जल्दी क्या पड़ी है? जब जैसे ही पता लगेगा, बेंच लेंगे। लेकिन, जब पता हुआ, तो जमींदारी उठनेकी बात पक्की हो गई थी। अब कोई उसे कौड़ीपर भी खरीदनेकेलिये तैयार नहीं था। बस सरकारसे मिलनेवाली क्षति-पूर्तिके रुपयेकी ही उम्मीद है। सीरके भी खेत काफी थे। अनुपस्थित और अपने हाथसे खेती न करनेवाले किसानके हाथमें धरती-माता कब तक रह सकती हैं? शुक्लजीको इसकी पर्वाह नहीं थी। वह इस उथल-पुथलकी बात हँसते हुये कहते हैं, "बनारस सालमें एकबार जरूर जाते हैं, और कभी-गाँवपर भी हो आते हैं।" बड़ी जातवालोंकी कैसी छीछालेदार हो रही है, उसे बतलाते हैं, "जो पहले उनके सामने जमीनपर भी नहीं बैठते थे, अब चारपाईपर बैठे रहते हैं,

बैठे-बैठे "पालागन" कर दिया तो बहुत।" शुक्लजीको न पा-लागनकी भूख है और न जमींदारीके जानेका अफसोस। उनका घर-द्वार देहरादून है, २४ घन्टेमें १८ घन्टा काममें जुटे रहना उन्हें पसन्द है—मानसिक ही नहीं, शारीरिक दौड़में भी।

पहले डी० लिट० की थेसिसकेलिये निबन्धके तौरपर साहित्य-रचनाका ख्याल आया था। अब तो उनके शिष्योंमें कितने ही डाक्टर हो गये हैं, इसलिये उनके लिये उसका कोई महत्व नहीं है। पर, अब भी मैं जब-तब कहता हूँ कि अपने परिपक्व ज्ञानको कागजपर उतारिये। हुँकारी अब भी भरते हैं। क्या पता कभी कुछ कर दें।

५४. डा० सत्यकेतु

समानधर्मा होनेसे डाक्टर सत्यकेतुके नामसे मैं पहले भी परिचित था। "मौर्य साम्राज्य" लिखनेपर उन्हें मंगला प्रसाद पारितोषिक मिला था। १९४३ ई०में वे मसूरीमें होटलसंचालक थे। उस समय मैं दो-तीन दिनकेलिये मसूरी आया था। पता लगा था, पर मुलाकात नहीं हुई। १९४८में मुझे मालूम होने लगा था कि यदि काम करना है तो गर्मी-बरसातमें हिमालयके ही किसी भूभागमें रहकर वह हो सकता है। जाड़ेका भी मुझे खौफ नहीं था, क्योंकि रूसकी जिस सर्दीको मैं काट आया था, वह हमारे यहाँ बारह-तेरह हजार फुटके ऊपर होती है, और हिमालयकी पुरियोंमें कोई भी सात हजार फुटसे अधिक ऊँची नहीं है। दार्जिलिङ्ग-कलिम्पोंगसे कश्मीर तकके हिमालयके बहुत से भागोंको मैंने देखा है। कश्मीर, डलहौजी, शिमला एक छोरपर पड़ते हैं, इसलिये वहाँ रहना मुझे पसन्द नहीं था। कुल्लू-उपत्यकाके नग्गर और मनाली अपनी ओर जरूर आकृष्ट करते थे, किन्तु उस समय वहाँ सड़क बिगड़ी हुई थी, हर साल ही मोटर-सड़क टूटनेका डर रहता था, यह बड़ी बाधा थी। उस समय मिट्टीका तेल प्राप्त करना भी एक समस्या थी, जिसके बिना रातको रोशनी नहीं मिलती और काम नहीं हो सकता था। अनुकूल स्थान तलाश करते १९४८ ई०में शिमला होते मैं कनौर तक गया। वहाँ भी नजर नहीं जमी। १९४९ ई०में कलिम्पोंग-दार्जिलिंग देखा, वह भी देशके दूसरे छोरपर पड़ते थे। सबसे दिक्कत यह थी कि बहुत दूरका फासला छोटी लाइनसे पार करना पड़ता। यह लाइन कभी बी० एन० डब्लू० आर० के नामसे प्रसिद्ध थी, फिर ओ० टी० आर० नाम पड़ा और आजकल एन० ई० (उत्तर-पूर्व) रेलवे कही जाती है। नाम चाहे कितना ही बदले, लेकिन गुणमें कोई परिवर्तन नहीं हुआ। हरेक मुक्तभोगी यही कहता है, कि खुदा बचावे इस लाइनसे। साल भर रहनेके बाद कलिम्पोंग-दार्जिलिंगका भी ख्याल छोड़ना पड़ा। अब नैनीताल और मसूरी दो हीमें किसीको अपना स्थायी निवास बनाना था।

मेरे एक मित्रने नैनीताल जिलेके रामगढ़की बड़ी प्रशंसा की। मौसिमके वक्त वहाँ सेब और दूसरे फलोंकी भरमार हो जाती है, यह आकर्षण जरूर था। लेकिन, वहाँ रहना हो सकेगा, इसपर पूरा भरोसा नहीं था। इसीलिये जब मालूम हुआ कि डा० सत्यकेतु नैनीतालमें हैं, तो उन्हें भी आनेकेलिये पत्र लिख दिया था। १२-१४ मन सामान लेकर हम शाम को रामगढ़ पहुँचे। रहनेका मकान कुयेंमें था, अर्थात् काफी

उतराई उतरनी पड़ती थी, जो लौटते वक्त चढ़ाई हो जाती जाती थी। मिट्टीके तेल ही नहीं, खाने-पीनेकी चीजोंके मिलनेमें भी बड़ी दिक्कत थी, जो एक-दो दूकानें थीं, वह तेरह-बाईस ही थीं। रात भर रह कर मालूम हो गया कि यहाँ रहना हमारेलिये ठीक नहीं हो सकता। अगले ही दिन उन्हीं कुलियोंसे फिर सामान उठवा कर बसके अड्डे पर गये और लाद-लूदकर मवाली होते नैनीताल पहुँचे।

हिमालयकी अनेक पुरियोंको देखे होनेसे नैनीतालके प्रतापको देखकर आँखें चौंधिया जायँ, ऐसी बात नहीं थी। पर, नैनीतालका ताल बहुत ही सुन्दर चीज है, जो श्रीनगर (कश्मीर)को छोड़ कर किसीको प्राप्य नहीं है। हम अपना सामान उठवाकर डाक्टर साहबके पास पहुँचे।

इतिहासका एक गम्भीर विद्वान् होटल चलाये, इसे देखकर "पढ़े फारसी बेचे तेल, यह देखो कुदरतका खेल"की कहावत याद आती थी। यह कुदरतका खेल नहीं, बल्कि आजके समाजकी अन्धेरनगरीका खेल था। डा० सत्यकेतुने संस्कृत और दूसरे शास्त्रोंका अध्ययन गुरुकुलमें किया। गुरुकुलके स्नातकोंको किसी समय लोग समझते थे कि उनकी कोई योग्यता नहीं होती। अब गुरुकुलकी डिग्री बी० ए०के बराबर समझी जाती है और वहाँके स्नातक सीधे एम० ए०में बैठ सकते हैं। संस्कृत, हिन्दीमें वह परीक्षामें सबसे ऊपर रहते हैं, यह उनकी योग्यताका प्रमाण है। संस्कृत और हिन्दी साहित्यके पढ़नेवालेके लिये यह बड़े सौभाग्यकी बात है, यदि वह अपने आरम्भिक आठ या दस सालको गुरुकुलमें बिता दे। दूसरे बोर्डिंग स्कूलोंकी अपेक्षा गुरुकुलका खर्च भी ज्यादा नहीं है।

डा० सत्यकेतु गुरुकुल.काँगड़ीके स्नातक बननेके बाद कुछ समय तक अध्यापक रहे। इसी बीच अपनी पुस्तकपर उन्हें मंगलाप्रसाद पारितोषिक मिला। विदेशमें जाकर अनुसन्धान और अधिक ज्ञान अर्जन करनेकी आकांक्षा हुई, पर उसके लिये पैसोंकी अवश्यकता थी। वह गरीब माँ-बापके सन्तान थे। गुरुकुलमें भी शुल्क कम करके दाखिल हुए थे। पर, आदमी यदि दृढ़ संकल्प कर ले, तो "जो इच्छा करिहौ मन माही। हरि-प्रताप कछु दुर्लभ नाहीं।" और यहाँ हरि आदमीका साहस है। अब वह गृहस्थ भी हो गये थे। उनकी पत्नी सुशीला देवी संस्कृतकी शास्त्री और एफ० ए० पास थीं। उन्होंने अकेले ही नहीं बल्कि पत्नी और छोटे से बच्चेको भी साथ ले जानेका निश्चय किया। आखिर दरवाजा खुला और अपने परिश्रमके ही बलपर। किसी पुस्तकपर इतना रुपया मिल गया, कि केतु-दम्पत्ती पेरिस पहुँच गये। पतिने पेरिस डी० लिट्‌केलिये अनुसन्धान करना शुरू किया और शीलाजीने शिक्षण-विज्ञानको सीखना। परिवार-सहित रहनेपर वह अपने भी रसोई बना सकते थे। जिससे खर्चमें कमी होती ही थी। डाक्टर बनकर वह भारत लौटे। यूरोपमें देखकर उन्होंने समझा कि भारतमें भी छोटे बच्चों-का विद्यालय खोला जा सकता है। पति-पत्नी पेरिससे शिक्षा का अनुभव लेकर आये थे,

उन्हें विश्वास था कि दिल्लीमें ऐसी संस्थाके सफल होनेकी बड़ी संभावना है। विद्यालय खोल दिया। इसी समय विश्व-युद्धके कारण मध्यवित्त लोगोंकी स्थिति खराब हो गई और विद्यालयके चलनेकी कोई संभावना न रहनेके कारण उसे बन्द कर देना पड़ा।

दूसरा बुद्धिजीवी होता, तो हाथपर हाथ धरकर बैठता और किस्मतको कोसता। पर, डा० सत्यकेतुमें कोई विशेष बात थी, तभी तो साधनहीन होनेपर भी उन्होंने परिवार-सहित विदेशमें जाकर पढ़नेकी हिम्मत की। जैसी स्थिति हो, उसके मुताबिक काम करना चाहिये। ईमानदारी कायम रहे, किसी कामके करनेसे संकोच नहीं करना चाहिये, यही उनका मोटो था। लड़ाईके दिनोंमें हिमालयकी विलासपुरियोंकी बन आई थी। जापानके आक्रमणको रोकनेकेलिये लाखों अँग्रेज और अमेरिकन सैनिक हमारे देशमें पड़े हुए थे। गर्मियोंमें हिमालयके ठण्डे स्थान उन्हें आकृष्ट करते थे, विलासपुरियोंकी बन आई थी। डा० सत्यकेतुका जन्मस्थान सहारनपुरका एक गाँव है। सिवालिकके दक्षिण उनकी जन्भूमि और सिवालिकके उत्तर मसूरी है। गुरुकुलमें रहते अपनी यात्राओं में वह मसूरी देख चुके थे। सोचा मकान किराया पर लेकर एक होटल खोल दिया जाय। १९४२में तीनों प्राणी जिस दिन मसूरी आये, उस दिन उनके पास सिर्फ ढाई रुपये थे। शायद कोई परिचित पुरुष यहाँ पर मौजूद था। "लैक्समौंट" मकान को उन्होंने किराये पर ले लिया। मसूरीमें उधारपर चीजें मिल जाया करती हैं। "लैक्समौंट"को उन्होंने रेस्तराँ और होटल दोनोंके रूपमें परिणत कर दिया। मेहमानोंकी कमी नहीं थी, होटल चल निकला। लड़ाईके वक्त काफी नफा रहा। एक बार डर लगने लगा कि यह सरस्वती-पुत्र कहीं अपने जीवनको होटल चलानेमें ही खतम न कर दे।

लड़ाई खतम होनेके साथ इस लाइनमें डा० सत्यकेतुका दिमाग और दूर तक दौड़ने लगा कि किसी बड़े होटलको लेना चाहिये। नैनीतालके विशाल होटल मैट्रोपोलका पता लगा। उन्होंने उसे ठेकेपर ले लिया। लेकिन, अब लड़ाईको खतम हुए कई साल हो गये थे। १९४७ ई०में अँग्रेज भी भारत छोड़कर चले गये, जिन्होंने हिमालयकी विलासपुरियोंको बनाया तथा आबाद किया था। डाक्टर साहेबने १९४९ ई०में इस बड़े कामको हाथमें लिया और साल भरके तजर्बेने बतला दिया कि घरमें आग लगी हुई है, जितना जल्दी हो निकलो। होटलके मालिकके साथ शर्तनामा लिखा जा चुका था। खैर, किसी तरह जान बची, लाखों पाये। मसूरीके "लैक्समौंटको" उन्होंने छोड़ा नहीं था। उन्हें यह भी ख्याल आया कि सभी अण्डे एक ही टोकरीमें नहीं रखने चाहिये। उन्होंने रक्खी हुई लेखनी हाथमें उठा ली और "युरोपका आधुनिक इतिहास" लिखकर प्रकाशित किया।

होटल मैट्रोपोलसे जिस वक्त डाक्टर साहब पिण्ड छुड़ा रहे थे, उसी वक्त अपना सामान लिये मैं उनके पास पहुँचा। मैं पहले ही लिख चुका था कि मुझे वहाँ एक घरकी जरूरत है, जिसे खरीद कर मैं बारहों महीना रहना चाहता हूँ। उन्होंने लिख दिया

था—कि मकानोंकी कमी नहीं है। अपने देखकर पसन्द कर लें। नैनीतालमें तीन-चार महीने हम रहे। मकानोंको भी देखा और नैनीतालकी दिक्कतोंको भी। अन्तमें मन नहीं भरा। फिर मसूरी देखनेको रह गई। डा० साहब भी अब नैनीताल छोड़ कर मसूरी ही जा रहे थे, यह और सुभीता था। उनके सम्बन्धसे मैं नैनीताल पहुँचा था और अब उन्हींके सम्बन्धसे मसूरीका ख्याल आया। वैसे मैं मसूरीको १९४३ ई०में देख चुका था। यह भी मालूम था कि यहाँसे बाहर आने-जानेका जितना सुभीता है, उतना हिमालयकी किसी पुरीसे नहीं है। ४० मिनटमें मोटर या बससे देहरादून पहुँच सकते हैं और देहरादूनसे सीधे बम्बई तथा कलकत्ता तककी ट्रेन मिलती है।

अब भी डाक्टर साहबने यही कहा—आप आकर मकान देख लें। मुझे हरेक कामके जल्दी करनेकी पड़ी रहती है। यह गुण भी है और दोष भी। मकान लेनेमें जो जल्दी की, वह गलती थी। मैं जून १९५०में मसूरी आया, डाक्टर साहबने कई मकान दिखलाये। मैं केन्द्रसे दूर रहना चाहता था, ताकि मिलने-जुलनेवालोंकी संख्या अधिक न हो। इससे यह भी लाभ था कि वहाँ मकान सस्ते थे। घूमते-घामते मसूरीके एक छोर पर अन्तिम मकान "हर्नक्लिफ"को मैंने पसन्द किया। डाक्टर साहबकी सलाह माने होते, तो साल-दो-साल किरायेपर रहकर फिर मकान लेते। यह अच्छा होता, पर मेरे दिमागमें यह भी ख्याल काम कर रहा था कि प्रकाशकसे जो २५ हजार अग्रिम मिले हैं, कहीं मुद्रा-स्फीतिके कारण बैंकमें रक्खे-रक्खे अपने मूल्यमें आधे न हो जायँ। उस समयभी मसूरीमें मकानोंका दाम काफी गिर गया था, लेकिन क्या पता था कि आगे वह मिट्टीके मोल हो जायेंगे। खैर, मुझे मसूरीमें लाने और बसानेमें डाक्टर सत्यकेतुका हाथ रहा।

यहाँ बस जाने पर अब वह हमारे स्थायी घनिष्ठ मित्र हो गये। यद्यपि हमारे निवासोंकी दूरीमें ढाई मीलका अन्तर है; लेकिन उसके द्वारा अच्छी चहलकदमी हो जाती है।

डा० सत्यकेतुने फिर अपने योग्य कामको ही हाथमें लिया, उसीकेलिये उन्होंने बचपनसे अपने को तैयार किया था। स्वतन्त्र भारतमें विद्यार्थियोंकी अँग्रेजीकी योग्यता दिनपर दिन गिरती जा रही थी, पर बूढ़े शिक्षा-विशेषज्ञ पूरी कोशिश करते थे कि शिक्षाका माध्यम अँग्रेजी रहे, परीक्षाके प्रश्नोत्तर अँग्रेजीमें ही लिखे जायँ। लेकिन, ज्यादा दिन नहीं बीते, उन्हें मालूम हो गया—ऐसा तभी किया जा सकता है, जब सौमेंसे नब्बे विद्यार्थियोंको फेल कर दिया जाय, विश्वविद्यालयोंको शिक्षण-संस्था नहीं, बल्कि कसाईखाना बना दिया जाय। तरुण पीढ़ी इसे बर्दाश्त नहीं कर सकती थी, यह भी वह जानते थे। बूढ़ोंको भवितव्यताके सामने सिर झुकाना पड़ा। पहले परीक्षामें प्रश्नोंके उत्तर देनेमें हिन्दीको ऐच्छिक बनाया, फिर हिन्दीमें पाठ्य-पुस्तकें भी आईं। विद्यार्थियोंने अध्यापकोंको हिन्दीमें पढ़ानेकेलिये भी बाध्य किया। इस

प्रकार हिन्दीका रास्ता साफ हो गया। अपने प्रिय विषय—इतिहास और राजनीति—के सम्बन्धमें डाक्टर साहबने पुस्तकें लिखनी शुरू कीं, उनका हर जगह स्वागत हुआ। लेकिन, पाठ्य-पुस्तकोंमें स्थायी लाभ देखकर इस क्षेत्रमें जल्दीही बहुतसे ग्रंथ-कर्त्ता आ जुटे और एक दूसरेको देखकर पुस्तकें तैयार करने लगे। प्रतिद्वंद्विता जरूर आ गई, पर डाक्टर साहबने अपने विषयकी पूरी जानकारी रख कर तथा ज्ञानको पचाकर कागजपर उतारते, जबकि दूसरे अधपच अल्पज्ञताका सहारा लेते। मुझे यह जानकर बड़ी प्रसन्नता हुई कि उन्होंने होटलका काम छोड़ दिया और अब अपने परिपक्व ज्ञानका लाभ दूसरोंको पहुँचानेकेलिये ग्रंथ लिखनेमें लग गये हैं। अब उनसे भी मसूरी छूटने जा रही है। दिल्ली कामकेलिये ज्यादा पसन्द आई है। गर्मी-बरसातमें तो मुझे हिमालयके किसी कोनेको पकड़ना ही पड़ेगा। पर, यदि मकान न ले लिया होता, तो मुझसे भी मसूरी अब तक छूट गई होती।

५५. स्वामी हरिशरणानंद

"कुनद् हमजिन्स बाहमजिन्स परवाज (समानधर्मा समानधर्माके साथ उड़ता है) की कहावत चिरकालीन तजर्बेके ऊपर निर्भर है। एक तरहकी प्रकृति और जीवन रखनेवाले आदमियोंमें जल्दीही घनिष्ठता हो जाती है और निभती भी है। स्वामी हरिशरणानन्द मेरी ही तरह घुमक्कड़ थे, उसी उम्रमें वह भी घरसे निकल भागे, जिस उम्रमें मैं। हाँ, मुझसे वह तीन-चार साल बड़े हैं, इसलिए उनकी उड़ान भी मुझसे उतनेही साल पहले शुरू हुई। मेरी पुस्तकोंसे वह परिचित थे। पचासों पुस्तकों और वो भी भिन्न-भिन्न विषयों पर लिखनेका यह लाभ जरूर होता है कि उनमेंसे कोई न कोई किसीकी नजरसे गुजर जाती है। मेरी घुमक्कड़ीकी बातें भी वह पढ़ चुके थे। मैं राजनीतिमें उग्र हूँ और वह भी साम्यवाद और समाजवादके माननेवाले थे। लेकिन, उनसे साक्षात परिचय प्राप्त करनेका अवसर १९५० ई०की बरसातमें हुआ, जब मैं मसूरीमें स्थायी तौरसे रहनेकेलिये आ गया। वह इधर कई वर्षोंसे बरसातके दो-तीन महीने मसूरीमें बिताया करते थे। पता लगते ही आये। मिलते ही मालूम हुआ कि हम जन्म-जन्मके परिचित हैं।

स्वामी हरिशरणानन्द—तब हरिश्चन्द्र—का जन्म कानपुरमें १८९०ई०में हुआ था। उस समय रेलगञ्जमें गल्लामण्डी होनेके कारण बड़ी चहल-पहल रहती थी; लेकिन कुछही समय बाद वह कलक्टरगंज चली गई। बालक हरिश्चन्द्रके पिता मुन्नीलालकी आर्थिक स्थितिमें परिवर्तन हुआ, पर ऐसा नहीं जिससे कष्ट हो। बचपनहीमें एक घुमक्कड़ साधु गोपालदास उनके यहाँ आकर पहले महीनों रहते, फिर वहीं रहने लगे। घुमक्कड़की गोदमें पले उनसे ज्ञान-ध्यान और देश-देशान्तरकी यात्राओंको सुन कर बालकके मनमें विचित्र भाव पैदा होते। माता उनकी पहले ही मर गई थीं। पिता और संरक्षक बाबा गोपालदासका भी देहान्त हो गया—हरिश्चन्द्र १५ वर्षके थे।

उनके मनमें पहले घुमक्कड़ीकी नहीं, बल्कि योगकी जिन अद्भुत विभूतियोंको सुना था, उन्हें प्राप्त करनेकी धुन सवार हुई। अयोध्यामें जा वह हरिश्चन्द्रसे हरिदास बने। बैरागियोंके साथ चित्रकूट, प्रयाग घूमते रहे। पर, वहाँ योगकी सिद्धियोंके बारेमें कुछ सीखने-जाननेका मौका नहीं मिला। हरिदासको ख्याल आया कि हिमालयकी गुफाओंमें सतयुग-त्रेताके योगी रहते हैं। वह उनको ढूँढ़ने चल पड़े। हिमालयमें भी

ढूँढ़ा, हिमालय पार कैलास-मानसरोवर भी गये; पर किसी योगी या योगीके पूतसे भेंट नहीं हुई। योगी और बड़ा रसायनिक समझ कर जिनकी शरण ली थी, उन्होंने अपने सखी-मतकी छाप लगाते हरिदासको हरिशरण बना दिया।

न सोना बनानेका रसायन हाथ लगा, न अणिमा-लघिमा आदि सिद्धियोंको प्राप्तकर आकाशमें उड़ने और अन्तर्धान होनेकी शक्ति प्राप्त हुई, पर ऋृषिकेपमें उन्हें एक ऐसे पुरुष मिल गये, जिन्होंने योगकी विधि बता दी। उसमें सीखना कम था, करना बहुत ज्यादा था और ऐसे एकान्त स्थानमें, जहाँ चित्तकी वृत्तियोंको अस्त-व्यस्त करनेवाले विघ्न न हों। बाबाको गंगापार कुनाँव वन अच्छा लगा। जंगलोंमें हाथी और बाघ रहते थे, नीचेकी झोपड़ीमें खैरियत नहीं थी, इसलिये हरि बाबाने बहुत ऊँचे-मोटे पेड़के ऊपर अपनी झोपड़ी तैयार की। यहीं ग्वालों द्वारा दिये गये दूधके आधारपर वह अभ्यास करने लगे। रातके वक्त हाथियोंका झुंड जंगलसे निकल कर गंगा पार हो ऋृषिकेशके आस-पास चरने-चुगने जाया करता था। एकबार भिनसारमें झुण्ड लौटा आ रहा था, उसी समय एक बच्चा पत्थरोंमें फँस गया। बहुत कोशिश करने पर भी वह नहीं निकला, तो यूथके सनातन नियम—एकके लिए सारे समाजका नाश नहीं करना चाहिए—को मानते हाथी बच्चेको वहीं छोड़कर चले गये। हरि बाबाने उसे निकलवा कर ग्वालोंको पालनेकेलिए कहा। हरि बाबा पेड़ परसे दिन-रात आस-पासमें होने वाली घटनाओं और बदलती प्रकृतिका मुजरा लेते रहे। उनका ध्यान भी आगे बढ़ा। चित्तकी वृत्तियोंको नियमन करनेमें जितनी उनको सफलता होती जा रही थी, उतनी ही साँस क्षीण होती जाती थी। उन्हें विश्वास होने लगा कि श्वासरोध और समाधि असम्भव बात नहीं है। सफलताके साथ उनकी श्रद्धा बढ़ती गई और श्रद्धाके साथ संकल्प भी दृढ़ होता गया। पर बुद्धके कहे अनुसार "सब्बे सत्ता आहारट्ठितिका" (सारे प्राणी भोजनपर निर्भर करते हैं।) ग्वाले जंगल छोड़कर अपने घरोंकी ओर जा रहे थे, हरि बाबाको दूध मिलनेकी सँभावना नहीं रही। दो-चार दिन कन्दमूलपर रहनेको कोशिश की, लेकिन वह अनुकूल नहीं हुआ।

बाबाको स्थान छोड़ना पड़ा। एक-दो जगह घूमते वह पाँवटामें जमुनाके किनारे पहुँचे। कुटियामें अभ्यास शुरू हुआ और छूटे सूत्रको फिर पानेमें सफल हुए। ध्यान और एकाग्रता बढ़ती ही गई, भोजन अपने आप कम होने लगा, शरीरमें जो भी चर्बी थी, वह भी सूख गई; लेकिन इससे मानसिक अवस्थामें बेहतरी हो गई। वह अधिक प्रसन्न रहते। समझ रहे थे लक्ष्यपर पहुँचना दूर नहीं है। इसी समय कुटियामें ध्यानावस्थित बैठे हरि बाबाके ऊपर फूसकी छतसे गुत्थमगुत्था करते हुए दो साँप गिर पड़े। ध्यान भंग हो गया। शरीरमें रोमांच और फिर बेहोशी आ गई। शरीरके क्षीण होनेसे मन भी क्षीण हो गया था। इतने बड़े आघातसे मनका सँभलना मुश्किल हो गया। दो-चार बार फिर कोशिशकी, लेकिन बेहोशी आ जाती। अन्तमें मालूम हो गया कि यदि

जिद करेंगे, तो उससे अपने उद्देश्यमें सफल नहीं हो सकते और पागलपन या किसी दूसरी तरह का अनिष्ट हो सकता है।

हरि बाबाने घुमक्कड़ी पहले भी की थी। कैलास मानसरोवरके बीहड़ रास्तोंको नाप आये थे। अब उनके मनमें आया—घूमना अच्छा है, पर दूसरेके ऊपर निर्भर रहना बुरा है। मुझे स्वावलम्बी होना चाहिए। इसकेलिए उन्हें वैद्यक सबसे अच्छा साधन मालूम हुआ। दवाई-बूटियाँ कुछ सीखीं, फिर आयुर्वेदकी परीक्षा पास कर वैद्य बन गये। अब उनका यही काम था कि हिमालयमें शिमलासे काश्मीर तक जगह-जगह घूम कर तजर्बेकार वैद्योंसे उनके नुस्खे मालूम करें, हिमालयकी जड़ी-बूटियोंका परिचय प्राप्त करें। १९१७से १९१९ई० तक वह बराबर ऐसा ही करते रहे। जाड़ोंमें कभी-कभी पंजाबके शहरोंमें भी चले जाते। अपनी इन यात्राओंमें आयुर्वेदके कुछ दुर्लभ ग्रंथोंका भी उन्होंने उद्धार किया। हरि बाबाके घनिष्ठ मित्र वैष्णवदास पेशावरके रहनेवाले थे। दोनोंका परिचय आरम्भ हीमें हरिद्वारमें हो गया था। कितनी ही बार वह साथ घुमक्कड़ी करते थे। दोनों १९१९ई०के आरम्भमें अमृतसरमें आये। हरिबाबा सोच रहे थे कि अब चिकित्सा शुरू करें। इसी समय जोरका राष्ट्रीय आन्दोलन छिड़ा। हरिबाबा स्कूलमें आठवें-नवें दर्जे तक पढ़े थे, इसलिए अशिक्षित नहीं थे। अखबारोंको भी जब-तब देख लेते और देशमें क्या हो रहा है, इसके भी जिज्ञासु थे।

अमृतसरमें जनतामें बहुत जोश था। ११ अप्रैलको अँग्रेजोंने डा० सैफुद्दीन किचलू और डा० सत्यपालको गिरिफ्तार कर लिया। १२ तारीखके सबेरे गुस्सेमें पागल हो लोग सड़कोंपर निकल आये और नेताओंके छुड़ानेकेलिये डिप्टी-कमिश्नरके बँगलेकी ओर चल पड़े। मनुष्योंके इस प्रवाहमें हरिबाबा और वैष्णवदास भी शामिल हो गये। सैनिकोंने आकर रास्ता रोक लिया और घोड़ा दौड़ाकर लोगोंको डराने लगे। धक्कम-धक्कामें वैष्णवदासको चोट पहुँची। यह क्रोधी स्वभावके थे। कुर्तेकी बाँहमें छिपे हाथ भरके डंडेको निकाल कर उन्होंने घोड़ेके चूतरपर तावड़तोड़ जड़ना शुरू किया, घोड़ा बिदक उठा। अफसरने चाबुक चलाया और वह वैष्णवदासके ऊपर पड़ा। गोरे तक डंडा नहीं पहुँच सकता था, इसलिये वैष्णवदासने सड़कके किनारे पड़ी ईंटोंको चलाना शुरू किया। यह देखते ही चौरस्तेपर खड़े गोरेने तुरन्त बन्दूक दाग दी। गोली वैष्णवदासकी कोखमें लग कर देहके भीतर रह गई। वह वहीं गिर पड़े। एक बच्चा भी गोली खाकर जमीनपर गिर पड़ा। भगदड़ मच गई। हरि बाबा थोड़ी देर बाद ताँगा लेकर घायल वैष्णवदासको जलियाँवाला बागके पासकी एक धर्मशालामें लाये। अगले दिन (१३ अप्रैल)को पता लगा कि गोलीकाण्डके विरोधमें जलियाँवाला बागमें सभा होनेवाली है। हरिबाबा भी अपनेको रोक नहीं सके। जलियाँवाला बागमें पहुँचे। जनरल डायर गोरखोंके साथ मशीनगन लिये वहाँ पहुँचा और निहत्थी जनतापर फायर कराने लगा। डेढ़-हजार आदमी मारे गये। हरिबाबा बचनेवालोंमें थे। धर्मशालामें लौटनेपर

देखा कि साथीकी अवस्था क्षण-क्षण बिगड़ती जा रही है। उसी दिन दो घंटा रात रह गई थी, जबकि हरिबाबाने अपने प्रिय साथीको खो दिया। शहीद वैष्णवदासकी अर्थीके पीछे-पीछे पचास हजार जनताकी भीड़ थी। एक ही दिन पहले हुए जलियाँवाला बागके हत्याकांडमेंसे लोगोंकी हिम्मत नहीं टूटी।

पुलीसको साधुके मरनेका पता था और यह भी कि उसके साथ एक और साधु था। काँग्रेसके लोगोंने हरि बाबाको सलाह दी कि वह अमृतसरसे चले जायँ। हरि बाबा उनकी बात माननेकेलिये मजबूर हुए। लेकिन, अपने शहीद साथीके खूनसे लथपथ शरीरको उठाते वक्त ही उनके हृदयमें अँग्रेजोंके प्रति अपार घृणा और आजादीका संकल्प पैदा हो गया था। इधर-उधर भटकते उसी साल (१६१६ ई०)के दिसम्बरमें अमृतसरमें हुए काँग्रेस-अधिवेशनमें आये। फिर चकझुमराके मुर्दे लोगोंमें काँग्रेसके नामपर अलख जगाकर वहीं बैठ गये। चिकित्सा भी करते और काँग्रेसका प्रचार भी, व्याख्यान भी देते और गानेकेलिये राष्ट्रीय गीतोंकी तुकबन्दी भी करते। उन्होंने भारत-माताकी आरती बनाई—"ओम् जय भुवि अम्ब हरे, जय जगदम्ब हरे। तू धारिणि जगकारिणि संकट-विपत हरे।" उर्दूके शेर भी मुँहसे निकलने लगे—"मैं गाँधीपे जानों-जहाँ बेचता हूँ। खरीदो कोई मैं हमाँ बेचता हूँ।" पंजाबीमें भी वाणी फूट निकली—"की लगदी सरकार, साडी, की लगदी। सात समुन्दर पारौं बसदी, बन बैठी मुख्त्यार। साडी की लगदी।"

चिकित्साके तजुर्बेने उन्हें बतलाया कि एलोपैथीकी तरह आयुर्वेदिक दवाइयोंकी भी फार्मेसी होनी चाहिये, जिसमें विधिपूर्वक बनी हर तरहकी शुद्ध दवाइयाँ सुलभ हों। इसकेलिये सबसे उपयुक्त स्थान अमृतसर था, जहाँ १६२२ ई०में ही आकर वह चिकित्सा करने लगे थे। हरि बाबाका आयुर्वेद-सम्बन्धी ज्ञान भी गहरा और विस्तीर्ण था। साथ ही वह तजर्बेके पक्षपाती थे और स्वतन्त्र सोचनेकी शक्ति रखते थे। इन सबने मिलकर उन्हें सफलताका रास्ता दिखलाया। वह आयुर्वेद-सम्मेलनोंमें जाते, दूसरे वैद्योंसे विचार-विनिमय करते। आयुर्वेदमें वात-पित्त-कफ इस (त्रिदोष) सिद्धान्त पर बहुत जोर दिया जाता है। हरि बाबाने उसपर प्रहार करते कहा कि त्रिदोष-सिद्धान्तकी कोई अवश्यकता नहीं, रोगोंके निदानमें वह हमारी कोई सहायता नहीं करता। अधिक साधन-सम्पन्न होनेपर उन्होंने जनवरी १६३१से "आयुर्वेद विज्ञान"के नामसे एक पत्र निकालना शुरू किया, जो बीच-बीचमें अस्त-उदय होते आज भी प्रकाशित होता है और जिसमें निर्भीकतापूर्वक लिखे लेखके कारण साल भरसे वह मुकदमेमें घसीटे गये हैं।

हरि बाबा योगके फन्देसे निकलते ही रूढ़िके फन्देसे भी बाहर हो गये। उन्हें विकासवाद और आधुनिक विज्ञानकी दूसरी पुस्तकोंके पढ़नेका शौक हो गया। "त्रिदोष मीमांसा" को उन्होंने यों ही नहीं लिख डाला, पहले बड़े-बड़े वैद्योंसे इसपर विचार-विनिमय किया था। वैद्योंमें हड़कम मच गई। वह समझने लगे कि यह तो आयुर्वेदके

ऊपर जबर्दस्त प्रहार है। हरि बाबाने त्रिदोषवादको वैज्ञानिक सिद्ध करनेकेलिये एक हजारका पुरस्कार भी घोषित किया था। अन्तमे आयुर्वेदके त्रिदोष-सिद्धान्तकी रक्षाके लिये हिन्दू विश्वविद्यालयमे २से ८ नवम्बर १९३५ तक देशके बड़े-बड़े वैद्यो और पडितोकी परिषद् प० मदनमोहन मालवीयने बुलाई। त्रिदोषके विरोधियोकी सख्या भी नगण्य नही थी। रूढ़िवादी वैद्य "बकरीकी तीन टॉग" रटनेकेलिये भी तैयार होकर आये थे। पर, हरि बाबाको विश्वास था कि यह लबडधौधौ ज्यादा दिन तक नही चलेगी। आयुर्वेदके पास अपना हजारो वर्षका तजुर्बा है, औषधियोंके गुणका निरूपण उसका बहुत पक्का है। पर, जैसे एलोपेथीमे आधुनिक विज्ञानके साधनो, प्रयोगशालाओ-को इस्तेमाल करके नई-नई बातोका आविष्कार हुआ है, वही आयुर्वेदको भी करना होगा। तभी वह जीवित रह सकता है।

हरि बाबा केवल चिकित्सा और फार्मेसीमें ही अपना समय नही लगाते थे। अमृतसरमें आते ही वह कॉग्रेस कमेटीकी कार्यकारिणीके सरगर्म मेम्बर हो गये। १९३१ ई०मे सत्याग्रहकी दुदुभि बजी, यह भी उसमें कूदे और १५ दिन जेलकी रोटियॉ खाकर गॉधी-इर्विन-समझौतेके अनुसार बाहर निकल आये। अमृतसर कपड़ेकी बहुत बडी मडी थी, जहॉसे पजाब, अफगानिस्तान, कश्मीर और मध्य-एसिया तक माल जाता था। विलायती कपडोपर हरि बाबने जबर्दस्त धरना सगठित किया। वह भीतरसे रह "सबहि नचावै राम गोसॉई" का अनुसरण कर रहे थे, लेकिन पुलिस तो जानती थी। १९३१ ई०में वह फिर पकड़े गये और दो सालकी कडी सजा लेकर अमृतसर, लाहौर और मुल्तानकी जेलोमे घूमते रहे।

१९१४-१५से ही हरि बाबा प्रयागसे निकलनेवाली राइन्साकी मासिक पत्रिका "विज्ञान"के निरन्तर पाठक थे। भिन्न-भिन्न शाखाओमे क्या-क्या नई बातें हो रही हैं, इनका उन्हे ज्ञान था। उन्होने सोचा कि जिस तरह एलोपैथी दवाइयॉ मशीनोसे तैयार की जाती है, वैसे ही हम आयुर्वेदिक दवाइया भी क्यो न तैयार करें। उन्होने कूटनेके लिये बिजलीके खरलकी मशीने अमृतसरमे ही मिस्त्रीसे तैयार करवाई। भस्मकेलिये कण्डेकी जगह पत्थरके कोयलेका इस्तेमाल किया। हरेक दवाईको कलकत्तामे सरकारी प्रयोगशालामे भेजकर उसका विश्लेषण करवाके देखते थे कि कण्डे और पत्थरके कोयलेमें तैयार की हुई दवाइयोमें क्या अन्तर है। कोई अन्तर नही मालूम हुआ, इसलिये वह इस तरीकेको इस्तेमाल करने लगे। पुराणपंथी वैद्योने वावेला मचाया, लेकिन वह नही चला। आधुनिक साधनोंके इस्तेमालसे दवाइयॉ आधी-तिहाई दाममे तैयार हो जाती थीं और सस्ती पड़ती थी। फिर बाजारमे उनकी मॉग क्यो न होती?

उनका प्रिय पत्र "विज्ञान" १९३४ ई०मे लड़खड़ाने लगा। हरि बाबाको यह पसन्द नहीं आया। उन्होने विज्ञानके सम्पादको—प्रो० रामदास गौड़ और प्रो० शालि-ग्राम भार्गव—से लिखा-पढ़ी करके तै किया, कि "विज्ञान" बन्द न किया जाय, उसे

हम निकालेंगे। अपने "आयुर्वेद विज्ञान" को उन्होने "विज्ञान" में विलीन कर दिया और कितने ही समय तक "विज्ञान" को हरि बाबा स्वयं निकालते रहे। उन्हें लाखोकी फार्मेसीका भी मोह नहीं था और चाहा कि उसे विज्ञान-परिषद् ले ले, लेकिन विज्ञान-परिषद्के पास सँभालनेकेलिये कोई आदमी नहीं था।

राजनीतिमें भाग लेने, चिकित्सा और फार्मेसी चलाने, "विज्ञान" की प्रगतिमें सहायता करनेके अतिरिक्त वह पुस्तकें भी लिखते रहे। उनकी "ज्वर मीमांसा" "कूपी पक्व रस-निर्माण विज्ञान", "भस्म विज्ञान" आदि पुस्तकें वैद्य-समाजमें बहुत आदरित हुईं।

पंजाबमें आनेपर उन्होंने देखा कि वैरागियोंके सादे कपड़ेसे भगवेका ज्यादा मान है और बाबाकी जगह स्वामी अधिक प्रतिष्ठाका है, वह भी स्वामी हरिशरणानन्द बन गये। फार्मेसीके कामके बढ़नेके बाद वह उतने स्वच्छंद घुमक्कड नहीं रह सकते थे, लेकिन अपनी दवाइयोंके सम्बन्धमें वह सारे भारतमें घूमे। शिलाजीत और जड़ी-बूटियोंकेलिये हिमालयके दूरके कोनोंमें भी पहुँचे। हरेक जड़ी-बूटी और औषधिके जीवनका जितना परिचय उनको है, उतना भारतमें बहुत कम वैद्योंको होगा। किसी समय उन्होने लखपति बनना अपने सामने लक्ष्य रक्खा था। वह प्रथम विश्वयुद्धसे बहुत पहले ही लखपतिसे आगे चले गये। पैसोंका सदुपयोग वह जरूर चाहते हैं, लेकिन उनके प्रति उन्हें आसक्ति नहीं है।

किसी समय वह सनातनी रहे, आर्यसमाजी विचारोंका फिर प्रभाव पड़ा था। योगके पीछे पागल हुए, लेकिन फिर अध्ययन और चिन्तनके फलस्वरूप वह कट्टर नास्तिक हो गये। न उनका ईश्वरपर विश्वास है, न किसी पर। १९४१ ई०में अब वह ५१ वर्षके हुए। वह हमेशा शरीरसे निर्मांसल रहे, पर शक्तिहीन नहीं। आज ६६ वर्षकी उमरमें भी वह इतने तेज चलते हैं कि मसूरीमें कोई जवान भी उनसे पैरसे पैर मिला कर चलनेकी हिम्मत नहीं कर सकता। तो भी उनमें एक बड़ा दुर्गुण है कि किसी भी औषधिका तजुर्बा वह अपने ऊपर करते हैं। एक कानकी शक्ति कुछ कमजोर हो गई थी। दवाईका प्रयोग करके उन्होने उसे और भी खराब कर लिया। पेटमें कुछ खराबी मालूम हुई, तो कायाकल्प करने लगे और खतरनाक तौरसे कमजोर होनेपर भी किसीकी बात माननेकेलिये तैयार न थे। वह एकचग्गा हैं, जो धुन सवार हो जाय, फिर रुकनेवाले नहीं। विचारकोटि में रहते समय वह किसीकी बात भी माननेकेलिए तैयार नहीं हैं, लेकिन निश्चय कर लेनेके बाद काम ही दिशा-परिवर्तन कर सकता है।

५१में पैर रखनेपर उन्हें मालूम हुआ कि समय-कुसमय दुख-सुखमें किसीकी सहायता चाहिये। उन्होंने अब व्याह करनेका निश्चय किया। मित्रोंने मना किया। पर, मना करनेवाले वही मित्र थे जो समय समझते थे कि घरमें मालकिनके आनेपर हमें

खाने-पीनेकी स्वतन्त्रता नहीं रहेगी। स्वामीजीने कई पत्रोंमें व्याहका विज्ञापन दिया। उसी साल बाल्यमें ही वैधव्यप्राप्त एक तरुणीसे व्याह किया।

मसूरीमें जब पहलेपहल भेंट हुई, तो वह नौ वर्षके गृहस्थ थे। उनकी पत्नी जानकीदेवी भी साथ थीं। यद्यपि मसूरीमें हमें उनके आतिथ्य करनेका कभी ही एक-दो दिनका मौका मिला हो, पर उनके अमृतसर और दिल्लीके घरोंमें उनका आतिथ्य पानेका हर साल ही हमें मौका मिलता है। उनसे ऐसी आत्मीयता स्थापित हो गई कि किसी बातमें संकोच करनेकी अवश्यकता नहीं। अपने निश्चय किये हुए कामोंमें वह विरोधी बात सुनना पसन्द नहीं करते, किन्तु मेरे लिये छूट है। जब उन्होंने दिल्ली (फैजबाजार)में अपने नये बनवाये मकानमें आयुर्वेद अनुसन्धानशाला स्थापित करनेकी बात कही, तो मैंने सीधा विरोध किया—अनुसन्धानशाला सौ-पचास हजारसे नहीं स्थापित हो सकती और न आपको यह समझना चाहिये कि इतना बड़ा काम आपके करने हीसे हो सकता है। उन्होंने अपने उस संकल्पको फिर नहीं दोहराया और न पूरा किया।